PLATAFORMA
A REVOLUÇÃO DA ESTRATÉGIA

PLATAFORMA
A REVOLUÇÃO DA ESTRATÉGIA

O QUE É A PLATAFORMA DE NEGÓCIOS,
COMO SURGIU E POR QUE TRANSFORMA
A ECONOMIA EM ALTA VELOCIDADE

GEOFFREY G. PARKER
MARSHALL W. VAN ALSTYNE
SANGEET PAUL CHOUDARY

ALTA BOOKS
EDITORA
Rio de Janeiro, 2018

Copyright © 2018. Starlin Alta Editora e Consultoria Eireli
Copyright © 2016 por Geoffrey G. Parker, Marshall W. Van Alstyne e Sangeet Paul Chaudery

Published in agreement with the author, c/o BAROR INTERNATIONAL, INC., Armonk, New York, U.S.A.

Tradução: Lizandra Magon de Almeida e Bruno Alexander
Preparação de texto: Silvio Fudissaku
Edição: Adriana Salles Gomes
Revisão: Cristina Fernandes, Ana Astiz, Marcia Menin
Capa: Pedro Ursini
Diagramação: Carlos Borges Jr.
Produção Editorial – HSM Editora - CNPJ: 01.619.385/0001-32

Todos os direitos estão reservados e protegidos por Lei. Nenhuma parte deste livro, sem autorização prévia por escrito da editora, poderá ser reproduzida ou transmitida. A violação dos Direitos Autorais é crime estabelecido na Lei nº 9.610/98 e com punição de acordo com o artigo 184 do Código Penal.

Erratas e arquivos de apoio: No site da editora relatamos, com a devida correção, qualquer erro encontrado em nossos livros, bem como disponibilizamos arquivos de apoio se aplicáveis à obra em questão.

Acesse o site www.altabooks.com.br e procure pelo título do livro desejado para ter acesso às erratas, aos arquivos de apoio e/ou a outros conteúdos aplicáveis à obra.

Suporte Técnico: A obra é comercializada na forma em que está, sem direito a suporte técnico ou orientação pessoal/exclusiva ao leitor.

A editora não se responsabiliza pela manutenção, atualização e idioma dos sites referidos pelos autores nesta obra.

Dados Internacionais de Catalogação na Publicação (CIP)
Angélica Ilacqua CRB-8/7057

    Parker, Geoffrey G.
     Plataforma a revolução da estratégia : o que é a plataforma de negócios, como surgiu e como transforma a economia em alta velocidade / Geoffrey G. Parker, Marshall W. Van Alstyne, Sangeet Paul Choudary ; tradução de Bruno Alexander e Lizandra M. Almeida. — Rio de Janeiro : Alta Books, 2018.
     376 p. : il.

    ISBN 978-85-508-0613-6
    Título original: Platform Revolution: How networked markets are transforming the economy and how to make them work for you

    1. Marketing na internet 2. Planejamento estratégico 3. Negócios I. Título II. Van Alstyne, Marshall W. III. Choudary, Sangeet Paul IV. Alexander, Bruno V. Almeida, Lizandra M.

16-1474   CDD 658.872

Índices para catálogo sistemático:

1. Marketing na Internet

Rua Viúva Cláudio, 291 — Bairro Industrial do Jacaré
CEP: 20.970-031 — Rio de Janeiro (RJ)
Tels.: (21) 3278-8069 / 3278-8419
www.altabooks.com.br — altabooks@altabooks.com.br
www.facebook.com/altabooks — www.instagram.com/altabooks

À memória de minha mãe, Mary Lynn Goodrich Parker.

Para A., X. e E.

Para Devika, por estar sempre por perto.

PREFÁCIO
À EDIÇÃO BRASILEIRA

Quando sabemos que determinada operação foi transformada em um sistema complexo? Quando a soma do todo naquele microcosmo supera – em muito – as partes e quando o sistema de repente parece se tornar autônomo e imprevisível. Alguma similaridade com o que vivemos hoje no Brasil e no mundo, com a digitalização completa da vida? Sim, sem dúvida, embora alguns céticos relutem em acreditar nisso.

No âmbito específico dos negócios, o que funcionava antes não funciona mais e a desconstrução dos padrões é aguda e veloz. A necessidade de se adaptar o tempo todo e em diversas frentes cria, além de muitas ambiguidades, novas complexidades, provocando tensão e até desespero nos executivos de empresas de todos os portes. Tudo no entorno das organizações e suas marcas, de seus relacionamentos às propostas de valor declaradas, se desfaz em uma rapidez estonteante, corroendo conquistas de décadas de trabalho, e vai ganhando novos significados.

A profunda transformação que os ambientes digitais em aceleração exponencial promovem faz surgir diversas oportunidades com o novo mundo, porém, para os que se limitam a olhar suas pequenas partes, o fenômeno é sobretudo uma ameaça.

Em 2011, a Babson Olin School of Business alertou que, até 2021, deverão ter desaparecido 40% das empresas listadas na *Fortune 500* – justamente por incapacidade de se adaptar. Em 2016, a probabilidade de isso acontecer só fez aumentar, com os novos entrantes jogando com regras muito diferentes das adotadas por empresas tradicionais – e estas, por sua vez, apresentando dificuldade de compreender o que está em curso.

É possível entender esse cenário tão hostil e frenético, que praticamente pulveriza as propostas de valor atuais à velocidade da luz e transforma consumidores e outros stakeholders, bem como os sistemas de gestão? Sim – na verdade, a existência de um padrão de compreensão do que se passa é obrigatória para aumentar nosso poder de resposta e para aprender a gerar um valor relevante em um ambiente que se modifica em grande velocidade.

É consenso entre diversos pensadores que, em dez anos, teremos não mais uma nova geração, e sim uma nova civilização. O tom pode parecer exagerado, mas mostra com realismo o que estamos enfrentando. Empresas disruptivas vêm construindo novos padrões relevantes, enquanto pulverizam a razão de existir das empresas tradicionais, inertes e passivas. Fazem isso mobilizando mentes disruptivas em escala planetária e acionando "partes" como inteligência artificial; biometria; carros, caminhões e tratores autônomos; computação em nuvem; internet de todas as coisas; big data analytics; sistemas de medicina digital; biologia sintética; engenharia genética; sistemas cognitivos; robótica etc. Pense no que poderão fazer essas partes quando combinadas de maneira sistêmica. Imagine o que a complexidade adicional criará...

Com isso, não é mais possível se apoiar somente em Platão, Aristóteles e Descartes, crendo que deve ser levado em conta apenas o que é evidente, e que todo o restante é para ser posto em dúvida. Pela lógica anterior, o todo era a exata soma das partes. Não é mais. Agora, não basta conhecer as partes para dominar o todo. Gestores e empresas continuam tentando capturar tudo de cada uma das partes e, enquanto isso, caem em uma situação de grave passividade em relação ao todo. Afundam em areia movediça na mesma velocidade em que novas partes se conectam com o todo, graças a mais e mais sistemas de comunicação e interação, criando um caleidoscópio de novas possibilidades.

Estou convencido de que não há como brigar contra esse ambiente. A sociedade está mudando de forma inequívoca e as transformações para o mundo das empresas são irreversíveis. O ambiente é hostil, especialmente pela incapacidade corporativa de se adaptar com velocidade ao entorno. O cérebro humano é um dispositivo extremamente inadequado para lidar com a ambiguidade gerada, afinal de contas. A alta velocidade conturba a maneira como os acontecimentos são vistos, capturados e processados. Ambientes sujeitos a transformações extremas e aceleradas aumentam, e muito, a obsolescência das coisas, das empresas e de tudo que está em volta destas. A segurança que se tinha no passado para tomar decisões não existe mais.

E o que acontece nesse cenário com as empresas tradicionais brasileiras, muitas das quais da era pré-internet, estanques, pesadas, hierarquizadas e com um sistema de pensamento nuclear? Elas, em sua maioria, estão indo na contramão da história.

As companhias brasileiras costumam ter visões muito lineares; perdem-se em planejamentos longos e detalhados de 20 anos; usam dados recorrentes das experiências passadas; são muito lentas na tomada de decisão e na adoção de novas tecnologias. Em termos de cultura, elas também possuem, em regra, um jeito de ser muito próprio – bem mais voltada ao fazer do que ao pensar, e de orientação mais interna, o que as leva a excluir a diversidade de opiniões e as percepções externas. Tudo isso só faz afastar nossas organizações deste mundo mais ágil, dos novos significados extremos, da disrupção. Elas não compreendem nada do que ocorre.

Em minhas andanças pelo mundo corporativo brasileiro, assisto a esse quadro com perplexidade e decepção. Nossas empresas parecem negar o que está acontecendo, e, mesmo quando lhes mostramos sua fragilidade nos novos ambientes complexos, elas insistem em rejeitar as evidências. Nossas empresas dizem que os fatos são "apenas tendências" e que precisam avaliá-los melhor antes de fazer algo. Continuam a olhar as partes. Não entendem que tais "tendências" já se tornaram urgências.

O futuro acontece hoje, a quarta revolução industrial bate à nossa porta, e nossas empresas respondem com um silêncio profundo e incomodado, como se estivessem em um processo catatônico.

Geoffrey G. Parker, Marshall W. Van Alstyne e Sangeet Paul Choudary nos iluminam com *Plataforma – A Revolução da Estratégia*, livro que pode emergir como uma luz no fim do túnel para as as imobilizadas empresas brasileiras. Os autores apresentam de maneira muito clara e prática os passos a dar neste novo mundo, explicando didaticamente o poder das novas plataformas, sua arquitetura, os processos que as levam a transformar as indústrias tradicionais, as modalidades de criação de modelos de sucesso. Fundamentalmente, oferecem uma visão bastante clara do futuro de tudo isso que estamos vivendo.

Plataforma – A Revolução da Estratégia pode ser um poderoso aliado para os gestores que se preocupam com a nova batida do mundo, tocando nas questões tensas e nevrálgicas do entorno empresarial atual. Considero-o uma leitura obrigatória a todos os executivos céticos, pensadores cartesianos, professores, articuladores e conteudistas – e também aos evangelistas do novo mundo, entre os quais me incluo.

CARLOS PIAZZA,
Especialista em darwinismo
digital, consultor e professor de MBA

SUMÁRIO

Introdução	3
1. HOJE: Bem-vindo à "Revolução da Plataforma"	13
2. EFEITOS DE REDE: O poder da plataforma	25
3. ARQUITETURA: Princípios para o design de uma plataforma de sucesso	45
4. DISRUPÇÃO: Como as plataformas conquistam e transformam os setores tradicionais	71
5. LANÇAMENTO: O ovo ou a galinha? Oito maneiras de lançar uma plataforma vencedora	93
6. MONETIZAÇÃO: Como capturar o valor criado pelos efeitos de rede	121
7. ABERTURA: Como definir o que usuários de uma plataforma e parceiros podem ou não fazer	143
8. GOVERNANÇA: Políticas para ampliar o valor e o crescimento	171
9. MÉTRICAS: Como gestores de plataforma podem mensurar o que de fato importa	199
10. ESTRATÉGIA: Como as plataformas mudam a concorrência	219
11. POLÍTICA: Como as plataformas deveriam (ou não) ser regulamentadas	245
12. AMANHÃ: O futuro da plataforma	279
Agradecimentos	309
Glossário	315
Notas	321
Índice remissivo	345
Sobre os autores	363

INTRODUÇÃO

Plataforma – *A Revolução da Estratégia* é o resultado de nosso esforço em elaborar o primeiro guia claro, completo e confiável para um dos mais importantes avanços econômicos e sociais da atualidade: o surgimento da plataforma como modelo gerencial e organizacional.

O modelo de plataforma responde pelo sucesso de muitas das maiores empresas da atualidade, aquelas que crescem em altíssima velocidade e são revolucionárias, desde o Google, a Amazon e a Microsoft até o Uber, o Airbnb e o eBay. Além disso, as plataformas começam a transformar uma série de outros contextos econômicos e sociais, da assistência médica e educação à energia e à esfera governamental. Seja você quem for, e independentemente do que faz para ganhar seu sustento, é bastante provável que as plataformas já tenham modificado sua vida como funcionário, executivo, profissional liberal, consumidor ou cidadão – e elas estão prestes a produzir mudanças ainda maiores no seu cotidiano nos próximos anos.

Ao longo das duas últimas décadas, identificamos que poderosas forças econômicas, sociais e tecnológicas estão transformando nosso mundo de uma forma que poucos compreendem com clareza. Nós nos dedicamos ao estudo dessas forças e seu funcionamento: de que modo elas vêm desestruturando grandes empresas, derrubando mercados e alterando carreiras, e como estão impulsionando startups tanto para dominar setores tradicionais quanto para explorar novas atividades.

Cientes de que o modelo de negócio da plataforma é a principal expressão dessas forças, ampliamos nossas bases acadêmicas e empresariais a fim de acompanhar de perto organizações profundamente envolvidas com a criação de plataformas de negócios, dentre elas Intel, Microsoft, SAP, Thomson Reuters, Intuit, 500 Startups, Haier Group, Telecom Italia e muitas outras. Nas páginas a seguir, contaremos a história dessas empresas.

Nossa meta, com este livro, é solucionar diversos enigmas impostos pela rápida ascensão do modelo de plataforma, tais como:

- De que modo plataformas de negócios como Uber e Airbnb conseguiram desestruturar e dominar imensos setores tradicionais de atividade poucos anos após seu lançamento? (Abordamos essa questão ao longo do livro, dedicando-lhe atenção especial no Capítulo 4.)
- De que maneira as plataformas de negócios, empregando muito menos funcionários, desbancam as empresas tradicionais? (Veja os Capítulos 1 e 2.)
- Como o surgimento da plataforma transformou os princípios norteadores do crescimento econômico e da concorrência empresarial? Quais as semelhanças – e quais as diferenças – entre as plataformas de negócios e os gigantes industriais do passado? (Veja os Capítulos 2 e 4.)
- Como e por que determinadas organizações e líderes empresariais alcançaram os níveis mais altos de sucesso ou mergulharam nas profundezas do fracasso – ou ambos – em consequência do uso dos métodos das plataformas de negócios? Por que o market share da Blackberry caiu de 49% para 2% em apenas quatro anos? Como Steve Jobs meteu os pés pelas mãos em relação à escolha do modelo de plataforma para seu negócio na década de 1980... para depois acertar na mosca na década de 2010? (Veja os Capítulos 2 e 7.)
- Como algumas empresas equacionam o desafio de atrair produtores e consumidores simultaneamente para uma nova plataforma, enquanto outras fracassam de modo lastimável? Por que a livre precificação revela-se uma jogada empresarial brilhante em alguns casos, e, em outros, é um erro fatal? (Veja os Capítulos 5 e 6.)
- Por que alguns contextos dão origem a mercados com várias plataformas concorrentes, enquanto em outros casos despontam mercados exclusivistas, dominados por uma única plataforma? (Veja Capítulo 10.)

- Quem deveria pagar pelos eventuais danos impostos aos usuários à medida que as plataformas crescem, tais como compradores do eBay que não recebem suas mercadorias, mulheres inscritas no Match.com que sofrem assédio, ou casas alugadas por meio da Airbnb que são vandalizadas.? (Veja os Capítulos 8 e 11.)

Ao responder a perguntas desse tipo, buscamos criar um guia prático para a nova economia que vem mudando o mundo em que vivemos, trabalhamos e nos divertimos. *Plataforma – A revolução da estratégia* deriva de três carreiras dedicadas ao estudo e à elucidação dos mistérios em torno do modelo de plataforma.

Dois dos autores – Geoff Parker e Marshall Van Alstyne – interessaram-se pelo surgimento da economia de rede no período da bolha da internet, entre 1997 e 2000, quando ambos cursavam o doutorado no MIT. Foram tempos febris. O índice Nasdaq superou os 80% à medida que capitalistas de risco investiam em startups que ostentavam novas tecnologias e nomes com prefixo *e-* e sufixo *.com*.

Como as tradicionais formas de mensuração do sucesso empresarial aparentemente haviam se tornado obsoletas, diversas organizações lançaram IPOs (ofertas públicas iniciais de ações) com sucesso, mesmo sem jamais terem lucrado um centavo. Tanto estudantes como professores universitários abandonavam a academia para abrir empresas de tecnologia.

Inevitavelmente, a bolha estourou. A partir do início de março de 2000, papéis avaliados em trilhões de dólares evaporaram em questão de meses. Ainda assim, em meio ao turbilhão, certas empresas sobreviveram. Embora a Webvan e o Pets.com tenham desaparecido, a Amazon e o eBay persistiram e prosperaram. Steve Jobs, que perdera a Apple em função de erros cometidos no passado, recuperou-se, voltou à empresa e transformou-a num ícone. Com o tempo, o mundo online ressurgiu das profundezas do naufrágio de 2000, emergindo mais forte do que nunca.

Por que algumas empresas ancoradas na internet foram bem-sucedidas e outras sucumbiram? Questão de pura sorte ou havia nas primeiras princípios de planejamento mais profundos? Quais são as regras da nova economia virtual? Geoff e Marshall saíram em busca de respostas para essas perguntas.

O desafio mostrou-se bem mais difícil do que eles esperavam. Viram-se desafiados a desenvolver uma nova teoria econômica de redes bilaterais. O artigo que publicaram na *Harvard Business Review* intitulado "Strategies for two-sided markets", em coautoria com o professor de Harvard Thomas R. Eisenmann, estabeleceu aquela que se tornaria uma das teorias de negócios virtuais mais amplamente ensinadas, e que ainda faz parte de programas de MBA mundo afora. Em conjunto com as obras de outros estudiosos, os insights de Geoff e Marshall ajudaram a reformular o pensamento dominante acerca da regulamentação dos negócios. Mais tarde, a bordo do programa Initiative on the Digital Economy (Iniciativa em Economia Digital) do MIT, eles incrementaram seus estudos com empresas como AT&T, Dun & Bradstreet, Cisco, IBM, Intel, Jawbone, Microsoft, Salesforce, SAP, Thomson Reuters e muitas outras.

O terceiro autor do livro, Sangeet Choucary, cursava o ensino médio durante a bolha das empresas ponto.com, na década de 1990, mas já se sentia fascinado com o enorme poder da internet – sobretudo quanto ao potencial de criação de modelos de negócio capazes de crescer em escala e rapidamente. Mais tarde, ao atuar como diretor de inovação e novos empreendimentos na Yahoo e na Intuit, Sangeet começou a explorar mais a fundo os fatores indicativos do sucesso e do fracasso de startups de internet. A pesquisa sobre o fracasso de modelos de negócio, associada a conversas com capitalistas de risco e empreendedores, ajudou-o a identificar a importância crescente de um modelo de negócio inédito e altamente expansível: a plataforma.

Em 2012, Sangeet começou a se concentrar em plataformas de negócios em tempo integral. Sua premissa: na medida em que o mundo fica cada vez mais interconectado, serão vencedoras as empresas que lidarem melhor com o poder das redes de plataforma. Sangeet ofereceu orientação em estratégia de plataforma para uma ampla gama de organizações do mundo inteiro, de startups até empresas listadas no top 100 da revista *Fortune*. Seu conhecido blog (http://platformed.info) tem sido destaque nas principais mídias.

No primeiro semestre de 2013, Marshall e Geoff entraram em contato com os estudos de Sangeet e perceberam de imediato o potencial de um trabalho conjunto. A parceria consolidou-se em meados daquele ano, quando, reunidos por três semanas no MIT, trabalharam na construção de uma visão coesa da dinâmica das plataformas. Desde então, dirigindo o Platform Strategy Summit do MIT, têm atuado como palestrantes sobre modelos de plataforma nos principais fóruns mundiais, como o G20, o Emerce eDay e o TED. Lecionaram a matéria em algumas das principais universidades de diversos países e colaboraram na implementação da estratégia de plataforma em empresas do mundo inteiro.

Plataforma – A revolução da estratégia representa um primeiro esforço no sentido de reunir nossas descobertas sobre o tema de modo coeso e abrangente. Fomos bastante afortunados por ter acesso a ideias e experiências de algumas das maiores empresas do planeta, trabalhando com mais de cem organizações dos mais diversos setores de atividade, no desenvolvimento e na implementação de suas estratégias de plataforma. No Platform Strategy Summit do MIT, dirigentes de organizações que estão construindo, gerenciando ou reagindo a plataformas (como edX, Samsung, Apigee, Accenture, OkCupid e Alibaba, entre muitas outras) partilharam histórias entre si e conosco. Da mesma forma, nos beneficiamos do trabalho de estudiosos de nível internacional que dedicaram suas carreiras à compreensão da economia digital e que participam do Workshop on Information Systems and Economics (WISE), realizado anualmente, e do Platform Strategy Research Symposium da Boston University. Contamos, também, com o conhecimento de grandes pensadores em campos afins, como design de comportamento, ciência de dados, metodologias ágeis de projetos e teoria de design de sistemas.

Escrevemos este livro por acreditar que a conectividade digital e o modelo de plataforma que ela viabiliza estão mudando o mundo para sempre. A transformação econômica conduzida pelas plataformas traz enormes benefícios para a sociedade como um todo e para as empresas e outras organizações que criam riqueza, produzem crescimento e atendem às necessidades do ser humano. Ao mesmo tempo, essa transformação vem promovendo mudanças drásticas nas regras que, tradicionalmente, definiam o sucesso e o fracasso. Esperamos que este livro ajude empreendimentos novos – assim como empresas estabelecidas, legisladores, agências regulatórias e cidadãos – a navegarem eficazmente pela desafiadora paisagem de um mundo moldado pelo que consideramos ser uma verdadeira "Revolução da Plataforma".

GEOFFREY G. PARKER, MARSHALL W. VAN ALSTYNE E
SANGEET PAUL CHAUDERY

1
HOJE
Bem-vindo à "Revolução da Plataforma"

Em outubro de 2007, um pequeno item foi incluído num boletim informativo online dirigido a designers industriais – homens e mulheres dedicados a dar forma a quase tudo, de cafeteiras a aviões jumbo. Tal item referia-se a uma opção de alojamento incomum para os profissionais que planejavam participar de uma convenção conjunta de duas organizações do setor, o International Congress of Societies of Industrial Design (ICSID) e a Industrial Designers Society of America (IDSA).

> *Se você vai participar do evento World Congress/Connecting'07, em São Francisco, na próxima semana, e ainda não providenciou hotel, venha se hospedar e fazer networking conosco. É isso mesmo. Como "alternativa acessível aos hotéis da cidade", imagine-se na casa de um colega do ramo do design, acordando num velho colchão inflável e conversando sobre a programação do dia, enquanto saboreia biscoitos acompanhados de suco de laranja.*

Os anfitriões dessa oportunidade de "hospedagem com networking" eram Brian Chesky e Joe Gebbia, designers em início de carreira, que, recém-chegados a São Francisco, se viram incapazes de arcar com o aluguel do loft que dividiam. Precisando com urgência fazer dinheiro, tiveram a ideia de oferecer o próprio teto, alguns colchões infláveis e serviços temporários como guias turísticos aos participantes da convenção. Chesky e Gebbia atraíram hóspedes para três finais de semana e amealharam US$ 1.000, suficientes para cobrir o aluguel do mês seguinte.

Aquela experiência improvisada de compartilhamento de espaço provocaria uma revolução em um dos maiores setores de atividade do mundo.

Chesky e Gebbia recrutaram um terceiro amigo, Nathan Blecharczyk, para ajudá-los a transformar a locação econômica de acomodações em negócio de longo prazo. É claro que o espaço para aluguel disponível no loft deles em São Francisco não garantiria um retorno muito significativo. Assim, criaram um site que permitia a qualquer um, em qualquer lugar, disponibilizar um quarto vago, ou mesmo o sofá da sala de estar, para turistas em busca de pernoite. Em troca, a empresa – denominada Air Bed & Breakfast (Airbnb), nome inspirado nos colchões infláveis do loft de Chesky e Gebbia – ficava com uma porcentagem do valor do aluguel.

De início, os três sócios concentraram-se nas datas de eventos que costumavam esgotar as vagas da rede hoteleira convencional. Sua primeira grande investida foi o festival South by Southwest de 2008, em Austin, Texas. Logo descobriram, no entanto, que a demanda por acomodações baratas e acolhedoras, oferecidas por residentes locais, existia o ano inteiro em todo o território dos Estados Unidos – e no exterior.

Hoje, a Airbnb é uma empresa gigantesca, ativa em 119 países e com 500 mil propriedades cadastradas, de quitinetes diminutas a castelos de verdade. Já atendeu a mais de 10 milhões de hóspedes. Em rodada de investimento realizada em abril de 2014, a companhia foi avaliada em mais de US$ 10 bilhões, um patamar superado por apenas algumas das maiores cadeias hoteleiras do mundo.

Em menos de uma década, a Airbnb drenou um segmento crescente de clientes do setor tradicional da hotelaria – mesmo sem possuir um único quarto de hotel.

É uma mudança drástica e inesperada. No entanto, trata-se apenas de um exemplo entre a série de improváveis reviravoltas em setores de atividade que compartilham o mesmo DNA.

O Uber, aplicativo que disponibiliza serviço de transporte particular, foi lançado em março de 2009 em uma única cidade, São Francisco. Menos de cinco anos mais tarde, a empresa foi avaliada por seus investidores em mais de US$ 50 bilhões. Está preparada para desafiar ou

substituir o serviço convencional de táxis em muitas das mais de duzentas cidades em que opera – mesmo sem possuir um único veículo.
- Gigantesco grupo de comércio pela internet, o Alibaba está sediado na China. Oferece cerca de 1 bilhão de produtos em apenas um de seus portais de negócio (Taobao, mercado de venda direta ao consumidor semelhante ao eBay). Foi apelidado pela revista *The Economist* de "o maior bazar do mundo" – mesmo sem possuir um único item em estoque.
- Com mais de 1,5 bilhão de usuários regulares interessados em ler notícias, ver fotos, ouvir música e assistir a vídeos, o Facebook tinha em 2015 uma estimativa de US$ 14 bilhões em ganhos anuais com propaganda. É possivelmente a maior empresa de mídia social do mundo – mesmo sem criar um único conteúdo original.

Como uma empresa iniciante, sem quaisquer recursos tradicionalmente considerados essenciais para sobreviver, consegue, em questão de meses, invadir, conquistar e, às vezes, até dominar todo um ramo de atividade? E por que isso vem acontecendo com tanta frequência, nos mais diversos setores?

A resposta é o *poder da plataforma* – um novo modelo de negócio que usa a tecnologia para conectar pessoas, organizações e recursos em um ecossistema interativo, no qual podem ser criadas e trocadas quantidades incríveis de valor. Airbnb, Uber, Alibaba e Facebook são apenas quatro exemplos de uma lista de plataformas revolucionárias, entre as quais figuram Amazon, YouTube, Wikipédia, iPhone, Upwork, Twitter, Kayak, Instagram e Pinterest. Cada uma delas é singular e está focada em um mercado e setor de atividade específico, mas todas souberam dominar o poder da plataforma, impondo mudanças em um segmento da economia global. Outras tantas transformações comparáveis pairam no horizonte.

Embora soe simples, o conceito de plataforma está modificando radicalmente os negócios, a economia e a sociedade. Conforme explicaremos ao longo do livro, quase todo setor de atividade em que as informações são ingrediente importante candidata-se à Revolução da Plataforma. Incluem-se aí empresas cujo "produto" é constituído por informações (como educação e mídia), assim como qualquer outra que extraia valor do acesso a informações sobre necessidades de clientes, flutuação de preços, oferta e procura e tendências de mercado – o que inclui quase todo tipo de negócio.

Portanto, talvez não seja surpresa que a lista das marcas de crescimento mais veloz em todo o mundo seja cada vez mais dominada por plataformas de negócios. Na verdade, em 2014, três das cinco maiores empresas do planeta mensuradas por capitalização de mercado – Apple, Google e Microsoft – constituíam modelos de plataforma de negócio. O Google debutou como empresa de capital aberto em 2004. A Apple quase falira poucos anos antes, quando ainda se configurava como um modelo de negócio fechado. Agora, até gigantescas corporações tradicionais – de Walmart e Nike a John Deere, GE e Disney – correm para adotar em seus negócios a abordagem da plataforma. Em diferentes graus, as plataformas de negócios vêm assumindo uma fatia grande e crescente da economia em todas as regiões do planeta (veja a Figura 1.1).

O poder revolucionário das plataformas também transforma a vida das pessoas de uma maneira impensável há alguns anos.

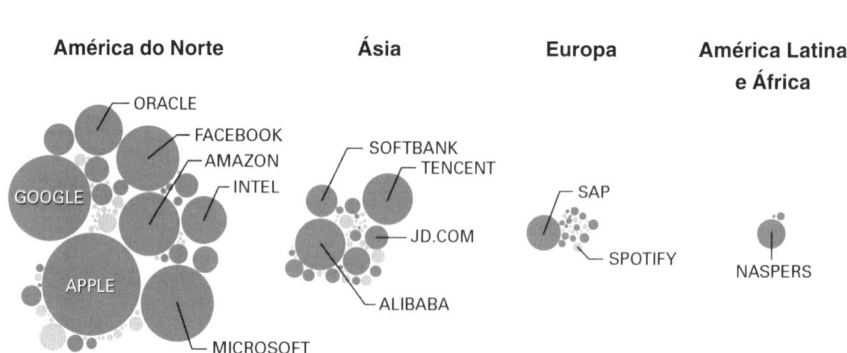

FIGURA 1.1. Em termos de capitalização de mercado, a América do Norte tem mais plataformas de negócios criando valor do que qualquer outra região do planeta. No enorme e homogêneo mercado da China, as plataformas estão crescendo rapidamente. Já na Europa, um mercado mais fragmentado, elas valem menos do que um quarto de suas similares norte-americanas, situação não muito diferente da verificada nas regiões em desenvolvimento da África e da América Latina.

Fonte: Peter Evans, Center for Global Enterprise.

- Joe Fairless era executivo da área de propaganda em Nova York e, paralelamente, atuava com investimentos no setor imobiliário. Ao ministrar aulas sobre mercado imobiliário pelo Skillshare, uma plataforma educacional, Joe não só aprimorou suas habilidades de oratória como conheceu centenas de investidores jovens e ávidos. Resultado: levantou mais de US$ 1milhão para abrir a própria empresa de investimentos, abandonando a carreira na propaganda.
- Taran Matharu, estudante de administração em Londres, tinha 21 anos quando decidiu disputar o National Novel Writing Month, concurso da internet que desafia os participantes a escreverem romances em apenas um mês. Ele postou trechos de seu texto no Wattpad, plataforma de compartilhamento de histórias e rapidamente atraiu mais de 5 milhões de leitores. Seu primeiro trabalho, a trilogia *Summoner*, foi publicado na Grã-Bretanha e em outros dez países, e Matharu tornou-se escritor em tempo integral.
- James Erwin era redator de manuais de software em Des Moines, no estado de Iowa, e também um aficionado por história. Certa noite, ao navegar pelo site de mídia social Reddit, ele deparou com uma pergunta: o que aconteceria se um batalhão de fuzileiros navais norte-americanos da atualidade enfrentasse o antigo Império Romano? Erwin postou uma resposta que atraiu ferrenhos seguidores e, em algumas semanas, lhe rendeu um contrato para realizar um filme. Trocou a redação de manuais pela criação de roteiros de cinema.

Seja professor ou advogado, fotógrafo ou cientista, encanador ou terapeuta, não importa o trabalho que você realize – são grandes as chances de que uma plataforma esteja pronta para transformar sua vida profissional, abrindo oportunidades e, em alguns casos, propondo novos desafios.

A revolução da plataforma é uma realidade – e o mundo que ela prenuncia veio para ficar. Porém o que é uma plataforma, exatamente? O que a torna singular? E o que responde por seu marcante poder transformador? São perguntas que começaremos a explorar no restante deste capítulo.

Comecemos por uma definição básica. Uma *plataforma* é uma empresa que viabiliza interações que criam valor entre produtores e consumidores externos. A plataforma oferece uma infraestrutura para tais interações e estabelece condições de funcionamento para elas. O propósito primordial da plataforma é consumar o contato entre usuários e facilitar a troca de bens, serviços ou "moedas sociais", propiciando assim a criação de valor para todos os participantes.

Explicado dessa maneira, o funcionamento do modelo pode parecer bastante simples. No entanto, as plataformas atuais – impulsionadas por uma tecnologia digital que neutraliza barreiras de tempo e espaço, e que emprega softwares sofisticados, capazes de conectar produtores e consumidores com precisão, rapidez e facilidade inéditas – produzem resultados bem próximos do miraculoso.

A REVOLUÇÃO DA PLATAFORMA E O FORMATO DA MUDANÇA

Para compreender as poderosas forças desencadeadas pela explosão das plataformas de negócios, vale a pena pensar em como o valor tem sido criado e transferido na maioria dos mercados. O sistema tradicional empregado pela maior parte das empresas é o chamado *pipeline*. Comparado à plataforma, o pipeline é um tipo de negócio que segue um esquema de passo a passo para criar e transferir valor, com produtores numa extremidade e consumidores na outra. Primeiro, a empresa concebe o produto ou serviço. Em seguida, o produto é fabricado e colocado à venda, ou instala-se um sistema para oferecer o serviço. Por fim, busca-se um cliente que compre um ou outro. Por ser simples, do tipo "mão única", podemos descrever o pipeline de negócios como uma cadeia linear de valor.

Nos últimos anos, mais e mais empresas migram da estrutura de pipeline para a estrutura de plataforma. Essa mudança implica transformar a configuração simples do pipeline em um sistema complexo, em que produtores, consumidores e a própria plataforma estabelecem entre si um conjunto variável de relações. No mundo das plataformas, diferentes tipos de usuários – sendo alguns produtores, outros consumidores e outros, ainda, desempenhando ambos os papéis em diferentes momentos – conectam-se e interagem, utilizando os recursos disponibilizados pela plataforma. Nesse processo, trocam, consomem e, por vezes, criam conjuntamente algo de valor. Em vez de fluir numa linha reta – dos produtores para os consumidores –, o valor pode ser criado, modificado, trocado e consumido de diversas formas e em diversos lugares, graças às conexões facilitadas pela plataforma.

Cada plataforma funciona de modo diferente, atrai diferentes tipos de usuários e cria diferentes formas de valor, mas os mesmos elementos básicos são identificáveis em toda plataforma de negócio. No setor de telefonia celular, por exemplo, há atualmente duas plataformas principais – o iOS da Apple e o Android, patrocinado pelo Google. Os usuários que optam por uma das plataformas consomem o valor por ela oferecido – por exemplo, a capacidade de produzir imagens oferecida pela câmera embutida no aparelho. Mas também consomem o valor fornecido por um conjunto de programadores que criam conteúdos para a plataforma de modo a ampliar sua funcionalidade – por exemplo, o valor oferecido por um aplicativo exclusivo para iPhone. O resultado é um intercâmbio de valor possibilitado pela própria plataforma.

A mudança da cadeia de valor linear tradicional para a complexa matriz de valor da plataforma pode parecer um tanto óbvia. Suas implicações, porém, são admiráveis. A propagação do modelo de plataforma de um setor de atividade para outro vem produzindo uma série de modificações revolucionárias em quase todos os aspectos dos negócios. Consideremos algumas dessas modificações.

As plataformas superam os pipelines por se expandirem com mais eficiência, ao eliminar gatekeepers. Até recentemente, a maioria das empresas constituía-se em torno de produtos concebidos e criados numa ponta do pipeline e entregues aos consumidores na outra.[*] Ainda existem muitas empresas de pipeline – mas estas quase sempre perdem espaço quando disputam o mesmo mercado com organizações de plataforma.

Uma razão é que os pipelines dependem de *gatekeepers* ("guardiões do portão", em inglês), em geral ineficientes, para filtrar o fluxo de valor do produtor para o consumidor. No setor editorial tradicional, os editores selecionam ("filtram") alguns livros e autores dentre os milhares que lhes são oferecidos, na esperança de que os escolhidos

---

[*] Para simplificar, referimo-nos aqui a produtos e serviços como "produtos". A principal diferença entre os dois é que os produtos são tangíveis, objetos concretos, enquanto os serviços são intangíveis e oferecidos como atividades. Nas empresas tradicionais, ambos são fornecidos mediante cadeias de valor lineares – pipelines – o que justifica estarem agregados nesta discussão.

caiam no gosto popular. Baseado principalmente em instinto e adivinhação, esse é um processo muito trabalhoso e demorado. Por outro lado, a plataforma Kindle da Amazon permite que qualquer um publique o próprio livro: o feedback em tempo real dos consumidores determina quais livros farão sucesso e quais estarão fadados ao fracasso. O sistema de plataforma se expande de maneira mais rápida e eficiente porque os gatekeepers tradicionais (editores) são substituídos por manifestações do mercado fornecidas de maneira automática pela comunidade de leitores.

A eliminação de gatekeepers também garante aos consumidores mais liberdade para escolher produtos que atendam às suas necessidades. O modelo tradicional de ensino superior obriga estudantes e pais a adquirirem um pacote educativo genérico, que inclui a gestão da escola, professores, cursos estruturados, linhas de pesquisa acadêmica, instalações físicas. Na função de gatekeepers, as universidades impõem tal pacote fechado às famílias, sendo esse o único caminho para se obter a certificação de graduação. Porém, se houvesse possibilidade de escolha, muitos alunos tenderiam a ser seletivos em relação aos serviços oferecidos pelas universidades. Caso existisse uma certificação alternativa que fosse amplamente aceita pelos empregadores dos futuros formandos, os pacotes fechados de formação universitária se veriam ameaçados. Como era de se esperar, o desenvolvimento de uma certificação alternativa figura entre as metas primordiais de plataformas de negócios do setor educacional, como o Coursera.

Firmas de consultoria e escritórios de advocacia também oferecem pacotes de serviços. Seus especialistas mais renomados são o motivo que leva os clientes a pagar valores elevados por um pacote, mas nesse preço estão embutidos os custos de manutenção de toda uma equipe de profissionais mais inexperientes. No futuro, esse quadro poderia mudar, com advogados e consultores prestando serviços individualmente para as empresas, intermediados por uma plataforma capaz de prestar suporte administrativo e outros atendimentos de menor relevância em geral incluídos nos atuais pacotes de firmas de consultoria e escritórios de advocacia. Plataformas como a Upwork já promovem a conexão entre empresas que precisam de determinado serviço e profissionais aptos a realizá-lo, eliminando o efeito "pacote" imposto pelos gatekeepers tradicionais.

As plataformas superam os pipelines por liberar novas fontes de criação de valor e de fornecimento. Considere a forma de trabalho tradicional do setor hoteleiro. O crescimento exigiu que as empresas desse ramo, como Hilton e Marriott, aumentassem o número de apartamentos a ser negociados por suas marcas, valendo-se de sofisticados sistemas de reserva e de pagamento. Isso implica ainda vigiar permanentemente o mercado imobiliário em busca de oportunidades promissoras, investir em imóveis existentes ou construir novos edifícios, e gastar quantias elevadas para manter, revitalizar, expandir e melhorar tais propriedades.

A startup Airbnb, em certo sentido, atua no mesmo setor. Assim como os gigantes da hotelaria, emprega sistemas refinados de precificação e reservas, concebidos para permitir que os hóspedes encontrem, reservem e paguem pelas acomodações conforme suas necessidades. O Airbnb, porém, opera pelo modelo de plataforma: *não possui um quarto sequer*. Em vez disso, criou e mantém uma plataforma que congrega indivíduos dispostos a oferecer acomodações diretamente aos consumidores. Como pagamento, o Airbnb recolhe uma taxa entre 9% e 15% (média de 11%) do valor total de cada transação negociada por intermédio da plataforma.[1]

Uma das implicações disso é que o crescimento do Airbnb, ou de qualquer outra plataforma concorrente, pode ser muito mais rápido do que o de uma empresa hoteleira tradicional, uma vez que a expansão do negócio não está mais atrelada à capacidade de mobilizar capital e gerenciar ativos patrimoniais. Uma cadeia de hotéis pode levar anos para escolher e adquirir uma nova área, conceber e construir um novo resort e ainda contratar e treinar pessoal. De sua parte, o Airbnb aumenta seu "estoque" de hospedagem na mesma velocidade em que cadastra usuários com aposentos disponíveis para alugar. Como resultado, em apenas alguns anos, o Airbnb atingiu uma envergadura e um valor que exigiriam décadas de trabalho árduo e investimentos às vezes arriscados para serem alcançados no ramo hoteleiro tradicional.

Nos mercados de plataforma, a natureza do fornecimento muda. Capacidades ociosas são descobertas, e a comunidade, que antes costumava apenas demandar, passa a contribuir como fornecedora. Enquanto as empresas tradicionais mais enxutas funcionam com estoque *just-in-time*, as plataformas de negócios operam com estoque *not-even-mine* ("que nem é meu"). Toda vez que a Hertz entrega um carro no aeroporto assim que o passageiro desembarca, ela opera conforme os padrões da locação de veículos. Hoje, porém, a RelayRides toma emprestado o carro de um passageiro que vai embarcar para cedê-lo a outro que acaba de aterrissar. Quem antes pagava caro para deixar o veículo estacionado no aeroporto por horas, ou até dias, agora é remunerado, com seguro incluído, por alugar o carro para outras pessoas. Todos ganham, exceto a Hertz e outras locadoras tradicionais. As estações de TV montam estúdios e contratam profissionais para produzir programas. O YouTube, regido por um modelo de negócio diferente, contabiliza mais visualizações do que qualquer canal convencional, exibindo conteúdos produzidos pelos próprios espectadores. Todos ganham, exceto as redes de TV e os estúdios de cinema que, antes, praticamente detinham o monopólio da produção audiovisual. A Viki, sediada em Cingapura, vem desafiando a tradicional cadeia de valor da mídia ao promover uma comunidade aberta de tradutores para legendar filmes e novelas asiáticas. Feito o trabalho, os direitos dos vídeos legendados são negociados pela Viki com distribuidores no mercado internacional.

As plataformas desestruturam o cenário competitivo tradicional suprindo o mercado com novo tipo de fornecimento. Os hotéis, obrigados a arcar com custos fixos, veem-se competindo com negócios que operam livres de tal ônus. Isso funciona para essas novas empresas porque existe uma capacidade ociosa no mercado que se torna disponível pela intermediação permitida pela plataforma. A *economia compartilhada* reside na ideia de que muitos itens – como automóveis, barcos e até cortadores de grama – ficam ociosos durante a maior parte do tempo. Antes da ascensão da plataforma, era possível emprestar algo para um familiar, um amigo próximo ou um vizinho, mas seria improvável fazê-lo para um desconhecido. Antes do Airbnb, ninguém se sentia seguro de que a própria casa seria deixada em boas condições depois de ser ocupada por um estranho. Ou que o carro alugado para um terceiro seria devolvido sem nenhum arranhão (antes da RelayRides). Ou que o cortador de grama seria de fato devolvido (antes da NeighborGoods).

O esforço necessário para verificar, caso a caso, o crédito e a confiabilidade dos participantes da comunidade é um exemplo dos altos custos transacionais que costumavam impedir o intercâmbio. Ao oferecer contratos-padrão de segurança e sistemas de reputação para garantir o bom comportamento, as plataformas diminuem drasticamente os custos transacionais e criam novos mercados, na medida em que novos fornecedores passam a oferecer seus produtos pela primeira vez.

As plataformas superam os pipelines ao empregar ferramentas baseadas em dados e criar ciclos de feedback na comunidade. Como vimos, o Kindle baseia-se nas reações da comunidade de leitores para determinar quais livros serão bem-sucedidos. Plataformas de todos os tipos ancoram-se em ciclos de feedback semelhantes. O retorno dos usuários é fundamental para Airbnb e YouTube competirem, respectivamente, com hotéis e canais de televisão. Quando tais plataformas revelam sinalizações da comunidade quanto à qualidade do conteúdo (no caso do YouTube) ou à reputação daqueles que oferecem os serviços (no caso do Airbnb), as interações de mercado subsequentes ganham em eficiência. O feedback oferecido por outros consumidores facilita a identificação de vídeos interessantes ou de alternativas de hospedagem confiáveis, que atendam a seus desejos e necessidades. Já os produtos ou fornecedores avaliados com feedback extremamente negativo costumam desaparecer por completo da plataforma.

Por sua vez, as firmas tradicionais de pipeline acreditam em mecanismos de controle – editores, gerentes, supervisores – para garantir a qualidade e dar forma às interações do mercado. Tais mecanismos, contudo, são dispendiosos e ineficientes em termos de crescimento em escala.

O sucesso da Wikipédia comprova que as plataformas podem impulsionar o feedback da comunidade para substituir uma cadeia de fornecimento tradicional. Trabalhos de referência como a conceituada *Encyclopaedia Britannica* foram criados por meio da mobilização de cadeias de fornecimento centralizadas, caríssimas, complexas e difíceis de gerenciar. Com o recurso do modelo de plataforma, a Wikipédia construiu uma fonte de informações comparável à *Britannica* em qualidade e abrangência, valendo-se de uma comunidade de colaboradores externos para garantir o crescimento e a supervisão do conteúdo.

As plataformas "invertem" a empresa. Como a maior parte do valor de cada plataforma é formada por sua comunidade de usuários, esses novos negócios implicam uma reorientação de foco. Atividades que tradicionalmente eram internas passam a ser externas. Nesse sentido, o modelo de plataforma "inverte" a empresa – de dentro para fora. Funções de marketing, tecnologia da informação, operações e até estratégia concentram-se cada vez mais em pessoas e recursos que estão fora da empresa, complementando ou substituindo aquelas áreas que existem no contexto de uma organização convencional.

A linguagem usada para descrever esse processo de inversão difere de uma função empresarial para outra. No marketing, por exemplo, Rob Cain, executivo sênior de TI da Coca-Cola, observa que os principais termos empregados para definir sistemas de envio de mensagens mudaram de "transmissão" para "segmentação", e em seguida para "viralização" e "influência social". Todas essas variações de terminologia refletem o fato de que as mensagens de marketing, antes disseminadas pelos funcionários e representantes da companhia, agora são espalhadas pelos próprios consumidores – um reflexo da natureza invertida da comunicação num mundo dominado por plataformas.[2]

De modo semelhante, os sistemas de TI evoluíram das funções de retaguarda (como o ERP, *enterprise resource planning*, planejamento dos recursos da empresa) para a linha de frente dos negócios (CRM, *consumer relationship management*, gestão de relacionamento com o cliente). Os tempos atuais incluem experimentos fora da empresa que empregam mídias sociais e big data – outra mudança de foco interno para foco externo. A área de finanças, tradicionalmente focada no valor para os acionistas e nos fluxos de caixa descontados, vem se concentrando na geração de valor para as partes interessadas e no papel das interações que ocorrem fora da empresa.

A gestão de operações mudou em termos semelhantes – da otimização dos sistemas de estoque e de cadeia de fornecimento para a gestão de recursos externos que a empresa não controla diretamente. Tom Godwin, vice-presidente sênior de estratégia da Havas Media, descreve a mudança: "O Uber, a maior empresa de táxi do mundo, não possui veículos. O Facebook, o detentor da rede social mais popular do mundo, não cria um conteúdo sequer. O Alibaba, o varejista mais valioso, não possui estoques. E o Airbnb, o maior provedor de acomodações do mundo, nada possui em termos de patrimônio imobiliário."[3] A comunidade é a provedora de tais recursos.

A estratégia mudou. Evoluiu do controle de recursos internos exclusivos para a orquestração de recursos externos. Passou do estabelecimento de barreiras competitivas para a conquista de comunidades vibrantes. A inovação deixou de ser seara de especialistas e de laboratórios internos de pesquisa e desenvolvimento – agora, resulta da colaboração em massa (*crowdsourcing*) e do compartilhamento de ideias propostas por participantes independentes da plataforma.

Os recursos externos não substituem completamente os recursos internos – na maioria das vezes, lhes servem de complemento. No entanto, empresas que adotam plataformas de negócios enfatizam mais a governança do ecossistema e a persuasão de parceiros externos do que a otimização de produtos e o controle de empregados internos.

A REVOLUÇÃO DA PLATAFORMA: COMO REAGIR A ELA?

A ascensão da plataforma vem operando transformações em quase todos os meandros da economia e da sociedade – educação, mídia, profissões, assistência médica, energia, poder público. A Figura 1.2 é um quadro inevitavelmente incompleto de alguns dos atuais e mais destacados contextos de atividades de plataforma, acompanhados de exemplos de alguns negócios já atuantes e representativos em seus setores. Observe que as plataformas estão em evolução constante, muitas servem a mais de um propósito e todos os dias surgem novas empresas ancoradas nesse modelo. Muitos dos nomes aqui listados são bem conhecidos; outros, não. As histórias por trás de algumas dessas organizações serão contadas neste livro. Nossa meta, aqui, é oferecer não um panorama sistemático ou abrangente, mas apenas um esboço que, esperamos, expresse a importância crescente das plataformas de negócios no palco mundial.

A Figura 1.2 indica, ainda, a notável diversidade das plataformas de negócio. À primeira análise, empresas como Twitter e General Electric, Xbox e TripAdvisor, Instagram e John Deere parecem não ter nada em comum. Entretanto, todas vêm tocando negócios que compartilham o DNA fundamental da plataforma – existem para gerar contato e facilitar interações entre produtores e consumidores, sejam quais forem os bens negociados.

Como resultado da ascensão da plataforma, quase todas as atividades tradicionais de gestão – incluindo estratégia, operações, marketing, produção, pesquisa e desenvolvimento e recursos humanos – passam

SETOR	EXEMPLOS
Agricultura	John Deere, Intuit Fasal
Comunicação e mídia social	LinkedIn, Facebook, Twitter, Tinder, Instagram, Snapchat, WeChat
Bens de consumo	Philips, McCormick Foods, FlavorPrint
Educação	Udemy, Skillshare, Coursera, edX, Duolingo
Energia e indústria pesada	Nest, Tesla Powerwall, General Electric, EnerNOC
Finanças	Bitcoin, Lending Club, Kickstarter
Assistência médica	Cohealo, SimplyInsured, Kaiser Permanente
Jogos	Xbox, Nintendo, PlayStation
Mão de obra e serviços profissionais	Upwork, Fiverr, 99designs, Sittercity, LegalZoom
Serviços setorizados	Yelp, Foursquare, Groupon, Angie's List
Logística e entrega	Munchery, Foodpanda, Haier Group
Mídia	Medium, Viki, YouTube, Wikipédia, Huffngton Post, Kindle Publishing
Sistemas operacionais	iOS, Android, MacOS, Microsoft Windows
Varejo	Amazon, Alibaba, Walgreens, Burberry, Shopkick
Transporte	Uber, Waze, BlaBlaCar, GrabTaxi, Ola Cabs
Viagens	Airbnb, TripAdvisor

FIGURA 1.2. Setores que vêm sendo transformados pela plataforma, com exemplos de empresas que se destacam na aplicação desse modelo de negócio.

por uma reviravolta. Vivemos um momento de desequilíbrio que afeta, individualmente, todo tipo de empresa e de líder empresarial. O surgimento do mundo das plataformas é uma das razões principais.

Por consequência, o conhecimento acerca desse novo modelo tornou-se um atributo essencial para a liderança empresarial. No entanto, a maioria das pessoas – incluindo muitos gestores de empresas – ainda luta para resistir à ascensão da plataforma.

Nos capítulos seguintes, apresentaremos um guia abrangente para o modelo de plataforma de negócio e seu crescente impacto sobre praticamente todos os setores da economia. Os insights aqui compartilhados fundamentam-se em pesquisa extensa e também em nossa experiência como consultores às voltas com plataformas de portes variados e de um leque diversificado de setores (inclusive em atividades sem fins lucrativos), em países do mundo inteiro.

Você aprenderá, de modo definitivo, sobre o funcionamento das plataformas, as variadas estruturas que assumem, as numerosas formas de valor que criam e a gama quase ilimitada de usuários que atendem. Caso esteja interessado em criar sua própria plataforma – ou em modificar uma organização já existente, orientando-a para esse novo modelo –, este livro poderá servir como guia de navegação pelas complexidades do design, do lançamento, da gestão, da direção e do crescimento de uma plataforma bem-sucedida. Mesmo que esse não seja seu caso, você perceberá como o crescente impacto das plataformas o afetará como empresário, profissional, consumidor ou cidadão – e como é possível participar com alegria (e lucratividade) de um mercado cada vez mais dominado por negócios dessa natureza.

Seja qual for seu papel na economia atual, que muda em ritmo veloz, este é o momento de dominar os princípios do mundo das plataformas. Vire a página e nós mostraremos como chegar lá.

DESTAQUES DO CAPÍTULO

⇨ O propósito primordial de uma plataforma é consumar o contato entre os usuários e facilitar a troca de bens, serviços ou "moedas sociais", viabilizando a criação de valor para todos os participantes.

⇨ Por criarem valor a partir de recursos que não possuem ou controlam, as plataformas crescem muito mais rápido do que as empresas tradicionais.

⇨ Grande parte do valor da plataforma provém da comunidade que lhe deu origem e à qual serve.

⇨ As plataformas "invertem" as empresas de dentro para fora e relativizam os limites da empresa: o tradicional foco interno é deslocado para o foco externo.

⇨ A ascensão da plataforma já transformou muitos dos principais setores produtivos – e mais transformações de igual relevância estão a caminho.

2
EFEITOS DE REDE
O poder da plataforma

Por várias semanas de junho de 2014, um famoso professor de finanças da New York University (NYU) e um renomado capitalista de risco do Vale do Silício travaram acalorado debate público a respeito de um assunto aparentemente misterioso.

Autor de livros sobre finanças e avaliação de empresas, e agraciado em 2013 com o prestigioso Herbert Simon Award, o professor catedrático da NYU Aswath Damodaran abriu a discussão ao publicar um artigo no qual estimava o valor do Uber, a plataforma cujo aplicativo de celular conecta passageiros a motoristas. Ainda no início daquele mês, investidores haviam injetado um capital de US$ 1,2 bilhão no Uber, recebendo de volta uma fatia da empresa que, em tese, sugeria um valor global do negócio próximo dos US$ 17 bilhões. Damodaran chamou a isso "uma soma estonteante para uma empresa nova com apenas algumas centenas de milhões como receita bruta."[1] O acadêmico insinuou que a ideia de que o Uber tivesse tamanho valor – ou mais ainda, como alguns reivindicavam – era, antes de tudo, mais uma demonstração do orgulho arrogante do Vale do Silício.

A conclusão de Damodaran baseava-se em instrumentos clássicos de finanças. Ele estimou o tamanho do mercado global de táxi, o potencial de market share do Uber e o faturamento que a empresa provavelmente obteria. Em seguida, o professor utilizou o fluxo de caixa ajustado ao risco para chegar a uma avaliação de US$ 5,9 bilhões. Num admirável gesto de transparência, chegou a postar sua planilha online para que outros pudessem examinar e testar as premissas usadas.

Bill Gurley, sócio da Benchmark Capital e um dos investidores no Uber no Vale do Silício, aceitou o desafio. Como capitalista de risco conhecido por figurar entre os primeiros a detectar gigantes tecnológicos como OpenTable, Zillow e eBay, Gurley afirmou que a avaliação em US$ 17 bilhões era provavelmente *subestimada*, e que os dados de Damodaran estariam defasados em um fator de 25.[2] Gurley questionou as premissas do professor tanto em relação ao tamanho do mercado total quanto ao potencial de market share do Uber, baseando seus cálculos na análise de W. Brian Arthur sobre os efeitos de rede.

No estilo clássico de plataforma, o Uber realiza um serviço de pareamento. Ajuda passageiros a encontrar motoristas e vice-versa. Com a adesão de mais motoristas e a intensificação da densidade de cobertura em determinada cidade, uma série de extraordinárias dinâmicas de crescimento entra em ação. Os passageiros primeiro divulgam o serviço entre os amigos, e alguns até se cadastram como motoristas em suas horas vagas. O tempo de espera cai para os clientes, assim como cai o tempo ocioso para os motoristas. Menos tempo parado significa, para o motorista, faturamento: ainda que por meio de corridas curtas e baratas, ele se mantém ativo durante quase todo o período em que se dispõe a trabalhar. A redução do tempo ocioso dos carros, por sua vez, dá margem para que o Uber baixe o valor das corridas e estimule ainda mais a demanda, criando um círculo virtuoso que eleva ainda mais a densidade da cobertura.

Em seu artigo, Gurley reproduz um gráfico de outro investidor que ilustra a dinâmica desse círculo virtuoso – um esboço de guardanapo criado por David Sacks, cofundador do Yammer e veterano do PayPal (Figura 2.1).

O esboço de Sacks é representativo de um exemplo clássico dos *efeitos de rede*. Fica ali demonstrado como o valor do Uber cresce para cada um de seus participantes quanto mais pessoas o utilizam – o que atrai ainda mais usuários e, consequentemente, amplia novamente o valor do serviço.

Os *efeitos de rede* se referem ao impacto exercido pela comunidade de usuários de uma plataforma sobre o valor criado para cada um deles, individualmente. Os *efeitos de rede positivos* referem-se à capacidade de uma plataforma grande e bem gerenciada de produzir valor significativo para cada um de seus usuários. Os *efeitos de rede negativos* referem-se

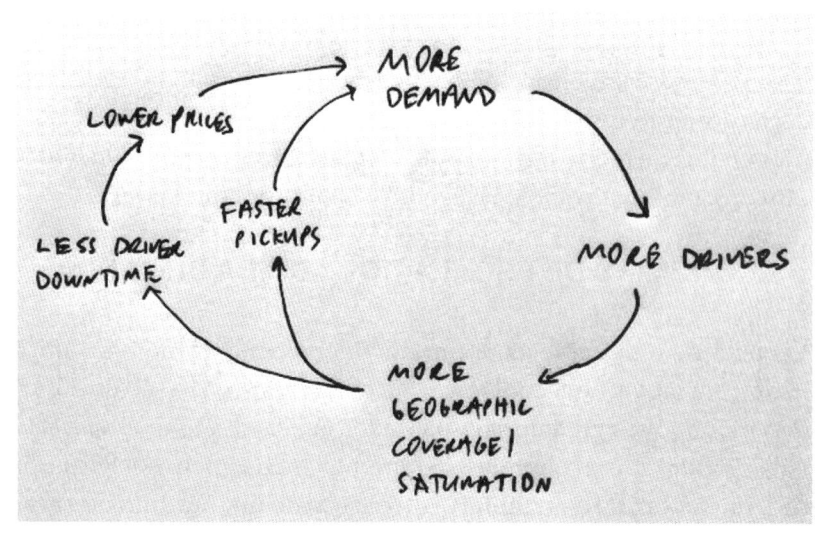

FIGURA 2.1. Esboço feito por David Sacks em um guardanapo sobre o círculo virtuoso do Uber. Reproduzido com autorização. Em sentido horário, a partir do alto: mais demanda; mais motoristas; mais saturação/cobertura geográfica; menos tempo ocioso do motorista; corridas mais rápidas; preços mais baixos.

à possibilidade de o crescimento quantitativo da comunidade de uma plataforma mal gerenciada resultar em *redução* do valor ofertado para cada usuário.

Conforme verificaremos adiante, os efeitos de rede positivos são a principal fonte de criação de valor e de vantagem competitiva numa plataforma de negócio. No entanto, os efeitos de rede também podem ser negativos. Neste capítulo, explicaremos como e por que eles surgem e o que os gestores de plataforma podem fazer a esse respeito. De qualquer maneira, o primeiro passo, fundamental, consiste em compreender o valor criado pelos efeitos de rede positivos.

Quando Gurley apresentou seus dados, em meados de 2014, os efeitos de rede já estavam começando a impulsionar o crescimento do Uber. Em 2009, época em que Travis Kalanick, CEO do Uber, garimpava capital semente, o tamanho do mercado de limusines e táxis de São Francisco, cidade-berço da startup, era de US$ 120 milhões. Com base em informações do próprio Uber, em 2014 o mercado já teria triplicado e seguia em expansão. Tal explosão em apenas cinco anos justificaria, por si, o aumento da avaliação de US$ 5,9 bilhões de Damodaran para os US$ 17 bilhões sugeridos pelos investidores. Por não ter consciência dessa informação reservada, Damodaran não ajustara suas equações à luz dos efeitos de rede – o próprio acadêmico admitiu espontaneamente o equívoco, em uma resposta elegante e bem fundamentada.

ECONOMIAS DE ESCALA DO LADO DA DEMANDA

O efeito de rede representa um novo fenômeno econômico, impulsionado pela inovação tecnológica. Na era industrial do século 20, criaram-se monopólios gigantescos, baseados em *economias de escala do lado do fornecimento*. Tais economias são impulsionadas pela eficiência produtiva, que reduz o custo unitário de criação de um produto ou serviço conforme o volume produzido aumenta. Nesse contexto, a maior empresa de um determinado setor tenderia a estabelecer uma vantagem em termos de custo dificilmente superada pela concorrência.

Considere agora alguns dos gigantes corporativos que cresceram durante a era industrial. Na siderurgia da Grã-Bretanha, a introdução do inovador processo Bessemer (ar soprado através do ferro fundido para remover impurezas) reduziu os custos de produção de aço de 40 para 7 libras por tonelada. Operando dezoito altos-fornos Bessemer de 5 toneladas cada, a Barrow Hematite Steel Company tornou-se a maior usina siderúrgica do mundo na virada do século 20. De modo semelhante, o processo alemão Haber-Bosch de produção de fertilizantes a partir do nitrogênio contido no ar (usado no cultivo de metade de todos os gêneros alimentícios consumidos hoje) contribuiu para o surgimento da gigante BASF, a maior empresa química do mundo. As invenções do norte-americano Thomas Edison referentes à eletricidade e à geração de energia barata deu origem à General Electric, enquanto o emprego da produção em massa de Henry Ford acelerou o crescimento da Ford Motor Company. Quanto maior a empresa, mais baixos os custos de produção, marketing e distribuição – uma espiral positiva que ajudou as companhias a crescerem continuadamente e a serem mais lucrativas (até o processo ser solapado pela intervenção do governo ou pela mudança tecnológica revolucionária que tornou obsoletas as velhas economias).

Na era da internet do século 21, monopólios comparáveis estão sendo criados por *economias de escala do lado da demanda*, termo cunhado por dois experts responsáveis, em grande medida, pela popularização do conceito de efeitos de rede: Hal Varian, o economista-chefe do Google, e o professor de administração Carl Shapiro.[4] Contrastando com a lógica vigente no século passado, essas novas economias de escala tiram proveito dos avanços tecnológicos que afetam a outra metade da equação do lucro em atividades produtivas: o lado da demanda. Medidas como a disseminação das redes sociais, o aumento da demanda agregada, o desenvolvimento de aplicativos e outros fenômenos que criam mais valor para os usuários são fatores que impulsionam as economias de escala do lado da demanda. Elas podem proporcionar à empresa líder de um mercado de plataformas um efeito de rede extremamente vantajoso, difícil de ser alcançado pelos concorrentes.

As economias de escala do lado da demanda são a fonte fundamental dos efeitos de rede positivos, e, portanto, as principais molas propulsoras do valor econômico no mundo atual. Elas constituem, hoje, o fator diferencial mais relevante, ainda que as economias de escala do lado do fornecimento continuem importantes.

A lei de Metcalfe é uma forma útil de sintetizar como os efeitos de rede criam valor tanto para usuários quanto para seus proprietários ou gestores. Robert Metcalfe, coinventor da Ethernet e fundador da 3Com, ressaltou que o valor de uma rede de telefonia cresce não linearmente conforme o número de assinantes aumenta, possibilitando mais conexões entre os assinantes.

Quando existe apenas um nó de distribuição, não há conexões possíveis. Conhecemos um professor do MIT que, em tom de brincadeira, afirma que o prêmio de "maior vendedor da história" deveria ser dado a quem conseguiu vender o *primeiro* aparelho de telefone. Possivelmente, o produto tinha valor zero: quando há apenas um telefone no mundo, não se pode ligar para ninguém. No entanto, à medida que mais pessoas compram telefones, o valor aumenta. Com dois telefones, é possível uma conexão. Com quatro telefones, seis. Com 12, 66. E com cem telefones, 4.950 conexões tornam-se possíveis. Trata-se do chamado *crescimento convexo* ou *não linear*, e é precisamente o padrão de expansão característico de empresas como a Microsoft na década de 1990, a Apple e o Facebook de hoje, e o Uber de amanhã. (Raciocinando de modo inverso, o conceito explica o *colapso convexo* do Blackberry na década de 2000: quando os usuários começaram a abandonar a plataforma, a perda dos nós de distribuição provocou a queda vertiginosa do valor da rede em si, estimulando mais pessoas a trocarem o Blackberry por outros dispositivos.)

Há consequências econômicas relevantes derivadas desse padrão. O crescimento pautado pelos efeitos de rede leva à expansão do mercado. Novos compradores surgem, atraídos pelo número crescente de amigos que integram a rede. Se os preços também caem – o que costuma acontecer quando a tecnologia amadurece e os volumes produzidos aumentam –, os efeitos de rede trabalham de maneira combinada com a precificação mais atraente, impulsionando a adoção maciça pelo mercado.

OS EFEITOS DE DOIS LADOS DA REDE

O esboço de guardanapo de David Sacks sugere uma segunda dinâmica em ação no crescimento do Uber, algo a que nos referimos como *efeito de dois lados da rede*.[5] No exemplo do telefone de Metcalfe, usuários atraem usuários. No caso do Uber, porém, estão envolvidos dois lados do mercado: passageiros atraem motoristas, e motoristas atraem passageiros. Constata-se uma dinâmica semelhante em muitas outras plataformas de negócios. No caso do Android do Google, os programadores de aplicativos para celular atraem consumidores, e os consumidores atraem programadores. Na Upwork (antes conhecida como Elance-oDesk), listas de oportunidades de trabalho atraem freelancers, e freelancers atraem listas de oportunidades de trabalho. No caso do PayPal, vendedores atraem compradores, e compradores atraem vendedores. Todas essas empresas atraem efeitos de dois lados da rede mediante *feedback positivo*.

A importância desses efeitos para o crescimento da rede é tamanha que as plataformas de negócios muitas vezes injetam recursos para atrair participantes de um dos lados do mercado. Elas sabem que, se conseguirem a forte adesão de um lado, o outro acompanhará o movimento. Os efeitos de dois lados da rede com feedback positivo explicam por que o Uber consegue drenar milhões de dólares em dinheiro de Bill Gurley e outros investidores para, entre outras coisas, oferecer de graça corridas que valeriam US$ 30 cada. Os cupons do Uber na verdade compram market share: movimentam um círculo virtuoso de motoristas e passageiros, os quais, mais tarde, pagarão o preço cheio para participar da rede.

Um exemplo mais corriqueiro (e não tecnológico) seria o de um bar que promove semanalmente uma Noite das Mulheres, com direito a bebidas com desconto para a clientela feminina. O crescimento da frequência de mulheres faz aumentar a afluência de homens – pagando o preço cheio por seus drinques. Portanto, num mercado bilateral, por vezes faz sentido em termos econômicos aceitar perdas financeiras – não apenas temporariamente, mas sempre – no mercado A, desde que o crescimento dele impulsione a expansão do mercado B, ao qual está relacionado. O único pré-requisito é que os lucros auferidos no mercado B superem as perdas registradas no mercado A.

EFEITOS DE REDE X OUTRAS FERRAMENTAS PROPULSORAS DE CRESCIMENTO

É importante distinguir os efeitos de rede de outras ferramentas conhecidas para alavancar mercados, como os *efeitos de preço* e os *efeitos de marca*. A má compreensão dessas distinções é fonte da atual confusão quanto aos métodos de avaliação dos modelos de plataforma, além de já ter contribuído, entre 1997 e 2000, para a bolha da internet.

Durante o boom dos negócios ponto.com, os investidores de startups como eToys, Webvan e FreePC consideravam o market share como praticamente o único parâmetro significativo para medir o sucesso empresarial. Cativados por slogans como "Cresça rápido" ou "Cresça ou desapareça", os investidores pressionaram as empresas a gastar abundantemente para seduzir clientes, na expectativa de conquistar uma vantagem insuperável de participação de mercado. As empresas reagiram: ao oferecer descontos ou cupons, por exemplo, criaram os efeitos de preço. Atrair clientes por meio de preços extraordinariamente baixos – próximos de zero, em alguns casos – é uma fórmula infalível de adquirir market share, ao menos temporariamente. Livros como o best-seller *Free – Grátis: O Futuro dos Preços* (Elsevier Editora, 2016), de Chris Anderson, então editor-chefe da revista *Wired*, faziam a apologia do brinde, postulando uma ascensão contínua dos preços dos produtos ou serviços – de "grátis" (free) para "premium" e depois para "freemium" (grátis + premium).

O problema é que os efeitos de preço são passageiros. Desaparecem no momento em que o desconto acaba ou que outra firma oferece um preço mais vantajoso. Em geral, apenas de 1% a 2% dos consumidores aceitam pagar pelo que antes recebiam de graça. Portanto, conforme afirma David Cohen, CEO e fundador da incubadora Techstar, é preciso alcançar milhões de clientes para que o modelo do brinde se torne rentável.[6] Os modelos "freemium" também atraem aproveitadores de ofertas que talvez seja difícil converter em clientes (que geram lucro). Foi o que a FreePC descobriu em 1999, quando ofertou computadores Pentium PC em troca de visualização de anúncios e da prospecção de vendas online.[7]

Os efeitos de marca são mais duradouros. Surgem quando as pessoas passam a associar determinada marca a qualidade. Contudo, assim como os efeitos de preço, são de difícil sustentação – e podem se revelar extremamente caros. A eToys gastou milhões de dólares para estabelecer uma marca, na expectativa de competir com a Amazon e a Toys "R" Us. A Kozmo, empresa online que prometia entrega gratuita e expressa (em até 1 hora) de comida, livros, café e outros produtos básicos nas maiores cidades norte-americanas, chegou a contratar a atriz Whoopi Goldberg como "garota-propaganda", remunerando-a com ações, que pouco tempo depois não valiam mais nada. Em janeiro de 2000 – o pico antes da derrocada das ponto.com –, dezenove startups fizeram anúncios nos intervalos do Super Bowl, a final da Super Liga de Futebol Americano, gastando mais de US$ 2 milhões cada uma para gerar reconhecimento de marca. Cerca de uma década mais tarde, oito delas não existiam mais.[8]

Os efeitos de preço e de marca têm seu lugar na estratégia de crescimento de uma startup. Porém, apenas os efeitos de rede criam um círculo virtuoso, que leva à construção de uma rede duradoura de usuários – um fenômeno denominado *retenção*.

Outra ferramenta propulsora de crescimento, igualmente fácil de ser confundida com os efeitos de rede, é a *viralização*. Trata-se da tendência de uma ideia ou marca ser propagada rápida e amplamente de um usuário da internet para outro.

A viralização pode atrair pessoas para uma rede – por exemplo, quando os fãs de um vídeo irresistivelmente "fofo", engraçado ou surpreendente persuadem amigos a acessar o YouTube. Os efeitos de rede, porém, mais do que atrair, retêm as pessoas. A viralização diz respeito a atrair pessoas alheias a uma plataforma, instigando-as a filiar-se. Por sua vez, os efeitos de rede se referem ao aumento de valor entre aqueles que estão na plataforma.

Quando a bolha ponto.com estourou em 2000, dois de nós, autores deste livro (Geoff Parker e Marshall Van Alstyne), tínhamos acabado de concluir o doutorado no MIT. Fascinados, acompanhamos todo o ciclo, observando sagazes empresas de investimento, como a Benchmark e a Sequoia, experimentarem tanto conquistas lucrativas quanto perdas dispendiosas. (A Benchmark Capital, empresa de capital de risco que agora compartilha o êxito do Uber, já investiu na Webvan, apontada pela CNET como um dos maiores desastres em termos da história das ponto.com.[9] O mesmo fez a Sequoia Capital, que, por outro lado, também acertou na mosca com a Apple, o Google e o PayPal.)

Curiosos quanto ao que distinguia os sucessos dos fracassos, examinamos dezenas de casos e descobrimos que as falhas, em sua maioria, se referiam a efeitos de preço ou de marca. Por outro lado, os êxitos ancoravam-se numa ideia que realmente funcionava – direcionar o movimento de um grupo de usuários de modo a estimular a lucratividade de outro grupo de usuários. Descrevemos nossas conclusões em um artigo que analisava a matemática dos efeitos de dois lados da rede.[10] Hoje, plataformas de negócios como eBay, Uber, Airbnb, Upwork, PayPal e Google são demonstrações cabais desse modelo.[11]

EFEITOS DE REDE EM ESCALA: ADESÃO DESCOMPLICADA E OUTRAS FERRAMENTAS DE ESCALABILIDADE

Como podemos perceber, os efeitos de rede dependem do tamanho da rede.[12] Portanto, uma conclusão importante é a de que *plataformas eficientes têm condições de se expandir em tamanho de modo rápido e fácil, assim escalando o valor resultante dos efeitos de rede.*

É difícil lembrar agora, mas houve um tempo em que o Yahoo era um portal de acesso à internet mais popular do que o Google. A história da superação do primeiro – que começou quatro anos antes – pelo segundo ilustra claramente a importância de poder escalar ambos os lados de uma rede.

O Yahoo começou como um banco de dados editado por seres humanos. Classificavam-se as páginas da web recorrendo a uma estrutura de árvore, com subcategorias dentro de categorias, semelhante à forma como bibliotecários organizam livros ou biólogos classificam plantas e espécies de animais. O método funcionou por algum tempo. Durante a década de 1990 e início da década de 2000, houve o crescimento exponencial de usuários da internet e de programadores de páginas da web. Logo ficou evidente que os bancos de dados hierarquizados, organizados pela mão humana, não se adequavam bem à escala.[13] Um dos autores recorda-se de haver submetido páginas de web ao Yahoo, tendo esperado dias e semanas até que os resultados aparecessem nas listas principais. (Não é de se admirar que os usuários começassem a reclamar, dizendo que Yahoo era a sigla para "Yet Another Hierarchical Officious Oracle!" – "mais um importuno oráculo hierárquico!".)

Por sua vez, o Google encontrou uma forma de atender aos buscadores de páginas da web aproveitando o trabalho dos programadores de páginas da web. Seu algoritmo PageRank (que mede a importância de uma página contabilizando a quantidade e a qualidade dos links que direcionam para ela) considera a extensão com que as páginas da web se ligam umas às outras. A fim de atrair visitas para uma nova página, os programadores consideram, de saída, aquilo que os visitantes desejam. Mais links direcionados das mais importantes páginas conferem prioridade elevada entre os resultados de busca. Assim, o algoritmo do Google pareia efetivamente os dois lados da rede. Ao organizar em grande escala, vai além de fazer um trabalho melhor do que os seres humanos. O emprego dos links da web como ferramenta principal de triagem mudou o foco de dentro da empresa para fora dela, contexto em que as escolhas da população assumem o controle da ação – um modelo muito mais escalável do que o do Yahoo.

Como a história do Google indica, as redes que permitem *adesão descomplicada* a seus usuários são capazes de crescer organicamente quase sem limites. A adesão descomplicada é a possibilidade de se ligar a uma plataforma com rapidez e facilidade, começando logo a participar da criação de valor viabilizada por ela. A adesão descomplicada é um fator essencial para dar a uma plataforma condições de crescer rapidamente.

A Threadless é uma empresa de camisetas fundada por experts em TI, webdesign e consultoria. Seu modelo de negócio envolve promover concursos semanais de design abertos a participantes externos, estampar apenas as camisetas com os desenhos mais populares e vendê-las à grande e crescente base de clientes. A Threadless não precisa contratar talentos artísticos, uma vez que seus concursos reúnem designers qualificados competindo por prêmios e prestígio. Tampouco precisa investir em marketing, pois os empolgados designers participantes dos concursos contatam amigos para pedir votos e fazer vendas. A empresa nem sequer precisa fazer previsões comerciais, uma vez que os clientes que votam já anunciam as quantidades que desejam comprar. Ao terceirizar a produção, também minimiza os custos de manuseio e de estoque. Graças a esse modelo quase totalmente descomplicado, a Threadless pode escalar com rapidez e facilidade, e com limitações estruturais mínimas.

O modelo de negócio surgiu por acaso. Na origem, seus fundadores atuavam na prestação de serviços, vendendo consultoria para clientes que precisavam de websites. No entanto, a venda de consultoria não escalava: cada projeto tinha de ser negociado individualmente, exigia pessoal empenhado e, depois de concluído, não podia ser replicado nem revendido. Os fundadores da Threadless lançaram o website do concurso de camisetas para demonstrar sua capacidade de design. Era apenas uma cópia online de um concurso off-line de que um dos fundadores havia participado. Quando a popularidade dessa aventura paralela explodiu, suas imensas vantagens de escalabilidade tornaram-se óbvias.

O crescimento em escala de uma rede exige que ambos os lados do mercado aumentem proporcionalmente. Por exemplo, um motorista do Uber pode atender em média três passageiros por hora. Não faria sentido para o Uber ter apenas um passageiro para mil motoristas – nem mil passageiros para um motorista. O Airbnb encara uma questão semelhante ao escalar tanto anfitriões quanto hóspedes. Quando um dos lados se torna desproporcionalmente maior, passa a ser um bom negócio oferecer cupons ou descontos para atrair mais participantes para o outro lado.

Em alguns casos, o crescimento de uma plataforma é facilitado por um efeito que chamamos de *troca de lado*. Ela acontece quando os usuários de um dos lados se filiam ao lado oposto – por exemplo, quando aqueles que consomem produtos ou serviços começam a produzi-los para outros consumirem. Em algumas plataformas, os usuários aderem à troca de lado fácil e repetidamente.

O Uber, por exemplo, recruta novos motoristas dentro de seu universo de passageiros, assim como o Airbnb recruta novos anfitriões dentro de seu quadro de hóspedes. Um modelo de negócio escalável, a adesão descomplicada e a troca de lado são ferramentas que servem para agilizar efeitos de rede.

EFEITOS DE REDE NEGATIVOS: CAUSA E CURA

Até agora, nós nos concentramos nos efeitos de rede positivos. No entanto, as mesmas qualidades que levam ao crescimento veloz das redes também podem levá-las a fracassar rapidamente. A própria expansão de uma rede pode produzir efeitos de rede negativos, que afastam os participantes, chegando a provocar o fim de uma plataforma de negócio.

Um tipo de efeito de rede negativo acontece quando o crescimento em quantidade, que possibilita mais pareamentos entre produtores e consumidores, também leva a uma maior dificuldade (ou à impossibilidade) de encontrar o melhor pareamento. Para evitar esse dilema, a adesão descomplicada precisa ser equilibrada por meio de uma *curadoria* eficiente. Trata-se do processo pelo qual uma plataforma filtra, controla e limita o acesso dos usuários da plataforma, as atividades de que participam e suas conexões com outros participantes da comunidade. Quando uma curadoria eficiente zela pela qualidade de uma plataforma, fica fácil para os usuários fazerem pareamentos que lhes tragam valor significativo. Quando não há curadoria ou ela é mal conduzida, os usuários têm dificuldade para identificar pareamentos de potencial valor em meio a uma enxurrada de opções desimportantes.

A plataforma de relacionamentos OkCupid descobriu que a escala pode causar o colapso da rede se não for cuidadosamente gerenciada. De acordo com o CEO Christian Rudder, em um site de relacionamentos com muitos inscritos, a tendência natural dos homens da plataforma é abordar as mulheres mais bonitas. A escalabilidade desse comportamento masculino cria o problema: em sua maioria, os homens que efetuam a abordagem são notoriamente *menos* atraentes do que aquela usuária altamente requisitada – estão "fora do páreo" dela, em outras palavras. Quando esses homens de nível B (descrição nossa, não de Rudder!) bombardeiam as mulheres de nível A com pedidos de encontro, ninguém fica feliz. As mulheres que recebem a abordagem se ressentem da falta de um filtro para toda aquela atenção e tendem a abandonar a comunidade. Por sua vez, os homens de nível B se sentem insatisfeitos porque seus pedidos de encontro são ignorados pelas usuárias belas. Até mesmo a minoria de homens extremamente atraentes, que em tese estariam "no páreo" das candidatas de nível A, fica infeliz diante da debandada das mulheres mais bonitas da plataforma.[14]

Quando isso acontece, os homens de todos os níveis de atratividade se voltam para as mulheres classificadas no segundo nível de beleza, e o processo como um todo se repete. Os efeitos de rede se invertem e o modelo de negócio quebra.

Para resolver o problema, o OkCupid implantou uma estratégia de curadoria que envolvia múltiplos níveis de pareamentos em rede. O primeiro nível diz respeito à questão óbvia de combinar interesses compatíveis. Ambas as partes são fumantes? Ambas gostam de tatuagens e filmes de terror? Acreditam que há vida em outros planetas? Esse filtro já elimina muitas das combinações claramente improváveis e reduz o número de participantes no processo.

O segundo nível de combinações lida com a questão da atratividade comparativa – a questão de "estar no páreo". Se o algoritmo do OkCupid determinar, com base nas reações de usuários da comunidade, que Joe é significativamente menos atraente do que Mary, por exemplo, a rotina de busca de Joe para encontrar combinações não exibirá a foto de Mary. (Ela só apareceria no caso de uma busca altamente direcionada, nunca de outra forma.) Em vez disso, Joe será apresentado a uma seleção de mulheres, em tese, comparáveis a ele em termos de atratividade física. O resultado é um ganha-ganha. Mary fica satisfeita porque a plataforma a ajuda a encontrar o que procura e, ao mesmo tempo, a protege de abordagens indesejadas. E Joe também se sente feliz porque as mulheres agora respondem às suas mensagens, sendo que, anteriormente, ele era ignorado.

É claro que o uso desse algoritmo significa que, se um sujeito só encontra fotos de mulheres medianamente bonitas ao proceder à busca pelo OkCupid, é provável que a aparência dele não seja a do galã de cinema com quem se achava parecido. No entanto, suas chances de obter uma combinação bem-sucedida cresceram muito, o que, a longo prazo, deverá lhe proporcionar um nível mais elevado de satisfação.

Uma curadoria como a da OkCupid reduz enormemente os efeitos de rede negativos. Ao mesmo tempo, aumenta e alavanca os benefícios dos efeitos de rede positivos. Conforme o número de participantes da comunidade cresce, o volume de informações sobre eles aumenta. Segundo qualquer estatístico, o fato de haver mais dados a serem considerados geralmente aumenta a precisão e o valor das inferências extraídas do conjunto de informações. Portanto, quanto mais cresce sua rede, melhor pode se tornar sua curadoria – fenômeno que chamamos de *efeitos de rede orientados por dados*. Evidentemente, isso depende da disponibilidade de ferramentas bem concebidas e que sejam continuamente testadas, atualizadas e melhoradas.

Por outro lado, a curadoria inadequada é um complicador: torna a plataforma menos útil e pode até causar sua dissolução. Um ciclo de feedback negativo como o que se seguiu ao crescimento exponencial do Chatroulette levou rapidamente a um colapso dramático.

O Chatroulette combina aleatoriamente pessoas do mundo inteiro para conversas pela webcam. Os usuários podem interromper o diálogo a qualquer momento, iniciando uma nova conexão ou simplesmente saindo do site. Estranhamente viciante, o site cresceu de vinte pessoas ao ser lançado no final de 2009 para 1,5 milhão de usuários seis meses mais tarde.

De início, o Chatroulette não fazia qualquer exigência para o cadastramento e não exercia qualquer controle, o que acabou gerando problemas. Como a rede se expandia sem nenhuma vigilância, uma quantidade crescente de homens nus e peludos passou a frequentar os chats, fazendo com que grande parte do público original abandonasse a comunidade. Com a fuga dos verdadeiros usuários, o nível de críticas à plataforma aumentou, acionando um ciclo de feedback negativo.

O Chatroulette percebeu que precisava curar o acesso, de modo a escalar o crescimento da plataforma. Agora, o site permite que os próprios usuários filtrem outros participantes, além de utilizar algoritmos para fazer a triagem de visitantes com imagens inadequadas. Com isso, retomou o crescimento – embora mais devagar do que em sua fase inicial.

Toda plataforma de sucesso encara o problema de combinar conteúdo e conexões em escala. Isso significa que, em algum ponto durante o crescimento, toda plataforma bem-sucedida tem de lidar com o desafio da curadoria eficiente. Voltaremos a essa questão em capítulos posteriores.

QUATRO TIPOS DE EFEITOS DE REDE

Uma rede bilateral (que tem tanto produtores quanto consumidores) pode gerar quatro tipos de efeitos. É importante compreender e considerar todos eles ao conceber e gerenciar uma plataforma.

Num mercado bilateral, *efeitos de rede diretos* são criados pelo impacto dos usuários de um lado do mercado sobre outros usuários do mesmo lado. Por exemplo, os efeitos que consumidores exercem sobre outros consumidores, e os que produtores exercem sobre outros produtores. Por sua vez, *efeitos de rede indiretos* são criados pelo impacto dos usuários de um lado do mercado sobre usuários do outro lado – os efeitos que consumidores exercem sobre produtores, e os que produtores exercem sobre consumidores. Tanto os efeitos diretos como os indiretos podem ser positivos ou negativos, dependendo do design do sistema e das regras estabelecidas. Eis como esses quatro tipos de efeitos de rede funcionam.

A primeira categoria, *efeitos diretos positivos,* inclui os benefícios recebidos pelo usuário quando aumenta o número total de usuários de sua comunidade – por exemplo, o efeito gerado conforme o número de assinantes da rede Bell Telephone cresceu. Quanto mais amigos e vizinhos acessíveis pela "Bell", mais valorizada a assinatura que conferia acesso à rede. Hoje, observa-se um efeito positivo comparável nas redes de consumidores de plataformas de jogos como o Xbox MMOG: quanto mais parceiros de jogo estiverem na plataforma, maior a diversão ao utilizá-la.

Os efeitos diretos positivos também aparecem no lado dos produtores. Tomemos como exemplo a praticamente universal plataforma Adobe: quanto mais pessoas criarem e compartilharem arquivos no formato PDF, mais benefícios você obterá ao também utilizar essa plataforma para produzir e compartilhar suas próprias imagens.

Contudo, nem todos os efeitos diretos são positivos. Às vezes, registra-se queda no crescimento dos números em um dos lados da plataforma. Chama-se *efeito direto negativo*. Considere, por exemplo, a plataforma de TI Covisint, que conecta empresas interessadas em desenvolver ferramentas de rede na nuvem com provedores de serviços. Conforme o número de fornecedores concorrentes na plataforma Covisint aumenta, os clientes são atraídos para a plataforma, o que é bom para a rede. No entanto, se a lista de fornecedores cresce muito, torna-se mais difícil que um cliente encontre seu provedor mais apropriado, e vice-versa.

Os efeitos indiretos surgem quando tanto consumidores quanto produtores ganham ou perdem com base no número de usuários do lado oposto da plataforma. Os *efeitos indiretos positivos* ocorrem quando os usuários se beneficiam de um aumento do número de participantes do outro lado do mercado. Pense num mecanismo de pagamento como o cartão Visa: quanto mais comerciantes (produtores) concordam em aceitar o cartão Visa, mais a flexibilidade e a conveniência da experiência de compra aumentam para os compradores (consumidores), criando um efeito indireto positivo. O mesmo efeito positivo também funciona no outro lado: quanto mais portadores do cartão Visa, mais clientes em potencial para os comerciantes. De modo semelhante, quando o número de criadores de aplicativos de celular para Windows cresce, a versatilidade e o poder do sistema operacional aumentam para os usuários. E quando o número de usuários do Windows cresce, aumenta igualmente o potencial de benefícios (financeiros e de outra ordem) para os criadores de aplicativos. Os efeitos indiretos positivos produzem resultados ganha-ganha.

Os efeitos indiretos, claro, não são necessariamente simétricos. No OkCupid, mulheres atraem mais os homens do que os homens atraem mulheres. No Uber, um único motorista é mais determinante para o crescimento do negócio do que um único passageiro. No Android, um único criador de aplicativos pode atrair toda uma comunidade de usuários, ao passo que os interesses de um único usuário não bastam para mobilizar uma comunidade de criadores de aplicativos. No Twitter, a grande maioria das pessoas lê o que uma minoria escreve. Em sites de perguntas e respostas como o Quora, a maior parte do público pergunta, enquanto uma minoria fornece respostas.[15]

Contudo, há o lado obscuro a considerar – a situação em que surgem os *efeitos indiretos negativos*. Tome-se como exemplo uma plataforma que facilita o compartilhamento de mídia digital – música, texto, imagens, vídeos e coisas do gênero. Na maioria das ocasiões, um número crescente de produtores (empresas de música, por exemplo) gera benefícios para os consumidores, mas pode levar também a uma complexidade e a despesas cada vez maiores – como, por exemplo, uma enorme quantidade de formulários de direitos autorais digitalizados a serem lidos e aceitos. Quando isso acontece, os efeitos indiretos positivos tornam-se negativos, levando os consumidores a abandonar a plataforma ou, pelo menos, a acessá-la menos. De maneira semelhante, quando a proliferação de mensagens comerciais provoca um desagradável entulhamento de propaganda no site de uma plataforma, o impacto positivo de sua expansão pode ser transformado em um efeito indireto negativo, que afasta consumidores e afeta o valor da plataforma.

No Uber, por exemplo, é possível prever o advento de crescentes aborrecimentos resultantes do aumento dos efeitos indiretos negativos. Se o sistema atrair motoristas demais em relação ao número de passageiros, o tempo ocioso de cada motorista vai aumentar; se atrair passageiros demais em relação ao número de motoristas, o tempo de espera do passageiro será maior (veja a Figura 2.2, na qual os ciclos de feedback resultantes foram incorporados).

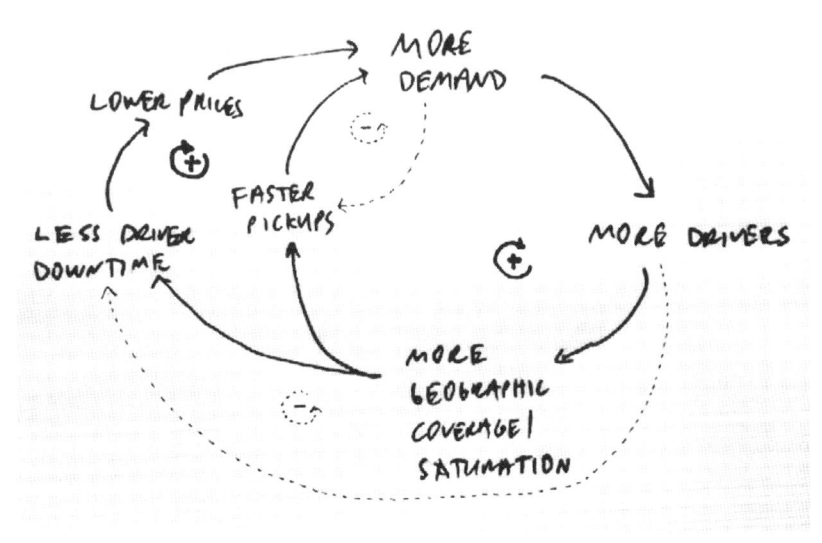

FIGURA 2.2. Esboço feito por David Sacks em um guardanapo do círculo sobre o Uber com a inserção dos ciclos de feedback negativos. Em sentido horário, a partir do alto: mais demanda; mais motoristas; mais saturação/cobertura geográfica; menos tempo ocioso do motorista; corridas mais rápidas; preços mais baixos.

Na verdade, isso já vem acontecendo. Quando o Uber atinge a saturação dentro de determinado mercado, o excesso de motoristas gera conflito entre eles, elevando o tempo ocioso e fazendo com que alguns abandonem o mercado. A representação mais completa da espiral de crescimento do Uber na Figura 2.2 ressalta o fato de que uma empresa atuante em um mercado bilateral precisa estar atenta aos quatro efeitos de rede. O bom gerenciamento de uma plataforma procura enfatizar os efeitos de rede positivos, criando e fortalecendo a maior quantidade possível de ciclos de feedback desse tipo. Esse é outro assunto ao qual voltaremos em capítulos posteriores, com aconselhamento específico para lidar com tais desafios.

MUDANÇA ESTRUTURAL: OS EFEITOS DE REDE VIRAM AS EMPRESAS PELO AVESSO

Na era industrial, empresas gigantescas apoiaram-se em economias de escala baseadas no fornecimento. Em contrapartida, a maioria dos gigantes da era da internet apoia-se em economias de escala referenciadas na demanda. Empresas como Airbnb, Uber, Dropbox, Threadless, Upwork, Google e Facebook não têm seu valor atribuído pela estrutura de custos – o capital que empregam, o maquinário que operam ou os recursos humanos que comandam. Todas são valiosas por causa das comunidades que participam de suas plataformas. O Instagram não foi vendido por US$ 1 bilhão por causa de seus treze funcionários. O WhatsApp não foi vendido por US$ 19 bilhões em razão de seus cinquenta colaboradores. Em ambos os casos, as razões foram as mesmas: os efeitos de rede que as organizações tinham criado.

As práticas contábeis padronizadas podem não considerar o peso das comunidades na avaliação do valor de uma empresa, mas o mercado de ações, sim. Pouco a pouco, os contadores estão revendo suas métricas. Uma equipe de experts colaboradores da firma de consultoria e contabilidade Deloitte publicou uma pesquisa que classifica as companhias em quatro grandes categorias, baseadas em sua principal atividade econômica: construtoras de ativos, prestadoras de serviço, criadoras de tecnologia e orquestradoras de redes. As construtoras de ativos desenvolvem ativos físicos que utilizam para disponibilizar bens físicos – empresas como Ford e Walmart são exemplos. As prestadoras de serviço empregam funcionários que oferecem serviços a clientes, assim como fazem a United Health Care e a Accenture. As criadoras de tecnologia desenvolvem e vendem formas de propriedade intelectual, tais como softwares e biotecnologia – é o caso da Microsoft e da Amgen. Por fim, as orquestradoras de redes desenvolvem comunidades em que pessoas e empresas criam valor juntas – na verdade, são as plataformas de negócios. A pesquisa indica que, das quatro, as administradoras de rede são, de longe, as que criam valor com mais eficiência. Na média, elas desfrutam de um multiplicador de mercado (fundamentado na relação entre o valor de mercado da empresa e o índice preço/lucro) de 8,2, comparado com o de 4,8 para as criadoras de tecnologia, 2,6 para as prestadoras de serviço e 2,0 para as construtoras de ativos.[16] É apenas uma ligeira simplificação afirmar que essa diferença quantitativa representa o valor produzido pelos efeitos de rede.

Além disso, quando os efeitos de rede estão presentes, os setores de atividade funcionam segundo regras diferentes.[17] Uma das razões é que é bem mais fácil escalar os efeitos de rede fora da empresa do que dentro dela – uma vez que há sempre muito mais gente no ambiente externo do que no interno. Portanto, onde os efeitos de rede estiverem presentes, o foco da atenção organizacional precisa se deslocar de dentro para fora. A empresa se inverte, virando-se pelo avesso. A gestão de recursos humanos migra dos funcionários para as multidões.[18] A busca pelo novo desloca-se do laboratório de P&D para a inovação aberta.[19] O espaço primordial para as atividades em que é criado um valor para os participantes transfere-se do departamento de produção interno para uma comunidade de produtores e consumidores externos – o que significa que a gestão de *externalidades* torna-se uma habilidade essencial da liderança. O crescimento não provém da integração horizontal e da integração vertical, mas, sim, da integração funcional e da orquestração de redes. O foco em processos como finanças e contabilidade desvia-se dos fluxos de caixa e dos ativos que podemos ter para as comunidades e os ativos que conseguirmos influenciar. E, embora as plataformas de negócios em si sejam, com frequência, extraordinariamente lucrativas, o principal centro de criação de riqueza está fora da organização, e não mais dentro dela.

Os efeitos de rede estão criando os gigantes do século 21. O Google e o Facebook alcançam, cada um, mais de um sétimo da população mundial. *No mundo dos efeitos de rede, os ecossistemas de usuários são a nova fonte de vantagem competitiva e de domínio de mercado.*

A chave para minimizar a maior parte dos efeitos de rede negativos é a curadoria de qualidade, que faz aumentar as chances de pareamento apropriado entre produtor e consumidor.

DESTAQUES DO CAPÍTULO

⇨ Enquanto as gigantescas empresas da era industrial se ergueram a partir de economias de escala baseadas no fornecimento, os gigantes contemporâneos exploram economias de escala na demanda – expressas como efeitos de rede.

⇨ Efeitos de rede não são o mesmo que efeitos de preço, efeitos de marca e outras ferramentas conhecidas para promover o crescimento.

⇨ A adesão descomplicada e outros recursos de escalabilidade maximizam o impacto da construção de valor dos efeitos de rede.

⇨ Um mercado bilateral (com produtores e consumidores) dá origem a quatro tipos de efeitos de rede: efeitos diretos (positivos e negativos) e efeitos indiretos (positivos e negativos). Uma plataforma de negócio em expansão precisa gerenciar todos eles.

⇨ A chave para minimizar a maior parte dos efeitos de rede negativos é a curadoria de qualidade, que faz aumentar as chances de pareamento apropriado entre produtor e consumidor.

3
ARQUITETURA
Princípios para o design de uma plataforma de sucesso

Como construir uma plataforma que estimule a participação e crie valor significativo para seus usuários? Como oferecer ferramentas e serviços para que produtores e consumidores interajam de maneira fácil, de modo mutuamente gratificante? Como desenvolver uma infraestrutura tecnológica que possa ser escalada com rapidez, estimulando efeitos de rede positivos e, ao mesmo tempo, minimizando os negativos?

Trata-se de desafios tremendos. Plataformas constituem sistemas complexos e multifacetados, e precisam sustentar grandes redes de usuários que desempenham diferentes papéis e interagem de maneira ampla e variada. Uma plataforma para determinado setor de atividade – assistência médica, por exemplo – tem de facilitar as interações entre uma enorme gama de participantes por meio de estímulos que variam muito e que mudam com frequência à medida que as circunstâncias econômicas, regulatórias e tecnológicas se expandem.

A criação de qualquer sistema complexo costuma esbarrar na dificuldade de identificar um ponto inicial lógico. Trata-se de um problema especialmente sério nas plataformas de negócio, cuja estruturação é menos familiar e muito mais complicada do que a de empresas de pipeline, que, em geral, apresentam um design claro e linear. A tendência natural de quem assume o desafio de criar uma nova plataforma é estudar implementações análogas na tentativa de imitá-las. No entanto, como nenhum mercado é igual ao outro, tal estratégia costuma falhar. Uma plataforma mal concebida produz pouco ou nenhum valor para seus usuários e gera efeitos de rede fracos.

Enfim, como arquitetar uma nova plataforma? O melhor caminho consiste em começar focando nos pontos fundamentais: o que uma plataforma faz exatamente e como funciona?

Como vimos, uma plataforma vincula produtores e consumidores e lhes permite trocas de valor. Algumas delas viabilizam a conexão direta entre usuários, como no caso das redes sociais. Tais conexões, então, levam à troca de valor entre as partes. Outras plataformas não facilitam a ligação direta entre os usuários, mas criam outros mecanismos para a troca de valor. Por exemplo, no YouTube, os vídeos criados pelos produtores são disponibilizados para os consumidores sem que haja uma conexão direta entre os dois lados.

Nesse sentido, as interações em uma plataforma assemelham-se a qualquer troca econômica ou social, seja ela realizada no mundo analógico, seja no mundo virtual da internet. Em cada troca, produtor e consumidor intercambiam três coisas: *informações, bens ou serviços* e algum tipo de *moeda*.

Troca de informações. Seja um leiloeiro de gado, gritando lances para uma multidão de fazendeiros, seja uma página com resultados de busca do eBay, expondo os produtos disponíveis, toda interação de plataforma começa pela troca de informações. São elas que municiam as pessoas, capacitando-as a decidir se e como vão se envolver em uma eventual troca futura.

Toda plataforma de negócio, portanto, precisa ser concebida para facilitar a troca de informações. Algumas têm nesse intercâmbio seu único propósito – é o caso, por exemplo, de um fórum de notícias como o Reddit ou de um site de perguntas e respostas como o Quora. No entanto, mesmo quando têm como meta primordial viabilizar a troca de bens físicos ou de serviços, as plataformas têm necessariamente de fomentar a troca de informações. O Uber oferece informações sobre a disponibilidade de um motorista e sua localização em resposta à solicitação de um passageiro. O Yelp fornece dados sobre restaurantes para ajudar os usuários a escolher um lugar para fazer uma refeição. O Upwork permite que empresas e freelancers troquem figurinhas de parte a parte, de modo a fundamentar as decisões de contratação de um trabalho.

Observe que, em cada caso, a troca de informações acontece por intermédio da plataforma. Na verdade, essa é uma das características fundamentais desse modelo de negócio.

Troca de bens ou serviços. Como consequência da troca de informações, os participantes de uma plataforma podem trocar tanto bens quanto serviços valiosos. Em alguns casos, essa transação também se realiza por meio da plataforma. No Facebook, fotos, links e posts com notícias pessoais ou de outra ordem são compartilhados entre os usuários, enquanto no YouTube trocam-se vídeos. O Upwork, por exemplo, fornece aos clientes ferramentas embutidas para gerenciar o envio remoto de serviços, de modo que produtos digitalizados criados por um freelancer (como apresentações em slides ou vídeos) possam ser trocados diretamente por intermédio da própria plataforma.

Em outros casos, os bens e serviços são trocados fora do âmbito da plataforma (embora as informações sobre a entrega possam ser rastreadas e disponibilizadas por ela). Os serviços de transporte requisitados virtualmente pelo Uber são realizados por automóveis que circulam pelas ruas das cidades. As reservas feitas pelo Yelp resultam em almoços e jantares servidos nas mesas dos restaurantes cadastrados na rede.

Troca de moeda. Quando há troca de bens ou serviços entre os participantes de uma plataforma, as transações são pagas por meio de algum tipo de moeda. Em muitos casos, é pela via tradicional – o dinheiro, em suas diferentes formas, incluindo remuneração por cartão de crédito, PayPal, Bitcoins ou (mais raramente) em espécie.

No entanto, como existem outras formas de valor, também há outros meios de "pagamento" entre consumidores e produtores no mundo das plataformas. Espectadores do YouTube e seguidores do Twitter pagam os produtores (os criadores dos vídeos, os autores dos tuítes) com sua atenção, "moeda" que agrega valor de diversas maneiras. Se for uma autoridade política ou um líder empresarial, por exemplo, o produtor obterá valor sob a forma de influência pública; se for uma cantora, atriz ou atleta, obterá valor sob a forma de uma comunidade cada vez maior de fãs. Os membros de sites como TripAdvisor, Dribbble e 500px "pagam" ao aumentar a reputação de produtores cujo trabalho ou serviço lhes agradou. Portanto, numa plataforma, a atenção, a fama, a influência, a reputação e outras formas intangíveis de valor desempenham o papel de moeda.

Às vezes, a troca de "moeda" acontece por intermédio da própria plataforma. Em geral, nesses casos, a moeda se configura como atenção e reputação. No entanto, pagamentos monetários também podem acontecer no âmbito da plataforma, mesmo quando a troca de bens ou serviços ocorre noutra parte. O Uber e o Airbnb, por exemplo, viabilizam a entrega do serviço no mundo físico, mas encerram o ciclo da transação garantindo o acerto dos valores financeiros por meio da plataforma.

Conforme veremos com mais detalhes no Capítulo 6, a capacidade da plataforma de monetizar o valor das trocas que viabiliza está diretamente relacionada com os tipos de troca de moeda que ela consegue capturar e internalizar. Uma plataforma capaz de internalizar o fluxo do dinheiro pode estar em boas condições de cobrar um valor por transação – por exemplo, a taxa de 10% sobre o preço de venda que o eBay costuma aplicar em cada leilão bem-sucedido. Uma plataforma que captura apenas atenção pode monetizar seu negócio recolhendo pagamentos de terceiros – que considerem essa atenção algo valioso. Por exemplo, um anunciante disposto a remunerar o Facebook por visitantes atraídos por posts relacionados a um assunto em particular.

A meta da plataforma, assim, consiste em reunir produtores e consumidores, dando-lhes condições de se envolverem em três tipos de troca: de informações, de bens ou serviços e de moeda. A plataforma fornece uma infraestrutura à qual os participantes aderem e que provê ferramentas e regras para facilitar as trocas, tornando-as mutuamente gratificantes.

A INTERAÇÃO BÁSICA: O "PORQUÊ" DO DESIGN DE PLATAFORMAS

A concepção de toda e qualquer plataforma deve começar pelo design da *interação básica* a ser viabilizada entre produtores e consumidores. A interação básica constitui a atividade mais importante no contexto de uma plataforma – é a troca essencial de valor que, logo de início, atrai a maioria dos usuários. Ela envolve três componentes principais: os *participantes*, a *unidade de valor* e o *filtro*. Os três precisam ser claramente identificados e cuidadosamente projetados para tornar a interação básica o mais fácil, atraente e valiosa possível. O propósito fundamental da plataforma é simplificar essa interação básica para os usuários.

A regra da primazia da interação básica se aplica mesmo no caso das muitas plataformas que envolvem uma ampla variedade de participantes em diversos tipos de interação. O LinkedIn, por exemplo, permite múltiplas interações. Há profissionais trocando ideias sobre carreira e estratégias de negócios, recrutadores trocando informações sobre oportunidades de trabalho e potencial de candidatos, gerentes de recursos humanos trocando dados sobre condições do mercado de trabalho, líderes oferecendo sua visão sobre tendências globais. Os vários tipos de interação foram construídas dentro da comunidade ao longo do tempo, cada uma delas concebida para atender a uma meta específica da plataforma e para ajudar os usuários na criação de um novo valor. A multifacetada plataforma do LinkedIn que hoje conhecemos foi inicialmente concebida em torno de uma única interação básica: profissionais conectando-se com outros profissionais.

Vamos analisar os três componentes da interação básica e como eles se combinam para criar valor na plataforma.

Os participantes. Fundamentalmente, são dois: o *produtor* e o *consumidor*. O primeiro produz valor, que é consumido pelo segundo. Ao definir como funcionará a interação básica, ambos os papéis precisam ser muito bem explicados e compreendidos.

Uma sutileza implícita ao design de plataforma é que o mesmo usuário pode desempenhar papéis diferentes conforme a interação estabelecida. No Airbnb, nada impede que você exerça os papéis de anfitrião e de hóspede – obviamente não ao mesmo tempo, mas em interações distintas. No YouTube, o usuário pode tanto fazer o upload de vídeos como assumir a função de mero espectador. Uma plataforma bem projetada facilita a passagem dos usuários de um papel para o outro.

Em contrapartida, muitos usuários – e muitos tipos de usuários – podem desempenhar o mesmo papel em uma interação. Um exemplo dos mais comuns é a "atualização de status" no Facebook – a postagem que informa aos participantes da rede o que um membro está fazendo ou pensando. Independentemente de quem poste uma mudança de status em determinada página do Facebook – um indivíduo, uma empresa, um grupo de amigos ou uma organização sem fins lucrativos –, seu papel fundamental de produtor é o mesmo. Do mesmo modo, os vídeos do YouTube podem ser criados tanto por empresas de mídia como por indivíduos: os estímulos e intenções que levam participantes tão diferentes a interagir na plataforma são diferentes, mas seu papel é igual.

A unidade de valor. Como observamos, toda e qualquer interação começa com uma troca de informações que tem valor para os participantes. Assim, em praticamente em qualquer caso, a interação básica começa com a criação de uma *unidade de valor* pelo produtor.

Eis alguns exemplos. Em plataformas como o eBay ou o Airbnb, a listagem informativa de produtos/serviços é a unidade de valor criada por um vendedor e, em seguida, oferecida aos compradores, com base nas buscas e nos interesses que estes fizeram ou manifestaram por meio da internet. Numa comunidade como o Kickstarter, os detalhes do projeto constituem a unidade de valor que deve persuadir potenciais financiadores a apoiarem a iniciativa. Os vídeos no YouTube, os tuítes no Twitter, os perfis de profissionais no LinkedIn, as listagens dos carros disponíveis no Uber – todos são unidades de valor. Todos constituem uma base que permite ao usuário decidir se deseja ou não dar continuidade à relação, com vistas a uma futura troca.

O filtro. A unidade de valor é repassada a consumidores selecionados com base em *filtros*. O filtro é um algoritmo, uma ferramenta utilizada pela plataforma para possibilitar a troca de unidades de valor apropriadas entre usuários. Um filtro bem construído garante que os usuários da plataforma recebam apenas unidades de valor que lhes sejam potencialmente relevantes ou desejáveis. Quando não existe filtro, ou ele não é bem desenvolvido, os usuários são incomodados pela oferta de unidades de valor que lhes são irrelevantes ou indesejáveis, o que pode levá-los a abandonar a plataforma.

Uma simples busca na internet é um tipo de filtro. Os próprios termos usados na busca especificam as informações de interesse do usuário – "hotéis em ou perto de Hana na ilha de Mauí" ou "solteiros heterossexuais de 18-25 anos em Austin, Texas", por exemplo. De um universo de milhões de unidades de valor previamente criadas pelos produtores (sejam eles proprietários de hotéis ou usuárias à procura de um parceiro), o filtro da plataforma seleciona apenas aquelas que atendem especificamente aos termos da busca, repassando-as ao consumidor potencial.

De uma maneira ou de outra, toda e qualquer plataforma utiliza filtros para gerenciar a troca de informações. Os motoristas do Uber anunciam sua disponibilidade na plataforma, compartilhando vários parâmetros quanto a localização, categoria do veículo e assim por diante – unidades de valor que lhes permitem o pareamento com os consumidores interessados no serviço. Quando uma consumidora solicita um carro pelo celular, ela estabelece um filtro baseado em sua localização no horário em que faz o pedido. As informações sobre os motoristas mais convenientes para aquela consumidora são, então, disponibilizadas.

Algumas plataformas possuem modelos mais complicados, mas a estrutura básica permanece a mesma:

Participantes + Unidade de Valor + Filtro = Interação Básica

O motor de busca do Google funciona de modo semelhante, ao criar a indexação de páginas da web (unidades de valor). O consumidor digita uma busca. O Google combina a pesquisa com outros dados específicos, como os *sinais sociais* – a quantidade de "curtidas", retuítes, comentários e outras respostas recebidas por determinado post na internet. Tal combinação de inputs constitui o filtro determinante das unidades de valor a serem enviadas ao consumidor.

No Facebook, toda a comunidade de contatos faz atualizações de status, posta fotos, comentários, links etc. – tudo isso constitui unidades de valor que vão sendo adicionadas à plataforma. O algoritmo feed de notícias (baseado em sinais que você mesmo emitiu no passado, mediante suas interações anteriores com outros conteúdos) funciona como filtro, determinando quais dentre tantas unidades de valor serão enviadas a você.

Ao criar uma plataforma, sua primeira e mais importante tarefa é decidir qual será a interação básica. O passo seguinte consiste em definir os participantes, as unidades de valor e os filtros que a viabilizarão.

Como constatamos em casos como o LinkedIn e o Facebook, as plataformas costumam se expandir ao longo do tempo para abranger muitos tipos de interações, cada uma delas envolvendo diferentes participantes, unidades de valor e filtros. De qualquer modo, o início de uma plataforma bem-sucedida está sempre atrelado a uma única interação básica que sistematicamente gera valor elevado para os usuários. Relevante, descomplicada e, às vezes, até divertida, é ela que atrai participantes em massa e possibilita que aconteçam os efeitos de rede positivos.

O papel decisivo da unidade de valor. Conforme sugere essa descrição da interação básica, as unidades de valor desempenham papel crucial no funcionamento de qualquer plataforma. No entanto, vale frisar: quem cria unidades de valor não é a plataforma, mas, sim, os produtores que dela participam. Ou seja, embora constituam "fábricas de informações", elas não têm controle sobre o estoque. Plataformas estabelecem apenas o "chão de fábrica", a infraestrutura na qual os valores são produzidos. Podem, nessa condição, alimentar uma cultura de controle de qualidade, adotando providências para estimular produtores a criarem unidades de valor precisas, úteis, relevantes e interessantes para os consumidores. Também é essencial que aperfeiçoem os filtros concebidos para disponibilizar unidades valiosas e bloquear outras. No entanto, as plataformas não exercem controle direto sobre o processo produtivo em si – uma diferença extraordinária na comparação com os negócios tradicionais de pipeline.[1]

O sistema online Fasal, da Índia, conecta diretamente fazendeiros de regiões rurais com representantes do mercado varejista e outros compradores. Por intermédio dessa rede, os fazendeiros consultam rapidamente a cotação dos alimentos em uma série de mercados próximos, escolhem os pontos de venda mais vantajosos e usam os dados para fechar negociações melhores, um desafio existente no mundo inteiro.[2]

Sangeet Choudary, um dos autores deste livro, conduziu a comercialização e o lançamento do Fasal. Um dos desafios enfrentados por ele e por sua equipe foi descobrir o tipo de infraestrutura de comunicação a ser empregado, de modo que produtores e consumidores compartilhassem unidades de valor. Concluíram que a grande vantagem a seu favor era o telefone celular. Mais da metade dos fazendeiros indianos, mesmo os mais pobres, têm e usam o aparelho. Na verdade, assim como em grande parte do mundo em desenvolvimento, a telefonia móvel espalhou-se rapidamente no interior da Índia. Com sua capacidade de comunicações instantâneas, tornou-se o canal ideal para transmitir as informações de mercado de que os produtores rurais indianos tanto precisavam.

Contudo, a criação de unidades de valor cruciais para possibilitar as trocas entre os fazendeiros e os *mandis* (comerciantes locais) mostrou-se um desafio ainda mais significativo. "Precisávamos de vários tipos de informação", explica Choudary:

> Evidentemente, precisávamos de informações dos *mandis* sobre preços – cotações de mercado atualizadas de uma abrangente variedade de commodities, de cenoura e couve-flor a feijão e tomate. Foram dados fáceis de coletar. Alguns dos próprios varejistas nos repassaram informações. Mas suplementamos essa fonte, contratando pessoal local para visitar cada um dos *mandis*, a fim de obter a cotação dos preços em primeira mão e reportá-la para nós.
>
> O outro lado da equação foi mais difícil. Para criar uma ferramenta de informações eletrônicas que fosse de real utilidade para os produtores agrícolas, precisávamos de dados sobre os próprios fazendeiros – as plantações que cultivavam, o ciclo esperado da colheita, a localização das fazendas, o acesso deles a vários *mandis*, e assim por diante. Todos esses fatores exercem influência sobre como obter a melhor negociação possível no mercado.
>
> Entretanto, reunir essas informações de um conjunto tão fragmentado de fazendeiros – sendo a maior parte deles analfabetos – revelou-se muito complicado. Conduzimos uma série de experimentos. Tentamos nos valer do boca a boca para espalhar as notícias sobre o serviço que estávamos criando e para recolher as informações necessárias. Apelamos aos chefões locais – os prefeitos informais dos vilarejos – na esperança de transformá-los em nossos mensageiros. Buscamos fazer acordos com vendedores locais de sementes, fertilizantes e cartões SIM para celular, todos eles acostumados a manter contato com os agricultores. Nenhum desses métodos, porém, funcionou bem – aqueles com quem tentamos trabalhar não se mostraram interessados, e os estímulos que oferecemos não foram suficientes para produzir um fluxo poderoso de informações.
>
> Por fim, tivemos de construir nossa própria rede de coletores de dados – aquilo que os indianos chamam de força de vendas "pé na estrada". A equipe bateu de porta em porta em cada vilarejo, encontrando-se com

os fazendeiros e registrando informações essenciais em formulários de papel sobre suas plantações e planos de comercialização. Na sequência, esses formulários eram trazidos até nossos escritórios, para a transcrição dos dados em planilhas. Pouco a pouco, montamos o banco de dados de que precisávamos para começar a adentrar os mercados locais.

Como se pode ver, o foco sobre a unidade de valor é extremamente importante para quem cuida de uma plataforma. As decisões sobre quem pode criar unidades de valor, sobre como elas podem ser integradas numa plataforma, e sobre o que determina sua qualidade são todas questões essenciais, que vamos explorar ao longo deste livro.

ATRAIR, FACILITAR, PAREAR: O "COMO" DO DESIGN DE PLATAFORMAS

A interação básica é o "porquê" do design de plataformas. O propósito primordial é possibilitar interações – ou, na medida do possível, torná-las inevitáveis, fazendo com que sejam altamente valiosas para todos os participantes. Mas como atingir tal objetivo? O que fazer para garantir que interações básicas comecem a acontecer em volume significativo a ponto de atrair mais e mais participantes para a plataforma?

Nas próximas páginas, examinaremos o "como" do design de plataformas. A rigor, elas têm de desempenhar três funções principais a fim de estimular um grande volume de interações básicas valiosas. Aqui, sintetizamos tais funções como *atrair, facilitar* e *parear*. Uma plataforma precisa *atrair* para si os produtores e os consumidores, permitindo-lhes a interação. Deve, também, *facilitar* as interações, fornecendo-lhes ferramentas e regras que tornem a conexão simples e estimule trocas importantes (enquanto desestimula as irrelevantes). É necessário, ainda, *parear* produtores e consumidores eficientemente, usando informações específicas de cada lado para conectá-los de uma forma que ambos os lados as considerem gratificantes.

O bom desempenho das três funções é imprescindível para o sucesso do sistema. Uma plataforma que deixa de atrair participantes não tem condições de criar efeitos de rede que a tornem valiosa. Outra que não facilite as interações – por empregar tecnologia complexa ou políticas restritivas demais, que dificultam o uso – acabam por desestimular e perder participantes. Já uma plataforma incapaz de promover o adequado pareamento entre seus membros logo faz com que eles percam tempo e energia, motivo suficiente para que abandonem a rede.

Vamos examinar cada uma das três funções essenciais de maneira mais detalhada. O design eficiente de plataformas visa tão somente criar sistemas que desempenhem essas funções com a maior intensidade possível.

Atrair. A tarefa de atrair consumidores para as plataformas apresenta desafios que as empresas de pipeline não enfrentam. Consequentemente, a abordagem de marketing que adotam tende a parecer um contrassenso para líderes e gestores habituados aos problemas convencionais dos negócios do mundo linear.

Para começar, as plataformas têm de resolver uma questão que remete ao clássico "o ovo ou a galinha". Os usuários só se filiam a uma plataforma que lhes ofereça valor, mas a plataforma só tem valor a oferecer quando consegue a filiação dos usuários. Em sua maioria, os empreendimentos baseados nesse modelo de negócio fracassam por não conseguirem solucionar o dilema. (Dedicamos todo o Capítulo 5 a analisar e propor caminhos para resolver tamanho desafio.)

Um segundo problema gira em torno da manutenção do interesse dos usuários que visitam ou se filiam à plataforma. Todas as grandes redes sociais da atualidade encararam essa questão em algum momento. O Facebook, por exemplo, detectou que o valor da plataforma só era percebido por um usuário depois de ele ter realizado um número mínimo de conexões – até isso acontecer, era muito forte a tendência de o indivíduo parar de acessar a comunidade. Como resposta, o Facebook deslocou seus esforços de marketing, deixando temporariamente de recrutar novos participantes para ajudar os membros existentes a formar novas conexões.

Uma ferramenta poderosa para estimular usuários a voltar de maneira recorrente à plataforma é o *ciclo de feedback*. Um ciclo de feedback pode assumir várias feições, todas elas a serviço da criação de um canal constante de atividade de autorreforço. No ciclo de feedback típico, um fluxo de unidades de valor gera uma resposta do usuário. Se as unidades forem relevantes e interessantes, o usuário será conduzido repetidamente à plataforma, gerando mais fluxo de unidades de valor e facilitando as interações. Os ciclos de feedback eficientes ajudam a encorpar o sistema, aumentar a criação de valor e melhorar os efeitos de rede.

Um *ciclo de feedback de usuário único* envolve um algoritmo embutido na infraestrutura da plataforma que analisa a atividade do usuário, tira conclusões sobre seus interesses, preferências e necessidades e recomenda novas unidades de valor e conexões potencialmente interessantes para ele. Quando ancorado em design e programação adequados, o ciclo de feedback de usuário único é um meio muito eficiente de incrementar a atividade, uma vez que, quanto mais o participante usa a plataforma, mais ela "sabe" sobre ele, o que aumenta a precisão de suas recomendações.

Num *ciclo de feedback de múltiplos usuários*, a atividade de um produtor é fornecida a consumidores relevantes, cuja atividade, por sua vez, retroalimenta o produtor. Quando o processo é eficiente, cria-se um círculo virtuoso, estimulando atividade de ambos os lados e culminando no fortalecimento dos efeitos de rede. O feed de notícias do Facebook é um clássico ciclo de múltiplos usuários. As atualizações de status dos produtores são oferecidas aos consumidores, cujas curtidas e comentários servem de feedback. O fluxo constante de unidades de valor estimula ainda mais atividade, tornando a plataforma cada vez mais valiosa para todos os participantes.

Há outros fatores que fortalecem ou enfraquecem a capacidade de atrair usuários. Um deles é o valor da moeda disponível para troca na plataforma. Conforme apontamos, algumas trocas envolvem moedas intangíveis: atenção, popularidade, influência, entre outras. Portanto, um tipo de efeito de rede é a maior atratividade da moeda disponível numa plataforma que vem crescendo em tamanho. Pelo fato de o Twitter ter alcançado uma imensa base de usuários, um tuíte bem-sucedido tende a atrair muito mais moeda sob a forma de atenção do que a mesma mensagem disseminada em outra plataforma qualquer. Assim, o tamanho descomunal do Twitter intensifica a atração, estimulando ainda mais a atividade dos participantes e tornando cada vez mais improvável uma ameaça da concorrência à plataforma.

A atração também pode ser aumentada pela alavancagem de redes *externas* de participantes. O Instagram e o WhatsApp atraíram dezenas de milhões de participantes em alguns anos, principalmente ao pegar carona nas redes de Facebook de seus usuários. Examinaremos mais detalhadamente essas e outras técnicas para turbinar a atração no Capítulo 5, cujo foco é o processo de lançamento.

Facilitar. Ao contrário do que acontece nas tradicionais empresas de pipeline, as plataformas não controlam a criação de valor. Em vez disso, criam uma infraestrutura em que o valor é criado e trocado, estabelecendo princípios para nortear essas interações. É o que se entende por processo de facilitação.

Uma das metas das interações facilitadoras é tornar o mais simples possível as condições para que os produtores criem e troquem produtos e serviços por intermédio da plataforma. Isso pode envolver o fornecimento de ferramentas criativas para colaboração e compartilhamento, tal como faz a plataforma de fotografia canadense 500px, com sua infraestrutura que permite a hospedagem de portfólios inteiros de fotógrafos. Outro exemplo é a plataforma de invenções Quirky, cuja tecnologia viabiliza que os usuários trabalhem juntos com ideias criativas para produtos e serviços inovadores.

As interações facilitadoras podem envolver, ainda, a redução das barreiras ao uso. Pouco tempo atrás, o usuário do Facebook que quisesse compartilhar fotos com os amigos tinha de usar uma câmera digital, transferir as imagens para o computador, usar o Photoshop ou outro software de edição e finalmente fazer o upload das fotos para o Facebook. O Instagram possibilitou aos usuários tirar, editar e compartilhar fotos em três cliques, usando um único dispositivo. Diminuir as barreiras ao uso estimula as interações e ajuda a expandir a participação na plataforma.

Em alguns casos, porém, o aumento de barreiras exerce um efeito positivo sobre o uso. O Sittercity é uma plataforma que ajuda pais a encontrarem babás para os filhos. De modo a inspirar confiança entre os usuários (os pais), o Sittercity impôs um conjunto de regras rigorosas a fim de cadastrar somente candidatas qualificadas como produtoras (as babás). Em outros casos, as plataformas precisam desenvolver regras invasivas para fazer a curadoria das unidades de valor e de outros conteúdos criados por produtores, a fim de estimular interações desejáveis e desencorajar as indesejáveis. Embora relativamente raras, as interações indesejáveis prejudicam gravemente os efeitos de rede, conforme revelaram experiências do Reddit (às voltas com comentários racistas e sexistas por parte de *trolls*), do Craigslist (site de compra e venda por meio do qual alguns criminosos fizeram contato com suas vítimas) e do Airbnb (e seus casos isolados de vandalismo em imóveis alugados por meio da plataforma).

O design de uma plataforma com vistas a facilitar interações geradoras de valor não é nada simples. Vamos explorar os desafios da curadoria e da gestão de plataformas nos Capítulos 7 e 8.

Parear. Uma plataforma bem-sucedida cria medidas de aperfeiçoamento, pareando com precisão os usuários e garantindo as melhores trocas de produtos e serviços. Ela cumpre esse objetivo usando informações sobre os produtores, os consumidores, as unidades de valor criadas e os produtos e serviços a serem trocados. Quanto mais dados a plataforma tiver para trabalhar – e quanto melhor for o design dos algoritmos empregados para coletar, organizar, classificar, analisar e interpretar os dados –, mais precisos os filtros, mais relevantes e úteis as informações trocadas, e mais gratificante o pareamento final entre produtor e consumidor.

Os dados necessários ao pareamento ideal podem ser extremamente heterogêneos. Podem se apresentar como informações relativamente estáticas (identidade, gênero, nacionalidade) ou dinâmicas (localização, status de relacionamento, idade e interesse pontual), conforme o verificado nas buscas. Modelos sofisticados de dados como o feed de notícias do Facebook podem construir um filtro que leva em conta não apenas todos esses fatores, mas também todas as atividades anteriores do participante na plataforma.

Como parte do processo de concepção de uma plataforma, é preciso desenvolver uma estratégia explícita para a obtenção de dados. Varia muito entre os usuários a disposição tanto para compartilhar suas informações quanto para reagir a recomendações de atividades orientadas pelos dados. Algumas plataformas empregam incentivos para estimular os participantes a fornecer dados pessoais; outras lançam mão de elementos como jogos para coletar informações. É bem conhecido o uso que o LinkedIn fez de uma barra de progresso para estimular usuários a completarem gradualmente seus perfis profissionais. Os dados também podem ser obtidos de terceiros. Alguns aplicativos para celular, como o Spotify, de música em streaming, solicita aos usuários que se cadastrem com a mesma identificação do Facebook – com isso, o aplicativo colhe informações iniciais a serem usadas na facilitação de pareamentos precisos. A resistência por parte de alguns usuários a essa prática, contudo, levou muitos desenvolvedores de aplicativos (inclusive o Spotify) a oferecer alternativas de cadastramento sem conexão ao Facebook.

As plataformas de sucesso criam pareamentos mutuamente gratificantes de maneira regular e constante. Sendo assim, o aperfeiçoamento contínuo dos métodos de obtenção e análise de dados é um desafio importante para qualquer organização que pretende construir e manter uma plataforma.

Equilíbrio das três funções. As três funções – atrair, facilitar e parear – são todas essenciais para uma plataforma bem-sucedida. No entanto, nem todas desempenham as três funções com igual eficiência. É possível sobreviver, pelo menos por algum tempo, graças à força de uma determinada função.

Desde meados de 2015, a Craigslist continua a comandar o setor de sites de classificados nos Estados Unidos, apesar de sua interface pobre, da absoluta falta de gestão e de um sistema de dados nada sofisticado. A rede gigantesca da Craigslist continua atraindo usuários de modo recorrente. Portanto, a enorme vantagem dessa plataforma em termos de atração compensa suas fraquezas em termos de facilitação e pareamento – pelo menos, até agora.

O Vimeo e o YouTube coexistem no cenário de compartilhamento de vídeos, concentrando-se em funções diferentes. O YouTube se vale da poderosa atração e de uma compreensão profunda quanto ao uso de dados no pareamento, enquanto o Vimeo destaca-se pela melhor hospedagem, pela banda larga e por outras ferramentas que facilitam a produção e o consumo.

ALÉM DA INTERAÇÃO BÁSICA

Como vimos anteriormente, o design de plataformas começa pela interação básica. Com o tempo e a expansão da rede de participantes, porém, novas interações tendem a se sobrepor a ela.

Em alguns casos, o acréscimo gradual de novas interações faz parte do plano de negócios a longo prazo. É algo pensado pelos fundadores da plataforma desde o início. No início de 2015, tanto o Uber quanto o Lyft começaram a experimentar um novo serviço de compartilhamento de corridas, complementar a seu já conhecido modelo de negócio. As novas modalidades de atendimento, conhecidas como UberPool e Lyft Line, conectam dois ou mais passageiros que estejam próximos geograficamente e precisem ir a um mesmo destino, permitindo-lhes compartilhar o trajeto no mesmo carro. O resultado: despesa mais em conta para cada usuário e ganhos maiores para o motorista. O cofundador do Lyft, Logan Green, afirma que a empresa sempre teve o compartilhamento de corridas como um objetivo. O design da versão inicial do Lyft, explica, foi concebido para atrair uma base inicial de clientes "em todo e qualquer mercado". Alcançada essa meta, ele prossegue, "temos agora de dar a próxima cartada e começar a parear as pessoas na contratação de corridas".[3]

O Uber não brinca com a concorrência. Para tentar garantir que seu serviço de corrida compartilhada desbanque o do Lyft, a empresa entrou no ramo do mapeamento, primeiro uma grande oferta pelo Here Maps, poderoso serviço de mapeamento digital de propriedade da Nokia e que é a principal alternativa ao Google Maps[4] e depois anunciando investimentos em uma operação interna. A intenção do Uber é produzir pareamentos rápidos e precisos para corridas compartilhadas, com mais eficiência do que qualquer outro serviço.

Em outros casos, as ideias para novas interações são fruto de experiência, observação e necessidade. Na busca por novos motoristas, o Uber descobriu que muitos dos melhores candidatos eram imigrantes recém-chegados aos Estados Unidos, ávidos por complementar a renda ao volante do próprio carro. Faltava-lhes, porém, um histórico de crédito e qualificações financeiras necessárias para que pudessem comprar automóveis em prestações. Andrew Chapin, do grupo de operações de motoristas do Uber, sugeriu que a própria empresa intermediasse tais transações, garantindo os financiamentos da compra de carros por particulares que integrassem a rede. Os valores das prestações seriam deduzidos dos ganhos do motorista e enviados diretamente para os credores. As financiadoras gostaram do programa, porque os empréstimos garantidos pelo poderoso fluxo de caixa do Uber são quase isentos de risco. E, de sua parte, as revendedoras de automóveis adoraram contar com rotatividade adicional no estoque.[5]

Outro exemplo vem do LinkedIn. Em um primeiro momento, a plataforma se concentrou exclusivamente em viabilizar sua interação básica entre profissionais. Com o passar do tempo, a equipe percebeu que o LinkedIn não gerava o mesmo nível de envolvimento diário que o Facebook e várias outras plataformas tinham alcançado. Para lidar com a questão, surgiu a ideia de sobrepor uma interação adicional à básica: o site passou a permitir que os usuários se organizassem em grupos e iniciassem conversas.

Essa segunda modalidade de interação, contudo, não alcançou a popularidade esperada. Devido ao comportamento autopromocional que uma rede de profissionais estimula, os usuários mais participativos dos grupos revelavam-se, com frequência, também os mais antipáticos. Então, o LinkedIn passou a acrescentar outra interação, em parte motivado pelo interesse em monetizar sua atividade: permitiu que recrutadores usassem o site para prospectar candidatos e que anunciantes prospectassem anúncios para profissionais destacados. Mais tarde, criou-se outra interação, que permitia que líderes (e, subsequentemente, todos os usuários) postassem conteúdos no LinkedIn, transformando o site numa plataforma editora. A combinação de muitas modalidades de interação, hoje, oferece aos usuários mais razões para acessar a comunidade.

A evolução do Uber, do Lyft e do LinkedIn ilustra várias possibilidades para sobrepor novas interações à interação básica de uma plataforma:

- Mudando a unidade de valor trocada entre os usuários existentes (como fez o LinkedIn, ao alterar a base da troca de informações de perfis dos usuários para posts de conversas).
- Introduzindo uma nova categoria de usuários, seja como produtores ou consumidores (como fez o LinkedIn, ao convidar recrutadores e anunciantes para se filiarem à plataforma como produtores).
- Permitindo que usuários troquem novos tipos de unidades de valor (como fizeram o Uber e o Lyft, ao possibilitarem corridas compartilhadas, mais econômicas, para os passageiros).
- Fazendo a curadoria dos integrantes de um grupo de usuários para criar uma nova categoria de participantes (como fez o LinkedIn, ao designar certos membros como "líderes" e convidá-los a produzir posts informativos).

É claro que nem toda interação funciona. Jake McKeon, por exemplo, fundou a rede social Moodswing, um espaço no qual as pessoas poderiam compartilhar seu estado emocional, da euforia à tristeza.

Com o passar do tempo, McKeon verificou que alguns usuários recorriam à comunidade em momentos de grave depressão – uns poucos chegaram a reportar ameaças de suicídio pelo site. Preocupado, o fundador da rede decidiu tentar oferecer a esses usuários o apoio emocional necessário. Elaborou um plano de recrutamento de estudantes de psicologia que pudessem atuar como voluntários, oferecendo aconselhamento por chat aos membros do Moodswing. Para garantir um serviço de qualidade, os voluntários seriam testados e avaliados. A "terapia amadora" representaria, assim, um novo tipo de troca de valor facilitada pelo Moodswing.

É um conceito interessante, mas que suscita alguns questionamentos óbvios – particularmente quanto ao perigo em potencial de ter "conselheiros" sem treinamento e sem habilitação profissional oferecendo orientação psicológica a pessoas com a vida em risco. Entre 2013 e 2014, McKeon buscou o apoio de um *crowdfunding* para o projeto. O sucesso do Moodswing ainda está por ser comprovado, assim como os benefícios prometidos por seu empreendedor.

APLICAÇÃO DO PRINCÍPIO FIM A FIM AO DESIGN DE PLATAFORMAS

O acréscimo de novos recursos e interações à plataforma, como vimos, pode ser uma maneira poderosa de aumentar sua utilidade e atrair mais usuários. No entanto, tais aperfeiçoamentos podem facilmente levar à complexidade, dificultando a navegação. Uma complexidade desnecessária também pode significar problemas enormes para programadores, desenvolvedores de conteúdo e gerentes responsáveis pela atualização e manutenção da rede. O termo pejorativo *bloatware* foi cunhado para descrever sistemas de software que se tornam complicados, lentos e ineficientes em razão do acréscimo descuidado de recursos inovadores.

No entanto, evitar por completo a inovação não é uma solução. Uma plataforma que deixa de evoluir por meio da incorporação de novos recursos tende a ser descartada pelos usuários, quando estes descobrem alternativas que lhes oferecem melhores experiências. Portanto, é preciso encontrar um equilíbrio ao adicionar recursos ao sistema, modificando o núcleo da plataforma lentamente enquanto adaptações positivas são efetuadas em sua periferia.

Esse conceito equivale, numa plataforma de negócio, a uma ideia muito antiga da rede de computadores conhecida como *princípio fim a fim*. Criado originalmente em 1981 por J. H. Saltzer, D. P. Reed e D. D. Clark, o princípio fim a fim estabelece que, numa rede de finalidades gerais, as funções específicas de aplicação devem permanecer nos hospedeiros finais do sistema, e não em seus nós intermediários de distribuição.[6] Em outras palavras, as atividades que não são essenciais para o funcionamento da rede, mas que se mostram valiosas apenas para certos usuários, deveriam ser localizadas nas extremidades da rede, e não em seu ponto central. Desse modo, as funções secundárias não interferem ou não desviam recursos das atividades básicas, nem complicam a tarefa de manutenção ou atualização da rede como um todo. Com o tempo, o princípio fim a fim expandiu-se do design de redes para o design de muitos outros ambientes complexos de informática.

Um dos exemplos mais documentados do fracasso em considerar o princípio fim a fim diz respeito à introdução do Vista pela Microsoft, em 2007. O Vista era, então, a mais nova versão do sistema operacional Windows. O CEO Steven Ballmer alardeou que se tratava do "maior produto lançado na história da Microsoft", impulsionando seu lançamento no mercado por meio de um orçamento de marketing de centenas de milhões de dólares.[7]

Ainda assim, o Vista fracassou. A equipe de projeto da Microsoft tinha procurado manter os componentes de software necessários à preservação da compatibilidade com sistemas de computação mais antigos, ao mesmo tempo em que acrescentava recursos altamente inovadores – tudo dentro do núcleo da plataforma. Como resultado, o Vista revelou-se menos estável e mais complexo do que seu antecessor, o sistema operacional Windows XP, a ponto de criar grandes dificuldades para o trabalho dos desenvolvedores de softwares fora da Microsoft.[8]

Os críticos do Vista o descreveram como pior do que um *bloatware* – na verdade, apelidaram-no de *goatware*, uma vez que, como um bode (*goat*), engolia todos os recursos do sistema.[9] Até hoje, milhões de usuários do Windows se recusaram a adotar o Vista, mantendo fidelidade ao Windows XP a despeito dos repetidos esforços da Microsoft para tirá-lo de circulação. Ironicamente, embora a Microsoft tenha suspendido as vendas no varejo do XP em 2008 e do Vista em 2010, o market share do XP em 2015 superou 12%, enquanto o do Vista ficou abaixo de 2%.[10]

Por outro lado, quando Steve Jobs voltou a liderar a Apple em 1997, depois de anos desenvolvendo o ambicioso, porém malsucedido, computador NeXT, tomou uma decisão crucial que honrou o princípio fim a fim, ajudando-o a alcançar o sucesso subsequente da empresa. No NeXT, Jobs e sua equipe desenvolveram um sistema operacional novo e elegante, com uma arquitetura de superposições enxuta e uma interface gráfica atraente. Então, ao planejar um sucessor para o sistema operacional Mac OS 9 da Apple, Jobs enfrentou uma escolha difícil. De um lado, havia a possibilidade de fundir os códigos de software do NeXT e do Mac OS 9, produzindo um sistema operacional compatível com ambos os sistemas. De outro, a alternativa era descartar o Mac OS 9 em favor da arquitetura *clean* do NeXT.

Jobs apostou perigosamente no descarte do velho código do OS 9. Entretanto, fez uma concessão: a equipe de projeto desenvolveu em separado o "ambiente Classic", que permitia aos consumidores rodar seus programas compatíveis com o velho OS 9. Essa abordagem compartimentada atendia ao princípio fim a fim. O código antigo não desacelerava ou complicava os novos programas. Ao mesmo tempo, os compradores dos novos Macs não eram onerados por um sistema que acomodava programas antigos, que eles nem sequer possuíam. A escolha de Jobs facilitou a inovação no novo Mac OS X e tornou-a mais eficiente, o que deu condições à Apple de desenvolver recursos que fizeram com que os sistemas operacionais da Microsoft parecessem, em comparação, ultrapassados.[11]

O conceito fim a fim também pode ser aplicado ao design de plataformas. Nesse caso, o princípio estabelece que as funções específicas do aplicativo devem residir nas camadas da ponta ou do topo da plataforma, em vez de se enraizarem nas mais profundas. Apenas as funções de valor e volume mais elevados que perpassam o aplicativo devem se tornar parte do núcleo da plataforma.

Há duas razões para essa regra. Em primeiro lugar, quando novos recursos específicos são incorporados ao núcleo da plataforma, e não atrelados à periferia, todas as funções do aplicativo que não empregam tais recursos parecerão lentas e ineficientes. Em contrapartida, quando os novos recursos específicos são incorporados na periferia da plataforma, uma experiência muito melhor será oferecida ao usuário: o desempenho de novas funções específicas não afeta o desempenho do sistema como um todo.

Em segundo lugar, quando o núcleo da plataforma é simples e enxuto (e não um emaranhado de numerosos recursos), seu ecossistema tem condições de evoluir muito mais rápido. Por essa razão, C. Y. Baldwin e K. B. Clark, da Harvard Business School, descrevem uma plataforma bem projetada como aquela que tem uma camada central estável, que restringe a variedade, envolvida por uma camada em expansão, que permite a variedade.[12]

As melhores plataformas da atualidade em termos de design incorporam esse princípio estrutural. Por exemplo, a Amazon Web Services (AWS, a plataforma mais bem-sucedida em serviços de armazenamento e gerenciamento de informações em nuvem) concentra-se em otimizar operações básicas, incluindo armazenamento de dados, computação e transmissão de mensagens.[13] Outros serviços, utilizados apenas por uma fração dos clientes, ocupam a periferia da plataforma, sendo fornecidos por meio de programas especificamente desenvolvidos.

O PODER DA MODULARIDADE

Uma abordagem integral, pela qual o sistema é desenvolvido o mais rápido possível para atender a um único propósito, traz vantagens especialmente nos primeiríssimos dias de uma plataforma. A longo prazo, porém, o sucesso demanda uma abordagem mais modular. Uma discussão completa sobre essa alternativa não caberia neste capítulo, mas vale comentar alguns de seus conceitos mais importantes. A começar pela definição apresentada por Baldwin e Clark (1996):

> A modularidade é uma estratégia para organizar eficientemente produtos e processos complexos. Um sistema modular compõe-se de unidades (ou módulos) cujos projetos são independentes, mas que ainda assim funcionam como um todo integrado. Obtém-se a modularidade pela partição das informações em regras visíveis e parâmetros ocultos. A modularidade só é benéfica se a partição for precisa, desprovida de ambiguidade e completa. As regras visíveis (também chamadas de informações visíveis) são decisões que influenciam

decisões subsequentes do processo. Em condições ideais, são estabelecidas logo no início de um projeto e comunicadas amplamente a todos os envolvidos.[14]

Em um artigo de 2008, Carliss Young Baldwin e C. J. Woodard apresentaram uma definição útil e sucinta da essência de um sistema estável:

Sustentamos que a arquitetura fundamental por trás de todas as plataformas é essencialmente a mesma: a saber, o sistema é dividido em um conjunto complementar de componentes "periféricos" de grande variedade. Os componentes de pouca variedade constituem a plataforma. São os elementos de longa duração do sistema e, assim, implícita ou explicitamente, estabelecem as interfaces do sistema, [e] as regras que governam as interações entre as diferentes partes.[15]

Um fator decisivo que torna a modularidade tão eficiente é que, quando se faz a partição precisa de um sistema em subsistemas, estes podem funcionar como um todo, conectando-se e comunicando-se por meio de interfaces bem definidas. O projeto de cada subsistema pode ser feito independentemente, desde que respeite as regras e se conecte com o todo do sistema apenas mediante interfaces-padrão. Provavelmente, os leitores já ouviram falar do termo *interfaces de programação de aplicação* (API, sigla para *Application Programming Interfaces*). Essas são as interfaces-padrão que sistemas como Google Maps, Bolsa de Valores de Nova York, Salesforce, Thomson Reuters Eikon, Twitter e muitos outros usam para facilitar o acesso aos recursos centrais por entidades externas.[16]

A Amazon tem sido particularmente eficiente na abertura de API para seus serviços modulares. A Figura 3.1 compara a variedade de API disponibilizadas pela Amazon e pelo líder varejista tradicional, o Walmart, que vem fazendo grande esforço para se firmar como plataforma concorrente. Como é possível constatar, a Amazon superou em muito o Walmart em termos de quantidade e variedade de API oferecidas.

O poder da modularidade é uma das razões para o rápido crescimento da indústria de computadores pessoais na década de 1990. Os componentes principais de um sistema PC eram a CPU (do inglês *central processing unit*, unidade central de processamento), a GPU (*graphical processing units*, unidade de processamento gráfico), a memória RAM (responsável pelo

ARQUITETURA • 67

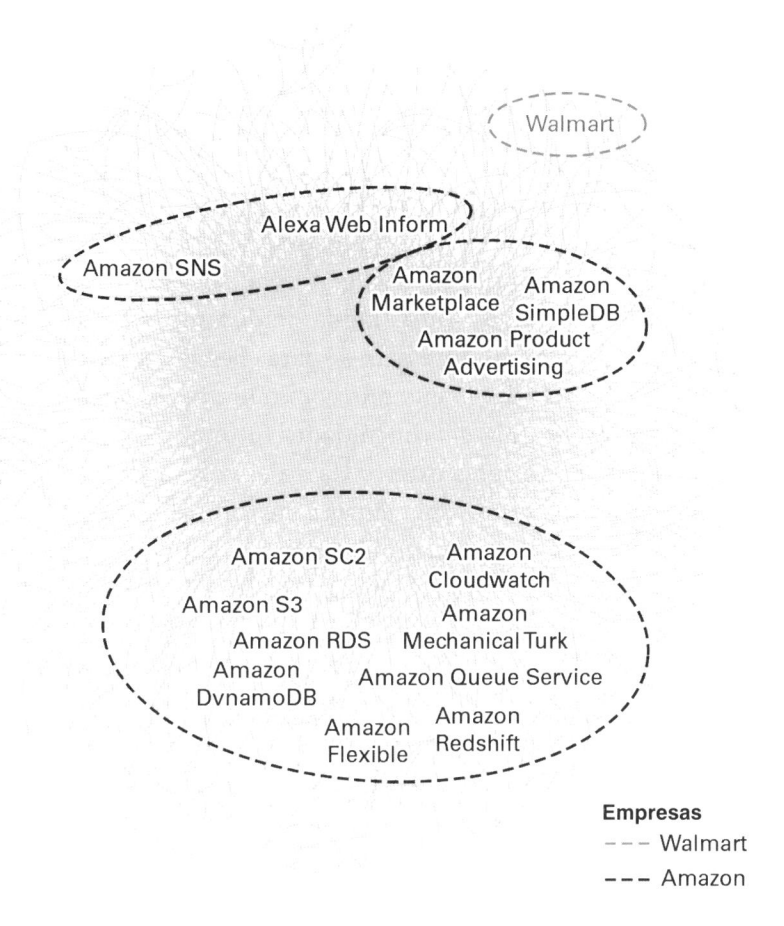

Figura 3.1. A Amazon tem muito mais mashups de API (aplicações web que coletam conteúdo online de mais de uma fonte para criar e oferecer um novo serviço) do que o Walmart. Os subsistemas incluem pagamentos, comércio eletrônico, serviços na nuvem, processamento de mensagens, alocação de tarefas e outros mais. Enquanto o Walmart otimiza a logística, a Amazon também permite que terceiros criem valor em seus módulos de serviço. Fonte: Evans e Basole, com base nos dados disponíveis no site ProgrammableWeb.17 Reproduzido com autorização.

armazenamento operacional) e o HD (*hard disk*, disco rígido, com grande quantidade de espaço para armazenamento de longo prazo). Cada um desses subsistemas comunicava-se com os demais empregando interfaces bem definidas, que permitiram tremendas inovações na medida em que empresas como Intel (CPU), ATI e Nvidia (GPU), Kingston (memória

RAM) e Seagate (HD) trabalhavam independentemente para melhorar o desempenho de seus produtos específicos.

Em sua maioria, os criadores das plataformas buscam projetar uma arquitetura estritamente integrada, empenhando-se na cuidadosa especificação das interfaces dos subsistemas – e até mesmo em sua simples documentação. Quando almejam estreitos nichos de mercado e dispõem de recursos limitados de engenharia, muitas empresas se sentem tentadas a abrir mão da árdua tarefa de decompor todo o sistema em módulos. Em vez disso, apressam-se para chegar o mais rápido possível a uma solução viável. No entanto, com o tempo, essa abordagem imediatista tende a resultar em dificuldades futuras, quando for necessário mobilizar um ecossistema externo de desenvolvedores para criar recursos de valor agregáveis à plataforma básica e ampliar as ofertas para novos mercados.[18] Portanto, uma empresa com arquitetura integral tem de forçosamente investir na formulação de sua tecnologia básica.[19]

REARQUITETANDO A PLATAFORMA

É possível superar o desafio de rearquitetar todo o sistema em prol de um design modular. O primeiro passo consiste em analisar o grau de modularidade já alcançado pelo sistema – felizmente, existem algumas ferramentas especialmente desenvolvidas para isso. Dentre as principais estão as matrizes de estrutura de projeto, que permitem um exame visual das dependências em sistemas complexos.[20]

Em artigo publicado em 2006 pela revista *Management Science*, Alan MacCormack e Carliss Baldwin destacam o exemplo de um produto que evoluiu com sucesso da arquitetura integral para a modular.[21] Quando o software caiu em domínio público como código aberto, a empresa detentora dos direitos autorais investiu recursos consideráveis na modularidade para assegurar sua transição. Foi um passo decisivo, uma vez que, caso não fosse desmembrado em subsistemas, o software não teria como ser mantido por equipes dispersas de desenvolvedores voluntários.

A necessidade de rearquitetar um sistema complexo não é verificada apenas no caso de softwares. No início da década de 1990, a Intel enfrentou o importante desafio da ampliação de seu mercado. O desempenho de seus chips para CPU dobrava a cada 18 ou 24 meses.[22] Registravam-se melhorias semelhantes em outros subsistemas-chave do PC: GPU, RAM e HD. No entanto, as conexões de informações entre os subsistemas ainda eram definidas segundo o velho padrão de comunicação denominado Industry Standard Architecture (ISA). Em razão disso, os consumidores percebiam pouca melhoria no desempenho geral do PC e, portanto, não se sentiam motivados a adquirir máquinas novas. Num artigo de 2002, Michael A. Cusumano e Annabelle Gawer registraram como a Intel assumiu a dianteira na solução do problema da interconectividade dos principais subsistemas, criando o padrão Peripheral Component Interconnect (PCI), além da conexão USB – ideias que alavancaram grandes inovações em dispositivos periféricos, como mouses, câmeras, microfones, teclados, impressoras, scanners, HDs externos e muitos outros.[23]

MELHORIA ITERATIVA: O PRINCÍPIO ANTIDESIGN

Quando se lança uma plataforma – ou quando se procura aperfeiçoá-la ou expandi-la –, a atenção concentrada nos princípios do design maximiza as chances na criação de valor.[24] Mas, conforme vimos antes, plataformas nem sempre são totalmente planejadas – também podem surgir de maneira "espontânea". Vale lembrar uma das principais características que as distingue das empresas tradicionais: a maior parte de suas atividades é controlada pelos usuários, não pelos proprietários ou gestores. É inevitável que os participantes venham a usar a plataforma de maneiras nunca previstas ou imaginadas por quem a projetou.

Nunca se pretendeu que o Twitter possuísse um mecanismo interno de busca. A rede começou como um simples fluxo de feeds em cronologia inversa. Não havia como procurar por tuítes sobre assuntos específicos, a não ser por meio da rolagem de páginas repletas de conteúdo irrelevante e desconexo. Chris Messina, engenheiro do Google, sugeriu a princípio o uso de hashtags para registrar e identificar tuítes afins. Hoje, a hashtag é praticamente um ícone do Twitter.

Os empreendedores de plataformas sempre devem prever espaço para descobertas intuitivas, uma vez que os usuários costumam estar um passo à frente no caminho por onde o design deve seguir. A tarefa de monitorar o comportamento do usuário na plataforma revela, quase sempre, padrões de uso inesperados – alguns dos quais podem sugerir novas áreas férteis para a criação de valor. As melhores plataformas acolhem as peculiaridades dos usuários e são suficientemente abertas para incorporá-las gradualmente ao sistema.

O design inteligente é essencial para a construção e a manutenção de uma plataforma de sucesso. No entanto, às vezes, o melhor design é o antidesign – no sentido de manter a mente aberta para o fortuito, o espontâneo e até mesmo para o extravagante.[25]

DESTAQUES DO CAPÍTULO

⇨ O design de uma plataforma deve começar por sua interação básica – aquela que está no cerne da missão de criação de valor da plataforma.

⇨ Três elementos definem a interação básica: os participantes, a unidade de valor e o filtro. Dentre eles, a unidade de valor é a mais decisiva e, com frequência, a mais difícil de controlar.

⇨ De modo a garantir a simplicidade da interação básica, tornando-a até mesmo inevitável, a plataforma tem de desempenhar três funções: atrair, facilitar e parear. Todas são essenciais, e cada uma enfrenta desafios específicos.

⇨ Conforme cresce, em geral a plataforma se vê diante de possibilidades de se expandir para além da interação básica. Novos tipos de interações podem ser sobrepostos a ela, muitas vezes atraindo novos participantes ao sistema.

⇨ É importante que o projeto de uma plataforma seja criterioso, a fim de facilitar interações mutuamente gratificantes para um grande número de usuários. Mas também é importante deixar espaço para a espontaneidade e para o inesperado, já que os próprios usuários encontrarão novas maneiras de criar valor na plataforma.

4
DISRUPÇÃO
Como as plataformas conquistam e transformam os setores tradicionais

Em essência, o conceito de plataforma é simples: um lugar no qual produtores e consumidores podem entrar em contato, promovendo interações que criam valor para ambas as partes. Trata-se de algo que o ser humano pratica há milênios. Afinal, o que é a tradicional feira livre – realizada em todos os lugares, de vilarejos a cidades, seja na África ou na Europa – se não uma plataforma em que fazendeiros e artesãos entram em contato com consumidores e promovem a troca de mercadorias por dinheiro? O mesmo vale para as primeiras bolsas de valores, surgidas em cidades como Londres e Nova York, em que compradores e vendedores de ações de empresas reuniam-se fisicamente a fim de estabelecer preços de mercado "no grito", por meio do sistema de leilão aberto.

A principal diferença entre as plataformas tradicionais e as modernas, cujas experiências figuram neste livro, é o acréscimo da tecnologia digital, que expande enormemente o alcance, a velocidade, a conveniência e a eficiência dos negócios. (Não sem motivo, a maior parte do mercado acionário migrou dos espaços físicos de negociação para os meios eletrônicos, acessíveis de qualquer ponto do planeta.) A internet e as tecnologias a ela associadas proporcionam às plataformas contemporâneas uma assombrosa capacidade de transformar setores de atividades, muitas vezes de maneira imprevisível.

Já vimos aqui como o Uber alavancou efeitos de rede para conquistar uma imensa e ainda crescente fatia do mercado de transporte particular de pessoas, ameaçando ramos tradicionais como os serviços de táxis e limusines. Durante esse processo, a empresa obtém uma enorme valorização em um espaço de tempo espantosamente curto. Por volta do final de 2014, a empresa de cinco anos de existência foi avaliada pelos investidores em US$ 40 bilhões (bem mais do que a avaliação de US$ 17 bilhões, feita apenas 6 meses antes), tornando-a mais valorizada, ao menos no papel, do que gigantes corporativos veneráveis como Mitsubishi, Target, FedEx, General Dynamics e Sony.[1]

O Uber, que hoje opera em mais de 250 cidades, chegou a esse invejável patamar oferecendo um serviço extraordinariamente simples, mas muito valioso, a consumidores e produtores. Proporcionou corridas rápidas e baratas para os passageiros, ao mesmo tempo em que abriu a oportunidade para que motoristas amadores tivessem um ganho financeiro melhor do que a maioria dos taxistas, sem desembolsar as imensas quantias exigidas pela formalização do serviço. Em meados de 2013, com o mercado em valorização máxima, uma licença para dirigir táxi na cidade de Nova York era estimada em mais de US$ 1,2 milhão.

Desse modo, a plataforma Uber, simplesmente por disponibilizar um espaço virtual para conectar passageiros e motoristas, trouxe benefícios para ambos, ao mesmo tempo em que construiu uma fonte de riqueza para seus investidores. É um projeto em que todos ganham – exceto as centenas de milhares de motoristas de táxis, despachantes de serviço de aluguel de carros e funcionários de empresas de limusines, cujos empregos foram ameaçados de repente. Não é de admirar que Barry Korengold, presidente da associação de condutores de táxi de São Francisco (cidade onde o Uber foi lançado, em meados de 2010), descreva os líderes da plataforma como "barões ladrões". "De saída, começaram funcionando ilegalmente, sem respeitar a legislação e entrando na concorrência de maneira injusta. E foi assim que se tornaram grandes – com dinheiro suficiente para ignorar todas as regras". O presidente de uma das empresas de táxi de São Francisco previu que o setor como um todo entraria em colapso antes do final de 2015 – uma previsão ratificada por executivos do ramo no mundo todo. Como resultado, o valor da licença de taxista na cidade de Nova York caiu US$ 300 mil em um ano – sem que se enxergue o fundo do poço.[2]

No Capítulo 11, estudaremos se plataformas como o Uber de fato praticam concorrência desleal ou se a queixa se deve apenas à contrariedade das empresas tradicionais, à beira de serem desbancadas pelos novatos virtuais. Por enquanto, continuaremos analisando a rapidez e a aparente facilidade com que esse novo modelo de negócio vem revolucionando um setor de atividade antes tido como estável.

De modo ainda mais notável, as mudanças desencadeadas pelo Uber são provavelmente apenas o primeiro ataque de um bombardeio de outras rupturas que, em última instância, transformarão todo o setor de transporte. A combinação do modelo de plataforma com outra tecnologia que está saindo da prancheta – o carro sem motorista – deve incrementar ainda mais o já brilhante modelo econômico do Uber e deflagrar efeitos em cascata para muito além do negócio de táxis. Há futuristas que preveem um mundo no qual milhões de pessoas abrirão mão da posse de um carro, seduzidas pela comodidade de contar com uma frota de veículos Uber para levá-las aonde bem entenderem, a um custo próximo de 50 centavos de dólar por quilômetro. Travis Kalanick, CEO e cofundador da empresa, comenta: "Queremos chegar ao ponto em que usar o Uber seja mais barato do que ter um carro". A promessa final: "Transporte confiável como água corrente."[3]

As implicações são espantosas. Os maiores fabricantes de automóveis seriam devastados pelo encolhimento do mercado. O mesmo aconteceria com setores correlacionados, como o de seguro automotivo, de financiamento de veículos e de estacionamento. Por outro lado, a queda súbita na demanda por estacionamentos (uma vez que os carros sem motorista teriam uso praticamente contínuo) desocuparia milhões de metros quadrados de áreas para edificação, além de liberar as ruas: carros parados junto ao meio-fio, ou circulando devagar em busca de vaga, desapareceriam da cena urbana. Não haveria tantos congestionamentos, e a poluição seria reduzida. Caso tal prognóstico para a próxima fase do Uber se torne realidade, a paisagem dos Estados Unidos poderá ficar irreconhecível.[4]

E se tudo isso não for suficiente, considere a seguinte observação de Kalanick: "Se conseguimos um carro para você em 5 minutos, podemos conseguir *qualquer coisa* em 5 minutos".[5] Qualquer coisa mesmo? Difícil imaginar quais são os limites para o potencial revolucionário do Uber. Kalanick parece não reconhecer nenhum.

UMA HISTÓRIA RESUMIDA DA REVOLUÇÃO DIGITAL

"O software está devorando o mundo." A afirmativa foi originalmente empregada pelo fundador do Netscape, Marc Andreessen, em

2011, como título de um artigo de opinião no *Wall Street Journal*. A frase buscava sintetizar como a tecnologia – especialmente a internet – transformou o mundo dos negócios.[6] A história da revolução viabilizada pela web até agora aconteceu em dois estágios principais.

No primeiro estágio, *os pipelines eficientes devoraram os pipelines ineficientes*. Na década de 1990, a maior parte dos programas da internet envolvia a criação de pipelines altamente eficientes – sistemas online para distribuição de bens e serviços que desbancaram os setores de atividade estabelecidos. Diferentemente dos sistemas tradicionais, os pipelines online beneficiaram-se dos baixos custos marginais de distribuição, às vezes próximos de zero. Isso lhes permitiu visar e atender a vários mercados com investimento muito menor.

As tradicionais empresas de mídia foram as primeiras a sentir o baque. Os jornais foram derrubados pela internet, com sua capacidade de divulgar notícias para uma plateia global sem os custos de distribuição de praxe (impressão, expedição, vendas no varejo e entrega). Um pipeline eficiente tinha devorado outro, ineficiente. Em seguida, o modelo de negócio do jornal foi despojado de seu mecanismo de monetização fundamental (a publicidade, por meio de anúncios ou classificados), conforme a tecnologia online foi se mostrando mais capacitada ao veicular propaganda direcionada do que o meio tradicional de papel impresso. De novo, um pipeline eficiente devorara um ineficiente.

Logo, o varejo e as compras pelo correio foram afetados. O sucesso da Amazon levou à derrocada da Borders e de outras livrarias. O sistema tradicional da Blockbuster, com suas amplas instalações físicas para locação de DVDs, não conseguiu competir com a economia de distribuição do Netflix, baseada inicialmente na seleção online de DVDs entregues pelo correio e, mais tarde, por streaming de vídeo. As receitas da indústria fonográfica despencaram conforme as vendas de CDs entraram em colapso, sendo substituídas pelo bem mais veloz e barato download de arquivos – muitos deles pirateados ou compartilhados ilegalmente. Com o tempo, muitos dos distribuidores da internet encontraram maneiras de alavancar dados específicos sobre as escolhas dos consumidores a fim de atendê-los melhor do que qualquer operação tradicional.

Foram revoluções desse tipo que corroboraram a visão de Andreessen do "software devorando o mundo". Hoje, tendo atingido status de clichê, sua percepção precisa ser atualizada: "As plataformas estão devorando o mundo". Entramos no segundo estágio da saga da ruptura, na qual *as plataformas devoram os pipelines*.

COMO AS PLATAFORMAS DEVORAM OS PIPELINES

As evidências desse novo estágio de ruptura estão por toda parte. Conforme verificamos, as empresas de táxi – e as agências reguladoras – compreenderam que o Uber está a caminho do domínio global do setor de transporte local. Antes ridicularizado pelo setor hoteleiro, o Airbnb cresceu rapidamente até se tornar um provedor global de hospedagem, com mais quartos reservados todas as noites do que as maiores cadeias hoteleiras do mundo. O Upwork vem gradualmente evoluindo de um site de oferta de talentos profissionais para uma infraestrutura que permite que organizações inteiras se construam na nuvem, conectando freelancers de lugares distantes sem precisar de um local de trabalho (livrando-se dos custos associados a instalações físicas). A Amazon continua ampliando seu impacto sobre o setor tradicional de publicação de livros, ao mesmo tempo em que faz incursões em dezenas de outras áreas do varejo. E, enquanto gigantes tradicionais como a Nokia e o Blackberry perderam 90% de seu valor na última década, plataformas inovadoras como Apple e Google dominaram o mercado acionário.

Como e por que isso está acontecendo?

No mundo das plataformas, a internet não mais funciona apenas como canal de distribuição (pipeline). Elas também operam como infraestrutura de criação e como mecanismo de coordenação e desenvolvem essa nova capacidade para criar modelos de negócio novos. Além disso, os ambientes físico e digital estão convergindo rapidamente, o que possibilita que a internet conecte e coordene objetos no mundo real – por exemplo, aplicativos de smartphone que controlam à distância aparelhos eletrodomésticos. Em paralelo, os limites organizacionais são redefinidos à medida que as empresas de plataforma influenciam ecossistemas externos para criar valor de outras maneiras.[7]

Nesse novo estágio de ruptura, as plataformas desfrutam de duas vantagens econômicas sobre as empresas tradicionais.

Uma delas é a maior economia marginal em termos de produção e distribuição. Conforme observamos, quando as cadeias hoteleiras como Hilton e Sheraton querem se expandir, constroem novos prédios de apartamentos e contratam centenas de funcionários. Em contrapartida, o Airbnb cresce com custos marginais próximo de zero, já que o investimento para acrescentar mais um quarto às listas de sua rede é ínfimo.

A capacidade de rápido crescimento em escala de uma plataforma é incrementada ainda mais pelos efeitos de rede. Quando os efeitos de rede positivos entram em ação, o aumento da produção leva à expansão do consumo, e vice-versa. Um número maior de freelancers participantes do Upwork torna-o mais atraente para as empresas que querem contratar, o que por sua vez atrai mais freelancers. Um conjunto mais amplo de comerciantes no Etsy atrai mais clientes, os quais, por sua vez, atraem mais comerciantes. Um ciclo de feedback positivo é então acionado, estimulando o crescimento da plataforma a um custo mínimo.

Ao estimular os efeitos de rede, as plataformas conseguem construir ecossistemas eletrônicos abertos, abarcando centenas, milhares ou milhões de participantes à distância. Tais ecossistemas são maiores do que grande parte das organizações tradicionais e têm acesso a mais recursos do que uma empresa de pipeline convencional é capaz de administrar. Como resultado, o valor criado em um desses ecossistemas pode ser muito maior do que o valor criado em uma organização tradicional. Portanto, as empresas que continuam a competir com base em recursos internos próprios enfrentam dificuldades crescentes diante das plataformas.

OS IMPACTOS DA REVOLUÇÃO DA PLATAFORMA SOBRE A CRIAÇÃO DE VALOR, O CONSUMO DE VALOR E O CONTROLE DE QUALIDADE

As plataformas, então, possuem vantagens econômicas que lhes permitem um crescimento mais rápido do que suas concorrentes com estrutura de pipeline. Tal fenômeno, por si, já implica uma ruptura significativa nos setores produtivos estabelecidos, na medida em que as organizações que operam segundo esse novo modelo de negócio já vêm tomando o lugar de companhias tradicionais na lista das 500 maiores empresas da revista *Fortune*. A era das "plataformas-devorando-pipelines", contudo, revoluciona o mercado de muitas outras maneiras. Em particular, esse movimento tem se revelado decisivo na reconfiguração dos processos comerciais conhecidos de criação de valor, consumo de valor e controle de qualidade.[8]

Reconfigurar a criação de valor para acessar novas fontes de fornecimento. Assim como os sistemas de autoatendimento, as plataformas crescem e conquistam mercados quando minimizam as barreiras ao uso para os participantes. Especificamente, vale dizer que toda vez que uma plataforma remove um obstáculo à participação de produtores, a criação de valor é reconfigurada e descortinam-se novas fontes de fornecimento.

A Wikipédia tornou-se uma das pioneiras a explorar uma nova fonte de fornecimento quando criou um sistema que permitiu a voluntários do mundo inteiro captar e organizar informações sobre qualquer tema. Da mesma maneira, em certo sentido o YouTube transformou qualquer adolescente equipado com uma filmadora ou celular em um potencial produtor de conteúdo audiovisual, pronto para competir com estúdios de cinema e redes de TV.

É possível testemunhar o fenômeno da reconfiguração da criação de valor em muitos tipos de plataformas de negócios. A Viki, companhia de streaming de vídeo localizada em Cingapura, em vez de contratar tradutores, mobilizou uma comunidade global de entusiastas para legendar filmes coreanos e japoneses que seriam exibidos nos Estados Unidos. Depois do rápido e estrondoso crescimento resultante, a Viki foi adquirida pela empresa japonesa Rakuten por US$ 200 milhões. Abordagem semelhante foi empregada pelo Facebook, que, em vez de contratar profissionais do ramo, recorreu à própria comunidade para traduzir o site em vários idiomas.

Para intensificar a explosão continuada de novas fontes de fornecimento, as plataformas de negócios estão constantemente demolindo barreiras para captar mais e mais participantes. O Twitter, por exemplo, atraiu milhões de criadores de conteúdo ao propor seu enxuto padrão de formato de texto – 140 caracteres, no máximo, por mensagem. Comparado ao post de um blog tradicional, que requer mais esforço e tempo de quem escreve, o tuíte é um jeito rápido e fácil de manifestação, o que estimulou um número crescente de usuários a produzirem conteúdo com mais frequência.

De modo semelhante, o Airbnb esforça-se para minimizar os obstáculos aos fornecedores de hospedagem, promovendo com regularidade eventos e programas para ilustrar e ensinar práticas eficazes para conquistar hóspedes. O Uber trabalha para remover barreiras econômicas que possam desencorajar potenciais motoristas, oferecendo incentivos financeiros como os bônus de adesão. Plataformas como Dribbble, Threadless e 99designs montaram grandes ecossistemas de designers profissionais, valendo-se, principalmente, da democratização das ferramentas de design e impressão dos últimos anos – mais um caso de eliminação de barreiras à participação.

A proliferação de novas tecnologias de produção estimula ainda mais o surgimento de novos grupos de produtores. Assim como a câmera do smartphone ampliou a capacidade de conteúdo em comunidades como Instagram e Vine, o alcance da impressão em 3D provavelmente levará a uma inédita gama de plataformas no setor de design. No entanto, para se chegar à reconfiguração generalizada da criação de valor, a tecnologia muitas vezes depende do suporte de um formato de empresa igualmente inovador. Softwares para processamento de texto, tipografia e desenho gráfico já existem há décadas. No entanto, foi preciso que a plataforma Kindle da Amazon estabelecesse o acesso rápido e fácil de e-livros a um grande público de leitores antes que todo um novo ecossistema de autores viesse à tona.

Reconfigurar o consumo de valor, viabilizando novas formas de comportamento do consumidor. O advento do mundo das plataformas também revoluciona as modalidades tradicionais de consumo, inspirando milhões de pessoas a usarem produtos e serviços de maneiras inimagináveis até alguns anos atrás. O jornalista Jason Tanz observa:

> Viajamos dentro do carro de um desconhecido (Lyft, Sidecar, Uber), o hospedamos em um quarto vago na nossa casa (Airbnb), deixamos nosso cachorro a seus cuidados (DogVacay, Rover) e comemos em sua sala de jantar (Feastly). Permitimos que ele alugue nosso carro (RelayRides, Getaround), nosso barco (Boataround), nossa casa (HomeAway) e nossos equipamentos elétricos (Zilok). Confiamos a gente completamente estranha nossas experiências pessoais – e nossa própria vida. Nesse processo, estamos adentrando uma nova era de intimidade propiciada pela internet.

Não muito tempo atrás, atividades como essas teriam sido vistas como esquisitas, para não dizer perigosas. Hoje, são conhecidas e praticadas por milhões, graças aos mecanismos abalizadores de confiança estabelecidos pelas plataformas de negócios. Um grande número de empresas – que almejam causar em seus setores impacto tão relevante quanto o provocado pelo Uber na área de mobilidade urbana – vem trabalhando para alterar o comportamento do consumidor nesses contextos.

Reconfigurar o controle de qualidade por meio da curadoria orientada pela comunidade. Quando de seu lançamento, plataformas como YouTube, Airbnb e Wikipédia foram criticadas e até ridicularizadas. Isso porque, em seu estágio inicial, não ofereciam a qualidade e a confiabilidade garantidas pelas empresas de pipeline atuantes nos respectivos setores. Os primeiros conteúdos do YouTube beiravam a pornografia e muitos deles eram pirateados. Apartamentos listados no Airbnb chegaram a ser autuados por autoridades municipais sob a alegação de acolherem orgias. Biografias da Wikipédia declararam como falecidas muitas pessoas ainda vivas.

Esse é o problema da abundância. Quando as plataformas começam a desbloquear novas fontes de fornecimento, a qualidade com frequência despenca – um exemplo dos efeitos de rede negativos apresentados no Capítulo 2.

Os primeiros dias de vida de uma plataforma podem ser difíceis. No entanto, com o tempo, e com o mecanismo de curadoria em plena ação, melhora a capacidade de parear consumidores com produtores de conteúdos, bens e serviços de alta qualidade. Uma curadoria eficiente alimenta o comportamento desejável, ao mesmo tempo em que desestimula os indesejáveis, até eliminá-los. Ao cultivar a qualidade, a plataforma desenvolve a confiabilidade necessária para atrair um grande conjunto de clientes. É então que os tradicionais competidores do setor, às vezes subitamente, veem-se diante do desafio de enfrentar uma startup desconhecida, pronta para crescer com rapidez nunca antes testemunhada.

Uma vez que comecem a crescer em escala, as plataformas têm de assegurar o bom funcionamento de seu mecanismo de curadoria. Organizações que, enquanto se expandem, também ampliam os esforços pela qualidade capacitam-se para, ao longo do tempo, coletar melhores informações sobre seus usuários e aperfeiçoar seus algoritmos de pareamento. Elas garantem também a automatização gradual dos métodos de curadoria, baseando-os em ciclos de feedback orientados pela comunidade. Por exemplo, a plataforma de perguntas e respostas Quora contratou, de início, editores internos para zelar pelo seu conteúdo. Assim que se formou a massa crítica de usuários, o processo de curadoria passou a ficar a cargo de algoritmos orientados por opiniões emitidas por participantes da comunidade.

A ascensão das plataformas, portanto, não significa apenas o surgimento de novas entidades comerciais competindo com organizações tradicionais estabelecidas. Trata-se, mais precisamente, do advento de novas modalidades de atividade empresarial, conforme sugerem as profundas mudanças na natureza da criação de valor, do consumo de valor e do controle de qualidade.

IMPACTOS ESTRUTURAIS DA REVOLUÇÃO DA PLATAFORMA

O fenômeno das plataformas de negócios vem transformando a estrutura da paisagem empresarial de três maneiras específicas, as quais têm passado um tanto despercebidas. Descrevemos essas três categorias de ruptura como *dissociação entre ativos e valor*, *reintermediação* e *agregação de mercado*.

Dissociação entre ativos e valor. Os exemplos mais conhecidos de plataforma – Airbnb, Uber, Amazon – vêm do contexto B2C (de empresa para consumidor). Como converter um produto em plataforma no contexto B2B, de empresa para empresa? Muitas corporações possuem grande quantidade de ativos fixos, como usinas hidrelétricas, equipamentos de ressonância magnética (MRI) ou grandes extensões de terra. Como construir plataformas em torno desses elementos?

A resposta está em dissociar a propriedade do ativo físico do valor por ele criado. Isso permite que a exploração do ativo seja negociada de maneira independente e orientada para o *melhor* uso que se possa fazer dele – ou seja, o uso que cria o maior valor econômico –, em vez de restringi-lo a usos específicos do proprietário. Como resultado, a eficiência e o valor crescem barbaramente.

Dois dos autores deste livro, Geoff Parker e Marshall Van Alstyne, empregaram essa abordagem em resposta a uma demanda feita pelo estado de Nova York. O objetivo era projetar um mercado inteligente para integrar o crescente volume de recursos ligados à distribuição de energia – dentre eles, placas de energia solar em telhados, baterias de armazenamento e geradores domésticos, assim como o eventual estoque produzido a partir da inércia térmica de um edifício. Com tudo isso, edifícios inteiros podem ser pré-aquecidos ou resfriados (ou podem adiar o aquecimento ou o resfriamento) em poucos graus, para conforto de seus ocupantes. Juntos, esses sistemas particulares constituem recursos que podem auxiliar o sistema de energia estadual a acomodar as oscilações de demanda e fornecimento inerentes ao ciclo natural diário e sazonal – mas apenas se houver um sistema em condições de cuidar de toda a coordenação. Hoje, os indicadores de preço provêm do mercado atacadista em geral e são agregados, obscurecendo assim indicativos mais precisos que poderiam ser obtidos a partir de dados locais e específicos.

Para solucionar esse problema, sugerimos estabelecer uma plataforma capaz de considerar os ativos (os recursos físicos) dissociados do valor que criam (a energia efetivamente produzida). Tal plataforma permitiria que pequenos fornecedores atendessem à demanda dos grandes compradores de energia, que a repassariam, então, para os consumidores finais. A fim de evitar que os usuários da plataforma tivessem de consultar constantemente os preços de mercado, o sistema poderia criar sinais automáticos, de modo que os equipamentos dos vendedores fossem programados para reagir às informações relevantes relativas a preço e demanda distribuídas pela plataforma.

Se for implementado, o sistema de Nova York proporcionará uma economia significativa, na medida em que permitirá postergar ou até mesmo suspender investimentos em novos sistemas de geração, transmissão e distribuição de energia. Além disso, tal plataforma flexível e responsiva poderia ser bem mais eficiente na gestão de eventuais remanejamentos de energia renovável do que o atual sistema, cuja operação depende de usinas de grande porte e alto volume de geração para reagir à variabilidade no fornecimento e na demanda.

A dissociação entre os ativos e o valor que podem criar também permite a otimização do uso de onerosos equipamentos de medicina diagnóstica – como os aparelhos de ressonância magnética (MRI), orçados entre US$ 3 milhões e US$ 5 milhões. Alocada em um único hospital, uma máquina de MRI utiliza apenas de 40% a 50% de sua capacidade. A solução: fatiar o tempo ocioso e criar um mercado para distribuir essas "fatias" entre outros hospitais e clínicas que não dispõem de equipamento próprio. A separação do ativo (o MRI) do valor que ele cria (o diagnóstico) pode elevar a taxa de utilização para 70% e até 90%, atendendo às necessidades de mais pacientes e gerando ganhos progressivos para o proprietário do equipamento.

Trata-se de um passo à frente no caminho para transformar mercados locais em mercados regionais ou estaduais. Na verdade, desde meados de 2015, a Cohealo, uma empresa de Boston, no estado de Massachusetts, vem ensaiando esse passo, com a meta de se tornar uma espécie de Airbnb de equipamentos hospitalares de alto custo.

O conceito de dissociar os ativos dos valores que produzem ajudou a salvar fazendeiros australianos de uma séria estiagem, ainda mais grave do que seca enfrentada pela Califórnia em 2015. Assim como o estado norte-americano, a Austrália sofria com um sistema mal concebido, que limitava o uso da água qualquer que fosse a intenção de um proprietário individual. O sistema fora reformado em 2003, apartando a propriedade da terra dos direitos sobre a água. Com a ajuda de uma empresa privada chamada Waterfind, a Austrália criou uma plataforma para negociar a água, o que aumentou imensamente a eficiência econômica do uso do recurso. Um agricultor cuja plantação tivesse pouco valor poderia interromper a atividade e vender sua água para outro fazendeiro com produção mais valorizada ou até mesmo para algum órgão público localizado a uma distância viável. Como resultado, quando a Austrália foi atingida por uma seca a partir de 2006, seus fazendeiros sofreram muito menos do que os californianos. Hoje a Waterfind já tem instalada uma subsidiária em Sacramento, na expectativa de aplicar a mesma solução baseada em plataforma à agricultura da Califórnia.[11]

Reintermediação. Durante o primeiro estágio da ruptura causada pela internet, muitos analistas do meio empresarial previram que o maior impacto das novas tecnologias de informação e comunicação seria a *desintermediação* generalizada – ou seja, a eliminação de intermediários, ou de camadas intermediárias, nos setores produtivos, com o estabelecimento de conexões diretas entre produtores e consumidores. Os especialistas previam, ainda, o provável declínio de setores tradicionais como agências de viagem ou corretagem de seguros, conforme os consumidores aprendessem a comprar passagens e apólices de seguro sem intermediários. A expectativa era de que, com o tempo, esse mesmo processo de desintermediação varresse muitos outros ramos de atividade.

A realidade, no entanto, mostrou-se um tanto diferente. Em variados setores, as plataformas têm repetidamente *reintermediado* mercados. Ou seja, introduzem novos tipos de intermediários no mercado, em vez de simplesmente eliminar camadas de participantes. A reintermediação envolve, em geral, a substituição de representantes intermediários ineficientes e não escaláveis por sistemas e ferramentas automatizados online, que oferecem novos bens e serviços valiosos para os participantes de ambos os lados da plataforma.

As plataformas interconectadas servem de intermediários mais eficientes devido a sua capacidade de usar mecanismos que viabilizam ganhos de escala. Enquanto os intermediários tradicionais dependem de esforço humano, os intermediários da plataforma se valem de algoritmos e de feedback social, os quais propiciam rapidez e eficiência à expansão em escala. Acima de tudo, a capacidade de coletar dados ao longo do tempo e de usá-los para tornar o sistema mais inteligente permite que as plataformas atinjam um grau de intermediação no mercado que é inviável para os intermediários tradicionais.

A intermediação viabilizada pelas plataformas de negócios reconfigura os setores produtivos, criando novos espaços, nos quais os participantes do mercado são conectados com intensidade e eficiência nunca antes identificadas. No setor de música, ex-executivos dos departamentos de Artistas e Repertório (A&R) das grandes gravadoras atuam hoje como profissionais independentes, descobrindo e revelando talentos em plataformas como YouTube e SoundCloud. De modo semelhante, agentes literários buscam novos autores em plataformas de conteúdo como Quora e Medium. Empresas de pequeno e médio porte conduzem campanhas publicitárias prescindindo de agências de propaganda convencionais ou canais de mídia – recorrem diretamente à plataforma AdWords do Google. Essa movimentação, por sua vez, levou ao surgimento de toda uma gama de agências intermediárias, que, na Ásia, gerenciam campanhas de AdWords por uma fração do preço de uma campanha tradicional. Portanto, ao mesmo tempo em que desbancam intermediários grandes e ineficientes, as plataformas empoderam prestadores de serviços pequenos e ágeis, que impulsionam o sistema ao oferecer valor aos usuários finais.

Em outra forma de reintermediação, as plataformas criam uma nova camada de informações sobre reputação, mobilizando o feedback social a respeito dos produtores. Plataformas como Yelp, Angie's List e TripAdvisor criaram um setor produtivo inteiramente novo baseado na certificação de qualidade de fornecedores de produtos e serviços – e, nesse processo, tomaram o lugar de negócios tradicionais que anteriormente exerciam o papel de certificadores, como as editoras de guias de viagem e de revistas voltadas para determinados nichos de consumidores.

A reintermediação produzida pelas plataformas também vem modificando a economia no que tange à participação de produtores e consumidores, revelando tanto novos vencedores quanto novos perdedores. No setor tradicional de publicação de livros, os editores em geral pagam entre 10% e 15% do preço de capa em direitos autorais aos escritores, e, com o dinheiro restante, remuneram-se e arcam com os custos de produção, distribuição e divulgação. Por sua vez, os autores que se aventuram a publicar autonomamente pela plataforma da Amazon ficam com 70% do preço de cada cópia vendida – mas, claro, têm de investir o equivalente ao que uma editora tradicional bancaria, como despesas com editoração, design, publicidade e marketing. Nesse caso, fica difícil distinguir qual dos lados saiu "vencedor" ou "perdedor".

Aconteceu um redirecionamento econômico semelhante em favor dos desenvolvedores de programas com o surgimento dos ecossistemas de aplicativos para iPhone e Android. Esses novos papéis são possíveis para os participantes em razão das economias marginais superiores auferidas pelas plataformas.[12]

Agregação de mercado. As plataformas também geram novas melhorias por meio da *agregação de mercado*. O novo modelo de negócio tende a centralizar serviços em indivíduos e organizações que antes se encontravam dispersos em um mercado fragmentado e desorganizado. A agregação de mercado promovida por uma plataforma traz informações e poder a usuários que anteriormente se envolviam de modo errático em interações, muitas vezes sem acesso a dados confiáveis ou atualizados.

Tomemos como exemplo o transporte coletivo na Índia, onde diferentes frotas de ônibus operam linhas estaduais, interestaduais e outros trajetos. Há muitos tipos de veículo disponíveis, com precificação variável. Por se tratar de um setor muito fragmentado e desordenado, os custos indiretos para o consumidor são elevados, devido à dificuldade de pesquisa de preço e da demora na tomada de decisão de compra.[13] Uma plataforma chamada redBus surgiu com a proposta de agregar informações de todas as companhias de ônibus em uma infraestrutura central de acesso simples. O resultado: uma tomada de decisão mais rápida, fácil e econômica para os consumidores e, em longo prazo, um mercado de transporte mais eficiente para a Índia.

Um bom número de plataformas bem-sucedidas desempenham função semelhante de agregação de mercado. O Marketplace da Amazon, o Alibaba e o Etsy oferecem sites por meio dos quais vendedores de milhares de tipos de produtos do mundo inteiro disponibilizam suas mercadorias. Plataformas de serviços como o Upwork reúnem milhares de profissionais qualificados sob um mesmo teto virtual, facilitando a avaliação, a comparação e a contratação por parte de eventuais empregadores.

A REAÇÃO DOS NEGÓCIOS TRADICIONAIS: ADOTAR O MODELO DE PLATAFORMA

São, portanto, diversas as maneiras pelas quais as plataformas revolucionam o cenário tradicional dos negócios. Além de desbancar algumas das maiores e mais bem estabelecidas corporações do mundo, elas reconfiguram processos empresariais consagrados, como a criação de valor. Provocando mudanças profundas no comportamento do consumidor, também alteram a estrutura de alguns dos principais setores produtivos.

O que as empresas convencionais podem fazer para reagir? Será que, incapazes de abrir mão dos conhecidos processos lineares de pipeline, estão fadadas a capitular, enquanto as plataformas reconfiguram e dominam seus setores de atuação?

Não necessariamente. Contudo, se essas organizações ainda alimentam a expectativa de enfrentar e vencer as forças da revolução estratégica promovida pela plataforma, é o caso de aconselhá-las a reavaliar com urgência seu modelo de negócio atual. Um bom começo, por exemplo, seria esquadrinhar todos os custos transacionais – ou seja, despesas com processos como marketing, vendas, entrega de produtos e serviço ao consumidor – e imaginar maneiras de reduzi-los ou eliminá-los em um mundo perfeitamente conectado. Outra providência importante consistiria em examinar o universo de indivíduos e organizações com os quais mantêm interações, tentando imaginar maneiras originais de interconectar esses elementos de modo a criar novas modalidades de valor.[14] Em sua busca por adaptação à era das plataformas, as empresas tradicionais têm de questionar:

- Quais de nossos processos gerenciados internamente podem ser delegados a parceiros externos, sejam eles fornecedores ou consumidores?
- Como podemos fortalecer parceiros externos para criar produtos e serviços capazes de gerar novas formas de valor para os clientes atuais?
- De que maneiras podemos nos interconectar com atuais concorrentes a fim de produzirmos, juntos, novos serviços valiosos para os clientes?
- Como o fluxo de novas informações, as conexões interpessoais e as ferramentas de curadoria podem incrementar o valor dos bens e serviços que oferecemos?

Entre as empresas tradicionais, a Nike tem se mostrado uma das mais sagazes no que diz respeito à busca de novos jeitos de sobreviver e prosperar no mundo das plataformas. Alguns dos passos competitivos que a organização empreendeu podem parecer óbvios. Não são.

A expansão em escala de empresas de pipeline como a Nike pode acontecer de duas maneiras. Algumas crescem por meio da propriedade e da integração de uma extensão maior do pipeline "criação-de-valor-
-e-entrega" – por exemplo, pela compra de fornecedores a montante ou de distribuidores a jusante. Essa estratégia é denominada *integração vertical*. Outras companhias expandem-se por meio do alargamento do pipeline, para que aumente a vazão de valor. É a *integração horizontal* – exemplificada por empresas de bens de consumo que crescem mediante a criação de novos produtos e marcas.

Em janeiro de 2012, a Nike lançou o FuelBand, um dispositivo de tecnologia "usável" para rastrear atividades físicas, incluindo os passos dados em uma corrida e o total de calorias queimadas durante o exercício. Assim como muitas outras organizações, a Nike investe no desenvolvimento de aplicativos – nesse caso, relacionados a esportes e condicionamento físico. Em uma análise superficial, esses aplicativos podem parecer extensões da linha de produtos tradicional, constituindo uma integração horizontal. Na realidade, porém, a Nike está testando uma abordagem que, se bem-sucedida, levará a uma nova vertente de crescimento – do tipo inaugurado por plataformas de negócios como a Apple.

Ao longo da última década, a Apple cresceu, em parte, conectando seus produtos e serviços na nuvem. A capacidade para sincronizar conteúdos e dados com o iTunes e o iCloud confere um valor especial à posse de qualquer um dos diversos produtos da companhia – os quais se tornaram muito mais úteis do que os inúmeros aparelhos de marcas de outros tradicionais fabricantes de eletrônicos, como Sony ou Toshiba, por exemplo. As informações atuam como elemento integrador, como uma cola que faz com que diferentes produtos trabalhem em conjunto.

Assim, chega-se a uma nova fórmula de crescimento. Quando múltiplos produtos e serviços conectam-se e interagem pelo uso de informações, os pipelines começam a atuar como plataformas, produzindo novas modalidades de valor e estimulando os usuários ao engajamento em mais interações.

Da mesma maneira que um conjunto integrado de produtos da Apple, o tênis conectado FuelBand e os aplicativos para celular da Nike não são apenas produtos e serviços isolados, que têm apenas o nome da marca em comum. Ao contrário, eles interagem constantemente, oferecendo aos usuários informações e conselhos sobre desempenho atlético, controle de condicionamento físico e metas pessoais de saúde e bem-estar. Diferentemente de uma empresa tradicional de produtos esportivos, a Nike começa a construir um ecossistema de usuários com base nos dados captados sobre eles. Com o tempo, poderá se valer dessas informações para criar experiências mais relevantes para os consumidores e conectá-los uns aos outros, viabilizando interações valiosas.

A Nike não está sozinha ao dar os primeiros passos em sua transformação de empresa tradicional em plataforma de negócio. A Under Armour, uma concorrente no mercado de roupas e materiais esportivos, tem-se mostrado rápida ao construir o próprio ecossistema de condicionamento físico. Em novembro de 2013, adquiriu a MapMyFitness, uma plataforma de destaque em ginástica e monitoramento de exercícios. Em seguida, em fevereiro de 2015, adquiriu mais duas plataformas – MyFitnessPal, focada em nutrição, e o Endomondo, "treinador de bolso" que atende principalmente a consumidores europeus. O preço total pago na negociação das três empresas foi o montante substancial de US$ 710 milhões. "O que é assombroso", comentou um analista, "é que nenhuma das empresas adquiridas fabrica dispositivos. Ao contrário, tudo gira em torno de plataforma e informações. E – mais importante ainda – de usuários." Combinadas, as três aquisições ostentam 130 milhões de usuários.[15] Assim como a Nike, a Under Armour, percebendo que o futuro de seu ramo de atividade tem como base a plataforma, está determinada a ser revolucionária.

Registram-se movimentos competitivos semelhantes em outros setores. Gigantes industriais como a GE, a Siemens e a Haier estão conectando seus aparelhos à incipiente *internet das coisas*.[16] Esses equipamentos interconectados enviam informações em fluxo constante para uma plataforma central, que permite às máquinas interagirem entre si.[17] O acesso aos dados dessa rede de dispositivos faz com que cada aparelho aplique seus recursos da melhor maneira, de modo a oferecer um serviço mais confiável.

Será que qualquer produto ou serviço pode servir de base para uma plataforma de negócio? Eis o teste: quando existe a possibilidade de utilizar informações (ou a comunidade) para agregar valor àquilo que se vende, então há potencial para a criação de uma plataforma viável. Imensas oportunidades, portanto, estão abertas para inúmeras empresas, de diversos setores.

Vale citar, aqui, a McCormick Foods, centenária fabricante de ervas, temperos e condimentos. Por volta de 2010, suas estratégias de crescimento tinham se esgotado. A companhia já se expandira horizontalmente com toda uma variedade de molhos prontos e firmara uma posição segura em sua cadeia de fornecimento, operando tanto no cultivo em fazendas quanto na outra ponta do processo, a de preparo de refeições. Parecia não haver por onde se expandir. O CIO (*chief information officer*, principal executivo de TI) da McCormick, Jerry Wolfe, soube da incursão da Nike na construção de plataformas e se perguntou se essa também não poderia ser uma alternativa para a sua empresa.

Wolfe procurou Barry Wacksman, sócio da R/GA, importante agência de design de Nova York que ajudara a projetar a plataforma da Nike. Juntos, eles tiveram a ideia de usar receitas e perfis de sabor para construir uma baseada em comida. Wolfe e Wacksman recorreram aos laboratórios da McCormick para definir cerca de três dezenas de arquétipos de sabor – tais como mentolado, cítrico, floral, carnudo – usados para descrever quase qualquer tipo de receita. O sistema, baseado em preferências pessoais, prevê quais novas receitas provavelmente agradarão a determinada pessoa. Os membros da comunidade da plataforma McCormick podem modificar receitas e fazer o upload das novas versões, criando opções de sabor infinitas. Além disso, ajudam a identificar novas tendências em termos de comida, gerando informações úteis não apenas para os usuários da plataforma, mas também para donos de mercearias, fabricantes de alimentos e proprietários de restaurantes.[18]

Conforme os exemplos acima demonstram, a capacidade de alavancar plataformas não mais se restringe às startups do Vale do Silício. Do mesmo modo, lutar contra essa irresistível onda não é a única possibilidade de reação e sobrevivência por parte de uma organização tradicional. Por outro lado, pouco adianta lançar-se em uma apressada e improvisada migração para o novo modelo de negócio depois de o setor em que se atua já ter sido dominado por outras plataformas.

Construir as plataformas que amanhã assegurarão o crescimento de uma empresa tradicional não apenas alavanca seus ativos atuais, mas também os fortalece. Os gestores de pipeline receptivos ao conceito de plataforma já compreenderam isso.

■ ■ ■

Definitivamente, as plataformas *estão* devorando o mundo. A ruptura que desencadeiam alcança empresas de vários setores, um de cada vez, e tende a atingir praticamente todos aqueles em que a informação, em algum momento, é determinante. Já temos plataformas em franca atividade nas áreas de mídia e telecomunicações. O varejo, o transporte urbano e o setor de hospitalidade vêm sendo invadidos. A expectativa é que, logo, chegue a vez dos bancos, da educação e da assistência médica. Tais campos de atividade são pautados em informação, mas, até agora, resistiram à ruptura causada pelo modelo de plataforma, em razão, principalmente, de regulamentações protecionistas e do conservadorismo do consumidor, mais avesso a riscos nesses casos específicos. Quando o YouTube exibe um vídeo pirateado ou de mau gosto, o prejuízo é menos grave do que quando uma plataforma mal gerenciada conecta um tomador de empréstimo a um agiota, oferece informação incorreta ou truncada de matemática a um estudante universitário, ou submete um paciente aos cuidados de um médico desqualificado. Não obstante, as plataformas Lending Club, Udemy e Jawbone já fazem suas primeiras incursões nesses mercados.

Levar a revolução proporcionada pelo modelo plataforma a esses e outros setores de atividade *não* é um desafio primordialmente tecnológico. Os inovadores desejosos de criar as grandes plataformas do futuro precisam se concentrar nas interações básicas dos mercados que querem conquistar – e analisar com cuidado os eventuais obstáculos que as limitem. A superação dessas barreiras viabiliza a construção de ecossistemas baseados nesse modelo de negócio inovador em tais mercados. Exploraremos o temaem detalhes no capítulo final deste livro, que apresenta nossa visão sobre o futuro do mundo das plataformas.

DESTAQUES DO CAPÍTULO

⇨ A plataforma está apta a desbancar o tradicional pipeline de produção em razão da economia marginal superior que proporcionam e dos valores produzidos pelos efeitos de rede positivos. Como resultado, os negócios baseados em plataformas crescem mais rápido do que os negócios tradicionais e vêm assumindo posições de liderança em setores antes dominados pela cultura linear dos pipelines.

⇨ A ascensão das plataformas também revoluciona fundamentos consagrados dos negócios, reconfigurando: a criação de valor, ao trazer à tona fontes de fornecimento inéditas; o consumo de valor, ao viabilizar novos comportamento do consumidor; e o controle de qualidade, ao introduzir a ideia de curadoria conduzida pela comunidade.

⇨ O advento das plataformas provoca mudanças estruturais em muitos setores de atividade – especificamente, por meio dos fenômenos da dissociação entre ativos e valor, da reintermediação e da agregação do mercado.

⇨ A fim de se adaptarem e sobreviverem à, as empresas tradicionais precisam examinar os setores em que atuam usando as lentes do novo modelo de negócio para, a partir daí, construir seus próprios ecossistemas de criação de valor, a exemplo do que a Nike vem fazendo.

5
LANÇAMENTO
O ovo ou a galinha? Oito maneiras de lançar uma plataforma vencedora

O segundo semestre de 1998 foi agitadíssimo no mundo dos negócios. Impulsionadas pelo espantoso crescimento da internet, centenas de empresas tecnológicas surgiram, sendo aclamadas e avaliadas de maneira desproporcional a seu faturamento (na realidade, mínimo) e a seus lucros (inexistentes). Inspirados por experiências anteriores de empresas como AOL e Amazon, os empreendedores ponto.com, assim como uma parcela entusiasmada da mídia, chegaram à conclusão de que o segredo para o sucesso duradouro era o crescimento desenfreado, a todo custo. Muitos deles torraram milhões de dólares na busca pela expansão instantânea. Nerds ambiciosos, na casa dos 20 aos 30 anos, logo acumularam fortunas astronômicas – pelo menos, no papel.

Em meio a essa atmosfera turbulenta, uma dupla de jovens empreendedores resolveu adentrar a badalada arena da internet. Peter Thiel, 31 anos, nascido na Alemanha e criado na Califórnia, era um dos melhores enxadristas dos Estados Unidos, tendo estudado filosofia e direito na Stanford University. Libertariano declarado, Thiel contribuiu para a fundação do *Stanford Review*, um jornal conservador que desafiava a cultura progressista predominante na universidade.

Max Levtchin, 22 anos, nasceu na Ucrânia e obteve asilo político quando se mudou com a família para os Estados Unidos. Cresceu em Chicago e estudou ciência da computação na University of Illinois, em Champaign–Urbana, onde desenvolveu uma paixão por criptografia – a ciência de criar e decifrar códigos. Em 1998, já estava pronto para aplicar seus dons à criação de modalidades seguras de comunicação computadorizada no mundo dos negócios.

Thiel e Levchin (com um terceiro sócio, John Bernard Powers, que logo desistiu da empreitada) lançaram a Confinity, startup voltada para a transferência de dinheiro por meio de Palm Pilots e outros assistentes digitais pessoais equipados com portas infravermelhas. Na época, o Palm Pilot era um dispositivo móvel muito popular e promissor, justificando o lançamento de um sistema portátil que possibilitava às pessoas fazer transações financeiras em qualquer lugar. A lógica comercial em que se baseava a Confinity parecia indiscutível. Além disso, a ideia de um mecanismo de pagamento capaz de desobrigar milhões de usuários de usar dinheiro em espécie agradava aos ideais libertarianos de Thiel, exatamente como o caso de outra plataforma de pagamento online – a Bitcoin –, que ativaria a imaginação de adeptos do libertarianismo décadas depois.

Mesmo com tantos elementos favoráveis, a Confinity atraiu poucos usuários. Dois anos mais tarde, tendo conseguido somente 10 mil cadastros, Levchin e Thiel decidiram fechar a empresa.

Ao longo do caminho, no entanto, eles depararam com uma oportunidade comercial muito mais promissora. Em outubro de 1999, um engenheiro da Confinity criou um protótipo de sistema online que possibilitava pagamentos via e-mail. Esse projeto paralelo representava uma significativa melhoria potencial no processo de pagamentos. Ao contrário de outros sistemas online do gênero, a descoberta permitia que qualquer pessoa do mundo recebesse pela internet pagamentos feitos por qualquer outra pessoa, sem a necessidade de utilizar o complexo sistema de transferência de fundos de uma conta bancária a outra. Levchin e Thiel perceberam que podiam transformar esse novo tipo de transação em um negócio de sucesso em si – um negócio que atenderia a milhões de consumidores e também às empresas de comércio virtual.

Os dois empreendedores criaram um nome para o serviço – PayPal – e resolveram projetar uma empresa em torno da ideia. O momento não era nem um pouco propício, do ponto de vista comercial, para o lançamento daquele tipo. A possibilidade de estouro da bolha da internet pairava sobre o setor de alta tecnologia, e, poucos meses depois, uma queda vertiginosa no índice Nasdaq oficializaria o colapso da era ponto.com. Somada a tamanha pressão havia o fato de que Thiel e

Levchin precisavam que o PayPal fizesse sucesso *rápido* – a dupla estava gastando cerca de US$ 10 milhões por mês no negócio, uma quantia astronômica no mundo das plataformas, no qual geralmente não se fazem necessários grandes dispêndios de capital.[1]

Thiel e Levchin também se deram conta de que teriam de vencer um dos maiores desafios associados à criação de uma empresa voltada para dois lados de um mesmo mercado: o dilema do ovo e da galinha. Ao tentar formar um mercado bilateral, em que os dois lados são igualmente essenciais, qual deles deve vir primeiro? E como atrair um sem o outro?

No caso de um novo mecanismo de pagamento, o dilema do ovo e da galinha é bastante óbvio e crítico. Sem vendedores dispostos a aceitar a nova modalidade de pagamento, os compradores não podem adotá-la. Mas se os compradores não a adotam a, os vendedores não vão investir tempo, esforço e dinheiro para aceitá-la. Portanto, como lançar uma nova plataforma de pagamento a partir do ponto zero, sem vendedores nem compradores, uma vez que um grupo só tem motivo para ingressar no sistema se o outro já tiver aderido primeiro?

Pela lógica simples, o dilema do ovo e da galinha talvez pareça insolúvel. Mas, por meio de uma série de estratégias engenhosas, o PayPal solucionou o problema.

Para começar, a empresa reduziu a complicação relacionada aos pagamentos online. Tudo o que os usuários precisavam era de um endereço de e-mail e um cartão de crédito. Tal simplicidade contrastava de maneira notória com os mecanismos de pagamento anteriores, que incluíam diversas etapas de verificação antes de uma conta ser criada, desmotivando os primeiros usuários. O sistema fácil e descomplicado do PayPal atraiu uma significativa clientela inicial – embora não em volume suficiente para tornar a plataforma atraente para o universo de vendedores online.

Em uma palestra realizada na Stanford University, anos mais tarde, Peter Thiel explicou o que aconteceu em seguida:

> O grande desafio do PayPal era conseguir novos clientes. Foi tentado o caminho da publicidade. Caro demais. A tentativa seguinte foi fechar acordos comerciais com grandes bancos. Burocracia demais. A equipe da PayPal chegou a uma importante conclusão: acordos comerciais não funcionam. Havia necessidade de um crescimento orgânico, viral. Era preciso dar dinheiro às pessoas.

E foi exatamente isso o que aconteceu. Novos clientes recebiam US$ 10 no ato do cadastro; clientes existentes levavam US$ 10 para indicar a empresa aos outros. O crescimento foi exponencial, mas por outro lado o PayPal estava pagando US$ 20 a cada novo cliente. Parecia que as coisas estavam dando certo e errado ao mesmo tempo. Um crescimento diário de 7% a 10%, com um total de 100 milhões de usuários, era algo positivo, sem dúvida. Um faturamento nulo e uma estrutura cada vez mais cara, não. Tudo parecia muito instável. O PayPal precisava de divulgação para levantar fundos e seguir em frente. (Por fim, a ideia acabou vingando. Isso não significa que essa é a melhor maneira de administrar uma empresa. Provavelmente não é.)[2]

O relato de Thiel revela o desespero daqueles primeiros dias e a experimentação quase aleatória a que a empresa recorreu para fazer o negócio decolar. No fim, a estratégia funcionou. O PayPal aumentou drasticamente sua base de clientes incentivando novos cadastros.

O mais importante é que a equipe da plataforma percebeu que não bastava motivar os clientes a se cadastrar. As pessoas precisavam experimentar o serviço de pagamento, reconhecer seu valor e utilizá-lo com regularidade. Em outras palavras, o *comprometimento do usuário* era mais importante do que a *aquisição do usuário*. O PayPal, então, criou incentivos para transformar novos usuários em usuários ativos. Os incentivos monetários, além de conferir um caráter atraente e seguro à adesão, praticamente garantiam que os novatos experimentariam fazer transações – nem que fosse apenas para gastar os US$ 10 que haviam sido depositados em suas contas.

O crescimento estrondoso do PayPal desencadeou uma série de ciclos de feedback. Quando comprovavam a conveniência do sistema, em geral os usuários continuavam optando por essa modalidade de pagamento nas compras online, o que, por sua vez, incentivava os vendedores a se cadastrarem. Logo, os usuários passaram também a recomendar o sistema para os amigos. Os vendedores, então, começaram a exibir o logotipo do Paypal nos anúncios de seus produtos, a fim de informar que aceitavam esse método de pagamento online. A exibição do logotipo acabou servindo como divulgação da empresa para compradores que nem sabiam de sua existência, motivando-os a se cadastrar. O PayPal também introduziu um "bônus por indicação" para os vendedores, incentivando-os a trazer ainda mais vendedores e compradores para a plataforma. Graças a esses ciclos de feedback, a rede PayPal deslanchou, atendendo às necessidades dos usuários (compradores e vendedores), enquanto impulsionava seu próprio crescimento.

No entanto, os líderes da empresa não se acomodaram, deixando que o negócio se expandisse impulsionado apenas pelos ciclos de feed—back positivo, mas iniciaram a busca por outras oportunidades de elevar ainda mais a taxa de crescimento. No início de 2000, perceberam a reputação ascendente do PayPal no eBay, o mais popular dos sites de leilões. Tratava-se de um território perfeito para ele, uma vez que, em sua maioria, os vendedores que participam do eBay não são comerciantes em tempo integral, mas pessoas comuns, sem instalações apropriadas para aceitar cartões de crédito ou outros tipos de pagamento online.

A equipe de marketing do PayPal, de modo oportuno, redirecionou seus esforços no sentido de possibilitar pagamentos no eBay. Entre outras técnicas, simulou uma demanda de consumo por meio da criação de um bot (software concebido para simular ações humanas repetidas vezes, automaticamente), que comprava produtos no site e insistia em pagar pelas transações utilizando o PayPal. Ao notar esse aparente crescimento da demanda, muitos vendedores do eBay cadastraram-se no sistema de pagamento – o que, por sua vez, tornou o PayPal ainda mais visível e atraente para os clientes. Os vendedores começaram a postar ícones do PayPal em seus sites, permitindo que os compradores acessassem o sistema com apenas um clique, o que descomplicava ainda mais a experiência de uso.[3]

Em três meses, a base de usuários do PayPal cresceu de 100 mil para 1 milhão de pessoas.

Os líderes do eBay repararam que o PayPal havia se desenvolvido como plataforma de negócio, em parte, à sua custa. Preocupados com a possível ameaça competitiva representada por uma empresa que vinha construindo uma conexão independente com seus clientes (drenando parte da receita proveniente das transações do site, diga-se de passagem), os diretores do eBay reagiram. Lançaram seu próprio sistema de pagamento, o Billpoint, em parceria com o Wells Fargo Bank. O eBay promoveu a novidade de maneira agressiva, chegando a exigir que os comerciantes que aceitavam tanto Billpoint quanto PayPal postassem ícones *maiores* do primeiro em seus anúncios de venda. Apesar de todo o esforço, o Billpoint não fez sucesso com os usuários do eBay, em parte por causa do lançamento tardio, em parte devido aos movimentos comerciais infelizes da empresa – por exemplo, a decisão de descartar qualquer acordo de uso do Billpoint por comerciantes que não fossem do eBay.

O PayPal seguiu crescendo. Na época em que a Confinity decidiu descontinuar a produção do Palm Pilot, no final de 2000, o PayPal já contava com 3 milhões de usuários cadastrados – um número 300 vezes maior do que o alcançado pela Confinity. Desde o lançamento do primeiro cartão de crédito, o Diners Club, o mundo jamais vira um sucesso tão rápido em termos de adoção global de um novo sistema de pagamento. Em fevereiro de 2002, o PayPal tornou-se uma companhia de capital aberto.

Em outubro do mesmo ano, o eBay finalmente desistiu do Billpoint e adquiriu o PayPal por US$ 1,4 bilhão em ações – uma quantia modesta segundo os padrões atuais, mas significativa na ocasião. No momento da venda, 70% dos leilões do eBay aceitavam PayPal e cerca de 25% das compras realizadas nessas transações eram pagas por meio do serviço. Hoje, o PayPal é responsável por grande parte do faturamento e do lucro do eBay, permitindo, ao mesmo tempo, que centenas de milhares de pequenos comerciantes realizem negócios online, de maneira fácil, eficiente e lucrativa.

O CORAÇÃO DO MARKETING DE PLATAFORMA: PLANEJAR O CRESCIMENTO VIRAL

Como a história do PayPal sugere, a criação de uma plataforma de negócio difere do marketing tradicional em diversos pontos. Para início de conversa, no marketing de plataforma, as estratégias *pull* (de atração) são mais importantes e eficazes do que as estratégias *push* (de pressão).

O universo das companhias de pipeline está fortemente baseado no push. Os consumidores são acessados por meio de canais de marketing e comunicação específicos que a empresa possui ou contrata. Em uma época de escassez e opções limitadas, bastava aos profissionais de marketing repetir com frequência os apelos comerciais, para serem ouvidos pelos consumidores. Nesse contexto, os setores tradicionais de publicidade e relações públicas concentravam-se somente na visibilidade – a clássica técnica de "empurrar" um produto ou serviço para dentro da mente dos potenciais clientes.

Esse modelo não funciona mais num mundo interconectado por redes, com acesso democratizado aos canais de marketing e comunicação. Um exemplo significativo é a viralização de vídeos no YouTube, como *Gangnam Style*, do rapper coreano PSY, e *Friday*, da cantora e atriz norte-americana Rebecca Black. Neste mundo de excesso de opções – em que são ilimitados tanto os produtos quanto o volume de mensagens sobre eles –, as pessoas revelam-se mais dispersivas diante de uma infinidade de alternativas a apenas um clique de distância. Portanto, a visibilidade em si não conduz mais à adesão e ao uso de determinado produto ou serviço: "empurrar" produtos e serviços para os consumidores já não é garantia de sucesso. Ao contrário. Tais produtos e serviços têm de trazer, desde sua criação, o magnetismo que atrai clientes naturalmente para a sua órbita.

Além disso, no caso de uma plataforma de negócio, o comprometimento do cliente e a regularidade de uso (e não o número de cadastros ou aquisições) são os verdadeiros indicadores da adoção. É por isso que as plataformas devem atrair usuários estruturando incentivos de participação – de preferência, conectados de maneira orgânica com as interações que ela propicia. Tradicionalmente, a função de marketing era separada do produto. Nos negócios de rede, o marketing precisa se integrar à essência da plataforma.

Essa nova maneira de pensar em marketing reflete-se nas estratégias utilizadas pelos líderes do PayPal para alcançar o sucesso. Em vez de "empurrar" o PayPal na mente dos usuários por meio de comerciais de televisão, propagandas impressas ou e-mails, criaram incentivos que tornaram a própria plataforma atraente – incluindo a simplicidade do serviço e as recompensas para quem obtinha o cadastramento de novos clientes. Ou seja, atraíram participantes tanto por meio da criação de demanda pelo serviço entre os compradores quanto pela simulação de demanda por meio do bot de compra no eBay. Quanto mais usuários se cadastravam, mais aumentava a atratividade do PayPal. Ao final, os serviços de pagamento concorrentes foram varridos do mapa – uma prova do poder da atração do sistema.

As tradicionais estratégias push continuam relevantes no mundo das plataformas. No dia do lançamento do Instagram, por exemplo, o anúncio apontando-o como principal aplicativo na iTunes Store da Apple deflagrou dezenas de milhares de downloads – o tipo de estratégia push que as empresas de pipeline usaram por décadas. Como discutiremos adiante, a decolagem do Twitter rumo ao sucesso se deveu, em grande parte, a um bem-sucedido evento de relações públicas – outra tradicional estratégia push.

Não obstante, na era das plataformas, os processos pull do marketing de atração têm se mostrado como opções mais certeiras para obter um crescimento rápido e sustentável do número de clientes.

A VANTAGEM DAS EMPRESAS TRADICIONAIS: REALIDADE OU MITO?

O dilema do ovo e da galinha e as dificuldades iniciais de atrair uma grande base de usuários podem suscitar a seguinte pergunta: por que as empresas tradicionais, que já contam com uma base consolidada de clientes, vêm perdendo tanto espaço para as plataformas? Na verdade, talvez seja somente uma questão de tempo até que corporações bem estabelecidas como Walmart, Samsung e GE alavanquem essa inegável vantagem competitiva e esmaguem a concorrência.

Essas grandes organizações, de fato, largam na frente quando decidem lançar plataformas de negócios, uma vez que se beneficiam de cadeias de valor já formadas, de parcerias consolidadas com outras empresas, de um universo de profissionais à disposição e de um vasto arsenal de recursos – incluindo clientes fiéis.

Tão numerosas vantagens, contudo, podem criar complacência. Na arena de negócios tradicional, em geral sobra tempo para observar o surgimento de concorrentes e fazer os ajustes necessários. Em sua maioria, as grandes empresas desenvolveram mecanismos que refletem esse ritmo relativamente lento das mudanças: seus processos de planejamento estratégico, definição de metas, autoavaliação e correção de rumo estendem-se por cronogramas nada ágeis, com pontos de verificação anuais ou, na melhor das hipóteses, trimestrais. No mundo das plataformas, dominado por redes que interagem de modo imprevisível e veloz, o mercado tende a mudar muito rapidamente – e as expectativas dos clientes podem variar de maneira ainda mais acelerada. Os sistemas de gestão precisam acompanhar o ritmo dessas transformações.

Quando se reinventam visando ao mundo das plataformas, as tradicionais empresas de pipeline adentram o mesmo campo de jogo das startups, de porte bem menor, mas agilíssimas. Em um ambiente de acesso democratizado às redes, no qual impera o marketing de atração, tornaram-se menos importantes as vantagens outrora associados ao tamanho do negócio, à experiência acumulada e à ampla disponibilidade de recursos.

Portanto, se você é empresário ou candidato a empreendedor (ou mesmo se planeja ter uma pequena ou média empresa para explorar oportunidades abertas por uma plataforma de negócio), não se deixe intimidar pela presença de um concorrente gigante ameaçando seu espaço. As regras do jogo mudaram e, se você souber dominá-las, terá grandes chances de sobreviver e prosperar no mercado.

ESTRATÉGIAS DE LANÇAMENTO DE UMA PLATAFORMA

Seria muito bom se a estratégia de lançamento que funciona para a plataforma A também funcionasse para a plataforma B, mas a realidade mostra que não é isso o que acontece. Na verdade, até plataformas que disputam o mesmo mercado talvez tenham de adotar diferentes estratégias de lançamento para conquistar uma posição de liderança e exclusividade. A história de três empresas online do segmento de vídeo – YouTube, Megaupload e Vimeo – ilustra bem esse ponto.

O YouTube foi a primeira plataforma de hospedagem de vídeo realmente democrática (qualquer um pode fazer uploads) a se tornar popular. Conquistou tal posição concentrando-se totalmente nos criadores de conteúdo. No início, organizava concursos para incentivar as pessoas a compartilharem seus vídeos. Além disso, permitia que esses autores incorporassem livremente o código deles fora do ambiente da plataforma, o que ajudou a divulgar rapidamente a marca Youtube pela internet. Alguns potenciais usuários acharam o novo espaço muito atraente. Por exemplo, grande parte do interesse pelo Myspace, então uma popular rede social de música, girava em torno de bandas *indie*. O YouTube deu um passo adiante com a criação de uma experiência baseada em um clique, facilitando para as bandas o upload de seus videoclipes. Isso gerou uma base inicial de conteúdo para o YouTube e simultaneamente influenciou produtores a atraírem consumidores, os quais, com frequência, também passavam a compartilhar vídeos na plataforma. Mantendo o foco sobre os produtores, o YouTube chegou a promover os principais criadores de conteúdo à categoria de parceiros, remunerando-os com parte do faturamento com anúncios.

Ao concentrar-se nesse público, o YouTube cumpriu quatro objetivos essenciais. Primeiro, semeou conteúdo. Segundo, criou uma eficiente dinâmica de curadoria ao permitir que os usuários avaliassem os vídeos votando "Gostei" ou "Não gostei". Terceiro, motivou produtores a trazer consumidores. Quarto, e o mais importante: cativou um conjunto de criadores de conteúdo que investiram na plataforma e que por meio dela conquistaram muitos seguidores. Seria difícil estimular tais produtores a migrar para uma concorrente.

O Megaupload enfrentou o *problema dos retardatários*. Em 2005, quando foi lançado, a maioria dos criadores de conteúdo já estava ativa no YouTube, e não havia incentivo para que participassem de uma nova plataforma com número menor de usuários. Na condição de vice-líder, o Megaupload não tinha como competir seguindo a mesma fórmula de conquista de usuários criada pelo pioneiro no mercado. Então, empregou uma estratégia de lançamento alternativa: concentrou-se apenas nos consumidores (espectadores), semeando conteúdo internamente, sobretudo relacionado a categorias cada vez mais controladas no YouTube, como vídeos piratas e pornografia. O Megaupload conseguiu ganhar terreno ao suprir essas demandas aparentemente não atendidas, mas, no processo, expôs-se a ações judiciais e publicidade negativa.

Nosso terceiro protagonista é outro retardatário, o Vimeo, lançado em novembro de 2004. Ainda assim, o site teve êxito com uma estratégia centrada também nos produtores, competindo diretamente com o YouTube. O segredo foi criar um conjunto de ferramentas de alta qualidade voltado para um determinado grupo de usuários que se sentia negligenciado pelo YouTube.

No começo, a infraestrutura de hospedagem e largura de banda do YouTube, somada ao player com opção de *embed*, constituía uma atraente proposta de valor para os produtores. No entanto, à medida que conquistava mais criadores de conteúdo, o YouTube pôs em segundo plano o aperfeiçoamento da infraestrutura de hospedagem (como proposta de valor para os produtores) e passou a privilegiar a melhoria do pareamento entre vídeos e consumidores (concentrando-se na busca e no feed de vídeos).

O Vimeo respondeu a esse movimento do YouTube: direcionou-se para os produtores, oferecendo-lhes uma infraestrutura superior – que incluía suporte para playback de vídeo em alta resolução e um player aperfeiçoado que tinha a opção de ser incorporado em blogs. Isso permitiu que o Vimeo fizesse frente ao líder de mercado na busca por produtores capazes de criar um fluxo sustentável de conteúdo.

Como esses exemplos ilustram, o conhecimento prévio das propostas de valor dos concorrentes é importante para quem planeja lançar uma plataforma. Tais informações ajudam a estruturar o modelo de negócio e podem até mesmo revelar um nicho relativamente inexplorado – mesmo que o produto ou serviço a ser oferecido pareça semelhante ao que já existe no mercado.

OITO ESTRATÉGIAS PARA RESOLVER O DILEMA DO OVO E DA GALINHA

Compreender a importância das estratégias pull e analisar as propostas de valor da concorrência são elementos fundamentais para elaborar a estratégia de lançamento de uma plataforma. No entanto, não bastam para solucionar o chamado dilema do ovo e da galinha, inescapável para praticamente todos os empreendedores de startups. Como começar a construir uma base de usuários num mercado bilateral quando cada parte do mercado depende da existência prévia do outro lado?

Uma maneira de solucionar esse enigma consiste em constituir uma plataforma de negócio alicerçada em uma empresa tradicional preexistente. Esse método é conhecido como:

1. A estratégia de "seguir o coelho". Consiste projetar algo a partir do mundo dos negócios tradicionais que possa servir de modelo demonstrativo de um novo valor, capaz de seduzir e atrair os produtores e consumidores em torno dos quais se construirá a plataforma.

A Amazon, por exemplo, jamais enfrentou o dilema do ovo e da galinha, porque, como varejista online bem-sucedida, já operava um negócio de pipeline que utilizava listas de produtos para atrair os consumidores. Com uma sólida base de clientes, a Amazon converteu-se em plataforma de negócio simplesmente abrindo seu sistema a produtores externos. O resultado é o Amazon Marketplace, que, mediante uma pequena comissão a cada transação, permite que milhares de comerciantes vendam produtos a milhões de consumidores.

No âmbito B2B, a Intel deparou com o mesmo desafio de demonstrar o valor da tecnologia wireless. Nenhum consumidor compraria um laptop wireless se não houvesse serviço wireless disponível. Ao mesmo tempo, nenhum provedor investiria em roteadores wireless se não houvesse demanda. A Intel formou uma parceria com a NTT, uma companhia japonesa de telecomunicações, para demonstrar que existia um mercado para aquela tecnologia. Uma vez comprovado que era possível ganhar dinheiro com a nova tecnologia, dezenas de outras empresas seguiram a Intel – que, a propósito, batizou sua estratégia com a expressão "siga o coelho".

Contudo, nem sempre há como "seguir o coelho". Às vezes, é necessário começar a plataforma do zero, o que significa encarar o inevitável desafio de descobrir uma maneira de atrair clientes dos dois lados do mercado.[4] Há uma série de estratégias específicas capazes de solucionar o problema do ovo e da galinha. Em geral, elas envolvem três técnicas.

1. **Apresentação da criação de valor.** Os gestores da plataforma criam unidades de valor capazes de atrair um ou mais grupos de usuários e de demonstrar os potenciais benefícios de fazer parte da plataforma.[5] Esses usuários iniciais criam mais unidades de valor, atraem mais usuários e desencadeiam um ciclo de feedback positivo que conduz ao crescimento contínuo.[6] O *Huffington Post* seguiu essa estratégia, contratando escritores para inaugurar o site com posts de alta qualidade, de modo a atrair leitores. Alguns desses leitores começaram a contribuir com seus próprios posts no blog, levando ao desenvolvimento gradual de uma rede mais ampla de criadores de conteúdo, o que, por sua vez, atrai ainda mais leitores.
2. **Direcionamento da plataforma a um conjunto específico de usuários.** A plataforma é criada para oferecer ferramentas, produtos, serviços ou quaisquer outros benefícios que atrairão um conjunto específico de usuários – consumidores ou produtores. A existência de uma massa crítica de usuários de um lado do mercado atrai usuários do outro lado, gerando um ciclo de feedback positivo. Como observaremos adiante, a plataforma de reservas OpenTable usou essa estratégia, criando ferramentas eletrônicas bastante úteis

para os donos de restaurante. Uma vez que diversos estabelecimentos aderiram à plataforma, os consumidores começaram a descobrir e utilizar o site.
3. **Assimilação simultânea.** No começo, a plataforma propicia a criação de unidades de valor relevantes para os usuários, mesmo quando o tamanho da rede é pequeno. Em seguida, busca estimular um movimento que atraia tanto consumidores quanto produtores, em quantidade suficiente para poder criar mais unidades de valor/interações produtivas e acionar os efeitos de rede. Mais adiante neste capítulo, veremos como o Facebook lançou mão dessa estratégia para atrair usuários a sua incipiente rede social, mesmo quando o universo de potenciais membros ainda era muito reduzido – limitado, na verdade, a alunos de uma universidade.

Essas três técnicas podem ser usadas isoladamente ou em conjunto, dando margem a diversas combinações eficazes, dependendo das circunstâncias. A seguir, apresentaremos algumas variações específicas que pudemos identificar. Caso você esteja em vias de desenvolver uma nova plataforma, essas ideias talvez lhe sirvam como modelo de inspiração para sua própria estratégia de resolução do dilema do ovo e da galinha.

2. A estratégia da carona no sucesso alheio. Conecte-se com uma base de usuários existente em outra plataforma e mostre como você está criando unidades de valor, a fim de atrair essas pessoas para a sua rede.

Essa é uma estratégia clássica, utilizada em lançamentos de muitos negócios bem-sucedidos. Como vimos, o PayPal valeu-se disso, pegando carona na plataforma de leilões online do eBay.

A Justdial é o maior site de comércio local da Índia, facilitando as transações dos consumidores com mais de 4 milhões de pequenas empresas. Seu banco de dados inicial foi criado a partir das páginas amarelas e de informações coletadas por pesquisadores em um exaustivo trabalho de porta em porta. A partir da organização desses dados, a Justdial foi lançada como serviço de lista telefônica. Um consumidor ligava procurando um determinado prestador de serviços – por exemplo, um organizador de bufê de casamento. A Justdial passava o contato para os produtores – nesse caso, os serviços de bufê disponíveis na cidade onde se localizava o consumidor. Agradecidos pela indicação, muitos desses fornecedores cadastravam-se na empresa. Para incentivar a participação ativa dos comerciantes locais, muitos dos quais não figuravam em nenhuma lista online, a Justdial facilitou-lhes o acesso à plataforma por meio de interfaces humanas, conexões telefônicas e mensagens de texto.

Após uma bem-sucedida oferta pública inicial de ações em maio de 2013, a Justdial continua sendo a principal plataforma de comércio local da Índia. Mas sua humilde origem foi uma mera listagem de empresas, tomada "emprestada" de uma plataforma existente: as páginas amarelas da lista telefônica.

Nos Estados Unidos, algumas startups utilizaram estratégia semelhante, pegando carona no sucesso da Craigslist. Em geral, funciona assim: a plataforma novata começa "varrendo" a Craigslist por meio de softwares automatizados de coleta de dados, a fim de obter informações sobre comerciantes e prestadores de serviços. Em seguida, ela posta essas informações em seu próprio site, dando aos consumidores a impressão de que aqueles comerciantes e prestadores de serviços integram aquela rede. Quando um consumidor solicita determinado prestador de serviços, a plataforma os conecta – e, em seguida, convida o produtor a se cadastrar.

Conforme descrito anteriormente neste capítulo, outro ótimo exemplo da estratégia de pegar carona no sucesso alheio é a maneira como o YouTube utilizou o crescimento do Myspace, oferecendo suas poderosas ferramentas de vídeo para atrair bandas indie associadas à comunidade especializada em música. Com essa exposição para milhões de membros do Myspace, o YouTube atingiu uma expansão viral, ultrapassando o Myspace em 2006 e afastando-se cada vez mais do segundo colocado.

3. A estratégia de semear. Crie unidades de valor que sejam relevantes pelo menos para um conjunto de usuários potenciais. Quando estes ingressarem na plataforma, outros grupos, interessados em interagir com os primeiros, vão aderir em seguida.

Em muitos casos, a própria plataforma de negócio assume a tarefa de criar valor, atuando como produtor inicial. Além de impulsionar o negócio, essa estratégia permite que o dono da plataforma defina o tipo de unidade de valor que deseja ver em seu espaço, fomentando uma cultura de contribuições de alta qualidade entre os produtores subsequentes.[7]

Ao lançar o Android, seu sistema operacional para smartphones, concorrente do iOS da Apple, o Google semeou o mercado oferecendo US$ 5 milhões em prêmios para os programadores que apresentassem os melhores aplicativos em dez categorias, incluindo jogos, produtividade, redes sociais e entretenimento. Além de ganhar o prêmio, os vencedores tornaram-se líderes de mercado em suas respectivas categorias, atraindo um grande número de usuários para o Android.

Em outros casos, as unidades de valor podem ser "emprestadas" de outra fonte, em vez de criadas do zero pelo programador da plataforma. Parte do objetivo da Adobe ao lançar sua ferramenta de leitura de documento em PDF, hoje conhecida e utilizada por todo mundo, era disponibilizar todos os formulários de impostos do governo federal dos Estados Unidos na internet. O mercado era enorme, pois englobava qualquer indivíduo ou empresa que precisasse recolher impostos. A Adobe convenceu a autoridade fiscal norte-americana a colaborar, alegando que a inovação economizaria milhões de dólares em impressão e custos de correio. Os contribuintes, por sua vez, teriam acesso rápido e conveniente a documentos de que todo mundo precisa pelo menos uma vez ao ano. Impressionados com o valor criado pelo PDF, muitos adotaram a Adobe como sua plataforma de documentos.

Em outros casos, ainda, o ato de semear pode ser realizado por meio de unidades de valor simuladas ("falsas"). Como vimos, o PayPal criou bots para fazer compras no eBay, atraindo vendedores para a sua plataforma. Uma medida bastante inteligente, uma vez que o próprio bot podia recolocar à venda o item que tinha acabado de comprar, cobrindo os dois lados do mercado bilateral – e poupando o PayPal do custo de envio dos produtos.

Sites de relacionamentos também costumam simular um movimento inicial criando perfis e conversas falsos. Muitos chegam a distorcer os perfis para exibir mulheres bonitas, em uma tentativa de atrair homens para a plataforma. Quem visita o site pela primeira vez e não desconfia dessas artimanhas se sente motivado a ingressar na comunidade.

O Reddit é uma comunidade de compartilhamento de links bastante popular, na qual circula uma grande quantidade de conteúdo virtual. Quando de seu lançamento, o site foi semeado com perfis falsos, postando links para o tipo de conteúdo que os fundadores queriam ver disseminado na plataforma. Deu certo. Tais posts e links atraíram pessoas interessadas em conteúdos similares, criando uma cultura de contribuições de alta qualidade para a comunidade. Com o tempo, os membros passaram a confiar um no outro, pedindo indicações do que valia a pena pesquisar. (Evidentemente, o sucesso não bastou para resguardar o Reddit de polêmicas, como mostraram em 2015 os veementes protestos contra supostos conteúdos racistas e preconceituosos veiculados.)

De modo semelhante, quando o Quora foi lançado, os editores faziam as perguntas e eles mesmos as respondiam, para simular atividade. Quando os usuários começaram a fazer perguntas, os editores continuaram a respondê-las, demonstrando que a comunidade funcionava. Com o tempo, os próprios usuários assumiram o processo, liberando os editores do Quora da tarefa.

4. A estratégia da marquise. Ofereça incentivos para atrair membros de um conjunto-chave de usuários para sua plataforma.

Em muitos casos, um grupo específico tem tamanha importância que sua participação pode determinar o sucesso ou o fracasso do empreendimento. Portanto, as plataformas incentivam vivamente sua participação, por meio de recompensas financeiras ou algum outro tipo de benefício. A ideia é atrair a todo custo esse participante-chave, que servirá como uma espécie de marquise, sob a qual todo mundo quer se abrigar.

No mundo dos jogos eletrônicos, empresas como Microsoft (Xbox), Sony (PlayStation) e Nintendo (Wii) criam aparelhos que servem de plataforma para conectar os consumidores com o conteúdo produzido pelos programadores. O principal programador é a Electronic Arts (EA), criadora de famosos videogames baseados em esportes como futebol (FIFA), futebol americano (Madden NFL), basquete (NBA Live), hóquei (NHL) e outras modalidades (como o golfe do PGA Tour). Tais jogos são atualizados todos os anos e vendem mais do que qualquer concorrente. Nenhum produtor de consoles de videogame sobrevive no mercado sem contar com uma atraente variedade de jogos da EA disponível em sua plataforma. Portanto, Microsoft, Sony e Nintendo, por meio de acordos comerciais sedutores, procuram motivar a EA a lançar seus mais badalados títulos simultaneamente ao lançamento das novas gerações de equipamentos das plataformas.

Numa variação dessa estratégia, uma plataforma de negócio pode decidir comprar uma "marquise" para obter acesso exclusivo às sementes que ela plantou. Por muitos anos, a desenvolvedora de softwares Bungie especializou-se em jogos como o famoso Marathon, para uso em computadores da Apple. No ano 2000, com o Xbox prestes a ser lançado, a Microsoft comprou a Bungie e adaptou para seu console, com exclusividade, um jogo em desenvolvimento na época, batizando-o de *Halo: Combat Evolved*. O Halo tornou-se um aplicativo que incentivou a venda de centenas de milhares de consoles Xbox, além de uma franquia bilionária.

Às vezes, os participantes "marquise", aqueles cuja presença é vital para o sucesso da plataforma, não são produtores, mas consumidores. Foi o que aconteceu no caso do PayPal, o que explica a razão dos incentivos em dinheiro oferecidos pela empresa para motivar os compradores a adotarem o mecanismo de pagamento online.

Em 2009, o correio suíço tomou a decisão de transformar-se em plataforma digital de entrega de mensagens, fazendo uso de tecnologia disponibilizada pela Earth Class Mail, de Seattle, no estado de Washington.[8] O Swiss Post, contudo, logo reconheceu a importância de conquistar e converter os milhares de clientes que ainda estavam apegados aos serviços tradicionais. Para atrair esses indivíduos mais resistentes, a empresa resolveu distribuir milhares de iPads em lugares remotos do país. No processo, incentivou as famílias das regiões rurais a trocar a correspondência física pelas mensagens eletrônicas, enquanto reduzia drasticamente os recursos investidos no serviço convencional de postagem. A estratégia, não por acaso, transformou o Swiss Post no maior vendedor da Apple na Suíça – um ganho secundário importante para a empresa.[9]

5. A estratégia de focar um único lado. Crie uma empresa em torno de produtos ou serviços que beneficiem um único conjunto de usuários. Depois, transforme a empresa numa plataforma de negócio, atraindo um segundo conjunto de usuários que queira interagir com o primeiro.

O lançamento de uma plataforma de reservas, como o sistema OpenTable, voltado para restaurantes, ilustra bem o problema do ovo e da galinha. Sem uma base sólida de restaurantes cadastrados, por que motivo os clientes visitariam o site? Por outro lado, sem uma base sólida de clientes, por que os restaurantes se cadastrariam na rede? A OpenTable resolveu o problema de maneira inteligente. Primeiro, distribuiu um software de reserva de mesas para que os restaurantes pudessem administrar sua disponibilidade de espaço. Com um número suficiente de restaurantes cadastrados, a empresa passou a dedicar-se aos clientes, permitindo-lhes fazer reservas de modo simples – a cada reserva efetuada pelo sistema, o restaurante contemplado paga uma comissão ao OpenTable.

A redBus, plataforma indiana de reserva de lugares em ônibus, fez sucesso seguindo o mesmo caminho. Primeiro, ofereceu às empresas de ônibus um software de reserva de assentos. Depois, abriu a plataforma para os consumidores.

O Delicious é uma rede social em que os usuários compartilham suas listas de favoritos – links para conteúdo virtual que as pessoas adoram e querem acessar várias vezes. De início, o Delicious possibilitou a produção de conteúdo no modo individual: o usuário utilizava a plataforma para armazenar suas listas de favoritos na nuvem. Quando a base de participantes atingiu a massa crítica, os recursos de compartilhamento começaram a ser usados, aumentando consideravelmente o valor da rede, à medida que o número de usuários também aumentava. Hoje, o Delicious é uma ferramenta bastante conhecida para disseminar memes e tendências da internet.

6. A estratégia do produtor evangelista. Construa a plataforma de modo a atrair produtores que induzirão os clientes a se tornar seus usuários.

As plataformas que oferecem às empresas ferramentas de gestão do relacionamento com o cliente podem solucionar o problema do ovo e da galinha de maneira simples: elas atraem um conjunto de usuários (produtores) que, por sua vez, assumem a tarefa de atrair o outro conjunto de usuários (consumidores) de suas próprias bases de clientes. A plataforma ajuda os produtores a atender ao conjunto de consumidores atual, beneficiando-se, com o tempo, da polinização de dados, à medida que outros consumidores da rede se interessam por seus produtos e serviços.

Plataformas de *crowdfunding*, como Indiegogo e Kickstarter, prosperam concentrando-se em criadores em busca de financiamento: fornecem a eles a infraestrutura para hospedar e administrar a campanha de coleta, o que lhes facilita o acesso à base de clientes. Plataformas de educação, como Skillshare e Udemy, crescem utilizando a mesma estratégia: cadastram professores influentes, permitindo-lhes a hospedagem de cursos online que atrairão seus alunos à plataforma.

De modo semelhante, plataformas de consultoria podem desenvolver sua clientela a partir de listas fornecidas por produtores. Por exemplo, a Clarity, que se anuncia como firma online de consultoria e aconselhamento a empreendedores, possibilita que bloggers e outros experts monetizem suas atividades por meio de uma ferramenta que permite o agendamento de ligações pagas de seguidores. Cada ligação recebida pelo produtor de conteúdo ajuda a Clarity a cadastrar um novo consumidor, que então pode ser direcionado a outros produtores.

A Mercateo, plataforma B2B alemã de procurement, emprega a estratégia do produtor evangelista com uma novidade. De maneira bastante arguta, faz o seguinte convite aos produtores: "Traga seus clientes para cá e nós lhe daremos a última palavra em qualquer licitação... que tiver a participação dos clientes que você trouxer". Ou seja, os fornecedores são incentivados a engajar seus clientes no Mercateo o mais rápido possível, antes que um concorrente adquira a vantagem oferecida pela plataforma.

7. A estratégia de adoção big bang. Utilize uma ou mais das tradicionais estratégias push de marketing de modo a criar visibilidade para a sua plataforma. Isso cria um efeito de assimilação simultânea, um big bang capaz de originar uma rede quase completa de uma hora para a outra.

Na arena ultracompetitiva, interconectada e superpovoada de hoje em dia, as estratégias push perderam a eficácia no que tange a permitir que as empresas alcancem um crescimento rápido e em grande escala. Mas há exceções. O ponto de virada do Twitter ocorreu no festival de cinema, música e tecnologia South by Southwest (SXSW) Interactive, em 2007. O Twitter havia sido lançado nove meses antes, mas não alcançava muito sucesso. Jack Dorsey e outros fundadores da empresa precisavam encontrar um modo de obter massa crítica de usuários para a plataforma. Em virtude da funcionalidade em tempo real do serviço, perceberam a necessidade de chamar a atenção tanto para o tempo como para o espaço, ambos elementos importantes para o Twitter.

A empresa investiu US$ 11 mil na instalação de um par de telas planas gigantes nos principais acessos do SXSW. O usuário que enviasse a mensagem "Join sxsw" para o número de SMS do Twitter (40404) teria o privilégio de ver seus tuítes exibidos instantaneamente nos telões. A participação de milhares de novos usuários criou um enorme alvoroço em torno do Twitter, transformando-o quase que de imediato na rede social mais badalada do ciberespaço. A plataforma conquistou a distinção Web Award de maior inovação online do festival, e, no final do SXSW, seu uso havia triplicado de 20 mil para 60 mil tuítes por dia.

Outras redes sociais basearam suas estratégias de recuperação no exemplo do Twitter. Dois anos mais tarde, no SXSW de 2009, a plataforma de geolocalização Foursquare experimentou uma reviravolta semelhante. Em 2012, o Tinder, aplicativo de relacionamentos com base na localização dos usuários, decolou ao ser lançado numa festa da University of Southern California – um manancial de jovens dispostos a se aventurar nesse terreno. O Tinder veio para atender a essa demanda e, no processo, alcançou a massa crítica de usuários ainda durante a animada festa, realizada num pequeno espaço fechado.

Nem toda plataforma pode se valer do tipo de estratégia que catapultou o Twitter, o Foursquare e o Tinder. Com o crescimento do South by Southwest, o número de interessados em usar o evento para se lançar no mercado chegou a um patamar em que não há mais como se fazer ouvir em meio ao barulho da multidão.[10] E nem sempre há oportunidades semelhantes, oferecendo a possibilidade de atrair tantos usuários em tão curto espaço de tempo.

Não obstante, quando surge uma oportunidade do gênero – como no caso do Tinder –, o empreendedor de uma nova plataforma precisa estar atento.

8. A estratégia do micromercado. Comece concentrando-se em um mercado pequeno, cujos membros já estão comprometidos em interagir uns com os outros. Isso capacita a plataforma a desenvolver um pareamento eficaz para um grande mercado, ainda nos primeiros estágios de desenvolvimento.

O Facebook tinha tudo para dar errado. O concorrente Friendster, lançado em 2002, havia atraído mais de 3 milhões de usuários em poucos meses, e o Myspace também crescia rapidamente. De todas as plataformas de negócio, as redes sociais provavelmente são as mais implacáveis em relação aos retardatários. É difícil acontecer de os usuários migrarem para uma nova rede social, a menos que ela ofereça algo bem diferente. Esse é o poder do efeito de rede.

Como o valor das redes sociais baseia-se, em grande medida, nos efeitos de rede, atingir a massa crítica é fundamental. Se tivesse sido lançado mundialmente, logo alcançando algumas centenas de usuários – ou mesmo milhares deles –, o Facebook talvez não se transformasse no gigante que vemos hoje, uma vez que seria difícil seus primeiros participantes, dispersos em termos geográficos e sociais, interagirem.

Portanto, a decisão do Facebook de restringir seu público inicial aos alunos da Harvard University não foi mera questão de conveniência, mas uma ideia brilhante, que permitiu solucionar o problema do ovo e da galinha. Atrair 500 usuários de uma comunidade concentrada em termos geográficos e sociais garantiu a criação de um grupo ativo desde o lançamento da plataforma. O Facebook valeu-se da Harvard University como micromercado existente e desenvolveu-se melhorando a qualidade das interações entre seus membros. Focar um micromercado reduz a massa crítica necessária para dar início às interações, o que facilita o pareamento.

Ao expandir-se para além de Harvard, o Facebook tinha de construir uma base de usuários em todo novo campus a que chegasse, às vezes competindo com redes internas já existentes ali. Essas novas universidades eram nós desconexos na rede do Facebook. As coisas deslancharam quando a plataforma os interconectou, colocando diferentes bases de usuários, já habituadas às interações, em contato direto. Acabava ali a necessidade de resolver o problema do ovo e da galinha em cada local. Os usuários que aderiam à rede em um novo campus já tinham uma lista de contatos de outras universidades com os quais interagir, enquanto esperavam que colegas de sua própria universidade aderissem.

O foco geográfico não é a única maneira de definir um micromercado. O Stack Overflow começou como comunidade de perguntas e respostas sobre programação (foco temático). Mais tarde, expandiu sua abrangência, incluindo um segundo tema requisitado pelos usuários: culinária. Hoje, o Stack Overflow tem um mecanismo de votação que permite que a comunidade escolha os temas de interesse.

CRESCIMENTO VIRAL: O MECANISMO DE LANÇAMENTO DE USUÁRIO PARA USUÁRIO

Uma das maneiras mais poderosas de acelerar a expansão de uma plataforma é por meio do *crescimento viral*. Essa possibilidade complementa qualquer uma das estratégias discutidas neste capítulo.

O crescimento viral é um processo baseado em abordagens de marketing pull, que incentivam os usuários a divulgar a plataforma para outros potenciais usuários. Quando isso acontece – usuário atrai usuário –, a plataforma torna-se a base de seu próprio crescimento.

O termo "crescimento viral" evidentemente contém uma metáfora, comparando o crescimento da plataforma com a disseminação de uma doença contagiosa. Na natureza, uma enfermidade se espalha quando quatro elementos interagem: o hospedeiro, os germes, o meio e o receptor. De alguma maneira, o hospedeiro infectado espalha os germes pelo meio. Os germes, então, são absorvidos pelo receptor, infectando-o. Convertido agora em hospedeiro, o receptor reinicia o ciclo de contágio. Se não houver controle, o processo vira uma epidemia.

De modo semelhante, quatro elementos são necessários para dar início ao crescimento viral de uma plataforma: o *emissor*, a *unidade de valor*, a *rede externa* e o *receptor*. Vejamos, como exemplo, o crescimento viral do Instagram:

- **O emissor.** Um usuário do Instagram compartilha uma foto que acabou de tirar, pondo em ação o ciclo que, com o tempo, trará um novo usuário para o sistema.
- **A unidade de valor.** No caso, a unidade de valor é a foto que o usuário compartilha com amigos que também participam do Instagram.
- **A rede externa.** Aqui, o Facebook faz as vezes de rede externa muito eficaz, permitindo que aquela mesma unidade de valor (a foto) seja compartilhada nessa rede mais ampla, para além do ambiente específico do Instagram.
- **O receptor.** Por fim, um usuário do Facebook, fascinado com a foto, visita o Instagram, inscreve-se na plataforma e publica ali sua primeira foto. É o ciclo que se reinicia, com o receptor convertendo-se em emissor.

Todos já ouviram falar do rápido crescimento do Instagram – mais de 100 milhões de usuários ativos em menos de dois anos –, o que levou à sua aquisição bilionária pelo Facebook em abril de 2012. O que nem todo mundo sabe é que o Instagram atingiu essa expansão admirável *sem empregar uma única estratégia de marketing tradicional*. O sucesso deve-se à plataforma da empresa, cuidadosamente criada para propiciar um crescimento viral orgânico e quase inevitável.

Ao contrário de seu concorrente Hipstamatic, o Instagram não se limita a permitir que os usuários salvem, organizem e retoquem suas fotos. O aplicativo os incentiva a compartilhá-las em redes externas como o Facebook, transformando uma atividade individual em atividade social. Toda vez que usam o aplicativo, os participantes compartilham suas criações. Cada elemento de utilização do Instagram tornou-se uma ação de divulgação. Em essência, a plataforma transformou todos os usuários em seus operadores de marketing.

O mesmo ciclo de crescimento viral – uma modalidade de crescimento impossível na tradicional economia de pipelines – ajuda a explicar o sucesso de muitas outras startups. O Airbnb incentivou seus usuários (hospedeiros) com aposentos disponíveis (unidades de valor) a alugá-los, compartilhando suas ofertas na Craigslist (rede externa). Os indivíduos que viram as ofertas (receptores) e se sentiram motivados a alugar um quarto ou apartamento tornaram-se usuários do Airbnb – e muitos começaram a alugar as próprias instalações, convertendo-se em hospedeiros e promovendo o crescimento da plataforma. O OpenTable, de modo semelhante, incentiva os clientes (hospedeiros) a compartilhar suas reservas de restaurante (unidades de valor) por e-mail ou Facebook (redes externas) com os amigos e conhecidos (receptores) que jantarão com eles.

Se você é um gestor de plataforma e almeja o mesmo crescimento viral de Instagram, Airbnb e OpenTable, precisa definir regras e ferramentas para dar início ao ciclo. Sua meta deve ser a criação de um ecossistema em que os emissores queiram transferir unidades de valor por meio de uma rede externa para um grande número de receptores, fazendo com que muitos desses, com o tempo, se tornem usuários.

Vale a pena descrever com mais detalhes os quatro elementos do crescimento viral.

O emissor. Fazer com que os emissores divulguem unidades de valor *não* é o mesmo que propaganda boca a boca. Esta, uma conhecida tática de marketing tradicional, acontece quando os usuários gostam tanto de sua plataforma que não param de falar dela. De sua parte, emissores que divulgam unidades de valor não vão falar especificamente da plataforma – mas compartilharão as próprias criações, o que, por via indireta, desperta a curiosidade em relação a ela.

Em geral, os usuários divulgam unidades de valor criadas por eles mesmos para obter feedback social, o que, por sua vez, pode lhes trazer alegria, reconhecimento, satisfação, dinheiro ou a combinação de todos esses fatores. Proprietários de canais no YouTube promovem seus vídeos em diversas redes externas para aumentar a audiência. Desenvolvedores de pesquisas do SurveyMonkey as divulgam via e-mail, blogs e redes sociais para obter respostas às perguntas que estão tentando responder. Pessoas em busca de financiamento no Kickstarter escrevem a respeito seus projetos nas redes sociais para conseguir o dinheiro de que precisam para concluir um trabalho e atrair público.

Esses exemplos mostram que plataformas bem concebidas criam incentivos naturais de compartilhamento. Como regra, é preciso ter o cuidado de simplificar a divulgação das unidades de valor. O envio dessas unidades de valor para uma rede externa como o Facebook não deve distrair seu criador durante a experiência de uso. Ao contrário, a tarefa deve estar totalmente integrada ao fluxo de trabalho. Quanto mais alinhado estiver o compartilhamento de unidades de valor com o uso principal da plataforma, mais chances esta tem de se tornar viral.

Uma plataforma também pode oferecer incentivos inorgânicos (artificiais) de divulgação, mas convém estruturá-los com cuidado. Um incentivo monetário, por exemplo, pode resultar em desperdício de dinheiro se ela tiver um crescimento viral. O Dropbox, notável serviço de armazenamento e compartilhamento de arquivos em nuvem, oferece um interessante incentivo inorgânico: espaço de armazenamento gratuito ao emissor e ao receptor quando este último também se cadastra como usuário da plataforma. Portanto, o benefício de divulgar o serviço não é uma recompensa em dinheiro (que só serviria para esvaziar os cofres da empresa), mas uma oportunidade de usar ainda mais o Dropbox, o que promove o crescimento e incentiva a comunidade a aproveitar os serviços da plataforma.

A unidade de valor. Eis a unidade central da viralização: a materialização do uso da plataforma, que pode ser compartilhada em redes externas e demonstrar seu valor. Acontece que nem toda unidade de valor pode ser compartilhada. Por exemplo, os usuários de uma plataforma criada para possibilitar a troca de documentos entre sócios de uma determinada empresa não desejarão divulgar informações confidenciais. É um contexto totalmente diferente daquele em que os usuários do Instagram compartilham suas fotos. Por conseguinte, um passo fundamental rumo à viralização é a criação de *unidades de valor compartilháveis*.

Mas o que é uma unidade de valor compartilhável? Trata-se de uma unidade de valor que permite, por exemplo, iniciar uma interação com uma rede externa (como no caso do Instagram, cujas fotos recebem comentários no Facebook de usuários fascinados pelas imagens que viram) ou que cria a oportunidade de concluir uma interação inacabada, como as perguntas do Quora e as pesquisas do SurveyMonkey, que demandam respostas. Uma plataforma que facilita a criação e disseminação de unidades de valor compartilháveis terá um alto índice de crescimento, assim como de participação.

As plataformas que não dispõem de unidades de valor compartilháveis – como o exemplo da empresa especializada em troca de documentos confidenciais – dificilmente vão se tornar virais. Os gestores de tais empreendimentos terão de usar outros métodos para estimular a expansão do negócio.

A rede externa. Muitas plataformas crescem utilizando outras redes como base. Instagram, Twitter, Zynga, Slide e outras viralizaram a partir do Facebook. O Airbnb divulga seus anúncios na Craigslist. O OpenTable faz uso do bom e velho e-mail.

De qualquer maneira, utilizar uma rede externa não se resume a introduzir a opção "Compartilhar no Facebook", esperando atrair milhões de usuários. As redes externas geralmente impõem restrições quando muitos aplicativos passam a utilizá-las para crescer. Por exemplo, o Facebook prevê limitações aos aplicativos de jogos que outras empresas oferecem a seus usuários. Também é preciso ter cuidado com os excessos: diante de tantas solicitações para experimentar novos produtos ou serviços, os usuários podem se cansar e parar de responder. Para evitar essa situação, os gestores de novas plataformas precisam identificar as redes externas que podem utilizar para crescer, assim como encontrar maneiras criativas e produtivas de se conectar com seus usuários.

Quando o LinkedIn foi lançado em 2013, a maioria das redes sociais crescia integrando-se com uma nova lista de contatos do Hotmail ou do Yahoo, incentivando os usuários a enviar convites a seus amigos por e-mail. Criada por Michael Birch (também um dos fundadores da fugaz rede social Bebo), essa estratégia simples ajudou a gerar crescimento para grande parte daquelas comunidades pioneiras. O LinkedIn, no entanto, resolveu criar um mecanismo de integração tecnologicamente mais sofisticado com o Microsoft Outlook, o software que hospedava a maioria das conexões comerciais que o LinkedIn desejava acessar. A integração levou tempo e não foi barata, mas ajudou-o a estabelecer-se como a primeira rede social de relacionamentos profissionais da internet.

O receptor. Quando o usuário de uma plataforma envia uma unidade de valor para um amigo ou conhecido, o receptor responderá julgar a unidade de valor relevante, interessante, útil, divertida ou vantajosa sob algum aspecto. Quando elas têm algum desses atributos, os receptores as divulgarão, dando origem, muitas vezes, a novas interações em outra rede. Empresas de mídia como a Upworthy e BuzzFeed cresceram apoiando-se quase que totalmente na força da viralização iniciada pelos consumidores.

Como as unidades de valor são criadas pelos usuários, os gestores da plataforma têm controle limitado sobre elas. O Instagram não seleciona ou retoca as fotos dos usuários para embelezá-las. O YouTube não edita os vídeos. O Facebook não apaga posts supostamente desinteressantes. No entanto, as plataformas podem conduzir os usuários em direções que tornarão suas criações mais atraentes para os receptores. Por exemplo, o Instagram oferece ferramentas de edição de fotos para ajudar seus membros a melhorar as imagens que postam, incentivando-os a rotulá-las com hashtags específicas e relevantes – como #*vwvan* para uma foto de uma perua da Volkswagen, em vez do termo genérico #*van* ou, pior ainda, do óbvio #*foto*.[11]

Além disso, os gestores de plataforma podem conectar a unidade de valor com um *call to action* – uma mensagem que fará com que o receptor reconheça a comunidade de onde veio a unidade de valor e compreenda a oportunidade que tem nas mãos. Quando o Hotmail viralizou, na parte inferior de cada mensagem trocada por meio do serviço vinha a mensagem: "P.S.: Eu te amo. Abra uma conta de e-mail GRATUITA no Hotmail". O e-mail gratuito era uma novidade na época, e essa mensagem simples atraiu milhares de usuários.

Nem toda plataforma em desenvolvimento tem a oportunidade de viralizar. No entanto, quando isso acontece, a expansão até então lenta e gradual adquire a velocidade de um foguete, transformando o empreendimento em fenômeno nacional ou até global, com potencial para dominar seu mercado pelos próximos anos.

DESTAQUES DO CAPÍTULO

➪ Na era das plataformas, as estratégias pull criadas para incentivar o crescimento viral são mais importantes do que as estratégias push (como publicidade e relações públicas) típicas do marketing convencional.

➪ Existem oito caminhos consagrados para uma plataforma resolver com sucesso o dilema do ovo e da galinha: a estratégia de "seguir o coelho"; a estratégia da carona no sucesso alheio; a estratégia de semear; a estratégia da marquise; a estratégia de focar um único lado; a estratégia do produtor evangelista; a estratégia de adoção big bang; e a estratégia do micromercado.

➪ A velocidade de expansão de uma plataforma pode ser aumentada por meio do crescimento viral, que depende de quatro elementos essenciais: o emissor, a unidade de valor, a rede externa e o receptor.

6
MONETIZAÇÃO
Como capturar o valor criado pelos efeitos de rede

Há não muito tempo, um dos autores deste livro – Marshall van Alstyne – foi abordado por dois empreendedores a caminho de uma reunião com um grupo de capitalistas de risco. Eles tinham criado uma nova plataforma de negócio, à qual, para os propósitos desta história, daremos o nome fictício de Ad World. Ambos esperavam impressionar os investidores com a argúcia do plano de negócio e, assim, receber uma oferta significativa de financiamento.

"Eis a ideia", explicou um deles a Marshall. "Nossa plataforma Ad World oferecerá como serviço listagens de agências de publicidade para empresas. De um lado, as empresas interessadas em campanhas publicitárias vão postar pedidos de cotação de serviços; de outro, as agências podem postar propostas e ofertas para esses potenciais clientes. É como o 99designs, que permite a conexão de artistas gráficos com clientes que querem ajuda especializada na área, só que voltado para o espaço B2B em vez do B2C."

"OK", disse Marshall. "Captei a ideia. Qual é o seu problema?" O empreendedor prosseguiu: "Temos certeza de que o Ad World vai garantir retorno para nós e atrair muito interesse. Mas estamos nos perguntando como gerar receita. Deveríamos cobrar das agências de publicidade para se unir à plataforma e publicar seus perfis? Deveríamos cobrar das empresas que estão buscando os serviços? Ou deveríamos cobrar a cada projeto realizado? Ou, talvez, um misto das três opções?".

"E precisamos de uma resposta rápida", interveio o outro sócio. "Temos de descobrir nossa estratégia, de modo a analisar os dados e apresentar nosso case de negócio para os investidores."

Os magnatas da plataforma em gestação fitaram Marshall com tanta franqueza que ele quase odiou contrariá-los. Mas teve de fazer isso. Tão gentilmente quanto possível, respondeu: "Vocês listaram três maneiras possíveis de monetizar o Ad World e me pediram para escolher uma delas – ou talvez as três. Minha resposta é nenhuma das alternativas".

Os dois empreendedores eram líderes de negócios inteligentes, talentosos e atentos. Tinham feito toda a lição de casa sobre a natureza dos ecossistemas de plataforma. Realmente entendiam, de modo geral, como negócios de plataforma funcionam, e os desafios de atrair os dois lados do mercado para criar um conjunto sólido de interações possíveis. Quanto à monetização, contudo, estavam fazendo as perguntas erradas.

Eles não deveriam cobrar de *nenhum* lado para aparecer na listagem da plataforma. Isso criaria um obstáculo ao ingresso no ecossistema, desencorajando muitos participantes potenciais. Cobrar por post de proposta significaria simplesmente poucas postagens. Reduziria o volume de interações potenciais e, mais ainda, o de interações concretizadas. Consequentemente, também implicaria baixo volume de dados disponíveis para a plataforma – informações mais do que necessárias para estabelecer conexões sólidas entre consumidores e produtores.

Na verdade, em vez de *cobrar* dos usuários para se unir à plataforma, os fundadores deveriam *subsidiar* essa participação – talvez com ferramentas e serviços para tornar mais fácil, rápida e eficiente a adesão dos participantes.

Não foi uma surpresa total para os empreendedores. Eles haviam intuído isso parcialmente, o que Marshall percebeu diante do fato de terem usado *scrapers* – ferramentas automatizadas de software para coletar dados da internet – para produzir perfis de usuário. Eles entenderam que construir uma base de usuários era o primeiro e maior desafio e que criar obstáculos nesse processo seria um erro grave.

Como, então, os empresários conseguiriam monetizar seu modelo de plataforma? A resposta: eles *podem* cobrar dos usuários pelo valor criado naquele ecossistema, mas a cobrança deve ser feita na *conclusão do negócio*, não no momento do ingresso na comunidade. Os empreendedores têm de permitir a livre postagem das empresas, cobrando uma taxa apenas quando elas obtiverem o que buscavam ao entrar nela. Atrelada ao desempenho, a taxa, então, parecerá ínfima, porque corresponderia a uma pequena fração de uma transação comercial que estaria acontecendo de qualquer maneira. No entanto, talvez a melhor das estratégias de monetização nem sequer tenha sido considerada pelos dois sócios. Por que não cobrar das agências de publicidade por um serviço que as ajude a avaliar por que *perderam* certos negócios? Além de não criar obstáculos às transações, essa taxa refletiria o valor do feedback oferecido: poderia ajudar as agências a melhorar a qualidade das ofertas, encorajando assim um aumento no valor das interações ao longo do tempo.

A história ilustrativa do Ad World e o desafio estratégico que seus fundadores enfrentaram ilustra a complexidade dos negócios de plataforma – bem como o pensamento criativo que os gestores precisam praticar se quiserem concretizar completamente o potencial de criação de valor dos ecossistemas que estão construindo. Monetização, na verdade, é uma das questões mais difíceis – e fascinantes – que qualquer empresa de plataforma deve abordar.

CRIAÇÃO DE VALOR E O DESAFIO DE MONETIZAR OS EFEITOS DE REDE

O valor inerente de uma plataforma concentra-se principalmente nos efeitos de rede que ela cria. Monetizá-los, contudo, impõe um desafio único. Efeitos de rede tornam uma plataforma atraente ao desencadear ciclos de feedback que se autorreforçam e aumentam a base de usuários, em geral exigindo esforço ou investimento mínimos por parte do gestor do negócio. Quanto mais os produtores criam valor na plataforma, mais consumidores são atraídos, o que funciona como chamariz para novos produtores, os quais, por sua vez, aumentam a criação de valor.

Ironicamente, essa dinâmica de crescimento positivo torna a monetização muito ardilosa. Qualquer tipo de tarifação aos usuários provavelmente os desencorajará de participar. Cobrar pelo acesso pode levar as pessoas a evitar a plataforma como um todo. Cobrar pelo uso tende a inibir a assiduidade da participação. Cobrar pela produção reduz a criação de valor, o que diminui também a atratividade aos consumidores. Cobrar pelo consumo reduz o volume de consumidores, prejudicando a atratividade para os produtores. Esse era o dilema que os fundadores da Ad World enfrentavam.

Como, então, você consegue monetizar uma plataforma sem comprometer (ou mesmo destruir) os efeitos de rede que demandaram tanto esforço? Alguns pesquisadores do tema chegaram à conclusão de que a natureza colaborativa da criação de valor na internet significa que o preço natural para bens e serviços distribuídos online é a gratuidade. No entanto, está claro que um negócio que não cobra pelos benefícios que oferece provavelmente não sobrevive por muito tempo – uma vez que não tem como produzir os recursos necessários para manter ou melhorar o valor oferecido. Não haveria incentivo para que investidores fornecessem o capital necessário ao crescimento do negócio.

Alguns aspectos da gratuidade podem ser úteis para construir efeitos de rede em uma plataforma. Contudo, convém compreender bem os diferentes modelos nos quais a precificação *parcialmente* grátis pode acionar o crescimento. Como todo estudante de administração aprende, o modelo de negócio de lâminas descartáveis, fundado pelo empreendedor King Gillette em 1901, envolvia a distribuição gratuita (ou a custo muito baixo, subsidiado) do aparelho e a venda das lâminas.

Uma pesquisa de Randal C. Picker, da University of Chicago Law School, chamou a atenção para um aspecto do famoso caso da Gillette e sua estratégica precificação de aparelhos e lâminas. Picker descobriu que o timing das mudanças de preço da Gillette, assim como a data de expiração da patente do design único do invento da marca, parecia minar a noção de que a empresa empregava a estratégia de aparelho e lâminas da maneira como normalmente entendemos.[1] Não obstante, essa conhecida história continua servindo como paradigma de uma estratégia que, de resto, foi aplicada em vários mercados – incluindo, por exemplo, o de impressoras, no qual se vendem máquinas a preço bastante acessível, enquanto se auferem elevados lucros com a comercialização de cartuchos de toner.

Outra versão dessa estratégia é o modelo "freemium", em que a empresa presta um serviço básico gratuito para atrair usuários, os quais, se preferirem, podem pagar para usufruir da versão premium desse serviço, com mais recursos e funcionalidades. Muitas plataformas online, incluindo Dropbox e MailChimp, funcionam dessa forma. Tanto o modelo de aparelhos e lâminas como o modelo freemium monetizam a mesma base de usuários, ou partes dela.

Plataformas também podem oferecer preço grátis ou subsidiado para uma base de usuários enquanto cobram o preço cheio de outra. Isso aumenta a complexidade dos modelos de monetização, uma vez que a plataforma deve garantir que o valor fornecido de graça para um lado do mercado impulsione a captura de valor no outro lado. Trabalhos acadêmicos importantes foram feitos nessa área. Dois dos autores deste livro (Geoff Parker e Marshall Van Alstyne) estiveram entre os primeiros estudiosos da teoria de precificação do mercado de dois lados.[2] As contribuições ao tema motivaram, em parte, a conquista do Prêmio Nobel por Jean Tirole, outro dos pioneiros no estudo da economia de mercado de dois lados.[3]

Não é fácil atingir o equilíbrio entre os fatores complexos envolvidos na precificação de um mercado de dois lados. A Netscape, uma das desbravadoras da internet, distribuía seus navegadores de graça na esperança de se consolidar como servidor web. Infelizmente, não havia uma conexão proprietária do navegador com servidores sob controle da Netscape. Qualquer um poderia usar facilmente o navegador Nestcape com o servidor web Microsoft ou com o servidor web gratuito Apache. Ou seja, a Netscape não foi capaz de monetizar o outro lado de seu negócio de navegador grátis. Como esse exemplo ilustra, plataformas que pretendem agregar a precificação grátis em sua estratégia têm de garantir total controle sobre o valor a ser criado (e depois monetizado).

O desafio da monetização exige uma análise prévia do valor criado na plataforma. Negócios tradicionais de pipeline entregam valor a seus clientes como produto ou serviço. Cobram pela propriedade de um bem (como a Whirpool faz quando vende uma máquina de lavar roupas) ou pela utilização dele (como a GE Aviation faz para instalar e oferecer manutenção regular de motores de aeronaves).

Como a Whirpool e a GE, as plataformas de negócio estão engajadas em projetar e construir tecnologia. Mas, em vez de colocar a tecnologia nas mãos de clientes em troca de uma taxa, seu intuito é convidar os usuários a aderirem ao negócio – para só então monetizar a atividade, cobrando pelo valor que a tecnologia cria para tais usuários. Esse valor pode ser percebido de quatro maneiras:

- **(1) Por consumidores: acesso ao valor criado na plataforma.**
  Os espectadores percebem valor nos vídeos do YouTube; usuários do Android, nas várias atividades viabilizadas pelos aplicativos; estudantes no Skillshare, nos cursos disponibilizados pelo site.

- **(2) Por produtores e fornecedores terceirizados: acesso à comunidade ou ao mercado.** O Airbnb tem valor para os anfitriões porque lhes dá acesso a um mercado global de hóspedes. Recrutadores de empresas consideram o LinkedIn valioso porque lhes permite a conexão com candidatos potenciais. Os comerciante veem valor no Alibaba porque lhes abre a oportunidade de vender para clientes de todo o mundo.
- **(3) Por consumidores e produtores: acesso a ferramentas e serviços que facilitam a interação.** Plataformas criam valor ao reduzir o atrito e as barreiras que dificultam as interações de produtores e consumidores. O Kickstarter ajuda empreendedores criativos a levantar dinheiro para novos projetos. O eBay, combinado com o PayPal, permite a qualquer pessoa montar uma loja online para atender uma clientela mundial. O YouTube ajuda os músicos a apresentarem seu trabalho ao público por meio de vídeos, sem ter de desenvolver produtos físicos (CDs ou DVDs) ou recorrer a varejistas intermediários.
- **(4) Por consumidores e produtores: acesso a mecanismos de curadoria que aumentam a qualidade das interações.** Consumidores valorizam o acesso a bens e serviços de alta qualidade que atendem a suas necessidades e interesses específicos, enquanto produtores valorizam o acesso a consumidores interessados em suas ofertas e dispostos a pagar um bom preço por elas. Plataformas bem administradas constroem e mantêm sistemas de curadoria que conectam os consumidores certos aos produtores certos de maneira rápida e fácil.

Essas quatro modalidades de valor não existiriam sem a plataforma – portanto, podem ser descritas como *fontes de valor excedente* que ela gera. Em sua maioria, plataformas bem projetadas criam muito mais valor do que captam diretamente. É por isso que atraem grande número de usuários, os quais se sentem satisfeitos ao consumir os benefícios do valor "grátis" ali oferecido. Uma estratégia inteligente de monetização começa pela análise dessas quatro modalidades de valor, para só então determinar quais fontes de valor excedente podem ser exploradas pela plataforma sem inibir o crescimento continuado dos efeitos de rede.

NÚMEROS NÃO BASTAM –
COMO DESCOBRIR O VALOR DOS EFEITOS DE REDE

Fundada em 2005 por Ethan Stock, a Zvents era originalmente um guia online de eventos locais na região da baía de São Francisco. O site cresceu rapidamente: expandiu-se para além da Califórnia até se tornar o maior do gênero, atendendo a centenas de mercados e com mais de 14 milhões de visitantes por mês. Atraía tanto produtores – organizadores de eventos que postavam concertos, shows, feiras, festivais e outras atividades no site – quanto consumidores, que acessavam o Zvents para programar algo divertido para fazer depois do trabalho ou nos fins de semana.

Stock parecia viver em um sonho do Vale do Silício. Depois de ter construído uma plataforma em que milhões de pessoas confiavam, seu único desafio restante era monetizá-la. O que estava longe de ser simples.

"Uma vez que atingimos a massa crítica", lembra Stock, "e era claro que estávamos nos tornando o líder de mercado, esperávamos que os organizadores de eventos começassem a pagar... Mas em alguns negócios há um defeito fatal que pode travar sua capacidade de fazer dinheiro – a expectativa da completude."

O problema era que os consumidores visitavam a Zvents para acessar a programação completa, com todos os eventos locais. Se só houvesse uma lista parcial de opções disponíveis, o interesse desse público evaporaria rapidamente. Isso significava que a Zvents tinha poucas chances de monetizar o negócio cobrando dos produtores. O valor da plataforma residia em oferecer listas completas de eventos – e, para continuar propondo esse valor, não havia como impor taxas e excluir os organizadores que não pagassem para aparecer no site.

Cobrar dos produtores pelo acesso à plataforma não funcionaria. A Zvents experimentou outra técnica de monetização – cobrar dos produtores pelo acesso incrementado –, que será discutido mais adiante neste capítulo. Os gestores do site até conseguiram convencer alguns organizadores a pagar pelo acesso a listas de eventos com mais destaque, mas o valor dessa oferta se revelou baixo em termos de atendimento ou de venda de ingressos. A Zvents acabou com um ínfimo gotejamento de receitas, em vez do jorro de dinheiro que esperava. Em junho de 2013, vendo frustradas suas expectativas de construir uma plataforma lucrativa para rivalizar com Google ou Facebook, Stock a vendeu para o eBay – que usa o Zvents como um quadro de avisos para eventos de artes e entretenimento, combinado com a plataforma de revenda de ingressos StubHub.

A lição? Efeitos de rede *medidos apenas por número de visitantes* não refletem necessariamente o valor monetário da plataforma. As interações facilitadas devem gerar uma quantia significativa de valor excedente que possa ser capturado sem produzir impacto negativo sobre os efeitos de rede. Quando isso não acontece, a monetização pode não ser viável.

A relação paradoxal entre tamanho de rede e potencial de monetização não para por aí. Em alguns casos, a capacidade de monetizar uma plataforma pode até *aumentar* dramaticamente quando o número de usuários *cai* – refletindo o poder dos efeitos *negativos* de rede para impactar o valor de uma plataforma.

A Meetup foi lançada em 2002 como solução online para ajudar pessoas a organizarem reuniões presenciais de grupos temáticos (os chamados *meetups*). Seu cofundador, Scott Heiferman, disse ter se inspirado na maneira como o povo de Nova York uniu-se como comunidade depois dos ataques terroristas de 11 de setembro de 2001.

O Meetup ganhou impulso como plataforma gratuita, mas a explosão da bolha da internet no fim dos anos 1990 serviu como lembrete constante da necessidade de desenvolver um modelo viável de monetização. Primeiro, seus gestores tentaram criar receita por meio da geração de leads, cobrando taxas dos locais físicos dos encontros, como restaurantes e bares, com base no número de participantes de cada meetup. Porém, em um mundo pré-smartphone, esse modelo não funcionou muito bem. O número de pessoas que de fato aparecia nos eventos era diferente do número de cadastrados, e não havia como fazer a contagem de presentes a cada reunião para determinar uma taxa adequada.

Deixando de lado o modelo de geração de leads, o Meetup experimentou outras maneiras de monetizar seu serviço. Testou anúncios, mas não conseguir atrair um número significativo de anunciantes. Tentou oferecer um produto premium, o Meetup Plus, cujo valor adicional despertou pouco interesse. (Compreende-se: anos depois, quando solicitado em uma entrevista a explicar o serviço extra incluído no Meetup Plus, Heiferman respondeu com uma risada: "Nossa, nem me lembro do que era. Tinha alguns tipos de características que você podia... Sei lá. Não consigo me lembrar".) A Meetup também experimentou cobrar taxas de organizações políticas, que constituíam uma porção crescente da base de usuários, mas isso também produziu uma receita modesta. Não sobravam muitas opções.

Em paralelo, a Meetup se viu diante de outro problema – que, paradoxalmente, ajudaria a salvar a companhia. No caso, verificava-se o crescimento negativo dos efeitos de rede. Conforme se expandia, com poucas barreiras para os usuários planejarem reuniões presenciais, a plataforma começou a registrar ruído: muitos meetups não tinham planejamento adequado ou propósito claro, resultando em experiências decepcionantes para os participantes, que se cadastravam em uma reunião para só depois descobrir que a audiência era pequena e a atividade, mínima.

Os líderes da Meetup tomaram uma decisão arriscada: começaram a cobrar dos organizadores, apesar do drástico potencial de redução de escala para a plataforma e do enfraquecimento dos efeitos de rede que a medida traria. A justificativa era que tal cobrança ajudaria a resolver o problema de monetização e, ao mesmo tempo, selecionaria organizadores mais zelosos quanto a seus objetivos. Uma carta foi enviada a todos os organizadores informando que, dali em diante, todos seriam solicitados a pagar US$ 19 por mês pelo direito de usar o serviço da Meetup.

A reação foi imediata. Depois de publicar um artigo sobre a nova estratégia da plataforma, a revista *Businessweek* recebeu e-mails de usuários revoltados predizendo o fim do serviço. Um participante de Londres escreveu: "Acho que é justo dizer que a maioria dos organizadores está chocada. E a maioria daqueles com quem conversei simplesmente vai parar de reunir seus grupos... Não há nada que a Meetup faça que os usuários não possam fazer sozinhos e de modo mais eficiente, e há muitos softwares livres para usar e criar um website próprio".[4]

Apesar da reação, a estratégia funcionou. O número de meetups promovidos caiu drasticamente, mas sua qualidade e, por consequência, a das interações geradas, melhorou de modo significativo. Cinco anos mais tarde, Heiferman relataria: "Para nós, a grande notícia quanto a deixarmos de ser grátis para nos tornarmos pagos é: sim, perdemos 95% de nossa atividade, mas agora temos muito, muito mais coisas de fato acontecendo do que jamais tivemos, com metade dos meetups sendo bem-sucedidos, ao contrário do 1% a 2% de antes".[5]

Como já foi dito, o objetivo não é apenas expandir os números de participantes e interações. O negócio deve evoluir no sentido de encorajar interações desejáveis e desencorajar as indesejáveis. Ao criar barreiras para organizadores pouco comprometidos com seus grupos, o mecanismo de precificação criou uma cultura de qualidade na plataforma.

É um erro assumir que os efeitos de rede sempre podem ser otimizados simplesmente deixando-se de cobrar dos usuários. Uma abordagem mais apropriada para analisar o desafio da monetização é questionar como gerar receitas sem reduzir os efeitos positivos de rede. Podemos vislumbrar uma estratégia de precificação que fortaleça os efeitos positivos de rede enquanto reduz os negativos? Podemos criar uma estratégia que encoraje interações desejáveis e desencoraje as indesejáveis?

COMO MONETIZAR 1: TAXA POR TRANSAÇÃO

Antes de explorar os caminhos para desenvolver uma estratégia efetiva de monetização, vale relembrar as quatro formas de valor excedente criado por plataformas – acesso à criação de valor, acesso ao mercado, acesso a ferramentas e curadoria. As quatro culminam em algum tipo de interação. Em muitos casos, tal interação envolve troca de dinheiro, como quando o cliente do Uber paga o motorista pela corrida, o comprador do eBay paga o vendedor pelo produto ou a empresa usuária do Upword paga o freelancer por um projeto concluído. Plataformas que facilitam interações financeiras podem monetizar o valor criado ao cobrar uma taxa de transação, que pode ser variável (calculada como uma porcentagem do valor total envolvido) ou fixa (a cada pagamento realizado). Este último sistema, mais simples de administrar, é particularmente atraente quando se prevê uma alta frequência de transações, sem variação significativa nos valores de uma para outra.

A taxa de transação é uma maneira poderosa de monetizar o valor criado pela plataforma sem impedir o crescimento dos efeitos de rede. A medida não afugenta compradores e vendedores nem os desencoraja de participar da rede, uma vez que são cobrados apenas quando uma transação de fato acontece. Os gestores, contudo, talvez precisem testar alguns valores de taxa até encontrar aquela que representa uma porcentagem justa do valor criado, a fim de não espantar usuários.

Um desafio mais sério e persistente consiste em capturar, no âmbito da plataforma, todas as interações por ela facilitadas. Compradores e vendedores que se conectam por meio de uma são naturalmente incentivados a levar a interação para fora daquele ambiente, a fim de evitar o pagamento da taxa de transação.

Esse problema é especialmente grave em plataformas que conectam fornecedores de serviços com seus consumidores. Com o crescimento da força de trabalho freelancer e a disseminação da economia de compartilhamento online, surgiram negócios como Airbnb, Uber, TaskRabbit e Upwork para facilitar interações de serviço. Porém, a maioria deles se vê diante do desafio de capturar o valor da interação dentro da plataforma. Em grande parte dos casos, a interação não pode acontecer até que o produtor (no caso, o fornecedor) e o consumidor concordem com os termos do serviço, que em geral exigem que os dois interajam diretamente. Além disso, a troca de dinheiro com frequência se segue à entrega do serviço, o que também exige interação direta dos dois participantes. A capacidade de a plataforma se remunerar fica fragiliza com tais interações diretas, uma vez que elas abrem espaço para as partes fecharem um acordo fora do âmbito da rede que tornou aquela conexão possível. Livres do pagamento da taxa de transação, tanto o consumidor quanto o fornecedor podem negociar valores vantajosos para as duas partes– a única parte prejudicada é a própria plataforma.

Empresas como Fiverr, Groupon e Airbnb resolvem esse problema temporariamente evitando a conexão direta entre os participantes. Essas plataformas tentam fornecer toda a informação de que o consumidor precisa para tomar a decisão de interação, sem conectá-lo ao produtor. O Groupon faz isso por meio da apresentação de serviços bastante padronizados. Sem essa possibilidade, o Airbnb e o Fiverr disponibilizam mecanismos de classificação e outras métricas sociais que indicam a confiabilidade de um fornecedor, tornando o contato direto entre as partes menos necessário.

Às vezes, estratégias como essas não bastam. Esse é o caso, em especial, de plataformas que criam um mercado para serviços profissionais, o que em geral exige discussões, trocas e gestão de fluxo antes e durante a oferta de serviços. Como consequência, pode não ser possível para a plataforma manter o controle de todas as comunicações entre o produtor e o consumidor. Mas cobrar o consumidor antes que aconteça a interação pode não ser uma opção viável.

Em casos assim, a plataforma deve estender seu papel facilitador da interação de modo a incluir mais atividades que criem valor. Por exemplo, o Upwork fornece ferramentas para monitorar o provedor de serviços remotamente. Isso permite aos consumidores a supervisão dos projetos que encomendaram, a fim de só realizar pagamentos mediante a efetiva realização e entrega do trabalho.

A plataforma Clarity, que conecta consultores a empresas à procura desse tipo de serviço, mantém o controle da interação por meio de um mecanismo similar. No passado, plataformas que conectavam clientes e consultores cobravam uma taxa de geração de leads e permitiam que a transação ocorresse fora da plataforma. A Clarity fornece adicionalmente gerenciamento de chamadas e serviços de faturamento que servem para capturar a interação no âmbito da plataforma. Para beneficiar os produtores, a Clarity oferece pagamentos e emissão de notas integrados, facilitando que o consultor gere renda por meio de pequenas intervenções pontuais. Para beneficiar os consumidores, o software de gerenciamento de chamadas prevê cobrança por minuto, o que lhes abre a opção de sair de uma chamada que não esteja se provando útil. Ambos os lados recebem valor adicional suficiente para se manter conectados e interagindo no ambiente da Clarity.

Como esses exemplos ilustram, plataformas de fornecimento de serviços que querem capturar e monetizar interações devem criar ferramentas e serviços que beneficiem ambos os lados, ao remover barreiras, mitigar riscos e facilitar interações.

No entanto, benefícios adicionais como esses podem não ser suficientes para a prosperidade de qualquer plataforma de fornecimento de serviços. Muitas plataformas de alcance local (que conectam consumidores a serviços relativamente simples, como, por exemplo, a pintura de casas) continuam a sofrer com o desafio de manterem o controle da interação.

COMO MONETIZAR 2: COBRAR PELO ACESSO

Em alguns casos, a monetização acontece por meio da cobrança, aos produtores, pelo acesso a uma comunidade de usuários que se uniu à plataforma não para interagir com esses produtores, mas por outros motivos diversos.

O Dribbble rapidamente ganhou destaque na comunidade do design como plataforma de alta qualidade para profissionais da área – artistas, ilustradores, criadores de logotipos, designers gráficos, tipógrafos e outros – exibirem seus portfólios, de modo a granjear exposição, credibilidade e feedback valioso de seus pares. Adaptando o jargão do basquete, os usuários do Dribbble chamam novas imagens de "arremessos", grupos de imagens de "cestas" e repostagens de imagens favoritas de "rebotes". Esse dialeto próprio ajudou a forjar uma comunidade engajada, que inclui muitos dos melhores designers do mercado.

Os gestores do Dribbble querem proteger a todo custo o valor de longo prazo dessa comunidade especializada. Por isso, não cobram o acesso à plataforma, o que poderia enfraquecer os efeitos da rede. Também optaram por não permitir imagens patrocinadas que ofereçam acesso incrementado à comunidade (por exemplo, aparecendo, sem ser solicitado, nas homepages dos usuários), uma vez que isso poderia reduzir o prestígio e o valor percebido do site do ponto de vista dos usuários. (Vamos descrever a estratégia do acesso incrementado em mais detalhes adiante, neste capítulo.) Então, a fim de monetizar seu serviço, o Dribbble convidou terceiros a pagar pelo acesso à comunidade – nesse caso, empresas em busca de designers são cobradas para postar vagas no painel de empregos do site.

Essa forma de monetização cria interações que beneficiam todos os lados. Os designers são motivados a colocar seus melhores trabalhos no Dribbble, uma vez que isso pode gerar leads para novos trabalhos, enquanto as empresas conseguem acesso a profissionais da melhor qualidade, com portfólios que já passaram pelo filtro de curadoria de toda a comunidade criativa.

O método de monetização do Dribbble pode ser descrito pelo simples termo "publicidade". Mas observe que, diferentemente da maioria das ações publicitárias, o sistema do Dribbble concentrou-se em gerar valor para a comunidade por meio de ofertas de emprego, melhorar a integração central e fortalecer efeitos de rede, em vez de apenas acrescentar ruído e exaurir o valor.

De maneira semelhante, o LinkedIn permite não só que recrutadores busquem talentos entre os membros da comunidade, como também oferece às empresas a capacidade de avaliar profissionais com base em seus currículos. O poder do LinkedIn como plataforma de recrutamento encoraja os usuários a atualizarem seus perfis com mais frequência, mantendo a plataforma ativa e saudável.

Como observamos em todo este capítulo, um modelo de monetização é sustentável apenas quando fortalece os efeitos de rede. Cobrar de produtores terceirizados pelo acesso à comunidade é eficiente se – e apenas se – os conteúdos novos adicionados aumentarem o valor da plataforma para os usuários, como no caso das ofertas de emprego no Dribbble.

COMO MONETIZAR 3: COBRAR PELO ACESSO INCREMENTADO

Às vezes, uma plataforma que facilita uma transação financeira pode ser incapaz de assumir, e muito menos monetizar, tal interação. Em vez disso, uma boa opção talvez seja cobrar dos produtores pelo acesso incrementado aos consumidores. Isso tem a ver com a oferta de ferramentas que permitem a um produtor se destacar na multidão e ser notado dos dois lados da plataforma – apesar da abundância de produtores concorrentes e da intensa disputa para atrair a atenção dos consumidores. As plataformas que vêm usando o acesso incrementado como técnica de monetização cobram taxas de produtores por mensagens mais direcionadas, apresentações mais atraentes ou interações com usuários especialmente valiosos.

Esse sistema em geral não prejudica os efeitos da rede, uma vez que todos os produtores e consumidores continuam participando da plataforma de maneira aberta e não incrementada. Ao mesmo tempo, o valor adicional do acesso incrementado às vezes se revela vantajoso para determinados participantes, que aceitam pagar por ele – permitindo que uma porção do valor de sua interação seja capturado pela plataforma.

O modelo tradicional de anúncios classificados, por exemplo, sustentou jornais por décadas. Hoje, plataformas online usam um modelo similar, solicitando aos produtores que paguem por um destaque maior para suas mensagens. O Yelp, por exemplo, oferece visibilidade ampliada e melhor identificação a restaurantes que se dispõem a pagar para integrar uma listagem premium nos resultados de busca. O pagamento desse serviço permite que se destaquem em meio a outros concorrentes, atraindo a atenção de clientes potencialmente mais valiosos.

A busca do Google também pode ser vista sob esse prisma. Para publicar um site e obter boa visibilidade para ele nessa plataforma é possível recorrer às técnicas de otimização para sites de busca (SEO, do inglês *Search Engine Optimization*), um autogerido processo autogerido de design e codificação que não produz qualquer receita para o Google. Porém, muitos que incluem sites na plataforma escolhem comprar uma colocação premium por meio do Google AdWords. De maneira semelhante, o Tumblr, uma plataforma de microblogging adquirida pelo Yahoo em 2013, permite aos usuários promover seus posts para uma audiência maior mediante a cobrança de uma taxa. O Twitter também promove conteúdo patrocinado.

Outra maneira de monetizar o acesso incrementado consiste na cobrança do usuário que quer menos barreiras entre si e outros participantes da plataforma. Sites de encontros, por exemplo, com frequência permitem a homens ver perfis de mulheres sem revelar detalhes de sua identificação. Quem paga uma assinatura tem acesso a informações adicionais que permitem conexão direta com outros usuários de seu interesse.

Monetizar o acesso incrementado a usuários exige cuidado. Se não for feito da maneira correta, pode aumentar o nível de ruído na plataforma e diminuir a relevância do conteúdo para consumidores, levando a efeitos de rede negativos, como os descritos no Capítulo 2.

Um princípio importante consiste em garantir que os consumidores possam distinguir com clareza o conteúdo promovido, cujo destaque foi comprado, do conteúdo que conquistou proeminência de maneira orgânica. As listagens premium no Yelp e os anúncios associados a resultados de busca do Google são apresentados de modo diferente dos resultados orgânicos, transmitindo um cuidado com a transparência que só faz aumentar a confiança do usuário. Em sua maioria, os buscadores pré-Google que não observaram esse princípio acabaram confundindo e irritando usuários, com prejuízo para o valor de suas plataformas. A chamada publicidade nativa (método em que o anunciante veicula na internet um conteúdo pago "disfarçado" de conteúdo orgânico) corre o risco de parecer enganosa, o que afastaria os usuários.

Gestores de plataforma devem também ter cuidado para não permitir que a monetização por acesso incrementado transmita a impressão de que o acesso comum foi restringido. Por ser a maior rede social do mundo, o Facebook cria um enorme valor para marcas que querem se engajar com consumidores atuais e potenciais. Algumas delas conquistaram seguidores em massa nessa comunidade. Porém, em 2014 e 2015, o Facebook foi criticado por implantar mudanças de curadoria que limitam o alcance das marcas à plataforma – exceto para aquelas que pagam a mais para ter acesso a uma audiência mais ampla. A percepção foi a de que ele estava reduzindo os serviços aos participantes da plataforma a fim de facilitar a captura de receita. A magnitude do Facebook e os poderosos efeitos de rede que o negócio gera foram suficientes para abafar tais críticas – pelo menos até agora. Poucas outras plataformas, contudo, conseguiriam se dar bem com ações como essa.

Os gestores de plataforma devem garantir, ainda, que seus princípios de curadoria sejam aplicados rigorosamente ao conteúdo de produtores que pagam pelo acesso incrementado. O valor do Facebook, por exemplo, baseia-se na relevância de seu feed de notícias – se um descuido de curadoria permitir uma torrente de posts patrocinados de baixa relevância, corre-se o risco de muitos usuários abandonarem a plataforma.

COMO MONETIZAR 4: COBRAR POR CURADORIA INCREMENTADA

Quando se pensa em efeitos de rede, com frequência conclui-se que mais é melhor. No entanto, como sublinhamos nos Capítulos 2 e 3, efeitos de rede positivos são orientados não apenas pela quantidade, mas também pela qualidade. Quando uma plataforma atinge um patamar considerado ótimo em termos de volume de conteúdo, pode acontecer de os consumidores terem dificuldade de encontrar o conteúdo de qualidade que tanto desejam – ou seja, há uma redução do valor da plataforma. Nesse caso, talvez os consumidores se disponham a pagar pelo acesso garantido à qualidade: em outras palavras, por uma curadoria incrementada.

A plataforma de oferta de serviços de babás Sittercity cobra dos pais que a acessam. Para garantir qualidade e opções, o site realiza um rigoroso trabalho de curadoria e seleção das profissionais – uma fonte de valor adicional significativo para os pais, sempre preocupados com o bem-estar de seus filhos. Tal valor permite ao Sittercity cobrar uma assinatura de seus usuários, em vez da taxa por transação associada a plataformas provedoras de serviços.

Ao prestar consultoria para a plataforma educacional Skillshare, Sangeet Choudary ajudou a empresa a migrar da cobrança de taxa por transação para um modelo que, oferecendo um valor adicional aos usuários, justificasse o pagamento de uma assinatura. A Skillshare permite aos estudantes pagar por cada curso realizado. Depois de os gestores da plataforma terem feito a curadoria de um volume considerável de seu conteúdo, aumentando a qualidade, a Skillshare passou a permitir o acesso dos alunos a vários cursos mediante o pagamento mensal de uma assinatura. Os professores recebem "royalties" baseados no número de assinantes matriculados em seus cursos. O número crescente de estudantes que optam pela assinatura extrai mais valor de cada disciplina ensinada, ao mesmo tempo em que gera receita regular para a plataforma.

QUEM DEVE SER COBRADO?

Uma plataforma típica abriga diversos tipos de usuários, que desempenham múltiplos papéis. Em razão das diferenças entre eles – condições econômicas, motivações, objetivos, incentivos – e das distintas modalidades e quantidades de valor que derivam da plataforma, as decisões sobre quem deve ser cobrado podem ser complexas. Vale lembrar, em especial, que cada decisão que envolva uma das categorias de usuários impacta as outras de maneiras nem sempre óbvias.

No entanto, o objetivo geral de encorajar as interações positivas que vão criar valor para todos os participantes – bem como o estudo de casos bem-sucedidos – nos permite desenvolver algumas hipóteses úteis sobre quando certas escolhas específicas de precificação são ou não apropriadas.

- **Cobrança de todos os usuários.** Plataformas raramente cobram de seus usuários da mesma maneira, como fazem as empresas de pipeline. A cobrança generalizada, na maioria dos casos, desencorajaria a participação, reduzindo ou destruindo os efeitos de rede. Porém, eles aumentam com essa modalidade de remuneração em algumas situações. No mundo físico, por exemplo, entidades de prestígio como clubes de campo cobram um valor elevado de todos os seus membros. Os caríssimos títulos de associação (precedidos de critérios de seleção que passam pela exigência de recomendações de sócios atuais) servem como uma espécie de método de curadoria. Algumas plataformas online usam esse modelo – por exemplo, a Carbon NYC, plataforma de moradores multimilionários de Nova York. Contudo, em muitos ambientes sociais e de negócios, "disposição para pagar" e "qualidade" estão longe de ser sinônimos. Ou seja, esse sistema de precificação deve ser usado com muito cuidado e de modo seletivo.

- **Cobrança de um lado para subsidiar o outro.** Algumas plataformas cobram de uma categoria de usuários (vamos chamá-los de A) para que outro grupo de membros (B) possa participar de graça – ou até seja subsidiado ou incentivado. Isso funciona quando os participantes A atribuem grande valor à oportunidade de fazer contato com usuários B, mas não há reciprocidade. Como observamos, no mundo físico, bares e pubs usam essa estratégia: atraem homens pagantes (A) ao oferecer ingresso grátis ou drinques com desconto para o público feminino (B). Muitos sites de encontros online seguem a mesma linha, incentivando o acesso gratuito de mulheres para atrair homens que pagarão a tarifa cheia.
- **Cobrança da maioria para subsidiar as "estrelas".** Certas plataformas escolhem subsidiar e incentivar estrelas – aqueles poucos superusuários cuja presença atrai muitos outros participantes. No mundo físico, os shopping centers costumeiramente oferecem termos de locação atraentes para grandes varejistas como a Target: são as lojas-âncoras, cuja presença garante o trânsito de muitos clientes, o que faz os demais locatários aceitarem pagar um aluguel elevado. De maneira parecida, plataformas online como Skillshare e Indiegogo fazem de tudo para cortejar professores e criadores de campanhas célebres: são as "estrelas", capazes de atrair não só outros produtores, mas também grande volume de consumidores. A Microsoft aprendeu a lição quando criou a plataforma de videogame Xbox. Sua estratégia inicial de monetização consistia em pagar aos desenvolvedores de jogos (produtores) um valor único, enquanto ficava com a receita gerada pela venda de cada produto. No entanto, a superestrela do desenvolvimento de jogos Electronic

Arts recusou-se a trabalhar nesses termos, ameaçando pender para o lado da concorrente Sony. A Microsoft sucumbiu e concordou com os termos solicitados pela EA, cujos detalhes nunca vieram a público.
- **Cobrança de alguns para subsidiar usuários sensíveis a preço.** A categoria de usuários mais sensível à precificação tem maior tendência a abandonar a plataforma quando cobrada, matando os efeitos de rede. Assim, faz sentido descontar ou subsidiar esse grupo de participantes enquanto se cobra o preço cheio dos demais. A experiência do mundo real mostra que pode ser difícil predizer qual lado de um mercado de plataforma tende a ser mais sensível ao preço. Nos anos 1990, o mercado imobiliário da cidade de Denver, Colorado, experimentou uma alta de oferta, o que fez com que proprietários ficassem desesperados por alugar. Nessa situação, quando um contrato era fechado, o proprietário pagava comissão ao corretor de imóveis, enquanto o locatário ficava isento de cobrança. Em contraste, no mesmo período, Boston, Massachusetts, tinha escassez de oferta imobiliária: inquilinos, ansiosos por encontrar um lugar para morar, pagavam para corretores de imóveis, que nada cobravam dos proprietários para negociar eventuais locações.

Decidir de quem cobrar é um ato de delicado equilíbrio, como se constata. A necessidade de monetizar a plataforma deve ser ponderada, levando em conta o atrito invariavelmente produzido pela imposição de um custo. Compreender com precisão qual ponto do sistema é capaz de suportar um atrito – e até que ponto ele pode ser tolerado sem prejudicar o crescimento dos efeitos de rede – não é uma questão fácil.

Às vezes, uma estratégia de monetização apenas razoável pode funcionar bem quando usada com criatividade. Em seus primeiros anos, o Alibaba, plataforma de e-commerce que na China corresponde a uma soma de eBay com Amazon, foi incapaz de cobrar taxas por transação porque seu software primitivo não conseguia rastrear o fluxo de interações online. Em vez disso, o CEO Jack Ma teve de implantar um sistema de assinatura – opção que preferia evitar por causa do atrito gerado. O Alibaba superou o problema oferecendo comissões consideráveis para vendedores que convencessem seus pares a também assinar a plataforma. Quando correu a informação de que alguns agentes de vendas da Alibaba estavam ganhando comissões de mais de 1 milhão de yuans (equivalentes a mais de US$ 100 mil), a motivação para buscar novos membros cresceu aceleradamente, abafando o atrito causado pelas taxas de assinatura. Até hoje, a Alibaba não cobra taxas de transação, tendo conseguido monetizar a plataforma por meio de anúncios – é como se uma empresa como Amazon ou eBay obtivesse seus lucros da mesma fonte que o Google.

DO GRÁTIS AO PAGO: O IMPACTO DAS DECISÕES DE PROJETO NA TRANSIÇÃO PARA A MONETIZAÇÃO

Como muitos dos casos mencionados neste capítulo sugerem – e muitos exemplos conhecidos do mundo real ilustram –, o imperativo de criar e ampliar os efeitos de rede leva os empreendedores a iniciarem suas plataformas com a oferta de serviços gratuitos. Criar valor sem pedir nada em troca em geral é uma ótima maneira de atrair membros e estimular a participação. "Usuários primeiro, monetização depois", diz o slogan. Ou, em uma variante que ouvimos do executivo encarregado da estratégia de plataforma para o Haier Group, uma indústria chinesa: "Você nunca pega o dinheiro primeiro". Em outras palavras, apenas depois que uma unidade de valor foi criada e trocada, com resultados satisfatórios tanto para o produtor como para o consumidor, é que a plataforma deve tentar capturar uma parcela desse valor.

Muitas plataformas promissoras naufragaram por ignorar essa regra e se precipitar com suas iniciativas de monetização. Sean Percival, ex-vice-presidente de marketing online da fracassada rede social Myspace, relembra o efeito terrível das pressões financeiras posteriores à aquisição da plataforma pela News Corporation, de Rupert Murdoch. Foi "último prego no caixão", diz Percival ao referir-se à promessa de Murdoch aos analistas de mercado, garantindo que o Myspace geraria US$ 1 bilhão de receita naquele ano – em uma época em que o valor real era um décimo disso. O resultado foi que os gestores do Myspace correram para aderir a qualquer programa ou serviço que alguém estivesse disposto a patrocinar no site – independentemente de quão vazio ou incômodo pudesse ser. Esse foi um dos fatores que levaram os usuários a abandonar o Myspace em favor do Facebook.⁶

Há uma série de maneiras de migrar do grátis para o pago – *"from free to fee"*, nas palavras de Heiferman, da Meetup –, estabelecendo um modelo de monetização que permita ao negócio conquistar uma fração do valor criado. Porém, com frequência, essa transição é repleta de dificuldades. Os princípios-chave do projeto de plataforma ajudam a garantir uma caminhada bem-sucedida nesse sentido.

- **Se possível, evite cobrar por aquilo que os usuários antes recebiam de graça.** As pessoas se ressentem de pagar por um bem ou serviço que antes era grátis – como vimos no caso da Meetup. Nem todas as plataformas têm sucesso ao implementar esse tipo de transição: algumas, como o Zvents, morreram ou foram obrigadas a alterar radicalmente a natureza de sua oferta.
- **Também evite reduzir o acesso ao valor que os usuários se habituaram a receber.** Como observamos, o Facebook precisou cortar o enorme valor orgânico que vinha proporcionando de graça quando optou por oferecer promoção de conteúdo premium a produtores dispostos a pagar. Tanto produtores como consumidores reclamaram. Os enormes efeitos de rede do permitiram que o Facebook sobrevivesse, mas para muitas plataformas de menor envergadura essa correção de curso pode ser fatal.
- **Quando fizer a transição do grátis para o pago, esforce-se para criar um valor adicional, que justifique a cobrança.** É claro que, ao cobrar por um incremento de qualidade, você tem de se assegurar que pode controlar e garantir esse valor adicional. O Uber sofreu ataques graves ao cobrar dos passageiros uma taxa relativa à segurança nas viagens (*safe rides*, que supostamente cobriria gastos com checagens de antecedentes criminais dos motoristas e outras medidas do gênero), enquanto aparentemente cortava despesas nesse mesmo quesito.
- **Considere estratégias potenciais de monetização quando fizer suas escolhas iniciais no projeto da plataforma.** Desde o momento do lançamento, ela deve ser arquitetada de modo a permitir o controle sobre possíveis fontes de monetização. Isso impacta quão aberta ou fechada será. Por exemplo, convém garantir

que o projeto torne possível a captura do controle sobre as transações. Se os empreendedores esperam monetizar cobrando pelo acesso à base de usuários, a plataforma deveria ser projetada para controlar as vias pelas quais o conteúdo chega a seus participantes, assim como o fluxo de dados que circulam nesse ambiente.

Como este capítulo mostrou, a monetização é um desafio complicado – e crucial, pois, em última análise, determina a viabilidade do negócio. Quem procura lançar uma plataforma não pode se dar ao luxo de ignorar as questões em torno da monetização – nem de adiá-las para depois que os efeitos de rede forem estabelecidos. Convém que os gestores da plataforma reflitam sobre estratégias potenciais de monetização desde o primeiro dia, tomando suas decisões de projeto de modo a manter o máximo de opções em aberto pelo maior tempo possível.

DESTAQUES DO CAPÍTULO

⇨ Uma plataforma bem administrada pode criar valor excedente de quatro maneiras: acesso à criação de valor, acesso ao mercado, acesso a ferramentas e curadoria. A monetização tem a ver com a captura de uma porção do valor excedente criado.

⇨ As maneiras de monetizar uma plataforma incluem a cobrança de taxa por transação, a cobrança por acesso, a cobrança por acesso incrementado e a cobrança por curadoria incrementada.

⇨ Uma das questões mais cruciais de monetização é decidir de quem cobrar, uma vez que diferentes usuários desempenham distintos papéis na plataforma. Impor cobranças pode gerar efeitos de rede bastante diferentes conforme o grupo escolhido.

⇨ Em razão da complexidade do desafio, os empreendedores devem levar em consideração todas as estratégias de monetização potenciais em cada decisão relativa ao projeto da plataforma.

7

ABERTURA

Como definir o que usuários de uma plataforma e parceiros podem ou não fazer

A Wikipédia é uma maravilha do mundo das plataformas – uma enciclopédia de código aberto que, em poucos anos, eclipsou fornecedores tradicionais de informação para se tornar o site de referência mais popular do mundo. Milhões de pessoas hoje veem a Wikipédia como fonte de dados útil, universalmente acessível, virtualmente ilimitada e, de modo geral, altamente confiável. Exceto quando ela não é tudo isso. E quando não o é, os resultados podem ser péssimos.

Muitos usuários têm seu exemplo favorito de desinformação bizarra que pipoca no site. Talvez a mais famosa seja a entrada intitulada *"Murder of Meredith Kercher"* (Assassinato de Meredith Kercher) – mais conhecida pelos nomes das duas pessoas suspeitas do crime, a estudante norte-americana Amanda Knox e seu namorado italiano Raffaele Sollecito. Sob a política da Wikipédia de abrir a edição para qualquer parte interessada, essa entrada até agora já foi editada mais de 8 mil vezes por mais de 1.000 pessoas – quase sempre convencidas da culpa de Knox e Sollecito desde que o crime foi cometido, em 2007. Ao longo do complicado processo legal, incluindo uma condenação, sua revogação em segunda instância e outra condenação, os autodesignados editores continuamente revisaram a página para eliminar qualquer indício que pudesse inocentar os réus, enfatizando sempre a probabilidade de culpa.

A controvérsia em relação ao tema cresceu a ponto de o fundador da Wikipédia, Jimmy Wales, ter de se envolver. Wales estudou a questão e publicou uma declaração: "Acabei de ler o artigo inteiro, do início ao fim, e tenho a preocupação de que as críticas mais sérias ao julgamento, baseadas em fontes confiáveis, tenham sido excluídas ou apresentadas de forma negativa". Pouco depois, ele escreveu: "Estou preocupado, pois, desde que levantei a questão, até eu fui atacado como um 'teórico da conspiração'". Mais perturbadora, ainda, foi a descoberta de que alguns dos editores empenhados em revisar as informações sobre o caso de Meredith Kercher na Wikipédia eram contribuintes de outros sites dedicados a "odiar" Amanda Knox – o que destruía qualquer ilusão de objetividade.[1]

Os problemas enfrentados pela Wikipédia para manter uma qualidade elevada de conteúdo, enquanto escancara o acesso a todos os usuários que queiram atuar como editores, ilustra os desafios inerentes à gestão de um modelo de plataforma aberta. Mesmo assim, a solução óbvia – fechar a comunidade e instituir controles estritos sobre a participação – tem um terrível ponto negativo. Quando se impõem obstáculos ao uso ativo de qualquer plataforma é inevitável que a participação caia, a ponto de até mesmo destruir o potencial de criação de valor do empreendimento.

ABERTA OU FECHADA?

Em uma das primeiras discussões sobre plataformas abertas em 2009, dois dos autores deste livro (Geoffrey Parker e Marshall Van Alstyne, em colaboração com Thomas Eisenmann) apresentaram uma definição básica de abertura:

> Uma plataforma é "aberta" na medida em que: 1) nenhuma restrição é colocada sobre a participação em seu desenvolvimento, comercialização ou uso; ou 2) quaisquer restrições – por exemplo, exigências de conformidade com padrões técnicos e pagamento de taxas de licenciamento – são razoáveis e não discriminatórias, ou seja, são aplicadas uniformemente para todos os potenciais participantes da plataforma.[2]

Atuar de maneira "fechada" não se resume apenas a uma questão de proibir participantes externos na plataforma. Pode também envolver a criação de regras de participação onerosas e desencorajadoras para candidatos a usuários, ou a cobrança de taxas tão excessivas que as margens de lucro dos participantes potenciais são reduzidas a níveis insustentáveis.[3]

A escolha entre o "aberto" e o "fechado" não é o mesmo que ter de optar entre preto e branco: há todo um espectro entre os dois extremos.

Calibrar o nível certo de abertura é, sem dúvida, uma das decisões mais complexas e cruciais a serem tomadas por uma plataforma de negócio,[4] pois afeta aspectos como uso da plataforma, participação do desenvolvedor, monetização e regulamentação. É um desafio contra o qual Steve Jobs lutou ao longo de sua carreira. Nos anos 1980, ele fez a escolha errada ao manter o Macintosh da Apple como um sistema fechado. A concorrente Microsoft abriu seu pouco elegante sistema operacional para desenvolvedores externos e licenciou-o para diversos fabricantes de computadores. O jorro de inovação resultante permitiu ao Windows abocanhar uma parcela do mercado de computação pessoal, em detrimento da Apple. Nos anos 2000, Jobs conseguiu o equilíbrio: abriu o sistema operacional do iPhone, tornou o iTunes disponível para Windows e capturou uma boa parcela do mercado de smartphones de rivais como Nokia e Blackberry.[5]

Jobs gostava de referir-se ao dilema aberto/fechado como uma opção entre "fragmentado" e "integrado", termos que distorciam sutilmente o debate em favor de um sistema fechado, controlado. O fundador da Apple não estava de todo errado: é verdade que quanto mais o sistema se abre, mais fragmentado fica. Um sistema aberto também é mais difícil de monetizar, e a propriedade intelectual que o define, mais difícil de controlar. Ainda assim, a abertura também encoraja a inovação.

É um trade-off difícil de lidar. E as consequências de escolher o nível errado de abertura em *cada* direção podem ser graves, como sugere a trajetória de ascensão e queda da rede social Myspace.

Apesar de às vezes esquecido, o Myspace foi a rede social dominante antes que o Facebook fosse lançado em 2004, permanecendo na liderança até 2008. Mesmo em seu início, já apresentava boa parte das funcionalidades que seriam familiares a usuários das redes sociais atuais. Sua equipe interna criou uma ampla variedade de recursos, tais como mensagens instantâneas, anúncios classificados, vídeo, karaokê, "anúncios self-service" comprados por meio de menus online e muito mais.

Porém, em razão dos limitados recursos de engenharia, tais funcionalidades travavam com frequência, levando a uma experiência ruim do usuário.[6] Uma decisão equivocada de manter o site fechado a desenvolvedores externos fez com que a solução do problema se tornasse praticamente impossível. Chris DeWolfe, cofundador do Myspace, relembrou o erro da empresa em uma entrevista de 2011: "Tentamos incluir todo recurso que havia no mundo e dissemos: 'OK, se podemos fazer isso, por que devemos abrir o sistema para deixar um terceiro fazer?' Deveríamos ter escolhido cinco a dez recursos principais e nos focar neles, deixando que outras pessoas inovassem no restante".

O Facebook não cometeu o mesmo erro. Como o Myspace, inicialmente era fechado a inovadores externos, abrindo o sistema aos usuários "ponto.com" em 2006. Isso o ajudou a começar uma lenta ascensão rumo à competição direta com o Myspace. A tendência está refletida na Figura 7.1, que mostra o alcance médio diário das duas plataformas em termos de percentagem de usuários da internet durante 2006 e início de 2007, quando o Myspace ainda reinava.

A grande virada aconteceu com o lançamento da plataforma Facebook, em maio de 2007, com a meta de ajudar desenvolvedores a criar aplicações. Um ecossistema de parceiros dispostos a ampliar as capacidades do Facebook rapidamente criou raízes.[7] Em novembro do mesmo ano, já havia 7 mil aplicações externas no site.[8] Reconhecendo que essa enxurrada de novidades estava melhorando o apelo do rival, o Myspace reagiu, abrindo-se aos desenvolvedores em fevereiro de 2008.

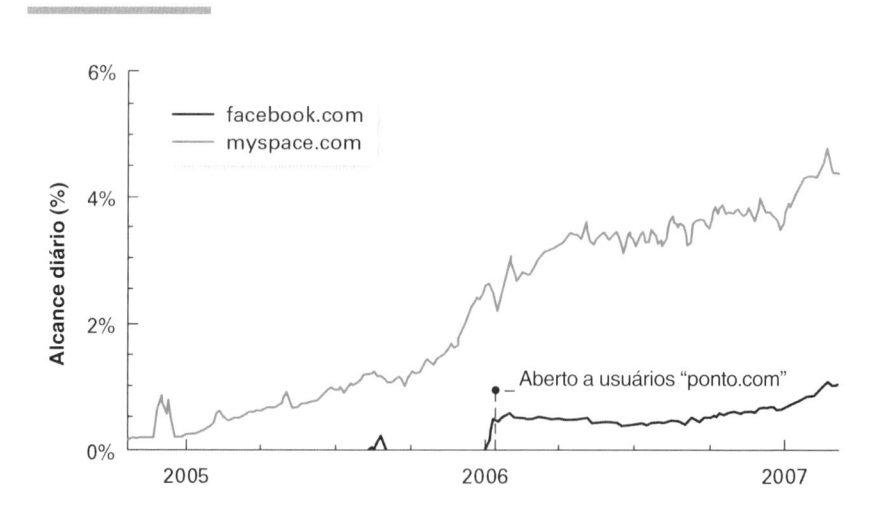

Figura 7.1 Dominância de mercado do Myspace sobre o Facebook durante 2006 e início de 2007. © 2015, Alexa Internet (www.alexa.com).

Figura 7.2. **A veloz reviravolta do mercado a partir da plataforma Facebook, aberta em maio de 2007 a desenvolvedores de aplicações.** © 2015, Alexa Internet (www.alexa.com).

Mas a maré já tinha virado, como mostra a Figura 7.2. O Facebook ultrapassou o Myspace em abril de 2008, e hoje desfruta de inquestionável supremacia no espaço das redes sociais.

Se tivesse se aberto antes a contribuições de uma comunidade mais ampla de desenvolvedores externos – especialmente aqueles que tinham tecnologia de primeiro nível para funcionalidades desejadas pelo site, como anúncios classificados, filtro de spam eficiente e ferramentas de comunicações amigáveis –, o Myspace conseguiria propor uma oferta mais robusta ao mercado e, talvez, hoje competisse de igual para igual com o Facebook.

À primeira vista, então, pode parecer que os problemas do Myspace tiveram natureza diametralmente oposta aos da Wikipédia. A enciclopédia colaborativa luta com as consequências da abertura radical aos colaboradores, enquanto o Myspace tropeçou por causa de uma abertura insuficiente ou tardia. Em certa medida, isso é verdade – mas vale enveredar pelas camadas menos superficiais dessa história complexa. Ao lado de algumas outras dimensões importantes, o Myspace era, na prática, *aberto demais*.

O recurso de publicidade self-service do Myspace, por exemplo, abriu um caminho perigosamente acessível para um expressivo volume de conteúdo inadequado, incluindo pornografia, disponibilizada a usuários de qualquer idade. A falta de controle sobre esse material diminuiu a atratividade da plataforma e repercutiu até na abertura de investigações por parte de promotores de justiça. Em combinação com a morosidade do Myspace em agregar desenvolvedores externos, essa falha na curadoria de conteúdo acelerou o colapso competitivo do negócio.

Embora pareça impossível que uma plataforma peque tanto por ser fechada em demasia quanto pelo excesso de abertura, pode-se dizer que o Myspace conseguiu a proeza de incorrer nos dois erros.

O ECOSSISTEMA DE PLATAFORMA E AS VARIANTES DE ABERTURA

Como os gestores de plataforma podem se orientar para tomar decisões equilibradas em relação à abertura do sistema? É útil começar lembrando os elementos-chave desse modelo de negócio, discutidos no Capítulo 3. Uma plataforma consiste fundamentalmente em uma infraestrutura criada para facilitar interações entre produtores e consumidores de valor. Esses dois tipos básicos de participante usam essa infraestrutura para conectar-se entre si e fazer trocas – primeiro, de informações; depois, havendo interesse, de bens ou serviços negociados por intermédio de algum tipo de moeda. Tais participantes encontram-se na plataforma com vista a se envolver em uma interação básica, que orienta a missão de criação de valor daquela comunidade. No devido tempo, outros tipos de interação podem ser adicionados àquele ambiente, aumentando sua utilidade e atraindo outros participantes.

É incontestável que uma plataforma, para manter-se vibrante e saudável, depende do valor criado por parceiros externos a ela. Quando uma plataforma constitui-se como um sistema fechado, não há como esperar que os parceiros contribuam com a criação do valor necessário para tornar possíveis as trocas mutuamente compensadoras.[9]

Considere o YouTube. Como é muito aberto, o sistema tornou-se uma saída comercial viável para vídeos amadores, oferecendo uma ampla gama de conteúdo, que abrange da absoluta tolice à informação prática ou à mensagem inspiradora. Sem a vasta gama de conteúdo fornecida pelo usuário, o YouTube dependeria de uma ou mais empresas como fontes de material audiovisual. Ao longo do tempo, é provável que evoluísse para um sistema mais voltado à distribuição – semelhante ao Hulu, por exemplo – do que ao modelo de uma autêntica plataforma.

Porém, como os exemplos da Wikipédia e do Myspace ilustram, a abertura não é uma escolha entre preto e branco. As decisões sobre os tipos e os graus são cruciais e, com frequência, desafiadoras.

Há três tipos de decisão que os empreendedores e gestores de plataforma costumam enfrentar. São elas:

- Decisões relativas à participação do *gestor* e do *patrocinador*.
- Decisões relativas à participação do *desenvolvedor*.
- Decisões relativas à participação do *usuário*.

Cada uma dessas categorias resulta em ramificações e implicações únicas. Vale a pena analisá-las isoladamente.

PARTICIPAÇÃO DO GESTOR E DO PATROCINADOR

Por trás de qualquer plataforma, respondendo por sua estrutura e operação, estão duas entidades: a empresa que a administra e se relaciona diretamente com os usuários, e a empresa que a patrocina e mantém o controle legal sobre a tecnologia. Em muitos casos, os papéis dessas duas entidades são exercidos pela mesma organização. Facebook, Uber, eBay, Airbnb, Alibaba e muitas outras redes são tanto gestoras quanto patrocinadoras. Nessa situação, o controle da plataforma, incluindo decisões sobre abertura, está concentrado em uma só empresa.

Em outros casos, porém, as funções de gestão e patrocínio são exercidas por diferentes organizações. Em termos gerais, o gestor organiza e controla as interações entre produtores e consumidores, enquanto o patrocinador controla a arquitetura geral da plataforma, a propriedade intelectual subjacente (como o código de software que controla as operações) e a alocação de outros direitos. O gestor, portanto, está mais próximo do relacionamento consumidor/produtor, bem como dos desenvolvedores externos que podem contribuir com a plataforma. Tal proximidade lhe confere influência considerável sobre as operações diárias do negócio. No entanto, em geral, o patrocinador detém maior controle legal e econômico sobre a plataforma e, consequentemente, mais poder para decidir sobre sua estratégia de longo prazo.

Em alguns casos, tanto o gestor como o patrocinador podem ser uma única empresa ou um grupo corporativo – diferença que traz implicações posteriores para as questões de controle e abertura.[10]

A Figura 7.3 ilustra quatro modelos de gestão e patrocínio de plataformas. Quando uma única empresa gerencia e patrocina, caracteriza-se o chamado modelo *proprietário*. Por exemplo, o hardware, o software e os padrões técnicos subjacentes aos sistemas operacionais Mac OS e iOS móvel são controlados pela Apple. O modelo de *licenciamento* é definido quando um grupo de companhias gerencia a plataforma enquanto uma única empresa a patrocina: O Google, por exemplo, é o patrocinador do sistema operacional Android, mas encoraja várias empresas

		GESTÃO DA PLATAFORMA	
		Uma empresa	Várias empresas
PATROCÍNIO DA PLATAFORMA	Uma empresa	**Modelo proprietário** *Exemplos:* Macintosh PlayStation Monster.com Federal Express Visa (pós-2007)	**Modelo de licenciamento** *Exemplos:* Microsoft Windows Google Android Palm OS Cartões MBNA com bandeira Amex Set-top boxes da Scientific Atlanta Padrões de transmissão de rádio Qualcomm
	Várias empresas	**Modelo joint venture** *Exemplos:* CareerBuilder Orbitz Visa (antes de 2007)	**Modelo compartilhado** *Exemplos:* Código aberto do Android Linux DVD Código de barras UPC Padrões de controle de estoque RFID

Figura 7.3 Quatro modelos de gestão e patrocínio de plataformas. Adaptado de *Opening Platforms: How, When and Why*, de Thomas Eisenmann, Geoffrey Parker e Marshall Van Alstyne.[11]

de hardware a criarem equipamentos que conectem os consumidores à plataforma. Esses fabricantes de equipamentos, incluindo Samsung, Sony, LG, Motorola, Huawei e Amazon, são licenciados pelo Google para gerir a interface entre produtores e consumidores.

Se uma única organização administra a plataforma enquanto um grupo de empresas a patrocina, configura-se o modelo *joint venture*. O site de reservas aéreas Orbitz foi lançado em 2001 como joint venture patrocinada por um grupo de grandes companhias aéreas para concorrer com a iniciante Travelocity. Do mesmo modo, o serviço de busca de emprego CareerBuilder foi criado em 1995 (sob o nome original de NetStart) por três grupos jornalísticos como uma plataforma para anúncios de empregadores com ofertas de vagas.

Por fim, quando um grupo de empresas administra a plataforma enquanto outro a patrocina, temos o modelo *compartilhado*. Um exemplo é o sistema operacional de código aberto Linux, que, assim como os sistemas Mac e iOS, serve como plataforma de conexão entre desenvolvedores de aplicações e outros produtores com milhões de consumidores. Os patrocinadores corporativos do Linux incluem IBM, Intel, HP, Fujitsu, NEC, Oracle, Samsung e muitas outras empresas, enquanto as empresas gestoras abrangem dezenas de fabricantes de equipamentos – TiVo, Roomba, Ubuntu, Qualcomm e muitos outros.

Às vezes, uma plataforma específica pode migrar de um modelo para outro conforme as demandas do negócio e a estrutura do mercado evoluem. Tome-se como exemplo o cartão de crédito Visa, uma plataforma que permite o envolvimento de vendedores e compradores em transações de pagamento mútuas. Teve origem em 1958, como plataforma proprietária sob o nome de BankAmericard, patrocinada e gerida pelo Bank of America. Nos anos 1970, assumiu a marca Visa e se transformou em uma joint venture, gerida independentemente e patrocinada por vários bancos. Em 2007, a Visa tornou-se uma entidade corporativa autossuficiente e voltou ao modelo proprietário. Agora é autopatrocinada, em vez de ser bancada por uma ou mais instituições externas.

Como se pode ver, os quatro modelos de participação de gestão e patrocínio correspondem a padrões diferentes de abertura. O modelo proprietário oferece o maior controle e configura o sistema mais fechado de operação, conforme o demonstrado pela gestão da Apple sobre o sistema operacional Mac OS. Os modelos de licenciamento e joint venture são, com efeito, abertos em uma ponta e fechados na outra. Por sua vez, o modelo compartilhado, exemplificado pelo Linux, pressupõe a plataforma aberta tanto para uma ampla gama de patrocinadores como para um grupo diversificado de gestores.

Quem ganha? Quem perde? Qual dos quatro modelos é mais vantajoso para patrocinadores de plataforma? Quais funcionam melhor para os gestores? Qual gera o maior fluxo de lucros previsíveis e controláveis? Seria ótimo ter soluções definitivas e universais para essas questões – mas, como costuma acontecer na esfera dos negócios, a resposta é "depende".

O modelo proprietário, usado com enorme sucesso pela Apple, pode parecer ser o sonho de toda empresa de plataforma. Afinal, permite a conquista de um mercado inteiro e de todos os lucros que ele gera. A maneira lógica de conseguir isso é desenvolver um novo padrão de tecnologia e manter controle exclusivo sobre ele. O que não é impossível – mas, no mundo real, tal fórmula nem sempre apresenta resultados econômicos duradouros.

Uma ilustração clássica disso é a chamada guerra do videocassete nos anos 1970 e 1980, que colocou em confronto o padrão Betamax, patrocinado pela Sony, e o padrão VHS, patrocinado pela JVC. Diferentemente da maioria das plataformas atuais, esses padrões da era pré-internet não criaram um ponto de encontro online no qual produtores e consumidores podiam se unir para interagir. No entanto, pode-se qualificá-los como plataformas porque estabeleceram sistemas tecnológicos que permitiram que múltiplos produtores (principalmente estúdios de TV e cinema) vendessem produtos a consumidores. Ou seja, nesse sentido enfrentaram muitos dos mesmos desafios estratégicos que hoje se impõem às plataformas baseadas na internet.

Do ponto de vista de qualidade técnica, a plataforma Betamax era ligeiramente superior: oferecia imagens mais nítidas e maior tempo de gravação. O resultado da guerra, porém, foi decidido pelas diferentes estratégias de patrocínio/gestão adotadas pelos rivais.

A Sony escolheu o modelo proprietário, mantendo o controle do padrão Betamax na suposição de que, em longo prazo, sua melhor qualidade conquistaria o mercado. Isso nunca aconteceu. A JVC seguiu o modelo de licenciamento, cadastrando muitos fabricantes para produzir gravadores e reprodutores de VHS. Conforme o volume de produção aumentou, os preços caíram, tornando os equipamentos mais acessíveis aos consumidores. Com mais fabricantes apoiando o padrão VHS e mais consumidores com aparelhos de VHS em casa, os estúdios cinematográficos e outros provedores de conteúdo logicamente lançaram mais produtos nesse formato do que em Betamax. Estabeleceu-se um ciclo de retorno, que conferiu ao VHS crescimento constante e vantagem sobre o concorrente. Em meados dos anos 1980, os fabricantes adotaram o VHS como padrão dominante na arena dos videocassetes. Ironicamente, porém, a vitória esmagadora não rendeu grandes frutos para a JVC: o desenvolvimento da tecnologia não levou a um fluxo maior ou mais duradouro de receita.

Anos depois, a Sony envolveu-se em uma nova guerra de formato, dessa vez com resultado diferente – mas que a longo prazo também se mostrou insatisfatório para a gigante japonesa. Em meados dos anos 2000, quando o videocassete deu lugar aos DVDs, o padrão de vídeo de alta definição da Sony, chamado Blu-ray, concorreu com o padrão HD-DVD implantado pela Toshiba. A Sony decidiu manter o mesmo modelo proprietário que havia escolhido para o Betamax décadas antes. E saiu vencedora da batalha, em grande parte graças ao bem-sucedido lançamento do equipamento de videogame PlayStation 3, que incluía vídeo Blu-ray, tornando-o instantaneamente disponível para milhões de consumidores.

Mas, para a Sony, o êxito teve vida curta. Hoje, alguns anos depois do triunfo do Blu-ray, os consumidores migram em massa do DVD para o streaming de vídeo, tornando a supremacia do Blu-ray cada vez menos relevante. A lição? Se, como a Sony, você escolhe guerrear em busca do controle proprietário de um mercado, é melhor dominá-lo – e logo, antes que a próxima grande invenção torne essa batalha inútil.

A história da Visa – outra plataforma originária da era pré-digital – ilustra outros desafios enfrentados por diferentes modelos de gestão e patrocínio. Durante seus anos de patrocínio por um consórcio de grandes bancos, a Visa obteve sucesso significativo como empresa líder do setor de cartões de crédito. Mas, ao longo do tempo, esse modelo de gestão provou-se inconveniente. Quando uma plataforma é patrocinada por (e portanto pertencente a) várias companhias, decisões-chave têm de ser aprovadas por um comitê de proprietários, os quais podem revelar objetivos e preferências diversos, configurando um sistema de gestão inerentemente ineficiente. É por esse motivo que os donos da Visa concordaram em criar uma derivação do negócio como entidade independente, conferindo-lhe a capacidade de realizar movimentos competitivos com mais agilidade.

A complexidade inerente à tomada de decisão por múltiplos patrocinadores pode afetar a elegância, a simplicidade e a facilidade de uso da tecnologia. O longo confronto na área do computador pessoal entre o modelo proprietário da Apple e o chamado padrão Wintel, da Microsoft, demonstra como um padrão controlado por uma única empresa (com visão estética e técnica unificadas) pode produzir ferramentas e serviços mais atraentes e intuitivos do que os concebidos por todo um conjunto de empresas, cada uma com sua própria abordagem de projeto. A Apple tornou-se bem mais lucrativa e valiosa do que qualquer outra companhia do universo Wintel – apesar de seu market share em vendas de computadores nunca ter chegado perto do dos PCs.

Da mesma forma, o iPhone, da Apple, é considerado mais elegante e amigável para o usuário do que qualquer smartphone que use o mais aberto e menos controlado padrão Android, do Google. Isso ocorre especialmente hoje, com a Android Open Source Platform (AOSP) permitindo experimentações e mudanças por qualquer empresa interessada. A AOSP é a plataforma usada pela Amazon no Kindle Fire e pela chinesa Xiaomi em seus telefones celulares. Isso não significa que a estratégia proprietária da Apple seja necessariamente "melhor" do que o modelo aberto do Google. Na prática, nada é tão simples assim. Apesar de o iPhone continuar sendo um aparelho mais elegante do que os concorrentes com Android, em 2014 cerca de 80% do mercado de smartphones eram dominados pelos múltiplos fabricantes adeptos da inovação aberta do Android, enquanto apenas 15% ficavam com a Apple.[12]

Uma grande vitória do Google? Na verdade, não. O sistema operacional AOSP não canaliza automaticamente o tráfego do usuário para os serviços online do Google – que, apesar de "pai" do Android, não captura receita nem fluxo de dados dos aparelhos AOSP. Em resposta, o Google voltou atrás e fechou o Android, em um esforço para reassegurar seu controle sobre o sistema.[13] (Retomaremos esse tema mais adiante, neste capítulo.)

A opção por um modelo de patrocínio/gestão está atrelada aos propósitos para os quais a plataforma está sendo desenvolvida e aos objetivos de quem a projeta. A tecnologia de identificação por radiofrequência (RFID), sem fio, é usada para criar etiquetas inteligentes que podem ser afixadas a milhões de produtos para controle de estoque. Com efeito, o RFID é uma plataforma de gestão que os varejistas podem acessar para interagir com os bens que distribuem.

Ela foi patrocinada por um enorme consórcio de varejistas, e as etiquetas são agora fabricadas por muitas companhias, que concorrem entre si com base no preço e no design. O modelo compartilhado de patrocínio e gestão significa que a tecnologia, em si, não gera grandes lucros para ninguém – as etiquetas são vendidas por apenas alguns centavos a unidade. Mas isso atende perfeitamente aos propósitos originais dos patrocinadores, de tornar a tecnologia tão simples, acessível e financeiramente viável quanto possível.

PARTICIPAÇÃO DO DESENVOLVEDOR

Como vimos, o projeto e a construção de uma plataforma em geral começam pela interação básica. Ao longo do tempo, contudo, muitas delas expandem-se para incluir outros tipos de interações, que criam valor adicional para os usuários e atraem novos participantes. Essas interações adicionais são criadas por desenvolvedores aos quais se concede acesso à plataforma e a sua infraestrutura. O grau de acessibilidade (ou de abertura do sistema) varia conforme o perfil dos programadores, que podem ser classificados em três categorias: *desenvolvedor central, desenvolvedor extensivo e agregador de dados*.

Os *desenvolvedores centrais* criam as funções básicas que fornecem valor aos participantes da plataforma. Em geral, são funcionários contratados da empresa gestora do sistema. Seu principal trabalho é disponibilizar a plataforma aos usuários e entregar valor por meio de ferramentas e regras que facilitam a interação básica e a tornam mutuamente satisfatória.

O desenvolvedor central responde pelas características básicas da plataforma. O Airbnb oferece uma infraestrutura que permite a hóspedes e anfitriões interagirem por meio do uso dos recursos do sistema, incluindo funcionalidades de busca e serviços de dados pelos quais os primeiros encontram opções atraentes de locação, assim como os meios de pagamento necessários para concluir uma negociação. Além disso, o Airbnb administra serviços adjacentes que reduzem custos de transação para hóspedes e anfitriões: por exemplo, fornecendo contratos padronizados de seguro para ambas as partes, protegendo os primeiros em caso de acidente ou roubo, e os segundos, de eventual comportamento negligente por parte de quem se hospeda. (Essa cobertura de seguro tem suas desvantagens, conforme discutiremos no Capítulo 11.) A plataforma também verifica a identidade dos participantes, a fim de fazer de seu sistema de reputação um indicador significativo do comportamento do usuário. Projetar, ajustar, manter e continuar aprimorando sistemas como esses constituem o dia a dia de trabalho dos desenvolvedores centrais do Airbnb.

Já os *desenvolvedores extensivos* acrescentam características e valor à plataforma e melhoram seu funcionamento. Normalmente, a empresa gestora da plataforma os mantém como parceiros externos, que encontram meios de capturar uma porção do valor que criam para, assim, lucrar com os benefícios oferecidos aos usuários. Um grupo conhecido de desenvolvedores extensivos compõe-se de indivíduos e empresas que produzem aplicações vendidas na loja do iTunes – games, informação, ferramentas de produtividade, e assim por diante. Uma das decisões cruciais que um gestor de plataforma precisa tomar – e, com frequência, reconsiderar, conforme o mercado evolui – é em que medida abrir a plataforma para desenvolvedores extensivos.

Uma boa quantidade desses programadores ajudou a aumentar o valor do Airbnb. Pesquisa feita pela própria plataforma revelou que as opções de hospedagem apresentadas por meio de fotos de qualidade profissional são duas vezes mais vistas por hóspedes potenciais do que as demais imagens. Atento à oportunidade, um desenvolvedor habilitou-se a oferecer apoio profissional sob a rubrica "serviço de fotografia Airbnb", voltado à criação de imagens atraentes para aumentar a probabilidade de o anfitrião alugar seu imóvel.

Em linha semelhante, o desenvolvedor extensivo Pillow (antes conhecido como Airenvy) ajuda os anfitriões do Airbnb oferecendo ferramentas para simplificar o anúncio de propriedades e a gestão do check-in dos hóspedes, dos serviços de limpeza e da entrega de roupa de cama. Outros desenvolvedores, incluindo o Urban Bellhop e o Guesthop, organizam serviços para facilitar a estada dos hóspedes, como reservas de jantar e serviços de babá. Com o apoio de empresas externas, um anfitrião do Airbnb pode oferecer um conjunto de serviços comparável àqueles oferecidos por um hotel.

A fim de facilitar essa extensão das funcionalidades, o Airbnb abre sua plataforma à participação desses desenvolvedores extensivos. Mas calibrar o nível de abertura é um desafio. Quando a plataforma impõe restrições de acesso – por exemplo, cobrando para divulgar o valor criado pelos desenvolvedores extensivos –, perde a oportunidade de oferecer serviços extras relevantes para os usuários, talvez alienando alguns participantes durante o processo. Caso a plataforma se abra demais – escancarando o site para a divulgação dos desenvolvedores extensivos –, aumenta a probabilidade de adesão de fornecedores de baixa qualidade, o que macula a reputação dos demais participantes do ecossistema e até do próprio Airbnb. Além disso, uma abertura indiscriminada pode levar a provedores demais do mesmo tipo de serviço. Resultado: menos lucro para cada fornecedor e, por conseguinte, menos motivação para que desenvolvedores extensivos customizem serviços para os usuários da plataforma.

A fim de encorajar a participação de desenvolvedores de alto nível, as plataformas com frequência recorrem à criação de uma *interface de programação de aplicação* (API, da sigla *Application Programming Interface*), voltada para gerir o acesso aberto a seu sistema. Uma API é um conjunto padronizado de rotinas, protocolos e ferramentas para construção de aplicações de software que facilitam, para programadores externos, escrever códigos que se conectarão à infraestrutura da plataforma com perfeição.

Apesar de o Airbnb ter desenvolvido uma API, ela não está disponível para todos os desenvolvedores que desejam se conectar à plataforma – uma indicação do caminho do meio que os gestores da plataforma querem estabelecer para a participação de desenvolvedores.

Algumas companhias constroem barreiras contra desenvolvedores extensivos não só para proteger a qualidade do conteúdo da plataforma, mas também em um esforço para manter o controle dos fluxos de receita ali gerados. Já vimos como essa estratégia não foi bem sucedida no Myspace. Hoje, um destino parecido pode estar condenando a Keurig, a conhecida fabricante de máquinas de café – que, para esse propósito, pode ser entendida como uma plataforma dedicada ao preparo de bebidas quentes (cuja trajetória é abordada no Capítulo 8).

O diário britânico *The Guardian* foi na direção oposta. Seu site conta com um significativo público internacional de leitores e sempre foi aberto aos usuários, que têm liberdade para ler o conteúdo da maneira como foi escrito e editado pela equipe do jornal. De início, o site era fechado a desenvolvedores extensivos. Reconhecendo o valor do amplo tesouro de informações e ideias do *Guardian* – e o benefício potencial decorrente da transformação do site em plataforma aberta –, a gestão da empresa passou por um exercício estratégico de vários meses, ao longo dos quais discutiu e analisou as implicações de tal mudança. Depois de estudar tanto os riscos quanto as prováveis recompensas, os gestores decidiram abrir o site tanto "de fora para dentro" (trazendo mais dados e aplicações produzidos externamente à plataforma) quanto "de dentro para fora" (permitindo que parceiros criem produtos em outras plataformas digitais a partir do conteúdo e dos serviços do *Guardian*).

Para trabalhar pela meta de "abrir de dentro para fora", o *Guardian* criou um conjunto de APIs que tornou seu conteúdo facilmente disponível a parceiros externos. Essas interfaces incluem três níveis de acesso. O nível mais baixo, chamado de *Keyless* pelo jornal, permite que qualquer um utilize manchetes, metadados e a arquitetura de informação do *Guardian* (ou seja, o software e os elementos de design que estruturam os dados do site e facilitam acessá-los, analisá-los e usá-los) sem solicitar permissão e sem qualquer exigência de compartilhar as receitas que daí possam advir. O segundo nível de acesso, *Approved*, permite que desenvolvedores registrados reimprimam artigos do *Guardian* na íntegra, por certo período de tempo e com restrições de uso. Receitas de anúncios são compartilhadas entre esses parceiros e o jornal. O terceiro e mais alto nível de acesso, *Bespoke*, é um pacote customizado de suporte que fornece uso ilimitado do conteúdo – por determinado valor.

Alguns dos primeiros produtos lançados sob o novo modelo de plataforma aberta do *Guardian* incluem uma API de conteúdo, que fornece acesso a mais de 1 milhão de artigos; uma API de política, que traz resultados de eleições e informações dos candidatos; uma Data Shop, na qual se pode encontrar desde uma tabela de legislações e práticas relativas a pena de morte em cada país até um infográfico ilustrando todas as viagens no tempo feitas pelo herói da série de TV *Doctor Who*; e o Framework, que facilita o desenvolvimento de aperfeiçoamentos com vista a tornar a plataforma cada vez mais amigável – inclusive para quem quiser construir novas aplicações para ela. Como resultado, mais de 2 mil desenvolvedores extensivos associaram-se nos primeiros 12 meses.

O poder das API de atrair desenvolvedores extensivos, assim como o valor que podem criar, é enorme. Vale comparar os resultados financeiros obtidos por dois grandes varejistas: o tradicional Walmart e a plataforma online Amazon. Esta tem cerca de 33 APIs abertas, bem como mais de 300 mashups de APIs (ferramentas combinadas que abrangem duas ou mais APIs), permitindo e-commerce, computação na nuvem, mensagens, otimização de sistema de busca (SEO) e pagamentos. Em contraste, o Walmart tem apenas uma API, uma ferramenta de e-commerce.[14] Em parte como resultado dessa diferença, a capitalização das ações da Amazon ultrapassou a do Walmart pela primeira vez em junho de 2015, refletindo a visão de Wall Street quanto às perspectivas de crescimento do varejista online.[15]

Outros negócios de plataforma colheram benefícios similares de suas API. A plataforma de computação na nuvem e serviços de informática Salesforce gera 50% de suas receitas por meio de APIs. No site de viagens Expedia, a parcela é 90%.[16]

Os *agregadores de dados* compõem a terceira categoria de desenvolvedores que adicionam valor às interações em uma plataforma. Eles aumentam a funcionalidade de pareamento no ecossistema ao acrescentar dados de várias fontes. Sob licença dos gestores, os agregadores "sugam" dados sobre os usuários da plataforma e as interações nas quais se envolvem, geralmente revendendo-os a outras empresas, para finalidades como alocação de anúncios. A plataforma que é a fonte dos dados compartilha uma porção dos lucros obtidos com a venda.

Quando os serviços oferecidos por agregadores de dados são bem projetados, podem associar usuários da plataforma a produtores cujos bens e serviços lhes seriam interessantes e potencialmente valiosos. Por exemplo, se um usuário do Facebook vem postando informações sobre planos de férias na França, um agregador de dados poderia vender tais dados para uma agência de publicidade, que, por sua vez, geraria mensagens sobre hotéis em Paris, guias turísticos, passagens aéreas com desconto e outros tópicos provavelmente interessantes.

A agregação de dados é praticada por muitos tipos de negócio, tanto dentro quanto fora do universo das plataformas digitais. Quando funciona bem, produz resultados que os consumidores vivenciam de maneira fluida e até prazerosa ("Como eles sabiam que eu precisava de azulejos de cozinha nesse tom de azul?"). Mas quando dá errado – o que acontece com muita frequência –, os resultados podem ser bem negativos.

Uma história – possivelmente apócrifa – recontada por Charles Duhigg no *New York Times* descreve um pai raivoso adentrando uma loja Target para perguntar por que sua filha adolescente estava recebendo cupons de desconto em produtos para bebês. "Vocês estão querendo que ela engravide?", perguntou o homem. O gerente da loja desculpou-se no ato. Dias depois, telefonou para a casa da família a fim de reiterar que sentia muito pelo engano. Quem atendeu foi o pai, um tanto constrangido. "Tive uma conversa com minha filha", ele disse. "Ela vai dar à luz em agosto."

Como a Target "soube" da novidade antes mesmo da família? Duhigg descreve o sistema de análise do comportamento do consumidor da Target como um esforço para prever futuras necessidades e ações de compra. Assim, quando uma consumidora visita uma loja local e compra loção de manteiga de cacau, uma bolsa para fraldas, suplementos de zinco e magnésio e um tapete azul brilhante, os algoritmos da Target calculam uma chance de 83% de que ela esteja grávida. É a deixa para enviar a ela cupons de roupinhas de bebê.[17]

Talvez por motivos óbvios, sistemas de agregação de dados são pouco discutidos por plataformas que lhes oferecem acesso: os consumidores ficariam no mínimo apreensivos ao ter consciência do grau em que seus comportamentos vêm sendo monitorados. Como a agregação de dados é uma fonte crescente de receita para empresas de plataforma, geri-la adequadamente representa um enorme desafio ético, legal e de negócio. Vamos mergulhar nesse tópico nos Capítulos 8 e 11, em que são discutidas a governança e a regulamentação da plataforma.

O QUE ABRIR E O QUE MANTER

Há, portanto, muitas fontes de inovações valiosas para os usuários da plataforma. Algumas, criadas por desenvolvedores centrais, são de propriedade e controle da própria empresa. Outras, geradas por desenvolvedores extensivos, pertencem a agentes externos, que também têm controle sobre elas. Isso levanta algumas questões. A plataforma não pode ser ameaçada pela força de um desenvolvedor extensivo? Caso tal situação aconteça, como os gestores do negócio deveriam reagir?

As respostas dependem da quantidade de valor criado por determinada aplicação extensiva. Se você é gestor de uma plataforma, não vai querer que uma empresa externa controle a fonte primária de valor para os participantes de seu ecossistema. Quando isso ocorre, é preciso se movimentar para assumir o controle da aplicação geradora de um grande valor – com mais frequência comprando-a ou adquirindo a empresa que a desenvolveu. Quando uma aplicação extensiva acrescenta um valor adicional modesto, é seguro, e em geral muito eficiente, permitir que seu desenvolvedor detenha o controle sobre a inovação.

Tomem-se como exemplo as decisões de propriedade e controle tomadas pela Apple em relação ao sistema operacional do iPhone. A Apple tem sido cuidadosa no sentido de manter a propriedade da maioria dos aplicativos pré-carregados em seus celulares (como player de música, editor de fotografia e gravador de voz), tendo até adquirido a SRI International, empresa que desenvolveu a tecnologia da Siri, a "assistente pessoal virtual" do iPhone.[18] Essas funcionalidades de alto valor agregado têm impacto significativo no mercado para o iPhone, o que explica por que a Apple é ávida em deter a propriedade e o controle sobre elas.

Em contraste, o YouTube satisfaz-se em possuir sua própria distribuição de vídeo e tecnologia de reprodução, mas deixa o controle dos milhões de vídeos disponíveis na plataforma para as pessoas e organizações responsáveis pelos uploads. Há quem possa argumentar que vídeos populares em nível mundial, como o hit coreano *Gangnam Style*, geram valor significativo para consumidores do YouTube. Mas trata-se de algo efêmero (o vídeo mais visto em um mês é rapidamente superado por outro no mês seguinte), que representa apenas uma ínfima fração do valor total do conteúdo de vídeo do YouTube. Em um caso como esse, o dono da plataforma não precisa possuir ou controlar o elemento individual de valor.

Dois outros princípios devem ser levados em conta pelos gestores ao avaliar se uma aplicação extensiva representa ou não uma ameaça ao poder econômico da plataforma.

Primeiro, quando uma aplicação específica tem o potencial de crescer a ponto de se tornar, ela mesma, uma plataforma sólida, há dois caminhos possíveis: adquirir a inovação ou substituí-la por outra aplicação semelhante, mas sobre a qual se detenha o controle.

Em 2012, o Google Maps tornou-se o principal fornecedor de serviços de mapeamento de dados de localização para usuários de celulares. Era uma funcionalidade popular no iPhone. Porém, com a atividade do consumidor migrando em massa para os aparelhos móveis e se integrando cada vez mais aos dados de localização, a Apple se deu conta de que o Google Maps se tornara uma ameaça significativa à lucratividade de longo prazo em sua área de aparelhos móveis. Havia a possibilidade real de o Google transformar aquela tecnologia de mapeamento em uma plataforma (capaz de oferecer a produtores informações valiosas sobre atividades de consumidores e dados geográficos), levando essa fonte potencial de recursos para longe da Apple.

A decisão da Apple de criar seu próprio aplicativo de mapeamento para concorrer com o Google Maps fazia todo o sentido em termos estratégicos – mas o serviço inicial foi tão mal projetado que causou constrangimento público para a empresa. O software classificava berçários como aeroportos e cidades como hospitais, sugeria rotas de direção que passavam sobre cursos d'água, e chegou a fazer viajantes desatentos a se perderem no deserto australiano, a 70 quilômetros do destino desejado. Os usuários do iPhone protestaram, a mídia ridicularizou o mau passo da Apple, e o CEO Tim Cook teve de pedir desculpas públicas.[19] A empresa conformou-se com a má publicidade na suposição de que pudesse rapidamente melhorar o serviço até um nível aceitável de qualidade – e isso foi o que ocorreu. A plataforma do iPhone não mais depende da tecnologia de mapeamento do Google, e a Apple tem controle sobre o aplicativo de mapas como uma fonte de valor significativa.

No caso de uma segunda situação – quando uma funcionalidade específica é reinventada por vários desenvolvedores extensivos e ganha aceitação ampla pelos usuários da plataforma –, caberia ao gestor adquirir tal aplicação e disponibilizá-la por meio de uma API aberta. Funções úteis (comandos de voz, reproduzir vídeo e áudio, editar fotos, cortar e colar texto) com frequência são inventadas por desenvolvedores extensivos. Reconhecendo sua ampla aplicabilidade, os gestores de plataforma passaram a padronizá-las e a incorporá-las em APIs que todos os desenvolvedores podem usar. Isso acelera a inovação e permite melhorias no serviço para todos os participantes da plataforma.

PARTICIPAÇÃO DO USUÁRIO

O terceiro tipo de abertura que os gestores de plataforma precisam controlar relaciona-se à participação do usuário – em particular, a *abertura ao produtor*, que diz respeito ao direito de adicionar conteúdo ao ecossistema. Muitas plataformas são criadas para facilitar a mudança de lado, ou seja, para que consumidores se tornem produtores e vice-versa. Os usuários que consomem unidades de valor também são livres para criar unidades de valor para consumo de outras pessoas. Inscritos no YouTube tanto assistem a vídeos alheios como exibem suas próprias produções. Alguns hóspedes do Airbnb também atuam como anfitriões. Clientes do Etsy podem vender seus próprios artigos artesanais no site.

O objetivo da plataforma ao se abrir a esses usuários é facilitar a criação e a oferta do maior volume possível de conteúdo de alta qualidade. No entanto, justamente por conta desse fator condicionante – desenvolvimento de conteúdo de *alta qualidade* –, a maioria das plataformas evita a abertura irrestrita como estratégia para administrar a participação do usuário.

Quando foi lançada, a Wikipédia aspirava a uma condição de abertura total. A manutenção da qualidade seria confiada apenas aos usuários da plataforma, que se encarregariam de monitorar o conteúdo do site, consertar erros e aprimorar a informação.

Era uma visão utópica, apoiada pelas boas intenções de todos os usuários da Wikipédia. Em uma interpretação um pouco menos idealista, ainda se podia confiar no princípio de que as motivações e atitudes variadas (e às vezes conflitantes) dos usuários, ao final, se equilibrariam umas às outras, produzindo um conteúdo que representasse a sabedoria combinada de toda a comunidade – lógica análoga à teoria capitalista da «mão invisível» do mercado, que supostamente maximiza os benefícios a todos a partir da interação dos incontáveis indivíduos movidos por interesses próprios.

Porém, a realidade ensina que a democracia – assim como os mercados gratuitos – pode ser caótica, especialmente quando ocorrem paixões e partidarismos. Daí o episódio que contamos no início deste capítulo: o artigo da Wikipédia sobre Meredith Kercher, tomado e instrumentalizado por "odiadores" da acusada Amanda Knox, determinados a conseguir sua condenação e a erradicar qualquer traço de discordância.

O caso de Kercher não é o único exemplo de controvérsia na Wikipédia – longe disso. Um artigo intitulado *"Wikipedia: list of controversial issues"* ("Wikipédia: lista de questões controversas") relaciona mais de 800 tópicos que "estão constantemente sendo reeditados de maneira circular ou são foco de guerras de edição e sanções de artigos". Organizado em temas como política e economia, filosofia, história, ciência, biologia e saúde, e mídia e cultura, abrangem artigos que tratam de tudo: anarquismo, negação do genocídio, Occupy Wall Street, Hare Krishna, quiropraxia, SeaWorld e disco music.

Limites à abertura por meio da curadoria. Como a Wikipédia pode estabelecer altos padrões de qualidade de conteúdo da plataforma quando alguns usuários estão determinados a manipulá-lo segundo propósitos pessoais? Não é fácil. Quem administra a plataforma tenta primeiramente confiar em padrões de comunidade e pressão social. Diretrizes são promulgadas por meio de artigos como "Wikipedia: five pillars", que, no texto do site em inglês, assim explica a neutralidade, um de seus cinco "princípios fundamentais":

> A Wikipédia é escrita de um ponto de vista neutro: nós nos empenhamos por artigos que documentam e explicam os principais pontos de vista, com o devido respeito a sua proeminência e em um tom imparcial. Evitamos defender causas, e relatamos informações e questões, em vez de debatê-las. Em algumas áreas, pode haver apenas um ponto de vista bem reconhecido; em outras, descrevemos múltiplos pontos de vista, apresentando cada um acuradamente e em seu contexto, nunca como "a verdade" ou "a melhor visão". Todos os artigos devem se esforçar pela precisão verificável, citando fontes confiáveis, de autoridade, especialmente quando o tópico é controverso ou sobre pessoas vivas. Experiências pessoais, interpretações ou opiniões de editores não são cabíveis.

Mesmo assim, há ocasiões em que a pressão da comunidade não basta. Quando a qualidade de artigos específicos é repetidamente degradada por edições parciais ou desonestas, outros métodos e ferramentas de proteção da integridade da Wikipédia entram em ação. Isso inclui o VandalProof, software escrito especialmente para a Wikipédia que destaca artigos editados por usuários com histórico de trabalho não confiável. Também há ferramentas de rotulagem que chamam a atenção para artigos potencialmente problemáticos, de modo que outros editores possam revisá-los e, se necessário, melhorá-los. Isso sem contar uma gama de sistemas de bloqueio e proteção que só podem ser empregados por usuários de boa reputação, que ganharam privilégios especiais por meio do consenso da comunidade.

Esse conjunto completo e auto-organizado de sistemas integrados para garantir a qualidade da Wikipédia é uma modalidade de curadoria – o processo crucial de proteção do conteúdo que deve ser afinado para garantir o nível da produção e ajustar a abertura aos produtores corretos.

A curadoria geralmente se constitui como triagem e feedback em pontos críticos de acesso à plataforma. A triagem seleciona quem entra; o feedback encoraja o comportamento desejável por parte de quem já entrou. A reputação do usuário, construída pelo bom comportamento prévio tanto dentro como fora da plataforma, em geral é um fator-chave na curadoria: os usuários classificados positivamente pelo resto da comunidade têm mais probabilidade de passar pelo processo de triagem e de receber feedback favorável.

A curadoria pode ser gerenciada por meio do elemento humano – moderadores que verificam pessoalmente os usuários, editam conteúdo e oferecem feedback para promover qualidade. Plataformas de mídia como blogs e revistas online com frequência usam esse sistema. Mas empregar moderadores treinados e pagos pela plataforma leva tempo e é oneroso. Um sistema melhor – embora desafiador para projetar e implementar – confia nos próprios usuários como curadores da plataforma, em geral por meio de ferramentas de software que reúnem e agregam feedback e são aplicadas a decisões de curadoria.

A curadoria realizada pelo usuário e facilitada por ferramentas de software é o método utilizado pela Wikipédia. Da mesma maneira, o Facebook confia que seus membros vão alertar para conteúdo impróprio, como discurso de ódio, assédio, imagens ofensivas e ameaças de violência. Plataformas de serviço como Uber e Airbnb incorporam classificações do usuário a seus softwares, de modo que consumidores e produtores tenham fundamentos básicos para decidir com quem querem interagir.

Nenhum sistema curador é à prova de falhas. Quando ferramentas de curadoria erram do lado da abertura, pode escapar conteúdo potencialmente ofensivo ou até perigoso. Quando as ferramentas são restritivas demais, usuários valiosos podem ser desencorajados, e conteúdos de qualidade, removidos – como quando algoritmos de redes sociais destinados a eliminar pornografia acabam bloqueando materiais educativos de prevenção ao câncer de mama. Os gestores precisam dedicar tempo e recursos significativos – incluindo olhos humanos e julgamento fundamentado – para monitorar os limites entre abertura e fechamento da plataforma de modo contínuo, garantindo que sejam estabelecidos corretamente.

PLATAFORMAS SEMELHANTES, NÍVEIS DE ABERTURA DIFERENTES

Plataformas que operam em arenas similares podem obter diferenciação de mercado por meio do tipo e do nível de abertura do sistema. Diferentes regimes de abertura atraem perfis e quantidades distintas de participantes, o que gera diversidade cultural de ecossistemas e, no limite, produz até modelos de negócio divergentes.

Como já observamos, duas plataformas que tomaram decisões muito diferentes de abertura nos anos 1980 e 1990 foram a Apple (Mac) e a Microsoft (Windows). Apesar de alguns críticos o descreverem como sistema fechado, o Windows tem sido historicamente mais aberto do que o Mac. A Apple tomou a decisão de cobrar dos desenvolvedores extensivos valores relativamente altos – US$ 10 mil por kits de desenvolvimento de sistema (SDKs) –, garantindo assim um grupo pequeno e selecionado de colaboradores externos na área de software. A Microsoft, em contraste, distribuiu seus SDKs para potenciais parceiros, atraindo um pool muito maior de desenvolvedores.

Enquanto isso, a IBM perdia o controle do padrão de hardware, em parte como resultado da ação regulatória que abriu o mercado de PCs para qualquer fabricante, o que fez os custos caírem rapidamente. A combinação de um grande pool de desenvolvedores com hardware barato foi atraente para os clientes, e a chamada plataforma Wintel dominou o mercado por quase 20 anos – enquanto a parcela da indústria em torno do sistema fechado da Apple definhava.

Nesse caso, parece claro que o caminho da abertura era muito mais bem-sucedido.

Mais recentemente, como vimos, Google e Apple tomaram decisões diferentes de abertura em relação a suas plataformas móveis. O Google permitiu o desenvolvimento de uma versão de código aberto do Android, disponibilizado gratuitamente a qualquer fabricante, enquanto a Apple patrocinou o sistema operacional proprietário iOS e controlou com rigor o hardware, de modo a ser o único fornecedor de iPhones e, portanto, o único gestor do sistema.

De início, isso poderia parecer uma reprise da batalha do Mac contra o PC. Porém, apesar de ser muito mais fechada do que o Google – por exemplo, mantendo o controle da função vital de fabricação de equipamentos, em vez de abri-la para outras empresas –, a Apple hoje é mais aberta do que foi na geração tecnológica anterior. Depois de abrir seus sistemas apenas o suficiente para encorajar desenvolvedores, a Apple agora os apoia com poderosos kits de ferramentas e lhes dá acesso a sua base de usuários por meio da loja iTunes. O resultado foi o surgimento de uma miríade de inovações.

O Google, de sua parte, teve de optar pela abertura porque entrou no mercado depois da Apple. Por consequência, a AOSP logo cresceu para além de seu controle, forçando-o a restringir o acesso à plataforma de desenvolvedores externos por meio de vários mecanismos. Como o sistema operacional subjacente é livre, o Google não pode fechar o AOSP – mas quase a mesma meta pode ser conquistada por meio do controle sobre funções críticas. O jornalista Ron Amadeo descreveu como o Google fechou as aplicações do Android para funções como busca, música, calendário, teclado e câmera, enquanto trabalhava duro para estimular fabricantes de celulares a se unirem a uma aliança dedicada a desenvolver e manter padrões de software e hardware abertos para aparelhos celulares. Amadeo explica o impacto do movimento do Google no sentido de fechar a AOSP para desenvolvedores extensivos:

> Se você usa quaisquer APIs do Google e tenta rodar seu aplicativo em um Kindle, ou em qualquer outro equipamento da AOSP que não seja do Google: surpresa! Seu aplicativo é corrompido. O Android do Google tem uma porcentagem muito alta do mercado geral de Android, e os desenvolvedores só querem saber de criar

aplicativos que sejam fáceis, funcionem bem e atinjam um público amplo. As APIs do Google permitem tudo isso, com o efeito colateral de que o aplicativo, agora, é dependente de que o aparelho tenha uma licença Google Apps.[20]

Ao requisitar uma licença para acessar o Google Play, a loja oficial da AOSP, a empresa consegue controlar o acesso à plataforma, mesmo que a tecnologia subjacente seja de código aberto. Dessa maneira, o Google pode administrar a concorrência potencial, assim como garantir um ambiente tecnológico mais organizado para usuários e desenvolvedores.

Histórias como essas ilustram os fatores competitivos que afetam as decisões de abertura – assim como o contínuo equilíbrio que patrocinadores e gestores precisam manter para garantir que suas plataformas permaneçam relevantes, vibrantes e valiosas para uma base crescente de usuários.

ABERTURA AO LONGO DO TEMPO: BENEFÍCIOS E RISCOS

Já dissemos que as plataformas podem se expandir e desenvolver efeitos de rede mais fortes ao se abrirem ao longo do tempo. Mais rara é a situação inversa, como no caso do Android, que tomou a decisão estratégica de ser menos aberto.

A escolha entre abrir ou fechar o sistema depende de a plataforma ter sido concebida na origem como estrutura proprietária ou compartilhada. Uma plataforma proprietária, que é patrocinada, gerida e controlada por uma única empresa, obviamente só pode se tornar mais aberta. Em contraste, uma plataforma que nasce aberta e compartilhada (Linux, por exemplo) só pode ficar mais fechada.

Como observamos no Capítulo 5, uma nova plataforma quase sempre opta por executar todos os seus processos internamente por um motivo: a inexistência de parceiros dispostos a fazer os investimentos necessários ao negócio. Nesses casos, o pessoal contratado deve fornecer tanto o conteúdo quanto a curadoria. Ao longo do tempo, conforme a plataforma cresce e atrai desenvolvedores externos, o padrão de abertura pode mudar, o que significa que os processos de curadoria precisam evoluir da mesma maneira.

De olho no futuro, os gestores devem criar meios de avaliar continuamente o nível de abertura da plataforma, de preferência montando uma estrutura estratégica consistente que suporte a decisão de abrir ao longo do tempo. Na medida em que a comunidade passa a ter mais processos externos, com as atividades migrando dos funcionários para os parceiros da empresa, talvez seja necessário desenvolver algoritmos para automatizar a curadoria, ou, então, para descentralizá-la, delegando-a para a base de usuários. O YouTube depende de seus inscritos para avaliar vídeos, fornecer feedback e destacar conteúdos que não deveriam estar na plataforma.

Conforme as políticas de abertura evoluem, o desafio é sempre encontrar equilíbrio. Se uma plataforma está fechada demais – por exemplo, buscando receita por meio de taxas pouco razoáveis e arbitrárias –, seus parceiros podem se recusar a fazer investimentos específicos que tragam valor para a rede. Por outro lado, pode haver problemas quando desenvolvedores extensivos começam a se colocar de modo agressivo entre a plataforma e seus usuários. Se um desenvolvedor específico bate facilmente seus concorrentes, cabe ao gestor do ecossistema ter cuidado para que esse parceiro, um dia, não venha a superar a própria plataforma também.

Há vários exemplos desse tipo de luta pelo controle de uma base de usuários específica. Observe a SAP, gigante multinacional alemã que produz software para grandes empresas gerirem operações internas, relações com o consumidor e outros processos. A SAP, que opera uma grande plataforma em seu setor, estabeleceu uma parceria com a ADP, baseada nos Estados Unidos, para oferecer serviços de processamento de folha de pagamento – em parte, com o interesse de tirar vantagem do acesso da ADP aos recursos da computação na nuvem. No entanto, a ADP tem relacionamentos próprios substanciais e pode aproveitar a oportunidade para se tornar uma plataforma ao conectá-los diretamente com diversos parceiros no setor de dados/computação/armazenamento. Ou seja, a ADP passa a ter condições de substituir a SAP como gestora primária da relação com o consumidor. Eis um exemplo no qual o gestor da plataforma (SAP) corre o risco de perder o controle da conexão com o usuário para um desenvolvedor extensivo (ADP).

O poder singular e o valor da plataforma estão em sua capacidade de facilitar conexões entre participantes fora da própria comunidade.

No entanto, é difícil definir quem deve ser participante e como ele pode participar. Trata-se de uma questão com implicações estratégicas que estão sempre mudando. Por esse motivo, o desafio da abertura tem de estar no topo da agenda de todo gestor de plataforma – não só durante o processo de projeto, mas ao longo da trajetória do negócio.

DESTAQUES DO CAPÍTULO

⇨ Os gestores enfrentam três tipos de decisão relativas à abertura: as que se referem à participação do gestor/patrocinador, à participação do desenvolvedor e à participação do usuário.

⇨ A gestão e o patrocínio de uma plataforma podem ser controlados por uma única empresa, por várias delas ou por grupos de companhias. Os diferentes arranjos entre gestores e patrocinadores levam a padrões distintos de abertura e controle, e apresentam vantagens e desvantagens distintas.

⇨ A dicotomia abertura/fechamento não se resume a uma escolha entre preto e branco. Há tons de cinza, benefícios e malefícios em cada ponto do espectro. Às vezes, plataformas semelhantes concorrem entre si com base em diferentes políticas de abertura.

⇨ Com frequência, plataformas em amadurecimento evoluem no sentido de maior abertura. Isso demanda reavaliação contínua e ajustes nos processos de curadoria para garantir a alta qualidade do conteúdo e o valor do serviço.

8

GOVERNANÇA

Políticas para ampliar o valor e o crescimento

No primeiro trimestre de 2015, Brian P. Kelley, o CEO da empresa de café Keurig Green Mountain, teve de se explicar. A empresa tinha acabado de lançar a Keurig 2.0, segunda geração da máquina considerada a futura rainha das cafeteiras. O modelo antecessor – Keurig 1.0, onipresente em casas, escritórios e hotéis – e as caras cápsulas de café da Green Mountain tinham turbinado o crescimento da organização, antes uma torrefadora de alcance regional e agora um negócio que valia mais de US$ 18 bilhões.

Ainda assim, as vendas da Keurig 2.0 não decolaram. Ao contrário: caíram 12%.

O problema originou-se em 2012, quando as principais patentes de design da cápsula Keurig expiraram. Tirando vantagem desse fato, fabricantes de café concorrentes começaram a vender cápsulas compatíveis com as máquinas Keurig a preços menores. Esses rivais, que eram como desenvolvedores extensivos, ofereciam novas fontes de valor para os usuários do sistema. Com a concorrência lançada contra as cápsulas oficiais da Keurig, provocaram uma erosão na participação de mercado da empresa.

Para reagir, a Keurig incluiu na cafeteira 2.0 um dispositivo de escaneamento que impedia o uso de cápsulas que não tivessem o emblema original do fabricante. Os consumidores ficaram furiosos. Muitos denunciaram a Keurig em sites de vendas. Vídeos no YouTube com tutoriais para ludibriar o sistema, fazendo-o aceitar cápsulas não autorizadas, ganharam milhares de visualizações. Compradores lamentaram a "ganância corporativa ridícula" da empresa e deploraram o fato de o sistema de classificação da Amazon não lhes permitir dar nota zero à nova Keurig.[1]

Ao tentar abocanhar uma parcela ainda maior de mercado para sua plataforma de café, a Green Mountain irritou a comunidade e perdeu dinheiro. A rainha do café violou três regras fundamentais da boa governança:

- Sempre criar valor para os clientes a quem você serve.
- Não usar seu poder para mudar as regras em benefício próprio.
- Não ambicionar mais do que uma justa parcela da riqueza.

Governança é o conjunto de regras que define quem pode participar de um ecossistema, como se dá a divisão do valor e como conflitos são resolvidos.[2] Entender a boa governança da comunidade é entender o conjunto de regras que orquestram um ecossistema.[3]

A Green Mountain falhou nesse quesito. A Keurig e todas as suas versões constituem apenas uma plataforma de produto, um mercado unilateral que atende à comunidade de consumidores de café. Poderia ser muito mais bem-sucedida como ecossistema de bebidas com outras opções que adicionassem valor, uma gama de fornecedores confiáveis e outros serviços de alta qualidade que os consumidores apreciariam. Em vez disso, a Green Moutain tentou excluir fornecedores considerados valiosos pelos consumidores, eliminando a variedade e a liberdade de escolha em nome da manutenção do controle do mercado. Foi longe demais por uma parcela do valor produzido em seu sistema. E, unilateralmente, colocou seu interesse acima do benefício dos demais. Os usuários da Keurig saíram perdendo – mas, muito rapidamente, a Green Mountain perdeu também.

A IMPORTÂNCIA DA GOVERNANÇA: PLATAFORMAS COMO ESTADOS

O objetivo da boa governança é criar riqueza, justamente distribuída entre todos que agregam valor. Como vimos no Capítulo 2, as comunidades voltadas à tecnologia e conhecidas como negócios de plataforma vêm criando uma vasta quantidade de novas riquezas, e esses benefícios devem ser projetados e administrados com justiça. Como essas redes de criação de valor crescem mais rápido fora do âmbito da empresa do que dentro, a gestão do ecossistema será tanto mais sábia e eficiente quanto menos egoísta for.

Se já é difícil para plataformas unilaterais como o sistema de café da Keurig navegar pelas regras de governança, isso revela-se exponencialmente mais complexo para plataformas multilaterais. Afinal, estas envolvem numerosos interesses, que nem sempre se alinham. Isso complica a tarefa dos gestores de garantir que os vários participantes criem valor uns para os outros e torna mais provável a eclosão de conflitos, que precisam ser resolvidos de maneira tão justa e eficiente quanto possível por meio das regras de governança.

Trata-se de um malabarismo delicado, que às vezes expõe até gigantes e gênios a tropeços. O Facebook, por exemplo, afastou usuários com suas políticas de privacidade.[4] O LinkedIn irritou desenvolvedores ao desligar o acesso às APIs.[5] O Twitter expropriou tecnologias desenvolvidas por outros membros de seu ecossistema, enquanto permitia a usuários assediarem-se mutuamente. Como admitiu o CEO do Twitter, Dick Costolo, "somos péssimos em lidar com abuso".[6]

Diante da complexidade das questões de governança, as maiores plataformas atuais lembram estados-nações. Com mais de 1,5 bilhão de usuários, o Facebook administra uma "população" maior do que a chinesa. O Google responde por 64% das pesquisas online nos Estados Unidos e por 90% das realizadas na Europa. Pelo Alibaba circulam transações de mais de 1 trilhão de yuans (cerca de US$ 162 bilhões) por ano, o que corresponde a 70% dos embarques comerciais feitos na China.[7] Negócios de plataforma dessa escala controlam sistemas econômicos maiores do que grande parte dos países. Não é por acaso que Brad Burnham, um dos principais investidores da Union Square Ventures, reagiu à apresentação do Facebook Credits – efêmero sistema de moeda virtual para uso em jogos online –, especulando o que tal iniciativa dizia a respeito da política monetária do Facebook.[8] De modo similar, poderíamos perguntar: ao escolher aplicar padrões de software unilaterais em lugar de padrões multilaterais (como vimos no Capítulo 7), que tipo de política externa a Apple pratica? O Twitter segue uma política industrial baseada no investimento em serviços "estatais" ou confia no desenvolvimento descentralizado feito por independentes? O que a abordagem do Google à censura na China revela sobre a política de direitos humanos da empresa?

Goste-se ou não, empresas como essas já atuam como reguladoras não oficiais e não eleitas de milhões de vidas. Por isso, as plataformas têm muito a aprender com cidades e Estados, que há milhares de anos buscam desenvolver princípios de boa governança – descobrir meios de criar riqueza e distribuí-la com justiça tem sido seu desafio fundamental ao longo da história. Evidências cada vez mais nítidas sugerem que a governança é um fator crucial para a capacidade do Estado de gerar riqueza – não apenas em termos financeiros, mas em relação aos ainda mais relevantes bens representados pelos recursos naturais, como cursos d'água navegáveis e boas condições agrícolas.

Considere a moderna cidade-estado de Cingapura. Em 1959, quando Lee Kuan Yew tornou-se primeiro-ministro, praticamente não havia recursos naturais. Para a defesa do território e o abastecimento de água limpa, a cidade dependia da Federação Malaia (antecessora da Malásia, estabelecida em 1963). A corrupção era desenfreada. O PIB per capita estava abaixo de US$ 430.[9] A agitação étnica (entre malaios e chineses), religiosa (entre muçulmanos e budistas) e política (entre capitalistas e comunistas) imobilizava o progresso.

Lee Kuan Yew devolveu vitalidade econômica a Cingapura ao mudar seu sistema de governança. Tendo estudado na London School of Economics e com um diploma de direito no Fitzwilliam College, de Cambridge, Yew introduziu o sistema britânico de justiça e governou pela lei. Combateu a corrupção: contra a prática da propina, aumentou os salários de funcionários do Estado, equiparando-os aos de trabalhadores do setor privado. Os servidores públicos tinham de usar branco como sinal de pureza. As regras anticorrupção eram rigorosas: o ministro do meio ambiente, apoiador convicto de Yew, cometeu suicídio para não ter de enfrentar um processo por acusações de suborno.[10] Mais justo, o governo abriu-se à participação popular, estimulando a criação de conselhos multiculturais para dar voz a grupos religiosos e étnicos dispostos a trabalhar no sistema. Cingapura agora se gaba de ter um governo que rivaliza com o da Nova Zelândia e de países escandinavos no ranking dos menos corruptos do mundo. Isso é significativo, em parte porque a cada 1% de queda na corrupção e no uso indevido do poder público em benefício particular corresponde um aumento de 1,7% no PIB.[11]

Embora criticado no Ocidente por ter encurralado a dissidência política, Yew obteve, com sua governança, resultados econômicos impressionantes. Em 2015, o PIB per capita de Cingapura era de US$ 55.182, superior ao dos Estados Unidos. Ao longo dos 55 anos entre 1960 e 2015, o índice anual médio de crescimento foi de 6,69%, quase 2% maior do que o da Malásia, país do qual se separou em 1965.[12]

Evidência similar da importância da boa governança para a criação de riqueza pode ser vista quando se compara o crescimento do PIB e os índices de inovação na Alemanha Oriental e na Coreia do Norte com os de suas quase gêmeas Alemanha Ocidental e Coreia do Sul.[13] Uma boa governança faz toda a diferença.

A FALHA DE MERCADO E SUAS CAUSAS

A boa governança é importante tanto nos estados-nações como nas plataformas porque mercados totalmente livres – nos quais pessoas e organizações interagem sem regras, restrições ou salvaguardas – nem sempre são dignos de confiança para produzir resultados justos e satisfatórios para os envolvidos.

Um exemplo acontece no eBay, comunidade na qual alguns participantes inevitavelmente têm mais conhecimento, inteligência de mercado e capacidade de barganha do que outros. Na maioria dos casos, as interações resultantes são basicamente justas, mesmo quando uma interação específica produz um "vencedor" e um "perdedor". Às vezes, porém, verificam-se resultados que parecem injustos para um dos lados. Por exemplo, um grupo de membros do eBay, percebendo que alguns vendedores inexperientes tendiam a identificar errado os bens – por exemplo, escrevendo Louis Vuitton com erros com um T só, ou Abercrombie and Fitch como "Abercrombee" ou "Fich" –, começaram a tirar vantagem desses equívocos. Ativamente, buscavam esses itens com erros de ortografia, e que por causa disso tendiam a passar despercebidos no site de leilão, e os compravam a preço de banana, para então revendê-los com grande margem de lucro depois de corrigir os nomes.

Em um caso famoso, o proprietário de uma garrafa de cerveja antiga, mantida em sua família por 50 anos, decidiu anunciá-la no eBay. Infelizmente, não tinha ideia do verdadeiro valor da relíquia. A cerveja havia sido produzida nos anos 1850 para um concurso que escolheria a bebida a ser levada pela tripulação de um navio que navegaria pelo Ártico na esperança de descobrir a fabulosa passagem noroeste do

Atlântico para o Pacífico. (Na época, acreditava-se erroneamente que a cerveja evitava o escorbuto.[14])A expedição fracassou, mas um pouco do produto original sobreviveu. Na época em que foi feita a oferta no eBay, sabia-se que havia duas garrafas da lendária cerveja, disputadas avidamente por colecionadores e entusiastas de história.

Sem saber de nada disso – e também bastante desatento –, o vendedor divulgou a preciosa garrafa no eBay sob o título "Allsop's Artic Ale – cheia e tampada com rolha com lacre de cera" e propôs um lance inicial de US$ 299. A grafia correta era Allsopp's", com um P a mais – um erro mínimo, mas grande o suficiente para manter a oferta oculta aos olhos de colecionadores sérios, potencialmente interessados naquele item específico. Um perspicaz caçador de barganhas identificou a oportunidade e entrou no leilão sozinho. Comprou a garrafa por US$ 304 e, três dias depois de recebê-la, anunciou-a novamente no eBay. Quando os colecionadores souberam da oferta, a cerveja chegou a lances que passaram dos US$ 78.100.[15]

O caso da cerveja ambígua é um exemplo de *falha de mercado* – situação na qual "boas" interações (justas e mutuamente satisfatórias) deixam de ocorrer, ou "más" interações ocorrem. Se você não consegue encontrar um item que deseja no eBay, então uma boa interação deixou de acontecer. Se você encontrou um item que desejava, mas foi trapaceado ou enganado, então houve uma má interação. Em geral, há quatro principais causas de falha de mercado: *assimetria de informações, externalidades, poder de monopólio* e *risco*.

A *assimetria de informações* surge quando uma das partes na interação conhece fatos que outras partes ignoram e usa tal conhecimento para obter vantagem pessoal. Considere o problema de bens falsificados, quando o vendedor sabe disso, mas não informa o comprador. Falsificações são responsáveis por fones de ouvido Skullcandy com péssima qualidade de som, bolsas Gucci com pespontos malfeitos, pilhas Duracell que duram pouco, capas de celular OtterBox que não são à prova de queda e comprimido de Viagra que não funciona na hora H. Estimados em mais de US$ 350 bilhões em todo o mundo, o tamanho do mercado de falsificações ultrapassa o comércio de drogas ilegais (estimado em US$ 321 bilhões.[16])

Externalidades acontecem quando custos ou benefícios oferecidos provêm de um elemento que não está envolvido em determinada interação. Imagine que você tenha oferecido informações privadas de contato de um amigo seu a uma empresa de games em troca de alguns pontos digitais. Essa seria uma má interação, porque viola os direitos de privacidade e, portanto, é um exemplo de *externalidade negativa*.

O conceito de *externalidade positiva* é um pouco mais ambíguo. Considere o que acontece quando a Netflix analisa o comportamento de um espectador cujo gosto combina com o seu e usa esses dados para dar a você uma recomendação mais certeira de filmes. Isso seria uma externalidade positiva, pois lhe oferece um benefício baseado em uma interação na qual você não esteve envolvido diretamente. Indivíduos que se beneficiam de externalidades positivas provavelmente não reclamam – mas elas são consideradas um problema do ponto de vista de projeto de negócio, uma vez que refletem um valor que não está sendo totalmente capturado pela plataforma. Em um mundo ideal – pelo menos segundo a teoria econômica –, todo valor criado deveria ser percebido e creditado para a entidade responsável por ele.

Um conceito intimamente relacionado ao de externalidade positiva é o de *bem público*, cujo valor não é totalmente capturado pela parte que o gerou. Indivíduos em geral criam pouquíssimos bens públicos, a menos que algum mecanismo de governo seja acionado para reconhecê-los e recompensá-los.

O *poder de monopólio* revela-se quando, em um determinado ecossistema, um fornecedor torna-se poderoso demais por deter o controle do fornecimento de um bem muito desejado e usa esse poder para exigir preços maiores ou favores especiais. No auge de sua popularidade (2009-2010), o produtor de games Zynga tornou-se extremamente poderoso no Facebook, levando a conflitos sobre questões como o compartilhamento de informações do usuário, divisão de receitas de jogos e o custo para o Zynga de anúncios na rede social. O eBay vivenciou problemas semelhantes ao lidar com o grupo dos chamados "vendedores poderosos".

Risco é a possibilidade de que algo essencialmente imprevisível aconteça, transformando uma boa interação em uma má. O risco é um problema perene em todos os mercados, não só no de plataformas. Um mercado bem projetado consegue desenvolver ferramentas e sistemas para mitigar os efeitos de risco, encorajando os participantes a se envolverem em mais interações.

FERRAMENTAS DE GOVERNANÇA: LEIS, NORMAS, ARQUITETURA E MERCADOS

A literatura sobre governança corporativa é vasta, especialmente no campo das finanças. Porém, a governança de plataforma envolve princípios não contemplados pela teoria financeira. O artigo mais citado sobre governança corporativa é uma pesquisa que considera apenas "as maneiras como provedores de finanças para as corporações garantem o retorno sobre seu investimento".[17] O foco, no nosso caso, é a assimetria de informações que surge com a separação de propriedade e controle – um elemento crucial do projeto de governança, mas que está longe de ser suficiente.[18] A assimetria de informações entre a comunidade de usuários e a empresa também importa, uma vez que seus interesses devem estar alinhados.

Além disso, as regras de governança da plataforma têm de dedicar atenção especial às externalidades – endêmicas em mercados de rede, uma vez que, como já vimos, os benefícios transmitidos aos usuários geram uma fonte de valor para a plataforma. Compreender isso leva a uma mudança na governança corporativa, de um foco restrito ao valor para o acionista a uma visão mais ampla de valor aos stakeholders.

O designer de mercado e economista norte-americano Alvin Roth, vencedor do Prêmio Nobel, descreveu um modelo de governança que emprega quatro alavancas para prevenir falhas de mercado.[19] Segundo Roth, um mercado bem desenhado proporciona *segurança* por meio da transparência, da qualidade ou do seguro, permitindo assim que boas interações ocorram. Propicia *espessura*, ou seja, atrai participantes de diferentes lados de um mercado multilateral e promove a facilitação do contato entre eles. Evita o *congestionamento*, que dificulta pesquisas bem-sucedidas por conta do excesso de participantes ou de conteúdo de baixa qualidade. E, por fim, minimiza *atividades repulsivas* – o que explica por que se proíbe pornografia no iTunes, venda de órgãos humanos no Alibaba ou trabalho infantil no Upwork. Segundo Roth, a boa governança acontece quando gestores acionam tais alavancas para manter o negócio a salvo de falhas de mercado.

Uma visão mais ampla da governança de plataforma recorre, ainda, a insights emprestados de práticas de estados-nações, como as concebidas pelo acadêmico de direito constitucional Lawrence Lessig. Segundo

Lessig, sistemas de controle envolvem quatro conjuntos principais de ferramentas: *leis, normas, arquitetura* e *mercados*.[20]

Um exemplo bem conhecido ilustra esses quatro tipos de ferramenta. Suponha que líderes de um ecossistema específico queiram reduzir os efeitos nocivos do tabagismo. Por meio da aprovação de leis, seria possível banir a venda de cigarros a menores ou proibir o fumo em espaços públicos. Normas – códigos informais de comportamento formatados pela cultura – seriam aplicadas a partir da pressão social ou de publicidade antitabagista. A arquitetura teria como tarefa desenvolver projetos físicos que reduzissem o impacto do fumo – por exemplo, filtros que limpam o ar ou dispositivos sem fumaça que substituam os cigarros. Por sua vez, mecanismos de mercado serviriam para sobretaxar produtores de tabaco ou subsidiar programas de apoio a pessoas dispostas a abandonar o vício. Historicamente, aqueles que almejam o controle do comportamento social – o que inclui gestores de plataforma – recorrem às quatro ferramentas.

Vamos considerar algumas das maneiras pelas quais tais ferramentas podem ser utilizadas como parte de um sistema de governança.

Leis. Muitas leis criadas e aplicadas por estados-nações aplicam-se a plataformas de negócio e seus participantes. Às vezes, porém, sua implantação revela-se complicada. Sanções legais para punir maus usuários, por exemplo, constituem uma abordagem tradicional ao problema do risco. No entanto, tal caminho implica definir quem é responsável pelos problemas que surgirem e quem deve levar a culpa quando eles acontecerem – o que nem sempre é simples ou direto.

Em uma empresa de plataforma, essa questão está longe de ser puramente teórica. Alguns problemas legais sérios já afetaram negócios do gênero, conforme já mencionamos – anfitriões do Airbnb que tiveram suas casas utilizadas como bordéis e para raves, ou anunciantes de serviços pessoais no Craiglist que acabaram assassinados.[21] A lei nem sempre responsabiliza as plataformas pelos malfeitos dos usuários, apesar de os gestores do negócio desfrutarem de um razoável poder para regular e controlar o comportamento de quem participa do sistema. Assim, participantes individuais geralmente têm de arcar com o lado negativo do risco, pelo menos no que se refere a leis nacionais e locais. (Vamos voltar a esse tópico no Capítulo 11, sobre legislação.)

A aplicação do conceito de Lessig de "lei" para a governança *interna* da plataforma de negócio nos leva a um contexto diferente. As "leis" de uma plataforma são suas regras explícitas – por exemplo, os termos de serviço elaborados por advogados ou as regras de comportamento dos públicos de interesse escritas pelos fundadores da plataforma. Elas moderam o comportamento nos níveis tanto do usuário como do ecossistema. No nível do usuário, por exemplo, uma regra da Apple determina que a pessoa só pode compartilhar conteúdo digital com até seis dispositivos ou membros da família, enquanto, por outro lado, oferece incentivos econômicos para a compra de serviços da Apple e estabelece um grau razoável de compartilhamento.[22] No nível do ecossistema, a regra que obriga os desenvolvedores de aplicações a submeterem todo código à revisão, combinada com a regra que libera a Apple de qualquer dever de confidencialidade, permite à empresa disseminar melhores práticas.[23]

As leis de uma plataforma deveriam ser, e geralmente são, transparentes. Stack Overflow, a mais bem-sucedida comunidade online de perguntas e respostas a respeito de programação, oferece uma lista explícita de regras para ganhar pontos no sistema, bem como os direitos e privilégios conquistados pela pontuação. Um ponto garante o direito de perguntar e responder perguntas. Quinze pontos conferem o direito de aprovar o conteúdo de outra pessoa. Com 125 pontos, você ganha o direito de votar contra um conteúdo – o que também custa um ponto. Ao atingir os 200 pontos, você já acrescentou tanto valor à comunidade que ganha o privilégio de ver menos publicidade. Esse sistema de regras explícitas e transparentes resolve o problema dos bens públicos, por meio do estímulo para que cada um compartilhe seus melhores insights com todos os participantes da plataforma.[24]

Uma exceção ao princípio de transparência está nas leis que poderiam facilitar o mau comportamento. Os sites de encontros descobriram isso da pior maneira, ao instituir um mecanismo de punição aos chamados *stalkers* assim que tais usuários se comportassem mal, assediando de maneira insistente outra pessoa. Como o feedback negativo era imediato, os *stalkers* logo aprenderam que tipo de comportamento acionava o gatilho da punição e passaram a ludibriar o sistema. Se a plataforma fosse menos transparente, disparando o feedback negativo com atraso, por exemplo, os assediadores teriam mais dificuldade de entender como haviam sido flagrados, o que desestimularia sua prática de maneira mais efetiva e duradoura.

Da mesma maneira, quando um troll fazia comentários inapropriados em um site de conteúdo e, por esse motivo, tinha sua conta encerrada, com frequência ele retornava à rede sob uma nova identidade. Os gestores de plataforma mais sagazes, então, passaram a fazer com que as trollagens ficassem invisíveis para toda a rede, exceto para o troll – que, vendo-se incapaz de provocar controvérsia naquela comunidade, a abandonava.

O princípio subjacente é: dê feedback rápido e aberto ao aplicar regras que definem o bom comportamento, mas dê feedback lento e de difícil identificação quando aplicar regras para punir o mau comportamento.

Normas. Um dos bens mais valiosos que qualquer plataforma – na verdade, qualquer negócio – pode ter é uma comunidade comprometida. Isso não ocorre por acaso. Comunidades vibrantes são alimentadas por gestores de plataforma habilidosos no desenvolvimento de normas, culturas e expectativas que gerem fontes de valor duradouras.

O iStockphoto, hoje uma das maiores plataformas de crowdsourcing para fotógrafos, foi originalmente fundado por Bruce Livingstone para vender coleções de imagens em CD-Rom por mala direta. O negócio não funcionou, mas Bruce e seus sócios não queriam ver todo seu trabalho desperdiçado. Começaram, então, a distribuir suas imagens on-line.[25] Em questão de meses, foram descobertos por milhares de pessoas que não só baixavam as imagens, mas pediam para compartilhar suas próprias fotos por meio do site. Para manter a qualidade do conteúdo, Bruce assumiu com orgulho a tarefa de eliminar spams, pornografia e violações a direitos autorais, certificando-se de que toda imagem passasse pelo crivo de um profissional da iStockphoto. Foi um processo doloroso e caro: Bruce se viu trabalhando 16 horas por dia.[26]

Dando-se conta de que a inspeção humana nunca ganharia escala, Bruce foi buscar a curadoria em massa. Ele vislumbrou um sistema no qual as pessoas que compartilhavam conteúdo de qualidade pudessem se transformar em fiscais e organizadores de comunidade. Surgiram grupos para lidar com categorias específicas de imagens – por exemplo, ligadas a lugares como "Nova York", ou categorias como "comida". O próprio Bruce trabalhou incansavelmente para elogiar, dar feedback e construir sua comunidade. Sob o apelido virtual de Bitter, ele postava comentários regularmente na página da plataforma sobre outros membros e seus trabalhos, como quando destacou "ótimas coisas novas de Delirium, e também uma série de comidas saborosas de Izusek".[27]

Tais esforços estabeleceram um conjunto poderoso de normas que passaram a governar a comunidade do iStockphoto. Elas abrangiam feedback, conteúdo de alta qualidade, envolvimento aberto e uma progressão natural do bom usuário para níveis mais altos de autoridade. Aplicando essas normas, a comunidade produziu um corpo notável de fotos no banco de imagens, agora considerado um clássico e valioso bem público.

Como sugere a história do iStockphoto, normas não surgem no vácuo. Elas refletem comportamentos, o que significa que podem ser construídas por meio de aplicações inteligentes da disciplina de *design de comportamento*.

Nir Eyal, que trabalhou tanto em publicidade como em desenvolvimento de jogos, descreve o design de comportamento como uma sequência recorrente de *gatilho, ação, recompensa* e *investimento*.[28]

O gatilho é um sinal, mensagem ou alerta baseado na plataforma, como e-mail, link para site, notícia ou notificação de aplicativo. Serve para deixar o usuário alerta para realizar alguma ação em resposta. A ação, por sua vez, produz uma recompensa para esse membro, geralmente algo de valor imprevisto, já que mecanismos de recompensa variável (como máquinas caça-níqueis e loterias) são formadores de hábitos. Finalmente, a plataforma pede ao participante que faça um investimento sob o formato de tempo, informações, capital social ou dinheiro. O investimento aprofunda o compromisso do usuário e reforça o padrão de comportamento desejado pelos gestores de plataforma.

Eis como o processo funciona. Barbara está no Facebook. Um dia, uma foto interessante aparece no feed de notícias dela – talvez um pôr-do-sol maravilhoso em uma praia de Maui, seu destino preferido de férias. Esse é o gatilho. A ação de resposta foi projetada para ser o mais descomplicada possível e encorajar Barbara a dar o passo seguinte – no caso, clicar na foto, o que leva ao Pinterest, a plataforma de compartilhamento de fotos, algo totalmente novo para Barbara. Lá ela recebe sua recompensa: uma variedade de novas fotos deslumbrantes, selecionadas por uma curadoria cuidadosa especificamente para atrair a curiosidade. (Imagine uma coleção de fotos intitulada "Dez melhores praias desconhecidas do Pacífico Sul".) Por fim, o Pinterest pede a Barbara, recentemente recompensada, que faça um pequeno investimento: convidar amigos para a comunidade, revelar preferências, construir bens virtuais ou aprender novas funcionalidades do Pinterest.²⁹ Qualquer dessas ações determinará um novo conjunto de gatilhos para Barbara e outros usuários, e o ciclo recomeça.

No caso do Pinterest, as normas incentivadas pelo design de comportamento produziram um corpo de conteúdo que se converte em um bem público valioso. O design de comportamento, claro, nem sempre beneficia os participantes. Também pode ser usado como ferramenta de venda e manipulação – um dos motivos pelos quais os próprios usuários têm de ficar atentos a esses mecanismos de governança e ao modo como funcionam.

Como regra, é desejável que os usuários participem da formatação do sistema que os governa. Elinor Ostrom, a primeira mulher a receber um Prêmio Nobel de Economia, observou que há vários padrões regulares que determinam o sucesso na criação e no policiamento de bens públicos pelas comunidades. Limites claros e bem definidos delineiam quem está sujeito aos benefícios da comunidade – e quem não está. Aqueles que são afetados por decisões relativas à distribuição dos recursos da comunidade têm de reconhecer os canais que podem usar para influenciar os processos de tomada de decisão. As pessoas que monitoram o comportamento dos participantes são responsáveis pela comunidade. Sanções regulares aplicam-se a quem viola as regras comunitárias. Os membros têm acesso a sistemas baratos para a solução de disputas. Conforme os recursos da comunidade aumentam, a governança é reestruturada em camadas escalonadas, com questões simples controladas por pequenos grupos de usuários locais e problemas cada vez mais complexos e globais geridos por grupos maiores e formalmente organizados.³⁰ As normas que regem comunidades de plataforma bem-sucedidas geralmente seguem os padrões delineados por Ostrom.

Jeff Jordan, que já foi vice-presidente sênior do eBay, relembra os problemas enfrentados pela empresa quando tentou acrescentar uma modalidade de venda de preço fixo ao tradicional formato de leilão da plataforma.³¹ As duas principais categorias de participantes do mercado reagiram de maneira bem diferente. Os compradores gostaram da ideia, mas os vendedores (que pagavam as taxas de mercado do eBay) temiam que os anúncios com preço fixo acabassem por matar a galinha dos ovos de ouro representada pelos leilões e a escalada de preços que eles induzem.

O processo adotado por Jordan para resolver a disputa seguiu várias ideias de Ostrom. O eBay usou grupos focais e o programa Voices para refletir as perspectivas do usuário e avaliar seus sentimentos. A equipe dele elaborou criteriosos comunicados para alertar compradores e vendedores sobre a proposta de alteração de regras e realizou testes em grupos menores, dando um passo atrás quando estes eram malsucedidos. Por fim, a liderança do eBay ficou do lado dos compradores, argumentando que os vendedores permaneceriam leais à plataforma porque "os comerciantes vão aonde os consumidores estão".[32] A decisão foi acertada. Hoje, os anúncios a preço fixo "Buy it Now" ("Compre Agora") representam cerca de 70% do volume bruto de negócios de US$ 83 bilhões.

Arquitetura. No mundo das plataformas, o termo "arquitetura" refere-se basicamente à programação. Sistemas de software bem projetados se autoaperfeiçoam: encorajam e recompensam o bom comportamento, fazendo com que ele se reproduza.

Plataformas de serviços bancários online, como operações de crédito P2P (*peer-to-peer*, ponto a ponto) empregam algoritmos de software no lugar da onerosa mão de obra humana especializada em serviços financeiros. Os algoritmos calculam a probabilidade de o empréstimo ser honrado a partir de dados convencionais (como pontuações de crédito) e incomuns (como a classificação do Yelp no caso de um restaurante, por exemplo), da estabilidade da lista de e-mails do tomador de crédito, de suas conexões no LinkedIn e até de como ele interagiu com as ferramentas de avaliação de empréstimo antes de solicitá-lo.[33] À medida que a arquitetura da plataforma se aperfeiçoa em predizer o comportamento do tomador de empréstimo, o risco de participação cai, atraindo mais financiadores. Enquanto isso, os baixos custos de operação permitem à plataforma oferecer taxas mais baixas, o que atrai mais pessoas à procura de crédito. A maior participação faz ampliar ainda mais o fluxo de dados pelo sistema, e o ciclo se repete.

Não é de admirar que plataformas de empréstimo P2P como a britânica Zopa desfrutem de um sucesso tão notável. Quando a Zopa anunciou que tinha movimentado mais de US$ 1 bilhão em empréstimos, um dos autores deste livro, Sangeet Choudary, cumprimentou os líderes da empresa e, tão polidamente quanto possível, perguntou: "Sua taxa de inadimplência de pagamento de empréstimo não seria uma medida de sucesso mais significativa?". A Zopa respondeu destacando o fato de que a inadimplência no sistema caíra de 0,6% para 0,2% em três anos[4] – uma prova do poder de uma arquitetura de plataforma bem projetada.

A arquitetura também pode ser usada para prevenir e corrigir falhas de mercado. Voltemos ao eBay e ao caso dos atravessadores que tiram vantagem dos erros ortográficos de vendedores mal informados. Apesar de serem lamentáveis as oportunidades de ganho perdidas pelos vendedores, há que reconhecer que os intermediários garantiram liquidez ao mercado ("espessura", na formulação de Alvin Roth) por meio de um processo conhecido como *arbitragem*. Se ninguém se aproveitasse dos erros ortográficos, as interações com os consumidores finais daqueles bens nunca aconteceriam – nesse sentido, quem faz a intermediação pode ser entendido como alguém que provê um serviço valioso. Apesar disso, a simples existência de oportunidades de arbitragem revela ineficiências de mercado. O eBay agora usa sistemas automatizados para oferecer assistência à ortografia, para que os vendedores possam ter confiança de que seus itens receberão ofertas compatíveis com seu valor. Nesse caso, a governança sábia cassa os direitos de um público específico de interessados (os intermediários) a fim de assegurar a saúde geral do ecossistema.

As transações em alta velocidade na Bolsa de Valores de Nova York fornecem outro exemplo. Empresas como Goldman Sachs empregam supercomputadores para determinar quando um pedido de compra ou venda colocado em um mercado vai se propagar para outro mercado. Então, lançam-se para interceptar o negócio, comprando na baixa, vendendo na alta e ficando com a margem. Essa metodologia confere a alguns participantes do mercado (que contam com alto poder de processamento de dados) uma vantagem injusta sobre os demais.[35] Esse poder assimétrico traz o risco de afastar operadores que se sintam trapaceados. Para resolver o problema, bolsas de valores concorrentes, tais como o sistema alternativo IEX, estão usando seus próprios supercomputadores para cronometrar com precisão a ordem das ofertas, de modo a eliminar as vantagens de um gigante como a Goldman Sachs.[36] Trata-se de um caso em que a arquitetura nivela o campo de jogo, tornando os mercados mais competitivos e justos.

Uma das mais inovadoras modalidades de controle arquitetural já inventadas data de 2008, quando um gênio anônimo da programação identificado como Satoshi Nakamoto publicou um artigo na lista de discussão Cryptography em que descrevia a moeda digital bitcoin e o chamado protocolo blockchain, que a governa. A bitcoin ganhou fama como a inesquecível primeira moeda digital do mundo que não podia ser controlada por governos, bancos ou indivíduos, mas a verdadeira revolução estava no blockchain, que tornou possível descentralizar interações cem por cento confiáveis sem a necessidade de pagamentos de caução ou outras garantias.

O blockchain é um livro contábil público e distribuído que permite o estoque de dados em um recipiente (*block*, ou bloco) atrelado a outros recipientes (formando uma cadeia, *chain*).[37] Os dados podem se referir a qualquer coisa: provas datadas de uma invenção, o nome de um carro ou moedas digitais. Qualquer um pode verificar que você inseriu os dados em um bloco porque ele leva sua assinatura pública, mas apenas sua chave privada pode abri-lo para ver ou transferir os conteúdos. Assim como seu endereço residencial, um bloco de dados é público e comprovadamente de sua propriedade, e apenas pessoas autorizadas por você têm a chave para acessá-lo.[38]

O protocolo blockchain viabiliza a governança descentralizada. Normalmente, quando você assina um contrato, confia em que a outra parte honrará os termos. Caso isso não aconteça, uma autoridade constituída como o Estado ou um serviço de caução como o eBay garantem a execução do contrato. A posse pública do blockchain nos autoriza a escrever contratos inteligentes auto-aplicáveis que automaticamente redefinem a propriedade assim que os termos do documento passam a valer. Nenhuma parte pode recuar porque o código, rodando de maneira descentralizada e pública, não está sob o controle de ninguém. Ele simplesmente executa as operações. Esses contratos inteligentes, autônomos, podem até remunerar mão de obra humana pela efetivação de seu trabalho – com efeito, trata-se de máquinas fazendo pessoas trabalharem.

Por exemplo, imagine um contrato inteligente entre um fotógrafo e um casal que planeja seu casamento. O contrato armazenado no blockchain poderia especificar que o pagamento da parcela final do cachê do fotógrafo será feito imediatamente depois da entrega dos arquivos eletrônicos das fotos editadas para os recém-casados. A cláusula funciona como um gatilho digital, incentivando o fotógrafo a concluir sua entrega o mais rápido possível, enquanto também o alivia de qualquer preocupação de um eventual calote por parte de seus clientes.

A invenção de Nakamoto deu origem a um novo tipo de plataforma – com arquitetura aberta e um modelo de governança, mas sem autoridade central. Sem necessidade de barreiras de proteção para o sistema, tal inovação põe em xeque o funcionamento das plataformas existentes, que se valem de onerosos guardiões. Serviços financeiros que cobram de 2% a 4% do valor de um contrato apenas para processar a transação podem, no futuro, ser questionados para justificar essa taxa.

Além disso, enquanto a maioria das plataformas concentra-se no problema do poder de mercado de participantes específicos, o sistema de Nakamoto aborda o problema do poder de monopólio da plataforma em si. Nem mesmo Nakamoto, cuja identidade real permanece um mistério, pode alterar as regras do código fonte aberto do blockchain para favorecer um participante em detrimento de outro.

Mercados. Uma variedade de incentivos é utilizada pelos mercados para regular o comportamento – não só relacionado a dinheiro, mas à trinca de motivações humanas resumidas em diversão, fama e fortuna. Na verdade, em muitas plataformas, o dinheiro é bem menos importante do que a modalidade mais intangível e subjetiva de valor conhecida como *moeda social*.

A ideia por trás da moeda social é dar algo no intuito de conseguir algo. Se você oferece diversão em uma foto, pode fazer com que as pessoas a compartilhem. A moeda social, medida como o valor econômico de uma relação, inclui favoritos e compartilhamentos.[39] Também abarca a reputação construída por uma pessoa a partir de boas interações no eBay, de posts de boas notícias no Reddit ou de boas respostas no Stack Overflow. Abrange, ainda, a quantidade de seguidores que um usuário atrai no Twitter e o número de endossos a suas habilidades registrados no LinkedIn.

O iStockphoto desenvolveu um mecanismo de mercado útil baseado em moeda social para administrar as trocas de fotos. Quem faz o download de uma imagem paga um crédito; quem fez o upload dessa imagem recebe um crédito.[40] Cada crédito vale US$ 0,25, e os fotógrafos recebem pagamento em dinheiro por créditos acumulados a partir de US$ 100. O sistema criou uma troca social justa, que permitiu a fotógrafos profissionais e amadores participarem do mesmo mercado. Simultaneamente, o mecanismo encorajou o fornecimento e a "espessura" do mercado, dando origem ao setor dos microbancos de imagens.

Moedas sociais têm muitas propriedades notáveis e subavaliadas. Podemos usá-las até para responder à interessante questão de Brad Burnham sobre a "política monetária" de uma plataforma.

A plataforma SAP, de apoio à gestão de empresas, utiliza uma moeda social como a do iStockphoto ou do Stack Overflow para motivar desenvolvedores a responder questões uns dos outros. Os pontos ganhos quando o funcionário de uma desenvolvedora responde uma questão são creditados na conta dessa companhia, até atingirem um determinado nível de pontuação – nesse momento, a SAP converte a moeda social em generosa contribuição para uma organização de caridade à escolha da parceira desenvolvedora. O sistema economizou para a SAP de US$ 6 milhões a US$ 8 milhões em custos de suporte à tecnologia, gerou numerosos novos produtos e ideias de serviço, e reduziu o tempo de resposta médio prometido pela SAP de um dia útil para 30 minutos.[41] A SAP estima, ainda, que o conhecimento gerado por essa atividade corresponde a um ganho de US$ 500 mil em produtividade anual para um típico parceiro de software.[42]

Outro fato interessante é que a SAP tem usado o suprimento de moeda social para estimular sua economia desenvolvedora da mesma maneira que o Federal Reserve usa suas reservas de dinheiro para aquecer a economia dos Estados Unidos. Quando a SAP lançou um novo produto de gestão de relacionamento com o cliente (CRM, na sigla em inglês), ofereceu pontos duplos para qualquer resposta, código ou white paper relacionado a CRM. Ao longo de dois meses dessa política de "expansão monetária", os desenvolvedores encontraram lacunas no software e desenvolveram novas funcionalidades a um ritmo bem maior do que o normal.[43] Usado como suprimento de dinheiro, o fluxo aumentado de moeda social fez com que o resultado econômico geral se ampliasse. Com efeito, a SAP empregou uma política monetária expansionista para estimular o crescimento – e funcionou.

Além de promover crescimento econômico, mecanismos de mercado bem projetados podem incentivar a criação e o compartilhamento de propriedade intelectual e reduzir os riscos das interações no âmbito da plataforma.

Ideias belas e úteis são bens públicos, o que levanta questões. Qual é a política ótima de propriedade intelectual para uma plataforma? Se um desenvolvedor que trabalha em uma plataforma tem uma ideia valiosa, quem é o dono dela: o desenvolvedor ou a plataforma? É possível imaginar bons argumentos de defesa para ambos os lados. Conceder a propriedade ao desenvolvedor estimula a criação de ideias. Dar a propriedade à plataforma facilita a padronização e o compartilhamento, e enriquece o ecossistema como um todo. Leis governamentais relacionadas a patentes e outros tipos de proteção da propriedade intelectual são confusas e caras para implantar. Faz-se necessária uma solução mais elegante baseada em plataforma.

A SAP equaciona esse problema com duas práticas. Primeiro, publica um roteiro estimativo para os próximos 18 a 24 meses, indicando novos produtos e serviços que pretende construir para aumentar as ofertas aos clientes corporativos. Isso não só informa aos desenvolvedores externos da SAP qual propriedade digital estará disponível para suas próprias inovações, mas também lhes confere uma janela de até 2 anos antes de enfrentar a concorrência. Esse intervalo de tempo serve então como um período de patente metafórico.[44] Em segundo lugar, a SAP cria uma política financeira de parceria com desenvolvedores, ou os compra por um preço justo. Isso garante aos fornecedores que serão justamente compensados por seu trabalho, reduz o risco da parceria e estimula investimento externo na plataforma.

A questão da redução de risco é constante. A história mostra que os fundadores de plataformas em geral tentam evitar a responsabilidade quanto aos riscos enfrentados pelos participantes do sistema, em especial em seus primeiros tempos. Por exemplo, nos anos 1960, empresas de cartão de crédito que abrigam os dois lados da plataforma – comerciantes e consumidores – resistiram a oferecer um seguro antifraude para os proprietários de cartões. O argumento era de que o seguro, na verdade, promoveria a fraude entre os consumidores, ou no mínimo os tornariam mais descuidados com os cartões, ampliando o risco da operação para os bancos. Dessa maneira, houve grande relutância em ampliar a oferta de crédito, prejudicando a população de baixa renda.

Diante das vigorosas objeções de grandes bancos, o Fair Credit Reporting Act (1970) e uma emenda de lei subsequente exigiram o seguro contra fraude, impondo um limite de US$ 50 sobre o passivo do consumidor por uso fraudulento de cartão de crédito. O desastre previsto por empresas de cartão de crédito não aconteceu. Liberados do medo da fraude, os consumidores aderiram de vez aos cartões e o aumento no volume de transações superou amplamente os casos de ocorrências fraudulentas. O benefício agregado ao negócio pelo seguro revelou-se tão poderoso que, a fim de encorajar a adoção e o uso, muitos bancos norte-americanos agora dispensam a cobrança de US$ 50 quando os clientes relatam perda ou roubo do cartão em até 24 horas.[45]

Em anos recentes, novos negócios de plataforma têm cometido o mesmo erro das empresas de cartão de crédito na década de 1960. De início, o Airbnb recusou-se a indenizar anfitriões por prejuízos causados por hóspedes, e o Uber evitou oferecer aos passageiros um seguro contra o mau comportamento dos motoristas.[46] Ambas as empresas, porém, se deram conta de que isso prejudicaria o crescimento de suas plataformas. Hoje, o Airbnb oferece coberturas de até US$ 1 milhão em proteção ao anfitrião, e o Uber associa-se a companhias de seguro para criar novos tipos de apólices para proteger seus motoristas.[47]

Em vez de buscar a minimização do próprio risco, as plataformas devem usar mecanismos de mercado, como o seguro, para reduzir o risco para seus participantes e, assim, maximizar a criação de valor geral. Boa governança significa cuidar da saúde dos parceiros do próprio ecossistema.

PRINCÍPIOS DE AUTOGOVERNANÇA PARA PLATAFORMAS

Reis e conquistadores gostam de criar regras, mas nem sempre as cumprem. No caso das plataformas, no entanto, os resultados sempre melhoram quando regras inteligentes de governança são aplicadas – e cumpridas – não apenas por parceiros e participantes, mas pelos próprios gestores do ecossistema.

O primeiro grande princípio da autogovernança para plataformas é a *transparência interna*. Como em quase todas as organizações, em uma plataforma também existe a tendência de divisões e departamentos fecharem-se em "silos" – desenvolvendo pontos de vista, linguagens, sistemas, processos e ferramentas únicos, de difícil compreensão para pessoas de outros departamentos ou de fora da empresa. Isso dificulta demais a resolução dos problemas complexos de grande escala que afetam duas ou mais divisões, dada a ausência de um vocabulários comum e de um conjunto de ferramentas compartilhado entre os membros das diferentes equipes. O efeito dos silos também afeta as pessoas de fora – incluindo usuários e desenvolvedores –, dificultando que trabalhem efetivamente com a plataforma.

Para evitar essa disfunção, os gestores deveriam unificar todas as divisões de negócio em torno de uma visão clara de toda a plataforma. A transparência interna promove consistência, ajuda quem está fora a desenvolver e usar recursos-chave para o sistema e, ainda, abre caminho para crescer em escala.

O chamado Yegge Rant, documento em que o executivo Steve Yegge tentou resumir um código de regras emitido por Jeff Bezos, da Amazon, capta o espírito desse princípio com muita eficiência. Bezos insistia que todos os membros da equipe deveriam aprender a se comunicar entre si usando "interfaces de serviço" – dados de ferramentas de comunicação desenhados para ser claros, compreensíveis e úteis para todos, tanto dentro da organização como fora, para usuários e parceiros externos. A ideia: tratar todos com quem se faz negócios – incluindo colegas de outros departamentos e divisões – como consumidores, assumindo a responsabilidade por fornecer informações legítimas e relevantes. Eis as sete regras apresentadas no Yegge Rant:

1. Todas as equipes, daqui em diante, apresentarão seus dados e funcionalidades por meio de interfaces de serviço.
2. Equipes devem se comunicar entre si por meio dessas interfaces.
3. Não haverá outra modalidade de comunicação interprocessual permitida: nada de ligações diretas, leituras diretas de banco de dados de outra equipe, modelos de memória compartilhada, muito menos backdoors. A única comunicação permitida é pelas chamadas via interface de serviço na rede.
4. Não importa que tecnologia seja usada: HTTP, Corba, Pubsub, protocolos de cliente – não importa. Bezos não liga.

5. Todas as interfaces de serviço, sem exceção, devem ser projetadas do zero com vistas à externalização. Isso significa que a equipe deve planejar e desenhar no intuito de expor a interface aos desenvolvedores externos. Sem exceções.
6. Quem não fizer isso será demitido.
7. Obrigado, tenham um bom dia!

A aplicação desse princípio de transparência está por trás do sucesso da Amazon Web Services (AWS), empresa de serviços na nuvem que integra a plataforma. Andrew Jassy, vice-presidente de tecnologia da Amazon, observou como diferentes divisões do negócio continuaram tendo de desenvolver operações de serviço web para armazenar, buscar e comunicar dados.[48] Jassy defendeu que essa variedade de projetos deveria ser combinada em uma única operação com um conjunto claro, flexível e universalmente compreensível de protocolos. Isso tornaria todo o vasto corpo de dados da Amazon acessível e útil para todos na organização.

Ainda mais importante, Jassy reconheceu que resolver esse problema para a Amazon poderia ter aplicações externas mais amplas. Ele argumentou que, se as múltiplas unidades de negócio internas enfrentavam tal problema, era de se esperar que outras empresas também tivessem necessidades semelhantes – que poderiam ser supridas por um serviço confiável de gestão de dados, o qual já havia sido testado internamente com sucesso. Nasceu a AWS – um dos primeiros negócios a oferecer armazenamento e gestão de informação na nuvem para companhias com o desafio de gerir dados massivos. Graças à visão de Jassy, a AWS hoje tem mais capacidade de mercado do que a soma de seus doze concorrentes mais próximos na área de serviços na nuvem.[49]

Em contraste, empresas que limitam a própria capacidade de ver suas unidades de negócio como um todo têm mais probabilidade de falhar em estabelecer plataformas viáveis ou passíveis de crescimento em escala.

A Sony Corporation é um exemplo preocupante. Seu aparelho walkman dominou a música portátil a partir dos anos 1970. Em 2007, quando o iPhone foi apresentado, a dominância da Sony do mundo dos equipamentos eletrônicos parecia inabalável. A gigante japonesa tinha um MP3 player de qualidade internacional e um e-reader pioneiro, produzia algumas das melhores câmeras fotográficas e, naquele mesmo ano, lançou uma nova geração do PlayStation Portable (PSP), o melhor videogame do mundo. A Sony chegou a ser dona dos estúdios de televisão e cinema Time Warner, o que lhe deu a oportunidade de oferecer conteúdo exclusivo. Mesmo assim, apesar dessas vantagens parciais, nunca desenvolveu a visão de oferecer uma plataforma. Em vez disso, adotou linhas de produtos separadas e focou em sistemas individuais.

A visão de negócios em silos impediu que a Sony criasse um ecossistema unificado de plataforma. Em poucos anos, a Apple, com o iPhone e os aplicativos construídos em sua plataforma em expansão, dominou o território. Dois anos depois da quebra da bolsa de 2008, o preço das ações da Sony continuavam quase um terço abaixo de seu valor anterior, enquanto a cotação da Apple havia disparado.

O segundo grande princípio da autogovernança de plataforma, a *participação*, é crucial para os gestores darem voz também a parceiros externos e públicos interessados durante os processos internos de decisão. De outra maneira, as decisões tomadas inevitavelmente tenderão em favor da plataforma em si, o que pode contrariar os demais participantes e fazer com que abandonem o ecossistema.

No livro *Platform Leadership* (Harvard Business School Press), os autores Annabelle Gawer e Michael A. Cusumano apresentam um vívido exemplo de como dar voz a parceiros pode garantir uma ótima governança de plataforma. O ecossistema construído em torno do USB, promovido pela Intel, foi um dos primeiros padrões a facilitar a transferência de dados e energia entre periféricos – teclados, pentes de memória, monitores, câmeras, placas de rede e assim por diante – e computadores. No entanto, os periféricos estavam fora do negócio central de microchips da Intel.[50] Isso significava que a empresa enfrentava uma versão especialmente aguda do dilema do ovo e da galinha, discutido no Capítulo 5. Ninguém quer produzir periféricos com um padrão de conexão ao computador que ninguém mais adotou. Do mesmo modo, ninguém quer comprar um computador para o qual ninguém mais produz periféricos. Os potenciais parceiros de hardware estavam relutantes em aderir ao USB: como proprietária do padrão, a Intel poderia, mais tarde, implementar mudanças de modo a tornar os produtos concorrentes incompatíveis, capturando assim todo o valor de longo prazo dos investimentos dos parceiros.

A Intel solucionou o dilema do ovo e da galinha ao confiar o USB à sua divisão Intel Architecture Labs (IAL). Sendo uma nova unidade de negócio, a IAL não estava sob a autoridade de nenhuma linha de produto interna. Seu trabalho consistia em servir como negociador neutro entre parceiros do ecossistema e unidades de negócio internas, o que só poderia ser realizado com independência. O IAL ganhou a confiança dos parceiros ao defender e implementar políticas que melhoravam a saúde do ecossistema, mesmo que, eventualmente, em detrimento de divisões internas da Intel. Ao longo de um ano, a equipe do IAL visitou mais de 50 empresas, convidando-as a ajudar a definir o padrão. Por meio do IAL, a Intel também se comprometeu a não prejudicar futuramente mercados parceiros, seja empenhando sua reputação, seja firmando contratos para limitar seu comportamento futuro. (Veja o quadro com um resumo dos princípios de autogovernança do IAL.)

Tamanhos esforços compensaram. Um consórcio de sete empresas – Compaq, DEC, IBM, Intel, Microsoft, NEC e Nortel –, unido em torno do USB, produziu um padrão de ecossistema que evoluiu de maneira bem-sucedida por mais de uma década.

O caso nos remete mais uma vez a um princípio que apresentamos anteriormente neste capítulo: *só a governança justa pode criar riqueza*. Essa máxima valeu tanto para a história de ascensão de Cingapura como para o lançamento do padrão USB.

A justiça ajuda a criar riqueza de duas maneiras.[52] Primeiro, se você trata as pessoas de modo justo, elas ficam mais abertas a compartilhar suas ideias. Ter mais ideias sobre a mesa descortina oportunidades de mesclá-las, combiná-las e recriá-las como inovações.

Segundo, a governança justa induz os participantes de um mercado a alocar seus recursos com mais sabedoria e produtividade, conforme demonstrou formalmente um dos autores deste livro, Marshall Van Alstyne.[53] Considere o padrão USB. Se as sete empresas envolvidas na criação do padrão têm certeza de obter uma fatia justa do valor criado, então cada uma participa de boa vontade. Em contraste, se houver a possibilidade de cinco delas se unirem para subtrair valor das outras duas (que sabem que isso pode ocorrer), estas jamais aceitariam formar a coalizão. A possibilidade de injustiça poderia ter rachado o grupo de empresas, dando origem a padrões alternativos ao USB, ou, pior ainda, inviabilizando o desenvolvimento de qualquer padrão.

> **REGRAS DE AUTOGOVERNANÇA SEGUIDAS PELO INTEL ARCHITECTURE LABS (IAL) AO LANÇAR O PADRÃO USB**
> 1. Dar voz aos consumidores em decisões-chave. Usar uma unidade de negócio autônoma para lidar com interesses conflitantes.
> 2. Para estabelecer relações de confiança, padrões abertos devem continuar abertos.
> 3. Tratar a propriedade intelectual – a sua e a de outros – com justiça.
> 4. Comunicar um roteiro claro e segui-lo fielmente.
> 5. Reservar-se o direito de entrar em mercados estrategicamente importantes mediante anúncio prévio. Não surpreender pessoas com a notícia, nem antecipá-la para privilegiar alguns interlocutores.
> 6. No caso de grandes investimentos, compartilhar risco e aplicar o próprio dinheiro.
> 7. Não prometer que a plataforma se manterá igual. Comprometer-se a notificar uma mudança previamente aos envolvidos. Assumir o risco da mudança, de modo que ela atinja a plataforma, não só o parceiro.
> 8. Se preciso, oferecer benefícios diferenciados a parceiros com recursos diferenciados (mas certifique-se de que todos entendem tais qualificações).
> 9. Promover a saúde financeira de longo prazo de parceiros, em especial os menores.
> 10. Conforme o negócio amadurecer, tomar decisões que favoreçam a progressão a partir do centro da plataforma para a periferia, para novos negócios que canibalizem a própria plataforma.[51]

Ou seja, a justiça sempre cria riqueza – ou a riqueza nunca pode ser criada sem justiça. Keurig, Apple, Facebook e outras companhias, vez por outra, trataram mal suas comunidades sem sofrer impacto financeiro. Mas, em longo prazo, a participação justa na governança do ecossistema dispõe os usuários a criar uma riqueza maior do que se a plataforma seguir regras que garantem aos gestores o poder de tomar decisões arbitrárias e unilaterais. Muitos empreendedores escolhem princípios de governança que favoreçam a si mesmos em detrimento dos usuários. No entanto, plataformas que respeitam seus usuários podem esperar muito mais deles – com benefícios que, ao final, são distribuídos a todos.

A governança sempre será imperfeita. Quaisquer que sejam as regras, os parceiros encontrarão maneiras de tirar vantagem para si. Haverá assimetrias de informações e externalidades. Interações levam a complicações, que levam a intervenções, que levam a novas complicações. Na verdade, se a boa governança permite a terceiros inovar, então, conforme são geradas novas fontes de valor, criam-se, ao mesmo tempo, outras arenas de luta pelo controle desse valor.

Quando tais conflitos surgem, as decisões de governança devem favorecer as maiores fontes dos novos valores ou a direção para a qual o mercado se encaminha. Empresas que escolhem apenas entesourar seus bens, como fez a Microsoft, acabam estagnadas. Portanto, o mecanismo de governança, além de autocurativo, tem de promover a evolução. A governança sofisticada conquista eficiência a ponto de se autoprojetar – ou seja, ela encoraja os membros da plataforma a colaborarem livremente e sem medo, de modo a atualizarem as regras conforme a necessidade. A governança não pode ser estática. Quando sinais de mudança aparecem no horizonte – como novos comportamentos dos usuários da plataforma, conflitos imprevistos entre eles ou a emergência de novos concorrentes –, toda a organização precisa ser comunicada disso rapidamente, com estímulo para o diálogo criativo em torno de como o sistema de governança tem de evoluir diante do novo quadro.

Seja qual for o tipo de negócio ou o ecossistema social da plataforma, ela sempre inclui tanto partes que se movimentam com agilidade como as que reagem com mais lentidão. Sistemas inteligentes de governança são flexíveis o bastante para responder a ambos.[54]

DESTAQUES DO CAPÍTULO

⇨ A governança é necessária porque mercados absolutamente livres são propensos a falhas.

⇨ As falhas de mercado são causadas por assimetria de informações, externalidades, poder de monopólio e risco. A boa governança ajuda a prevenir e atenuar as falhas do mercado.

⇨ As ferramentas básicas para a governança de plataforma incluem leis, normas, arquitetura e mercados. Cada uma deve ser implementada com cuidado para incentivar os participantes a adotarem comportamentos positivos, estimulando as boas interações e desencorajando as ruins.

⇨ A autogovernança também é crucial para a gestão eficaz da plataforma. Quando bem gerida, a plataforma rege suas próprias atividades de acordo com os princípios da transparência e da participação.

9
MÉTRICAS

Como gestores de plataforma podem mensurar o que de fato importa

Líderes sempre precisam de algumas métricas para orientar suas ações. Isso acontece há milhares de anos em todos os âmbitos da atividade humana, dos negócios ao governo e à guerra. Leia a descrição de Jonathan Roth sobre fatores-chave para o exército de Júlio César nas Guerras da Gália (58-50 a.C.):

> O exército romano levou uma vasta quantidade de materiais ao campo de batalha: roupas, armaduras, armas, tendas, fortificações portáteis, equipamentos de cozinha, suprimentos médicos, materiais de escrita e muito mais... Aproximadamente 90% do peso para uma força de combate correspondiam a apenas três elementos: comida, forragem e lenha. Todas as decisões militares, do conceito estratégico básico até os menores movimentos táticos, foram afetadas, e muitas vezes determinadas, pela necessidade de oferecer esses componentes ao exército.[1]

Ciente do número de soldados e animais, o intendente de Júlio César poderia rapidamente determinar que o exército seria capaz de marchar e por quanto tempo durariam as provisões apenas por meio da tabulação da quantidade de comida para os homens, de forragem para os animais e de lenha para aquecer e cozinhar. Essas três métricas-chave moldaram grande parte de suas opções estratégicas mais fundamentais.

Líderes de empresas tradicionais, com fins lucrativos e cadeias de valor lineares (pipelines), têm alcançado sucesso de maneira semelhante, trabalhando com um grupo relativamente limitado de métricas-padrão.

Fabricantes de bens como automóveis ou máquinas de lavar, por exemplo, precisam buscar matérias-primas ou componentes para convertê-los em produtos, vendidos aos consumidores finais por meio de uma diversidade de canais de venda e marketing. Os detalhes do trabalho às vezes revelam-se complexos, mas, enquanto a receita exceder o custo total do pagamento dos participantes da cadeia e for possível extrair uma margem de lucro que justifique o risco e cubra futuros custos de desenvolvimento, está tudo certo. Por mais que funcionários de linha e gestores intermediários do pipeline precisem estar imersos nos detalhes da criação, fabricação, produção, marketing e entrega, os altos executivos, bem como membros do conselho e investidores externos, podem se concentrar em alguns números-chave para ter uma noção rápida da saúde relativa do negócio.

As métricas tradicionais de empresas de pipeline, comuns à maioria dos gestores, incluem fluxo de caixa, movimentações de estoque e receitas operacionais. Em conjunto, esses indicadores esboçam uma imagem muito útil das condições gerais do negócio. Sua simplicidade e clareza ajudam os líderes a manterem-se focados nos fatores cruciais para o sucesso de longo prazo, em vez de se distraírem com detalhes secundários.

DO PIPELINE À PLATAFORMA:
O NOVO DESAFIO DAS MÉTRICAS

Infelizmente, as métricas tradicionais que organizam e orientam as empresas de pipeline pouco se aplicam no contexto de uma plataforma – e está longe de ser fácil desenvolver métricas alternativas que de fato meçam sua saúde e perspectivas de crescimento. Analisemos a história da BranchOut. Lançada em julho de 2010, era uma plataforma de contatos profissionais baseada principalmente em um aplicativo que permitia aos usuários fazer conexões para buscar emprego por meio do Facebook. Ou seja, uma variante do LinkedIn combinada à vasta rede do Facebook. Em um mundo em que a maioria das vagas de emprego é preenchida não com a ajuda de anúncios ou posts na internet, mas pela força da indicação boca a boca, a BranchOut foi vista por muitos como uma inovação brilhante. Seu fundador e CEO, Rick Marini, conseguiu atrair US$ 49 milhões em três rodadas de investimento.

A decolagem da empresa até o topo do mundo das redes de profissionais foi surpreendente. Sua base saltou de pouco menos de 1 milhão para incríveis 33 milhões de usuários entre o outono e o inverno de 2012. Mas a implosão foi igualmente rápida. Antes que se passassem mais 4 meses, o número de membros despencou para pouco menos de 2 milhões. No meio do ano seguinte, a empresa tateava uma estratégia de negócio totalmente nova, esperando se tornar uma plataforma de "bate-papo no local de trabalho", uma opção para grupos de colegas se manterem em contato. Rick Marini admitiu aos jornalistas que "não há muitos usuários ativos hoje", mas assegurou que a BranchOut "não era um fracasso e permanecia viva".[2]

Análises posteriores apontaram uma série de motivos para o colapso da BranchOut. Alguns analistas culparam as mudanças na plataforma de desenvolvimento de aplicativos do Facebook, que esmagou o sistema de comunicações da BranchOut. Outros apontaram o fato de que misturar busca de emprego com o ambiente de rede social era equivocado. "Procurar emprego é estressante", colocou um observador. "Dá muito trabalho. Quando saio com meus amigos, a última coisa de que quero falar é do meu desemprego. Quero fugir disso."[3]

Tais fatores podem ter levado ao fracasso da BranchOut. Mas o erro mais significativo da empresa talvez tenha sido *priorizar – e medir – as coisas erradas*. Muito bem capitalizada e com um incrível surto de inscrições de "usuários ativos", a BranchOut continuou, durante os fatídicos meses de meados de 2012, direcionando esforços para aumentar o número de integrantes. Incentivou seus participantes a trazerem o máximo possível de amigos e abriu caminho para os membros do Facebook convidarem todos os seus contatos a se unir à BranchOut. Conforme centenas de milhões de convites inundaram o espaço cibernético, o cadastramento disparou.[4]

Ter o nome ou o e-mail de alguém em uma lista de membros não garante sucesso a uma plataforma. O que importa é a *atividade* – o número de interações satisfatórias que os usuários experimentam. Se a BranchOut tivesse controlado o volume de atividade tão de perto como fez com os participantes, perceberia que seus milhões de membros não vinham encontrando muito valor no serviço – o que levou, claro, à queda da quantidade de inscritos.

A história ilustra uma verdade vital. Além de transformarem as cadeias de valor tradicionais, a estratégia competitiva e as práticas de gestão, as plataformas demandam um novo tipo de métricas internas.

Voltemos por um momento às métricas comumente usadas por gestores de pipeline: números-chave como fluxo de caixa, movimentações de estoque e renda operacional, bem como indicadores auxiliares, como margem bruta, despesas gerais e retorno sobre o investimento. Essas ferramentas, das mais variadas maneiras, ajudam a definir a mesma coisa: *a eficiência com que o valor flui pela cadeia*. Uma empresa de pipeline bem-sucedida trabalha com perda mínima de recursos e entrega grande quantidade de bens e serviços aos clientes por meio de sistemas de marketing, vendas e distribuição bem administrados, gerando receitas mais do que suficientes para cobrir custos e gerar lucros que recompensarão investidores e financiarão o crescimento futuro.

Métricas de pipeline são ferramentas para medir a eficiência desse fluxo de valor de uma ponta da cadeia à outra. Elas ajudam os gestores a identificar gargalos, bloqueios e colapsos no fluxo, os quais exigem o aperfeiçoamento de processos ou melhorias de sistema que vão fazer o valor crescer e fluir mais rápido e de maneira mais recompensadora pela cadeia linear da empresa. Assim, quando um índice como o das movimentações de estoque cai de modo inesperado, em geral sinaliza excesso de estoque, obsolescência de produto ou falha no mercado. De outro lado, um nível excessivamente alto de faturamento pode chamar a atenção para a falta de estoque e uma consequente perda de vendas. Monitorar essas métricas ajuda os gestores a fazer os ajustes necessários para manter o negócio fluindo.

Esse tipo de análise (sem dúvida simplificada) não funciona quando mudamos o foco para uma plataforma. Conforme vimos, ela cria valor principalmente pelo impacto dos efeitos de rede. Na busca de métricas que expressem a verdadeira saúde de seu negócio, os gestores de plataforma precisam se concentrar nos efeitos de rede positivos e no que fazer para desencadeá-los.

Tais métricas devem definir *o índice de sucesso de interação e os fatores que contribuem para isso*. Plataformas existem para facilitar interações positivas entre usuários – em especial, entre produtores e consumidores de valor. Quanto maior o número delas, mais participantes serão atraídos à plataforma – e mais ansiosos ficarão para participar das atividades e interações ali viabilizadas. As métricas mais importantes, portanto, são aquelas que quantificam o êxito da plataforma em fomentar a repetição sustentável das interações desejáveis. O resultado final: efeitos de rede positivos e grande criação de valor para todos os envolvidos, incluindo usuários, patrocinadores e gestores da plataforma.

Vale sublinhar a diferença entre as métricas básicas da plataforma e do pipeline. Enquanto um gestor de pipeline preocupa-se com o fluxo de valor de uma ponta à outra da cadeia, o gestor de plataforma concentra-se na criação, divisão e entrega de valor por todo o ecossistema – tanto dentro quanto fora dele. Para um gestor de plataforma, a eficiência do processo e as melhorias no sistema podem ser muito importantes – mas apenas quando facilitam interações bem-sucedidas entre usuários. Seu grande objetivo, portanto, é a criação de valor para todos os participantes da plataforma, o que fortalece a comunidade, melhora sua saúde e vitalidade em longo prazo, e encoraja o crescimento contínuo dos efeitos de rede positivos.

MÉTRICAS PARA RASTREAR O CICLO DE VIDA DA PLATAFORMA

Neste capítulo, vamos considerar questões-chave relacionadas ao desenvolvimento e ao uso de métricas apropriadas para plataformas, seguindo seu ciclo de vida desde a fase de startup até a maturidade. Quando o negócio configura-se como startup, é fundamental dispor de indicadores simples que apoiem a tomada de decisão em torno de temas cruciais para o lançamento da plataforma: o desenho da interação básica; o desenvolvimento de ferramentas eficazes para atrair usuários, facilitar interações e parear produtores com consumidores; a criação de sistemas eficazes de curadoria; o grau de abertura do ecossistema para os diferentes tipos de participantes.

Em específico, as startups devem monitorar o crescimento de seu ativo principal – produtores e consumidores –, gerando um grande volume de interações bem-sucedidas. Vale notar que algumas das métricas tradicionais – como receita, fluxo de caixa, margem de lucro e afins, tidas como cruciais nos primeiros anos de uma empresa de pipeline – mostram-se irrelevantes em uma plataforma que está se lançando no mercado.

Quando a plataforma obtém massa crítica, proporcionando valor significativo para seus usuários, o foco das métricas pode se deslocar da retenção deles e de sua conversão em participantes ativos para o problema da remuneração pelos serviços prestados. É a fase da fundamental monetização do negócio. Conforme foi exposto no Capítulo 6, esse momento envolve decisões difíceis. Os gestores têm de elaborar métricas que lancem pistas para solucionar as principais questões relacionadas ao tema. Quais grupos de usuários tiram melhor proveito do valor das atividades do ecossistema? Quais participantes talvez precisem de subsídios a fim de manter uma participação contínua? Que parcela da criação do valor oferecido é construída dentro plataforma e não fora dela? Quanto valor adicional pode ser criado por meio de serviços como a curadoria incrementada? Quais grupos de fora da plataforma podem encontrar valor no acesso aos diferentes tipos de participantes do negócio? Como capturar o valor e extrair dele a justa porção pelo que é proporcionado pela plataforma sem afetar o crescimento contínuo dos efeitos de rede? Durante a fase de crescimento, métricas criteriosas podem ajudar os gestores na formulação de respostas precisas para tais questões.

Conforme a plataforma amadurece e se desenvolve como modelo de negócio autossustentável, os desafios da retenção do usuário e do crescimento exigem inovações. Essa é a melhor maneira de manter e melhorar a proposta de valor, distinguindo-se dos concorrentes. As métricas devem, então, avaliar a participação contínua dos usuários e o nível em que continuam descobrindo maneiras de criar valor dentro do ecossistema. É fundamental definir e monitorar o grau em que produtores e consumidores participam de modo recorrente das atividades da plataforma e aumentam sua interação ao longo do tempo.

A manutenção da competitividade inclui, ainda, atenção tanto ao assédio de plataformas concorrentes (um risco constante de drenagem da base de usuários) quanto à possibilidade de um parceiro (como um desenvolvedor extensivo) criar tanto valor a ponto de ele mesmo constituir-se como plataforma de negócio. Preocupações como essas também demandam o desenvolvimento de métricas específicas, capazes de detectar ameaças potenciais a tempo de permitir uma pronta reação dos gestores.

ESTÁGIO 1: MÉTRICAS NA FASE DE STARTUP

No estágio inicial de um negócio – seja ele uma empresa de pipeline, seja uma plataforma –, é preciso extrair o máximo dos poucos recursos disponíveis. Com dinheiro, tempo e talentos limitados, as pessoas entregam-se a múltiplas tarefas, muitas vezes em áreas em que não têm experiência. Nesse contexto, é fundamental (e desafiador) decidir em quais categorias de informação o gestor deve investir seus recursos de coleta e processamento.

Além disso, os *tipos* de métricas úteis para uma startup podem ser bem diferentes daqueles que se aplicam a um negócio convencional e maduro. O empreendedor Derek Sivers descreve assim o problema:

> Em sua maioria, as ferramentas de gestão não são criadas para florescer no solo inóspito da incerteza extrema no qual prosperam as startups. O futuro é imprevisível, os clientes enfrentam uma variedade cada vez maior de alternativas, e o ritmo das mudanças é sempre crescente. Ainda assim, grande parte das startups – em garagens e fundos de quintal – continua a ser gerida com base em projeções convencionais, marcos de produção e planos de negócio detalhados.[5]

Quais tipos de métrica, então, são mais valiosos durante a fase de startup de uma plataforma? Os gestores de plataforma devem se concentrar na interação básica e nos benefícios que ela cria tanto para os produtores como para os consumidores. Três métricas principais ajudam a definir o sucesso ou o fracasso de uma plataforma, bem como permitem identificar os caminhos para melhorar seu desempenho: *liquidez*, *qualidade de pareamento* e *confiança*.

Em um mercado de plataforma, entende-se *liquidez* como o estado no qual há um número mínimo de produtores e consumidores com alta porcentagem de interações bem-sucedidas. Alcançar a liquidez significa minimizar as falhas nas interações e satisfazer consistentemente ao propósito que leva os usuários a interagirem, dentro de um período razoável de tempo. Trata-se do primeiro e mais importante marco no ciclo de vida de uma plataforma. Portanto, a métrica mais valiosa nos meses iniciais é aquela que ajuda a determinar quando a liquidez será alcançada. Dependendo do funcionamento da plataforma e da natureza de sua base de usuários, a fórmula para essa métrica varia.

Uma maneira razoável de medir a liquidez é rastrear a *porcentagem de admissões que resultam em interações dentro de um determinado período de tempo*. É claro que tanto a definição de "interações" quanto o período de tempo variam conforme a categoria de mercado em que se atua. Em uma plataforma de conteúdo informativo, a interação talvez se resuma ao clique que leva o consumidor do título ao texto completo. Em um site de e-commerce, pode ser a compra de um produto. Em uma rede social de relacionamentos profissionais, pode se revelar como um endosso a um colega, troca de informações de contato ou uma resposta postada em uma página de discussão. Quaisquer dessas interações significam um grau de participação do usuário que vai além da simples inscrição no sistema: representam o momento em que ele reconhece, usa e aproveita uma unidade de valor disponível na plataforma.

Pelo lado negativo, é importante buscar e rastrear a ocorrência de situações de baixa liquidez. Nessas circunstâncias, uma transação desejada é impossível – por exemplo, quando um usuário do Uber abre o aplicativo e não encontra nenhum carro disponível. Eventos que denunciam a baixa liquidez desencorajam a participação na plataforma, de modo que convém manter um controle rigoroso para evitá-los.

É importante ressaltar que o grau de comprometimento e a atividade recorrente do usuário são métricas vitais para a adoção da plataforma, mas a inscrição não. Por esse motivo, nossa definição de liquidez inclui tanto o total de usuários quanto o nível de interações. Os relatórios e apresentações feitos por startups a investidores costumam enfatizar números brutos impressionantes de inscritos nas comunidades – informação que pode ser um tanto enganosa ou, ainda, sinalizar que a plataforma encontra dificuldade para converter visitantes curiosos em participantes ativos e criadores de valor.

Note que as métricas mais relevantes são as comparativas, na medida em que definem distinções úteis entre grupos de usuários ou por períodos de tempo – uma recomendação útil feita por Alistair Croll e Benjamin Yoskovitz, autores de *Lean Analytics* (ed. O'Reilly). Um bom exemplo de métrica comparativa é uma proporção calculada pela divisão de um número por outro. Obtém-se a *proporção de usuários ativos* pela divisão do número desses indivíduos pela quantidade total de inscritos no sistema. Calcula-se a *taxa de crescimento de usuários ativos* pela divisão do número de novos participantes que começam a fazer interações pelo total de usuários que mantêm atividades regularmente na plataforma.[6]

Outra categoria fundamental de métrica para a plataforma startup é a *qualidade de pareamento*. Ela refere-se à precisão do algoritmo de busca e à intuitividade das ferramentas de navegação oferecidas aos usuários que procuram com quem podem interagir e criar valor. A qualidade de pareamento – fundamental para entregar valor e estimular o crescimento e o sucesso da plataforma em longo prazo – é alcançada por meio da excelência na *curadoria do produto ou serviço*.

Como indica sua definição, a qualidade de pareamento está intimamente relacionada à eficácia com que se faz a curadoria das ofertas de produto ou serviço. Em regra, os usuários participam de uma plataforma com intenção altamente interacional: querem encontrar o que procuram o mais rápido possível. A precisão na promoção desses encontros reduz os custos de busca para os usuários – ou seja, eles precisam investir menos tempo, energia, esforço e outros recursos para localizar quem pode lhes proporcionar o que desejam. Assim, se a plataforma realiza um bom trabalho em unir, com rapidez e precisão, usuários com interesses correspondentes, estes tendem a se tornar participantes ativos e de longo prazo. Se a qualidade de correspondência é ruim, fraca e decepcionante, o número de usuários logo diminui, as interações caem e a plataforma pode ser condenada a um fim prematuro.

Obviamente, faz-se necessário traduzir o termo abstrato "qualidade de pareamento" em uma grandeza concreta, com definição operacional clara, a fim de transformá-la em métrica significativa. Uma maneira de medir a eficiência da plataforma em termos de compatibilização entre produtores e consumidores é o monitoramento da *taxa de conversão de vendas*, expressa como porcentagem de buscas que resultam em interações.

Obviamente, quanto mais alta a porcentagem, melhor. Contudo, qual é o limiar entre a qualidade de pareamento "baixa" e a "boa"? Não há uma resposta-padrão, de aplicação universal. O gestor de uma plataforma específica, porém, pode desenvolver uma regra útil ao correlacionar a porcentagem de interação de seus usuários com a taxa de atividade deles no longo prazo – digamos, de um a três meses. Esse cálculo pode permitir que o gestor determine, por exemplo, que uma porcentagem de interação de 40% represente uma linha de corte significativa para os usuários de sua plataforma: entre todos os que apresentam uma porcentagem de interação maior do que 40% durante a primeira semana naquela comunidade, a maioria permanece participando ativamente por pelo menos três meses; entre todos com porcentagem de interação inferior a 40% na primeira semana, a maioria cessa as atividades e deixa de participar.

Uma vez calculado esse índice, qualquer que seja ele, o gestor pode usá-lo como uma meta de trabalho, a qual funciona também como métrica da saúde do ecossistema. Pode-se medir a porcentagem de interação diária, observar sua tendência ao longo do tempo e até implementar, testar e avaliar melhorias no sistema de pareamento da plataforma com base nas oscilações desse indicador.

A terceira categoria fundamental de métrica para uma startup é a *confiança*, entendida como o grau de conforto do usuário com o nível de risco associado a sua participação nas interações. A confiança é conquistada por meio da excelência da curadoria dos participantes na plataforma.

Construir confiança, claro, é crucial para os mercados, em especial para aqueles em que as interações oferecem algum risco. No mundo das plataformas online, no qual conexões iniciais entre usuários, bem como muitas interações, transcorrem no espaço cibernético, a percepção de risco pode ser ainda mais importante. Uma plataforma bem gerenciada é aquela em que participantes dos dois lados passaram pelo crivo de uma boa curadoria, de modo que se sentem confortáveis com o nível de risco envolvido pelas interações dentro daquele ambiente. O Airbnb é um exemplo de operação bem-sucedida em uma categoria de alto risco, em grande parte porque consegue realizar uma boa curadoria de participantes, permitindo que anfitrião e hóspede avaliem um ao outro. A empresa, que tem um dos índices de avaliação mais altos entre as plataformas, ainda toma providências adicionais para construir confiança, como dispor de fotógrafos para assegurar a qualidade das imagens contidas nas ofertas dos anfitriões. Em contraste, a Craigslist, concorrente do Airbnb, revela pontuações relativamente baixas na métrica de confiança, tendo enfrentado uma série de escândalos envolvendo usuários que se valiam da plataforma para desenvolver atividades desonestas e até ilegais.

Essas três categorias de métrica – liquidez, qualidade de pareamento e confiança – combinam-se para oferecer aos gestores de plataforma em fase de startup uma imagem precisa do grau de interações bem-sucedidas e dos fatores-chave que contribuem para tanto. Conforme observamos, isso está no cerne do propósito da plataforma e desempenha papel fundamental na definição de como criar efeitos de rede positivos.

As fórmulas específicas para determinar as métricas de uma plataforma em particular precisam ser cuidadosamente pensadas, de modo a se adequarem ao tipo de negócio envolvido – é preciso considerar a natureza do empreendimento, os tipos de usuários, as modalidades de criação e de troca de valor, a variedade de interações desenvolvidas, e assim por diante.

Há uma série de métricas especializadas potencialmente valiosas, conforme o perfil da plataforma. Quando o foco do negócio é o grau de comprometimento do usuário com o ecossistema, pode-se optar por medir a *participação por interação*, o *intervalo de tempo entre as interações* e a *porcentagem de usuários ativos*.

Outro caminho possível consiste em medir o *número de interações*, a exemplo do que faz a Fiverr, plataforma de ilustração e design. Como a Fiverr prevê um valor fixo por interação – cada peça comercializada no site custa US$ 5 –, a simples quantificação das interações serve como medida absoluta do fluxo de atividade na comunidade.

Outras plataformas, contudo, têm de recorrer a métricas mais sofisticadas. O Airbnb, por exemplo, monitora com atenção o número de noites reservadas – um indicador mais eficiente de criação de valor para o negócio do que a mera soma de interações entre os participantes. O Upwork, mercado de profissionais freelancers, mede o volume de interação pela contagem de horas de trabalho entregues por um freelancer específico, o que é uma medida-chave de criação de valor nesse ecossistema. De modo semelhante, a Clarity mede a duração da chamada telefônica por meio da qual um especialista fornece consultoria para uma pessoa interessada.

Plataformas cuja receita baseia-se em extrair uma parcela do valor de qualquer interação – uma porcentagem a título de comissão, por exemplo – podem escolher medir a *captura de interação*, que refletirá o valor das interações que ocorrem na plataforma. O Amazon Marketplace, por exemplo, usa essa métrica, rastreando o valor bruto das interações processadas como indicador-chave do nível de atividade.

Plataformas que se concentram na criação de conteúdo exigem métricas diferentes. Algumas, por exemplo, medem a *cocriação* (a porcentagem de listagens consumidas pelos usuários) ou a *relevância do consumidor* (porcentagem de listagens que recebem um nível mínimo de respostas positivas de potenciais consumidores). São métricas focadas na qualidade da interação e que refletem o nível do trabalho de curadoria em relação ao conteúdo produzido.

Outras concentram-se no *acesso ao mercado* – a eficácia com que o usuário ingressa na comunidade, encontra e se conecta com outro participante, independentemente de essa interação se concretizar. Outras medem a *participação do produtor* – isto é, o índice de adesão dos produtores à plataforma e o crescimento dessa taxa ao longo do tempo. Sites de encontros com frequência fazem referência ao número de mulheres registradas – medida que serve como estimativa para o valor que outros usuários podem encontrar ali. De uma forma diferente, a OpenTable mensura as reservas de mesa em restaurantes. Estas não correspondem às verdadeiras interações – nas quais os restaurantes são pagos por refeição servida, um dado que não é prontamente disponibilizado para a plataforma –, mas ainda assim oferecem uma aproximação precisa do valor criado.

Os três fatores-chave da liquidez, da qualidade de pareamento e da confiança permanecem fundamentais para mensurar a saúde de quase todo tipo de plataforma recém-lançada. Mas, como é possível verificar, as características específicas de um negócio podem demandar métricas adicionais, mais especializadas. A variedade e o conjunto de indicadores adequados durante a fase de startup são limitados apenas pela criatividade do empreendedor e pela natureza das atividades que ocorrem em seu ecossistema.

ESTÁGIO 2: MÉTRICAS NA FASE DE CRESCIMENTO

As métricas mais apropriadas para captar o volume e a qualidade de interações em um ecossistema mudam ao longo do ciclo de vida da plataforma, e é fundamental identificar os pontos em que essas transições ocorrem. Com frequência, as empresas cometem o erro de se apegar a métricas que não se aplicam mais à realidade do negócio. Identificar e verificar as métricas básicas mais relevantes às decisões a serem tomadas *hoje* é importante em todas as fases de desenvolvimento da plataforma.

Por exemplo, uma vez que se atinge a massa crítica de usuários, novos problemas surgem. Os gestores continuam tendo de assegurar que a interação básica crie valor e que o influxo de membros comprometidos seja maior do que a perda de participantes, para que o empreendimento siga crescendo. No entanto, conforme o crescimento continua, a plataforma deve monitorar a mudança do tamanho da base de usuários ao longo do tempo. Será preciso dedicar especial atenção para o equilíbrio dos dois lados daquele mercado específico. Esse equilíbrio pode ser monitorado pela *proporção produtor-consumidor*, com um ajuste para incluir no cálculo apenas usuários ativos – aqueles que se engajaram em interações com uma determinada regularidade mínima, estabelecida pelos gestores. A experiência demonstra que essa proporção é um fator fundamental para a taxa de interações de sucesso conquistada pela plataforma.

Considere a interação básica que o site de relacionamento OkCupid oferece: promover conexões entre homens e mulheres. Conforme observamos no Capítulo 2, um dos aspectos fundamentais para essa plataforma administrar é o acesso de homens heterossexuais (que podem ser entendidos como "consumidores", nesse contexto) a mulheres heterossexuais (que desempenham o papel dos "produtores").*

Como resultado, o OkCupid mede a proporção de mulheres para homens e, quando ela diverge do nível considerado ideal, os gestores trabalham para recalibrá-la. Eles fazem esses ajustes pedindo aos usuários para classificarem a atratividade daqueles que estão do outro lado da plataforma.[7] O site, então, introduz um filtro para reduzir o número de homens que podem participar da plataforma

---

* Nota dos autores: reconhecemos as implicações infelizes dessa linguagem. Ela reflete a atual dinâmica prevalente de muitas interações entre homens e mulheres na sociedade norte-americana, incluindo o fato de que a maioria dos sites de namoro online considera mais fácil atrair participantes do sexo masculino do que do sexo feminino Assim, as mulheres estariam sendo "demandadas", de maneira análoga a produtos altamente requisitados em um leilão da eBay. Conforme as normas sociais evoluem em direção a uma maior igualdade de gênero, esperamos que essa dinâmica também evolua, com consequências para a gestão eficaz das plataformas de relacionamento.

vendo perfis de mulheres – especialmente os daquelas classificadas como muito atraentes.[8] Desse mode, a plataforma OkCupid ajuda a manter os efeitos de rede positivos e fomenta a liquidez do mercado, evitando um desequilíbrio que possa alienar um segmento de seus usuários do sexo feminino. Medir e monitorar a proporção entre homens e mulheres de modo contínuo possibilita esse trabalho de preservação. De maneira semelhante, a plataforma Upwork dedica-se a manter o número de freelancers proporcional à quantidade de ofertas de trabalho, já que o excesso em qualquer um dos lados provoca a saída dos participantes.

Para uma plataforma bilateral, com produtores de um lado e consumidores de outro, convém encontrar maneiras de calcular o valor de cada tipo de usuário. No já citado livro *Lean Analytics*, os empreendedores/autores Alistair Croll e Benjamin Yoskovitz oferecem um exemplo útil de métricas para tais casos, que adaptamos a seguir.[9]

Do lado do produtor, a plataforma deve monitorar números que incluem a *frequência de participação do produtor*, os *registros criados* e os *resultados atingidos*. A plataforma também tem de monitorar a *falha na interação* – a porcentagem de casos em que interações, como vendas, são iniciadas, mas fracassam por algum motivo. Trata-se de uma métrica fundamental, mas subestimada por muitos gestores. Se os usuários são retidos, mas a taxa de interação bem-sucedida cai, há um problema sério.

É especialmente importante monitorar casos de *fraude do produtor* – por exemplo, a falha de um produtor em descrever com precisão sua oferta ou em entregá-la no prazo adequado. A fraude do produtor, claro, é uma modalidade particularmente grave, desagradável e onerosa de falha na interação. O exame das características dos usuários e de interações recorrentes ligadas à fraude pode ser usado para criar modelos de prognóstico, ajudando a plataforma a prevenir futuros problemas do gênero.

Combinando todos esses dados, o valor de um produtor pode ser calculado por meio dos modelos tradicionais de *valor do tempo de vida* (em inglês, *lifetime value*, ou LTV), empregados em muitos tipos de negócios. Esses modelos captam o mecanismo pelo qual produtores geram receitas recorrentes na plataforma sem incorrer em custos adicionais de aquisição – isto é, despesas efetuadas para atrair e engajar tais produtores. Como eles são especialmente rentáveis para o negócio, a plataforma trabalha duro para criá-los e mantê-los ativos, à semelhança do que fazem, por exemplo, os serviços baseados em assinaturas (como revistas e serviços de telefonia), que se empenham para manter o mais baixo possível o índice de rotatividade de assinantes.

No lado dos consumidores, a plataforma em fase de crescimento deve monitorar a *frequência de consumo*, as *buscas* e a *taxa de conversão de vendas* (a porcentagem de cliques que resultam em interações completas). Essa informação, junto com a probabilidade de repetir interações, oferece os dados necessários para o cálculo de cada LTV do consumidor. Uma vez que as medidas de LTV do produtor e do consumidor são obtidas, a plataforma pode fazer testes para causar impacto nos fatores determinantes do LTV – como o índice de rotatividade, por exemplo.[10]

Em sua maioria, as plataformas bem-sucedidas têm programas para encorajar a lealdade por parte dos usuários ativos mais valiosos e desencorajar os menos valiosos. Se o Facebook ou o LinkedIn já lhe enviou um convite para retornar à plataforma após uma retração no uso, você foi incluído nesse tipo de programa. De modo semelhante, o Twitter criou o "popular na sua rede" para alertá-lo do conteúdo que pode lhe ser relevante, mesmo que você não tenha se inscrito para receber atualizações de seus autores. Trata-se de mais um programa de construção de atividade, orientado por métricas e criado para estimular mais interações entre usuários com histórico comprovado de atividade de criação de valor.[11]

Uma variável fundamental da fase de startup que permanece muito relevante durante a fase de crescimento é o índice *de conversão da interação* – isto é, a porcentagem de buscas ou dúvidas que resultam em interações. Métricas bem projetadas e consistentemente monitoradas que se concentram na taxa de conversão de vendas podem ajudar os gestores a desenvolver estratégias inteligentes para melhorar o crescimento continuado da plataforma – como quando o Airbnb apresentou seu serviço profissional de fotografia, depois de descobrir que imagens de alta qualidade melhoram os índices de aluguel de propriedades.[12]

Curiosamente, o Airbnb também descobriu que sua melhor fonte de hospedagem são as pessoas que já foram hóspedes. Como consequência, agora trabalha para converter consumidores de sua plataforma em produtores. Nesse caso, *o índice de alternância de lado* – no qual os participantes trocam de lado em determinado mercado – oferece uma métrica importante, que pode ser usada para rastrear a saúde da base de usuários e manter o equilíbrio da rede.

Novas métricas são continuamente pensadas por gestores de plataforma a partir de seus objetivos, de seus interesses específicos e das características únicas de seus usuários. O Haier Group é uma empresa de crescimento rápido com sede em Qingdao, China. Atualmente, constrói uma plataforma para conectar seus clientes com as equipes de criação e produção (tanto dentro quanto fora da organização) de bens, inclusive eletrodomésticos e eletrônicos. O CEO da Haier, Ruimin Zhang, falou com os autores deste livro sobre a métrica única que a empresa visa capturar e usar – *a distância entre consumidores e produtores*.[13] Nesse caso, a palavra "distância" é metafórica, não literal: refere-se à frequência da interação direta e ao tamanho, alcance e influência das redes sociais que conectam os produtores da Haier a seus usuários.

Para medir essa distância, a Haier elaborou métricas com base nas interações do WeChat, ferramenta de mensagens instantâneas e compartilhamento de fotos desenvolvida pela empresa chinesa Tencent. O objetivo? Reduzir a distância até os clientes por meio da adequação entre os produtos e as necessidades do consumidor, do aperfeiçoamento das capacidades de inovação da empresa e da otimização de custo e eficiência das iniciativas de propaganda e marketing.

Como afirmou o CEO Zhang, o tamanho do orçamento publicitário pode ser visto como reflexo da distância entre a empresa e seus clientes. Um exemplo: segundo o relatório anual de valor de marca publicado em 2013 pela firma de consultoria Interbrand, o Google reserva para a área apenas uma pequena fração do investimento da Coca-Cola em publicidade. A razão provável é que o Google está profundamente integrado à vida das pessoas por meio de suas aplicações sociais e de produtividade, o que lhe dá feedback constante dos usuários, algo que não ocorre com a Coca-Cola.

Com base em analogias como essa, a equipe de liderança da Haier teoriza que uma redução em sua distância do usuário pode melhorar o projeto dos produtos, o atendimento ao cliente e a eficiência do marketing. Sinal de que uma métrica aparentemente abstrata pode exercer impacto altamente prático, em dinheiro, em seu resultado final.

ESTÁGIO 3: MÉTRICAS NA FASE DE MATURIDADE

Superadas as fases de startup e crescimento, novos desafios e problemas surgem para a plataforma de negócio. Eric Ries, escritor e empreendedor conhecido por conceituar a metodologia *lean startup* (literalmente, "startup enxuta"), enfatiza que, para uma empresa madura, inovações incrementais e métricas devem estar intimamente relacionadas umas às outras. "Ao aperfeiçoar seu produto", observa Ries, "o único árbitro do sucesso são as métricas. E, quando você implementa uma melhoria ao produto, precisa ter um parâmetro para testá-la."

Alinhado ao pensamento de Ries, Amrit Tiwana, professor da University of Georgia, sugere que as métricas adequadas para plataformas de TI que atingiram a fase de maturidade devem atender a três principais exigências: *estimular a inovação*, *ter uma alta relação sinal-ruído* e *facilitar a alocação de recursos*.[14]

Primeiramente, vale comentar o papel das métricas no estímulo à inovação. A fim de permanecer vibrante, uma plataforma deve conseguir se adaptar às necessidades de seus usuários e às mudanças no ambiente competitivo e regulatório. Uma maneira de identificar as adaptações necessárias consiste em estudar as extensões fornecidas ao negócio pelos desenvolvedores. Essas inovações podem representar funcionalidades ausentes na plataforma básica, que pode optar por absorvê-las. Por exemplo, na era do computador desktop, o Windows da Microsoft absorveu uma série de aplicações desenvolvidas e oferecidas por empresas independentes, como desfragmentação de disco, criptografia de arquivos e reprodução de mídias, entre outros.[15]

A Cisco seguiu a mesma estratégia de absorção no negócio de roteadores, operando uma plataforma conhecida como Cisco Application Extension Platform. A Cisco AXP, como é chamada, é baseada em Linux e permite a desenvolvedores terceirizados criar aplicações para roteadores da Cisco, oferecendo novas funcionalidades consideradas úteis pelos clientes – por exemplo, medidas de segurança aperfeiçoadas e sistemas customizados de monitoramento. Quando perguntamos ao chefe de tecnologia da Cisco, Guido Jouret, como a empresa decidia quais funcionalidades da Cisco AXP devem ser absorvidas, sua resposta foi esclarecedora:

A questão é incorporar à plataforma múltiplas soluções independentes para o mesmo problema. Então, isso se torna comum para todo mundo. É uma questão de timing. Se você faz isso de imediato, o ecossistema fica com medo de uma eventual canibalização de suas "vacas leiteiras". Quando um único fornecedor constrói uma funcionalidade particular, você não vai cooptá-la. Mas, se há uma grande quantidade de fornecedores [que desenvolveram a mesma competência], então a competição reduz vantagens de qualquer maneira, e você pode incorporar um pacote de diferentes soluções.[16]

Para permitir essa estratégia, a Cisco emprega métricas que rastreiam casos em que a mesma competência é fornecida para múltiplos setores verticais – seguros de saúde ou empresas automotivas, por exemplo. É um sinal de que estão faltando na plataforma funcionalidades importantes, as quais devem ser contempladas na próxima rodada de inovação contínua do negócio.

Uma plataforma também pode optar por inovar quando os recursos oferecidos por terceiros tornam-se parte significativa do valor total desfrutado pelos usuários. Conforme vimos no Capítulo 7, isso explica o lançamento do Apple Maps, da Apple, em 2012, em resposta à enorme popularidade do Google Maps.

Na fase de maturidade, alguns tipos de plataforma demandam outras métricas customizadas. Nesse grupo incluem-se plataformas de relacionamentos profissionais (Upwork, por exemplo), de dados (Thomson Reuters), de comunicação (Skype) ou de conexões entre máquinas (Industrial Internet, da GE). Embora sejam modelos distintos de ecossistema, com necessidades diferentes, todos esses empreendimentos enfrentam o desafio de facilitar uma interação básica, medindo os fatores que impulsionam o valor e inovando para manter a capacidade de produzir valor significativo para os usuários.

CRIAÇÃO DE MÉTRICAS INTELIGENTES

O painel de métricas desenvolvidas para uma plataforma pode se revelar complexo, permitindo um vislumbre em tempo real das atividades em um nível bem detalhado. No entanto, a simplicidade é uma virtude quando se trata de criar indicadores para uma plataforma.

Métricas complicadas demais tornam a gestão *menos* eficiente: introduzem ruído, desencorajam análises frequentes e roubam a atenção da variedade de detalhes de dados mais importantes. Em determinado momento, o oDesk (hoje rebatizado como Upwork) teve tantos índices de mensuração (de postagens de empregos, funcionários inscritos, variedade de serviços e uma infinidade de outros fatores) que um membro do conselho reclamou: "Vocês têm métricas demais e prioridades de menos". Tendo aprendido com o erro, Gary Swart, ex-CEO, é eloquente ao abordar a necessidade de métricas altamente focadas, em especial no crítico período inicial de uma startup:

> Como líder de uma empresa, você precisa descobrir a métrica que mais importa para a sua companhia e entender que, quanto mais você mede alguma coisa, menos priorizada ela será. Não caia na armadilha de tentar medir tudo. O que aprendi é que, nos primeiros dias, o que mais importa é ter clientes que amem e usem seu produto. Descubra uma ou duas das melhores métricas para definir isso.[17]

Eric Ries, o guru do lean startup, repete a necessidade de ser seletivo na criação e no uso de métricas. Em particular, ele recomenda cuidado com o que chama de "métricas de vaidade", tais como o total de inscrições – uma estatística relativamente insignificante, que muitas vezes cresce mesmo quando o volume de interações está estável ou em declínio. Métricas de vaidade não conseguem indicar se o negócio está de fato atingindo a massa crítica ou a liquidez necessária.

Em vez disso, Ries sugere: "Você deveria se certificar de que suas métricas atendam ao 'teste dos 3A', ou seja, se são acionáveis, acessíveis e auditáveis". Acionáveis de modo a oferecer uma orientação clara para decisões estratégicas e gerenciais, estando nitidamente relacionadas ao sucesso da empresa. Acessíveis porque fáceis de entender e de coletar por parte das pessoas que analisam as informações. E auditáveis no sentido de que devem ser concretas e significativas, lastreadas em dados precisos e meticulosamente definidos, a fim de refletir a realidade da empresa percebida pelos usuários.[18]

No final, a métrica mais importante é bem simples: o número de membros felizes em cada lado da rede, os quais participam repetida e progressivamente de interações positivas que criam valor. A verdadeira questão, que nunca se pode perder de vista, diz respeito à satisfação das pessoas: ela é suficiente para motivar os usuários a continuarem participando ativamente do ecossistema? Independentemente do modo como você monta o painel de métricas para a sua plataforma, ele deve servir para fundamentar a resposta para essa questão-chave.

DESTAQUES DO CAPÍTULO

⇨ Considerando que o valor da plataforma origina-se principalmente dos efeitos de rede, as métricas devem traduzir a taxa de sucesso de interação e os fatores que contribuem para isso. Interações bem-sucedidas atraem usuários ativos e, por isso, melhoram o desenvolvimento de efeitos de rede positivos.

⇨ Na fase de startup, empresas de plataforma devem se concentrar em métricas que rastreiem o alcance de características que permitem as interações básicas, como *liquidez, qualidade de pareamento* e *confiança*. Essas características podem ser mensuradas de várias maneiras específicas, dependendo da natureza do empreendimento.

⇨ Na fase de crescimento, empresas de plataforma devem se concentrar em métricas que tenham chances de impactar o crescimento e incrementar a criação de valor, como a dimensão relativa de diferentes segmentos da base de usuário, o valor de tempo de vida (LTV) de produtores e consumidores, e a taxa de conversão de vendas.

⇨ Na fase de maturidade, empresas de plataforma devem se concentrar em métricas que estimulem a inovação (identificando funcionalidades que criam valor para usuários) e que sejam capazes de detectar ameaças estratégicas de concorrentes.

10
ESTRATÉGIA

Como as plataformas
mudam a concorrência

A natureza da concorrência empresarial vem se transformando na era das plataformas. Muitas companhias lutam para que sua existência continue fazendo sentido diante de ameaças competitivas impostas por rivais inesperados e, com frequência, fora do comum.[1] A editora de livros didáticos Houghton Mifflin Harcourt teme menos a McGraw-Hill do que a Amazon. A emissora de TV NBC preocupa-se menos com a ABC do que com a Netflix. O fornecedor de informações jurídicas Lexis sente-se menos ameaçado pela Westlaw do que pelo Google e pelo provedor de serviços legais online LegalZoom. A indústria de eletrodomésticos Whirlpool sabe o que esperar das competidoras GE e Siemens, mas desconhece aonde vai chegar a Nest, fabricante de aparelhos de monitoramento e controle doméstico que rapidamente se torna um elemento-chave na emergente "internet das coisas". E o Facebook impressionou-se muito menos com nova versão do Myspace do que com o surgimento do Instagram e do WhatsApp – e, por isso, comprou os dois negócios.

O que mudou não é apenas a concorrência, mas a própria natureza da batalha competitiva. O resultado: uma série de abalos sísmicos que vêm deixando irreconhecíveis uma paisagem corporativa depois da outra. Não se trata somente de disrupções dramáticas produzidas pelo advento das plataformas em mercados tradicionais (como os descritos no Capítulo 4 e em todo o livro). Referimo-nos também às renhidas batalhas competitivas travadas *dentro* do mundo das plataformas, entre empresas de plataforma, com resultados que costumam ser espantosos, ou até chocantes.[2]

Talvez seja seguro dizer que os US$ 25 bilhões da oferta pública inicial de ações do Alibaba Group em setembro de 2014 – o maior IPO da história – foi um dos eventos mais surpreendentes do mundo dos negócios daquele ano. Cidadãos ocidentais que não acompanhavam obsessivamente o mundo do e-commerce nunca tinham ouvido falar da companhia. Os poucos que sabiam de sua existência tinham como referência sua conexão com o declinante Yahoo, proprietário de uma parcela significativa das ações da plataforma chinesa. Nos Estados Unidos, boa parte da cobertura jornalística da trajetória do Alibaba era um tanto desdenhosa, tratando o crescimento incrível da empresa e seu tamanho impressionante como resultado casual da vastidão e do paroquialismo do mercado chinês e do protecionismo de seu governo.

Uma matéria de 2010 no *New York Times* tipificou esse descaso. O repórter David Barboza reconheceu o Alibaba como uma das várias "empresas locais de rápido crescimento que está obtendo lucros enormes" no setor de vendas online. Mas no futuro, profetizou Barboza, "o mercado chinês de internet deve lembrar cada vez mais um bazar sem muros, dizem os especialistas. Esses sucessos de alcance doméstico... podem ter dificuldade de se tornar marcas globais". Barboza cita um analisa para predizer que, "quando as empresas chinesas saírem da China, vão perceber que falharam ao enfrentar seus novos concorrentes do mesmo modo que faziam quando estavam competindo no mercado doméstico".[3]

No verão de 2014, algumas semanas antes da estreia do Alibaba no mercado de ações, os analistas de negócios dos Estados Unidos já falavam outra língua. Na *Businessweek*, Brad Stone alertou para "a invasão Alibaba" e explicou como a gigante chinesa, de repente, estava impondo a primeira ameaça realmente significativa ao domínio norte-americano na internet. Stone contou como o Alibaba ultrapassara o eBay na China (tornando-se uma enorme fornecedora de bens para empresas de todo o mundo), como abrira com sucesso o mercado de consumo chinês para empresas globais como Nike e Apple, e como rapidamente vinha montando a infraestrutura para desafiar Amazon e eBay na própria casa dos adversários – os Estados Unidos. Stone concluiu que "os empreendedores chineses da web estão se posicionando para disputar – e vencer – a corrida pela construção do primeiro mercado online realmente global".[4]

Em setores mais tradicionais, seria virtualmente impossível uma ascensão tão rápida da relativa obscuridade para uma liderança global.

Ao consultar a história dos negócios, descobre-se que foram necessárias décadas para que indústrias norte-americanas em setores como aço e máquinas pesadas sobrepujassem a Alemanha e a Inglaterra, ex-líderes de mercado. Depois da Segunda Guerra Mundial, as companhias japonesas demoraram três décadas para desbancar as rivais norte-americanas nas indústrias automobilística e de eletrônicos. Na cena atual, mais ou menos uma década depois de ingressar na batalha pela dominância do mercado de plataforma, o Alibaba já mostra potencial para superar gigantes como eBay e Amazon.

Como isso ocorreu?

Como na maioria das histórias dos grandes negócios, há muitos elementos que contribuem para a saga do Alibaba, incluindo os insights estratégicos do CEO Jack Ma, o explosivo crescimento da classe média chinesa e, sim, as restrições governamentais impostas a empresas estrangeiras que operam na China – o que deu ao Alibaba espaço e tempo para crescer livre da ameaça de ser esmagado por concorrentes norte-americanos. A rapidez de sua ascensão, contudo, é em grande parte resultado das novas realidades da competição nas plataformas.[5]

Os explosivos efeitos de rede e as fortes economias de escala permitiram a essa empresa relativamente nova uma acelerada expansão no palco do comércio internacional. O Alibaba.com, um dos cinco principais negócios que funcionam sob o guarda-chuva corporativo, permite a empresas de todo o mundo comprar bens, produtos e peças de fabricantes chineses. Um fabricante de cosméticos na Califórnia se disse maravilhado pelo fato de ter, por meio do Alibaba.com, "acesso a centenas de fornecedores na ponta dos dedos". No sentido oposto, a Tmall, outra subsidiária do Alibaba, vende bens estrangeiros a milhões de consumidores chineses, driblando o tradicional sistema de importação do país, cuja burocracia e custos dificultavam as compras feitas fora. Um varejista de sapatos dos Estados Unidos diz que o Alibaba "esmagou toda a camada intermediária do varejo". O resultado é um comércio transfronteiriço descomplicado, que conecta milhares de comerciantes a milhões de clientes – fenômeno quase inimaginável antes do advento da plataforma.

Além disso, o Alibaba está alavancando inteligentemente outra enorme força competitiva das plataformas: a capacidade de incorporar, sem percalços, os recursos e conexões de parceiros externos nas atividades e competências da plataforma. Por exemplo, para expandir sua capacidade de oferecer bens norte-americanos a chineses, o Alibaba estabeleceu uma parceria com a ShopRunner, empresa de logística sediada nos Estados Unidos da qual é acionista. A ShopRunner já tem acordos com marcas norte-americanas como Neiman Marcus e Toys"R"Us, o que permite ao Alibaba enviar produtos aos clientes na China em dois dias.[6]

No século 19 e no início do século 20, foram necessárias décadas e altos investimentos em varejo, armazenamento, teste de produtos, gestão, impressão, embarque, transporte e sistemas de atendimento de pedidos para que a Sears, Roebuck and Company se tornasse o grande comerciante da América. No século 21, uma plataforma de negócios como o Alibaba pôde se valer das competências de dezenas de entidades preexistentes para, rapidamente, candidatar-se ao título de maior comerciante do mundo. E, claro, os principais rivais na disputa são outras empresas de plataforma: Amazon e eBay. É o mundo da concorrência moldado pela ascensão das plataformas.

Para entender como a ascensão das plataformas está transformando a natureza da concorrência, convém reexaminar os conceitos tradicionais de competição que por décadas dominaram o pensamento de negócios – e que muitos empresários ainda consideram corretos.

ESTRATÉGIA NO SÉCULO 20: UMA BREVE HISTÓRIA

Por três décadas, o modelo das cinco forças competitivas desenvolvido por Michael Porter, da Harvard Business School, dominou o mundo do pensamento estratégico.[7] Para se ter uma ideia da influência de Porter, seus textos receberam mais de 250 milhões de citações, cifra que ultrapassa as de qualquer economista ganhador do Prêmio Nobel.

O modelo identifica cinco forças que afetam a posição estratégica de um negócio específico: a ameaça de entrada de novos concorrentes; a ameaça de produtos ou serviços substitutos; o poder de negociação dos clientes; o poder de negociação dos fornecedores; e a rivalidade entre concorrentes. A meta da estratégia é controlar essas forças de modo a construir um fosso em torno do negócio para torná-lo indevassável.

Quando uma empresa consegue erigir barreiras à entrada, pode manter os concorrentes do lado de fora, evitando que entrantes com produtos substitutos venham tumultuar seu castelo. Quando consegue subjugar os fornecedores, estes competem entre si e acabam perdendo poder de negociação, de modo que a empresa pode manter seus custos baixos. Quando consegue subjugar os clientes, mantendo-os relativamente pequenos, desunidos e impotentes, pode praticar preços altos.

Nesse modelo, a organização maximiza os lucros ao evitar a concorrência para si mesma, ao mesmo tempo em que a instiga entre os demais elos da cadeia de valor. A vantagem é encontrada nas estruturas do setor que criam um fosso protetor, permitindo à empresa segmentar mercados, diferenciar produtos, controlar recursos, evitar guerras de preços e defender suas margens de lucro.

Por décadas, gestores estudaram o modelo das cinco forças e o empregaram para guiar suas decisões em relação a que mercados explorar ou abandonar, que fusões e aquisições considerar, que tipo de inovação de produto perseguir e que estratégia de cadeia de valor aplicar. Abordagens como a integração horizontal (na qual a empresa controla todo, ou a maior parte de um mercado específico de produto ou serviço) e a integração vertical (em que se controla toda a cadeia de valor, das matérias-primas e fabricação ao marketing) foram analisadas e implementadas com base nas implicações estratégicas do modelo das cinco forças. Sob esse modelo, a Houghton Mifflin Harcourt concorre com a McGraw-Hill, esforçando-se para controlar os melhores autores e conteúdos e usando os direitos autorais para construir um fosso em torno de sua fortaleza de valor. A Whirpool concorre com a GE ao criar produtos diferenciados, enquanto pressiona a cadeia de valor para melhorar continuamente sua eficiência produtiva – que serve como um fosso que dificulta a captura de seus clientes pela GE.

Outros pensadores acrescentaram nuances e novos insights à abordagem de Porter. Em 1984, Birger Wernerfeld, do MIT, descreveu pela primeira vez em detalhes o que chamou de visão baseada em recursos da empresa, uma variante do pensamento estratégico com raízes no trabalho de vários pesquisadores anteriores.[8] A visão baseada em recursos destaca que uma barreira especialmente efetiva à entrada de concorrentes está no controle de um recurso indispensável e inimitável. Uma companhia com tal recurso está segura contra os novos entrantes, que não possuem nem têm como adquirir os meios de produzi-lo. Um exemplo simples é a De Beers, cujo controle de um cartel do mercado mundial de diamantes lhe permitiu praticamente monopolizar o setor ao longo de todo o século 20. O monopólio ruiu depois de 2000, quando alguns produtores decidiram vender seus produtos fora do sistema controlado pela De Beers, reduzindo sua participação de mercado de 90% nos anos 1980 para cerca de 33% em 2013.[9] Até então, porém, o controle de um recurso insubstituível garantiu para a De Beers a vantagem sustentada que rendeu cem anos de lucros.

No século 21, vários pesquisadores desafiaram a visão baseada em recursos, destacando que empresas ágeis vêm usando novas tecnologias para atravessar os fossos estabelecidos pelo controle de recursos escassos. Em trabalhos separados, Richard D'Aveni e Rita Gunther McGrath sugerem que, na era da "hipercompetição" (termo cunhado por D'Aveni), a vantagem sustentada é ilusória. Avanços tecnológicos permitem ciclos cada vez menores para qualquer produto, "de microchips a chips de milho, de softwares a refrigerantes, de mercadorias embaladas a serviços de entrega de encomendas".[10] A conexão à internet também permite às empresas redesenharem limites industriais e geográficos, de modo que oligopólios lentos e estáveis passam a dar lugar a concorrentes mais ágeis, munidos de novas ferramentas e tecnologias.

McGrath descreve como a era da internet criou ferramentas e técnicas radicais para atacar as fortalezas das companhias estabelecidas e tradicionais. Imagine uma organização que, em 1915, quisesse concorrer com a Union Pacific Railroad – fundada cinco décadas antes mediante uma autorização do Congresso dos Estados Unidos em 1862. O pretenso concorrente seria obrigado a investir em locomotivas, material rodante ferroviário, estações, terminais e armazéns, além de obter o direito legal exigido para construir uma rede ferroviária nacional. O investimento nesses e em outros custos fixos, já realizado pela Union Pacific, criou um fosso de quilômetros de largura para a concorrência, tornando a companhia ferroviária praticamente intocável.[11]

Em contraste, imagine uma organização que quer concorrer com qualquer uma das empresas classificadas na Global 500 de 2015. Dependendo do setor específico, o estreante poderia procurar indústrias manufatureiras em todo o mundo para comprar os recursos de produção, pesquisar entre vários fornecedores para adquirir serviços de computação e armazenamento de dados na nuvem, buscar parceiros terceirizados para dar conta dos serviços de marketing e distribuição,

ESTRATÉGIA • 225

e contratar freelancers por meio de redes online de profissionais – tudo isso próximo a um custo marginal. No ambiente hipercompetitivo proporcionado pela tecnologia, a posse de infraestrutura não oferece mais uma vantagem justificável. Em vez disso, a flexibilidade fornece o limite competitivo crucial, a concorrência está em movimento constante e a vantagem é efêmera.

Outros analistas propõem insights adicionais acerca da natureza evolutiva da concorrência. Ao destacar os pontos fracos da teoria de Porter de que o propósito da estratégia é evitar a concorrência, o autor Steve Denning contrapõe a afirmação do guru da administração Peter Drucker de que o propósito de um negócio é "criar um consumidor". Segundo Denning, em um mundo no qual a vantagem sustentada é uma ilusão, os relacionamentos da empresa com os clientes são sua única fonte duradoura de valor.[12]

Seria um exagero dizer que os eventos da última década destruíram o modelo das cinco forças – no entanto, eles sugerem que a natureza da concorrência ganhou uma complexidade e uma dinâmica que o modelo de Porter não consegue abarcar.

XADREZ TRIDIMENSIONAL: AS NOVAS COMPLEXIDADES DA COMPETIÇÃO NO MUNDO DAS PLATAFORMAS

E chegamos às plataformas. Muitos dos insights incorporados ao método das cinco forças, na visão baseada em recursos e nos modelos de hipercompetição permanecem válidos, mas duas novas realidades vêm chacoalhando o mundo da estratégia.

A primeira delas: organizações que entendem como as plataformas funcionam podem agora manipular de modo deliberado os efeitos de rede para *recriar* mercados, não apenas *reagir* a eles. A suposição implícita na estratégia tradicional de negócios de que a competição é um jogo de soma zero já não se mostra tão aplicável no mundo contemporâneo. Em vez de dividir o bolo que sempre teve mais ou menos o mesmo tamanho, as plataformas em geral fazem o bolo crescer (como fez a Amazon, ao introduzir no setor livreiro inovações como a autopublicação e a publicação sob demanda) ou criam um bolo alternativo, com ingredientes como novos mercados e fontes de suprimento (a exemplo do que Airbnb e Uber têm feito nos setores de hospedagem e táxis, respectivamente). A gestão ativa dos efeitos de rede altera o formato do mercado.

A segunda nova realidade diz respeito à capacidade das plataformas de transformarem os negócios tanto interna quanto externamente, transferindo a influência administrativa de dentro para fora dos limites da empresa. Isso significa que, agora, uma companhia não precisa mais explorar cada nova oportunidade por conta própria. Em vez disso, pode perseguir apenas aquelas que considerar as melhores, dando margem para parceiros de ecossistema desenvolverem as demais, com todos os parceiros compartilhando o valor que criaram coletivamente.[13]

Essas duas novas realidades adicionam uma dramática camada de complexidade à competição. A estratégia de negócio tradicional está para o xadrez de tabuleiro assim como a estratégia de plataforma está para o xadrez tridimensional.[14] Dentro do ecossistema, a empresa líder negocia trade-offs dinâmicos envolvendo a competição em três níveis: plataforma contra plataforma, plataforma contra parceiro e parceiro contra parceiro.

No primeiro nível, uma plataforma concorre com outra, como na batalha dos consoles de videogame da Sony (PlayStation), Microsoft (Xbox) e Nintendo (Wii). A vantagem estratégica é baseada não na atratividade de produtos ou serviços específicos, mas no poder dos ecossistemas inteiros. O Sony PlayStation Portable (PSP) era um dispositivo para jogos melhor do que o iPhone, ao qual faltavam os controles de esquerda e direita. Quando a Sony apresentou o PSP-2000 no segundo semestre de 2007, meses depois do lançamento do iPhone, as ações da companhia japonesa subiram cerca de 10%. Em pouco tempo, porém, o ecossistema do iPhone superou amplamente o do PSP. Como já citamos, em seguida a Apple desfrutou de um sucesso financeiro muito maior do que a Sony, em grande parte devido ao porte e ao valor de seu ecossistema.

No segundo nível, uma plataforma concorre com seus parceiros. Por exemplo, isso acontece quando a Microsoft se apropria de inovações de parceiros como browsers, streaming de mídia e mensagens instantâneas, e as incorpora a seu sistema operacional. Ou quando a Amazon funciona como plataforma para comerciantes independentes, enquanto também vende alguns dos mesmos bens, concorrendo com esses vendedores. É um movimento delicado e perigoso. Embora possa fortalecer a plataforma, o faz à custa de enfraquecer parceiros – um ganho imediato que pode levar a consequências dolorosas a longo prazo.

No terceiro nível, dois parceiros não relacionados concorrem por posições dentro do ecossistema da plataforma – como quando dois desenvolvedores de aplicativos de games lutam para atrair os mesmos clientes do mesmo console.[15]

Vamos considerar como as mudanças desencadeadas pela plataforma tiveram impactos específicos nas visões tradicionais de estratégia.

Como vimos, as plataformas expandem os limites da empresa. Os horizontes ampliados de influência da gestão tornam a competição, agora, menos relevante para os estrategistas do que a colaboração e a cocriação – ou *"co-opetition"*, conforme cunharam os acadêmicos Barry J. Nalebuff, Adam M. Brandenburger e Agus Maulana.[16] Em vez de proteger o valor dentro da empresa, a hora é de criar o valor fora dela, uma mudança que significa que o fator crucial deixou de ser a propriedade para se tornar a oportunidade, enquanto a ferramenta-chave do gestor não é mais a determinação, mas a persuasão.

O modelo das cinco forças depende dos diferentes limites que caracterizam os mercados de produto tradicionais. Cada uma das cinco forças é uma entidade à parte, que deve ser gerida independentemente. Em contraste, em mercados de plataforma, uma estratégia vencedora obscurece os limites entre participantes do mercado, aumentando assim as interações valiosas no ecossistema. Quem é aluno da Skillshare hoje pode se tornar professor amanhã. O cliente da Etsy pode começar a vender sua própria produção artesanal no site. No contexto da plataforma, a competição exige tratar compradores e fornecedores não como ameaças a serem dominadas, mas como parceiros de criação de valor a serem cortejados, celebrados e encorajados a desempenhar múltiplos papéis.

A visão baseada em recursos assume que uma empresa deve possuir, ou pelo menos controlar, o recurso inimitável. No mundo das plataformas, a natureza de tal recurso inimitável evolui do bem físico para o acesso à rede consumidor-produtor e às interações dali resultantes. Na verdade, pode ser melhor para a organização *não* possuir recursos físicos, uma vez que abster-se da propriedade lhe permite crescer mais rapidamente. Como os exemplos de Airbnb e Uber nos lembram, o estoque de recursos que uma plataforma pode acessar pode crescer com velocidade muito maior do que o negócio em si.

COMO AS PLATAFORMAS COMPETEM: LIMITAÇÃO DO ACESSO

Nas companhias tradicionais, as cinco forças de Porter e a capacidade de controlar recursos inimitáveis – como os modificados pela dinâmica da hipercompetição trazida pela tecnologia – em grande parte formataram a estratégia de negócio. No mundo das plataformas, novos fatores competitivos vieram à tona e ajudam a determinar quem participa de um ecossistema de plataforma, o valor que ajuda a criar, quem controla esse valor e, finalmente, o tamanho do mercado. Esses fatores se tornaram o foco de uma série de novas estratégias competitivas.

Vamos considerá-las uma a uma, a começar pela estratégia de limitação do acesso à plataforma para controlar e capturar uma parcela maior do valor criado no ecossistema.

Como dissemos, a visão baseada em recursos deve ser modificada quando aplicada a plataformas. Porém, vale lembrar que a ênfase em recursos inimitáveis tem seu paralelo nesse novo mundo: as *plataformas buscam acesso exclusivo a bens essenciais*. Fazem isso, em parte, ao desenvolver regras, práticas e protocolos que desencorajem o *multihoming*.

O multihoming acontece quando os usuários envolvem-se em tipos semelhantes de interações em mais de uma plataforma: um profissional freelancer que apresenta suas credenciais em duas ou mais comunidades de profissionais; um fã que faz downloads, armazena e compartilha canções em mais de um site de música; um passageiro que solicita corridas tanto pelo Uber como pelo Lyft. Negócios de plataforma tentam desencorajar o multihoming, uma vez que ele facilita a *substituição* – quando um usuário abandona uma plataforma por outra. Limitar o multihoming é uma tática competitiva fundamental nesse modelo de negócio.

Um exemplo de como o esforço para limitar o multihoming acontece no novo mundo da estratégia é dado pelo Adobe Flash Player, a aplicação de browser que entrega conteúdo de internet para usuários, incluindo reprodução de áudio e vídeo e jogos em tempo real. O Flash poderia ser usado por desenvolvedores no sistema operacional do iPhone – mas a Apple recusou-se a isso. Tornou seu iOS incompatível com o Flash e insistiu para que os desenvolvedores usassem ferramentas similares criadas pela própria plataforma.

Tanto desenvolvedores como usuários reagiram com desalento. Alguns analistas consideraram essa política um estratagema anticoncorrencial, que, pela legislação antitruste, até poderia ser alvo de sanção governamental. O furor foi tamanho que, em 2010, Steve Jobs, da Apple, sentiu-se compelido a defender a decisão em carta aberta – algo bastante incomum para um CEO. No documento intitulado "Pensamentos sobre o Flash", Jobs argumentou que se tratava de um sistema fechado e tecnicamente inferior a outras opções, consumindo energia excessiva e entregando mau desempenho em dispositivos móveis. Manter o Flash fora do iPhone, alegou Jobs, preservaria a qualidade da experiência do usuário da Apple.[17]

Os motivos reais eram muito mais profundos e estratégicos. A Adobe criou as ferramentas de desenvolvedor do Flash para permitir a transferência de conteúdo e programas do Apple iOS para o Google Android e para páginas web de modo mais geral. Aplicações desenvolvidas em Flash poderiam mudar de casa (multihoming), reduzindo a exclusividade do iPhone. A Adobe também lançou extensões que permitiam compras dentro da aplicação. Ao permitir aos desenvolvedores fazer interações fora da plataforma iTunes, o Flash faria a Apple perder sua parcela de 30% sobre cada interação, assim como o controle sobre o uso associado de dados – informações que fornecem pistas valiosas relativas às tendências do mercado.

Se a Apple acolhesse o Flash, teria garantido aos usuários o acesso a uma quantidade imensa de conteúdo já disponibilizado na web, ao mesmo tempo em que ofereceria aos desenvolvedores mais possibilidades de monetizar seus investimentos, por meio do multihoming em várias plataformas.[18] No entanto, seria uma grande perda para a Apple, que se valeu de suas regras de licenciamento e tecnologia para evitar que tais interações saíssem do âmbito de sua plataforma.

Outro exemplo de batalha estratégica por controle do acesso ao consumidor pode ser extraído da história do Alibaba.

Ming Zeng é diretor de estratégia do Alibaba. No MIT Platform Strategy Summit, organizado em 2014 pelos autores deste livro, Zeng explicou como barrar o acesso de um concorrente poderoso ao Alibaba ajudou a reconfigurar o mercado e permitiu um crescimento representativo a pelo menos uma parte da plataforma.[19]

Em seu início, o Alibaba buscava maneiras de atrair usuários e gerar efeitos de rede relevantes, o que só veio a acontecer quando a empresa instituiu uma política exigindo que todo funcionário encontrasse e cadastrasse pelo menos 20 mil itens colocados à venda por alguma pessoa ou comerciante. O aumento resultante dos cadastros de produtos gerou demanda nos dois lados. O Alibaba e seu parceiro voltado ao consumidor, o Taobao, rapidamente se tornaram o site de compras online com crescimento mais rápido, atraindo clientes chineses interessados na compra de qualquer produto imaginável.

Antes dessa grande explosão, quando o Alibaba ainda lutava para atrair tráfego, a equipe do CEO Jack Ma havia tomado uma decisão aparentemente paradoxal: criar barreiras tecnológicas para evitar que o Baidu fizesse buscas em seu site. O Baidu é a maior ferramenta de busca da internet chinesa, o Google da China. Bloquear os bots do Baidu nas pesquisas de produtos no Alibaba significava renunciar a uma ampla faixa de consumidores potenciais. Tomar tal decisão no momento em que precisava desesperadamente de usuários parecia uma manobra insana do Alibaba.

Os líderes do negócio, no entanto, estavam apenas armando seu jogo estratégico de longo prazo. Pensavam não só nas interações de compra que aconteceriam em sua plataforma, mas no potencial para monetizá-la com a venda de anúncios. Sua determinação era manter sob controle a base de consumidores que ia gradualmente se constituindo naquela comunidade – de modo que, no futuro, o Alibaba pudesse faturar sozinho com a venda de anúncios para esse público. Diante do número crescente de compradores online no país, a empresa quis garantir para si a potencial primazia como mídia de publicidade na internet para as empresas anunciantes – papel que poderia ser conquistado pelo Baidu caso seus mecanismos de busca não tivessem sido barrados.

A estratégia funcionou. Conforme a base do Alibaba cresceu, o Baidu aos poucos foi desbancado do posto de plataforma de anúncios online mais valiosa da China. Para se ter uma ideia do feito da plataforma oriental, é como se eBay e Amazon capturassem as receitas publicitárias desfrutadas pelo Google. A renda gerada explica por que o Alibaba obteve mais lucros em 2014 do que a Amazon já gerou *em toda a sua história*.

COMO AS PLATAFORMAS COMPETEM: ESTÍMULO À INOVAÇÃO E CAPTURA DE VALOR

A natureza aberta das plataformas cria oportunidades imensas para os usuários criarem valor. Os gestores do negócio podem, em primeiro lugar, oferecer aos parceiros condições facilitadas para desenvolver inovações para o ecossistema e, em seguida, adquiri-las ou duplicá-las, capturando parte (ou a totalidade) do valor criado. Como vimos no Capítulo 8, a SAP encoraja a inovação por parceiros, publicando periodicamente um mapa dos recursos de plataforma que planeja abrir a desenvolvedores ao longo dos 18 a 24 meses seguintes. Isso sinaliza em que tipo de produto ou serviço eles podem trabalhar, dando-lhes até dois anos de dianteira antes de competir com a própria SAP. A medida evita que os desenvolvedores percam tempo trabalhando em um site de usuários da SAP para, mais tarde, constatarem que sua inovação já havia sido atropelada pelo pessoal interno da companhia.

Após esse longo percurso, é natural que os gestores de plataforma queiram assumir o controle das maiores fontes de valor criadas por (e para) usuários de seu ecossistema. Isso leva, em certo sentido, a uma variante revisitada da tradicional teoria de valor baseado em recursos: *um negócio de plataforma não precisa ter todos os recursos inimitáveis de seu ecossistema, mas deveria tentar possuir os recursos de maior valor*. É por isso que a Alibaba (não o Baidu) e o Facebook (não o Google) detêm o controle das buscas em suas respectivas comunidades, e que a Microsoft (não qualquer outro desenvolvedor externo) possui o Word, o PowerPoint e o Excel em sua plataforma de softwares. Trata-se de recursos cruciais na criação de valor para a maioria dos usuários – daí a necessidade de serem controlados pelos proprietários do negócio. Recursos de menor valor, ou de nicho, podem ser cedidos aos parceiros de ecossistema sem significativa fragilização da posição competitiva da plataforma.

Esse princípio explica por que os gestores precisam ficar sempre de olho em novos recursos ou aplicações que pipocam em sua comunidade – em geral, de maneira discreta, utilizados por relativamente poucos participantes para cocriar valor. A maioria deles permanece assim, mas alguns poucos revelam potencial para uma adoção em grande escala por outros usuários, subindo rapidamente em direção ao topo da curva de distribuição. Há inovações que crescem e ganham importância a ponto de atrair suas próprias comunidades interativas, ou seja, têm potencial para se constituírem como plataformas autônomas. Vamos lembrar: a plataforma de jogos Zynga e os serviços de compartilhamento de imagens Instagram e Snapchat começaram como pequenas ideias desenvolvidas na plataforma do Facebook. O compartilhamento social e os efeitos de rede fizeram com que se agigantassem.

Uma ascensão de valor de tal ordem em geral demanda ações estratégicas que seguem direções opostas. De um lado, a plataforma pode tentar absorver a funcionalidade desenvolvida (e o valor criado) pelo parceiro por meio de sua aquisição. O Facebook teve sucesso com o Instagram, comprado por US$ 1 bilhão em 2010, mas (até agora) tem fracassado diante do Snapchat – em dezembro de 2013, um dos cocriadores da inovação, Evan Spiegel, rejeitou uma oferta de US$ 3 bilhões.

Outra opção para a plataforma consiste em enfraquecer a startup do desenvolvedor externo por meio do estímulo a seus concorrentes diretos, como o Facebook fez com o Zynga. A partir de 2011, mais de 3 mil jogos foram oferecidos no Facebook, enfraquecendo o poder de barganha individual do Zynga.[20] A resposta da startup pode ser vender o negócio, reagir por meio de multihoming ou expandir-se para outras arenas competitivas. O Zynga, por exemplo, agora também está na rede social da QQ Tencent e nas plataformas móveis da Apple e do Google, além de oferecer seu próprio serviço de nuvem.

COMO AS PLATAFORMAS COMPETEM: ALAVANCAGEM DO VALOR DOS DADOS

Um dos clichês da economia da internet sentencia que "dados são o novo petróleo". Como a maioria dos clichês, contém boa dose de verdade. Os dados constituem uma enorme fonte de valor, sendo cada vez mais utilizados pelas empresas, de muitas maneiras, para sustentar posições no mercado.

As plataformas podem empregá-los como instrumento competitivo tático e estratégico. Um exemplo do uso tático de dados está no desempenho do chamado Teste A/B, para otimizar ferramentas específicas ou recursos da plataforma. Se a Amazon precisa descobrir em qual lugar do site deve posicionar o botão "adicionar ao carrinho" para gerar mais vendas, pode fazer a experiência de alternar de modo aleatório o local do botão e calcular os resultados, possivelmente tabulados em relação a várias características do cliente. A análise tática é bastante efetiva – e é o motivo pelo qual a Amazon coloca o botão "adicione ao carrinho" no canto direito superior da página.

A análise estratégica de dados tem um escopo mais amplo. Busca ajudar a otimização do ecossistema ao rastrear quem mais está criando, controlando e extraindo valor tanto dentro como fora da plataforma, e ao estudar a natureza das atividades desses participantes. Quando o Facebook usa dados de seus membros para observar o Zynga fazendo algo inesperado, ou para flagrar o Instagram desviando o tráfego de novas maneiras, estamos falando de análise estratégica de dados.

Algumas batalhas estratégicas notáveis foram vencidas por plataformas que tiraram vantagem de sua supremacia de dados diante dos concorrentes.

Sob quase todos os aspectos, a Monster deveria vencer a guerra entre as plataformas de colocação profissional. Entrou cedo nesse setor e teve a vantagem de ser a primeira a se movimentar, logo gerando fortes efeitos de rede nos dois lados no mercado: empregados e empregadores procurando-se mutuamente. Porém, havia limitações nos dados que a Monster reunia. Como visava apenas a quem fazia busca ativa de emprego, a plataforma não captava informações relativas às redes sociais mais amplas do usuário. E, uma vez que a interação específica de procura de emprego se realizava, tanto empregador como empregado deixavam a comunidade, cessando todo o fluxo de dados.

Por sua vez, o LinkedIn visou às conexões sociais de todos os profissionais, não só de quem estava à procura de colocação. Isso levou a um nível mais alto de engajamento constante e captou dados também daqueles que estavam satisfeitos em seus empregos, mas desejavam monitorar novas oportunidades de trabalho – ou seja, uma base de usuários muito mais ampla. O LinkedIn também coletou dados das interações tanto de profissionais entre si quanto de recrutadores com eventuais candidatos, oferecendo dois ciclos de feedbacks separados no mesmo ambiente. Mais tarde, começou a enfatizar a criação de conteúdo e seu compartilhamento com usuários, a fim de criar motivações adicionais para ampliar o tempo de navegação na plataforma. Esse grande diferencial em termos de escopo, profundidade e volume de dados deu ao LinkedIn boa vantagem na concorrência contra o Monster.

O projeto de plataforma pode ser otimizado de várias maneiras para gerar melhores dados de usuários. Guiados por uma análise de rede de dois lados, desenvolvemos um conjunto de recomendações para o design de ferramentas de análise de dados, a fim de fornecer uma alavancagem de ecossistema melhorada para a SAP.

Destacamos o valor das ferramentas de busca na tarefa de ajudar clientes a encontrarem seus fornecedores ideais entre os parceiros do ecossistema da SAP. Melhores pareamentos, possibilitados por dados mais detalhados, tornam os dois lados mais felizes. Também notamos que fornecedores de soluções podem identificar potenciais clientes ao rastrear buscas *malsucedidas*, as quais, afinal, nada mais são do que o reflexo da existência de necessidades ainda não atendidas. Além disso, observamos a falta de ferramentas que permitissem aos clientes comparar suas competências com as de outras empresas participantes do ecossistema da SAP, bem como ferramentas para desenvolvedores compararem suas competências com as de outros desenvolvedores da mesma comunidade. Todas elas ajudariam os usuários da SAP a concorrer com mais eficiência com rivais que não participam da plataforma.

Como recomendação final, sugerimos que a SAP busque novas competências no negócio de serviços e novos recursos que começam a crescer em escala, ganhando popularidade entre os usuários. Essas novas fontes de valor podem ser absorvidas pela plataforma, em benefício dos parceiros de ecossistema que ainda não as descobriram.

As análises de dados, portanto, podem aumentar significativamente as competências tanto do ecossistema como um todo quanto de seus parceiros, contribuindo para o sucesso da plataforma e expandindo sua capacidade de gerar valor para os usuários. Análises bem-feitas ajudam a orientar investimentos no projeto de produtos e na interação entre consumidores e produtores, reforçando os efeitos de rede positivos. Coletivamente, as novas ferramentas de dados criam ainda uma formidável barreira à entrada de novos concorrentes – uma versão atualizada do fosso competitivo de Porter. Concorrentes sem dados não podem criar valor e, portanto, não conseguem gerar interações – o que, por sua vez, limita seu acesso a dados.

COMO AS PLATAFORMAS COMPETEM: REDEFINIÇÃO DE FUSÕES E AQUISIÇÕES

A estratégia clássica de fusão e aquisição sugere que os líderes de negócio persigam empresas-alvos que lhes deem acesso a produtos ou mercados complementares, ou que lhes permitam diminuir custos da cadeia de valor. Em um mundo dominado pelas cinco forças competitivas, a pergunta-chave implícita à avaliação de fusões e aquisições é se a companhia-alvo tem ou não um fosso ao redor de uma fortaleza considerável de valor.

Essa estratégia carece de ajustes ao mundo das plataformas. Para os gestores nessa área, a questão crucial é se a empresa-alvo cria valor para uma base de usuários que se sobrepõe de modo significativo a uma comunidade a que eles, gestores, já estejam servindo.

Se a resposta é sim, então pode-se intuir que *talvez* valha a pena fazer a aquisição. Porém, há barreiras adicionais a serem ultrapassadas antes de estabelecer o compromisso da compra, tais como lucratividade da empresa-alvo e sua capacidade de extrair um fluxo contínuo de interações de participantes. Ocorre que uma plataforma desfruta de posição privilegiada no que diz respeito a medir a conveniência de uma potencial aquisição. Diferentemente do que acontece entre organizações convencionais de pipeline, o comprador pode postergar a aquisição até que tenha observado como o potencial parceiro faz transações em seu ecossistema.

Isso resolve o tradicional desafio da assimetria de informações na avaliação de fusões e aquisições. Em vez de basear uma decisão de compra em dados financeiros auditados por um terceiro, o comprador pode observar em primeira mão dados de transação e até realizar experimentos para testar vários cenários estratégicos. Gerir uma plataforma oferece o privilégio de levar o parceiro para um test drive antes de assinar um acordo de aquisição.

Além disso, baseadas no fato de que não precisam ter a propriedade de todos os bens cruciais desde que tenham acesso a eles em seus ecossistemas, as plataformas em geral fazem menos negócios de fusão e aquisição do que muitas empresas tradicionais são obrigadas a fazer. No processo, desfrutam de pelo menos dois benefícios significativos.

Primeiro, reivindicar uma porção do valor criado por um parceiro de plataforma é bem menos arriscado do que comprá-lo. Lembre-se de que, em 2011, Farmville e Mafia Wars eram os jogos de maior sucesso, levando o valor das ações do desenvolvedor de games Zynga às alturas. É fácil imaginar que os líderes do Facebook estivessem tentados a comprar o Zynga, o que lhes teria não só garantido o valor total do portfólio de jogos do então parceiro, como também negaria acesso a esse recurso-chave para plataformas rivais como o Myspace.

Mas o Facebook resistiu à tentação – sabiamente. O setor de desenvolvimento de jogos é imprevisível: mesmo os títulos mais bem-sucedidos perdem força depois de alguns anos, e não há garantia de que outro sucesso virá em seguida. Em vez de comprar o Zynga e assumir a responsabilidade por criar a próxima grande sensação, era bem melhor assistir à concorrência de centenas de desenvolvedores para produzir o game campeão da temporada, para só então capturar uma fração de seu valor.

O segundo benefício: manter uma parceria à distância, ainda que pequena, reduz a complexidade tecnológica da plataforma. Como o próprio termo *integração vertical* implica, qualquer novo negócio adquirido deve ser *integrado* à estrutura existente, o que cria desafios tanto técnicos como estratégicos. Uma plataforma construída a partir de uma dúzia de tecnologias desenvolvidas independentemente vai quebrar mais cedo, custará mais e entregará ao usuário uma experiência pior do que a proporcionada por uma arquitetura enxuta, na qual toda a atividade de negócio flui por meio de interfaces limpas. Lembre-se de nossa discussão sobre os benefícios da modularidade (Capítulo 3): em um sistema modular, quando uma parte ou parceiro falham, é possível substituí-los com relativa facilidade. Já quando uma parte ou parceiro falham em um sistema integrado, a paralisia pode ser total.

Por esses motivos, gestores de negócios de plataforma podem se dar o luxo de abordar o desafio da estratégia de fusões e aquisições de uma maneira mais ponderada e consciente do que líderes de empresas tradicionais, os quais, em geral, sentem-se compelidos a comprar rapidamente a startup mais badalada do momento antes que um concorrente o faça.

COMO AS PLATAFORMAS COMPETEM: ENVELOPAMENTO DE PLATAFORMA

Gestores de plataforma precisam analisar o horizonte o tempo todo, observando as atividades de outras comunidades – em especial, aquelas que atendem a bases de usuários similares ou sobrepostas, as *plataformas adjacentes*. Quando uma nova funcionalidade aparece em uma plataforma adjacente, pode representar uma ameaça competitiva: há a possibilidade de os participantes de seu ecossistema se sentirem atraídos pela inovação a ponto de adotá-la em paralelo, ou até mesmo de migrar para a rede concorrente.

Para reagir à ameaça, há duas alternativas: desenvolver e fornecer uma funcionalidade semelhante de maneira direta ou oferecê-la indiretamente por meio de um parceiro do ecossistema. Quando usada da melhor maneira, essa estratégia leva ao fenômeno que chamamos de *envelopamento de plataforma*. Isso acontece quando a plataforma consegue absorver com eficiência as funções – e a base de usuários – de uma plataforma adjacente.

Por exemplo, em 1995 a RealNetworks inventou o streaming de áudio, materializado em seu produto Real Audio. Logo dominou 100% do mercado. Mas, quando a Microsoft decidiu capturar esse segmento, o enorme escopo de sua plataforma existente proporcionou-lhe uma vantagem quase imbatível. Como o MS Windows detinha mais de 90% de participação em sistemas operacionais, quase todo mundo que estava interessado em streaming de mídia possuía o Windows. Tudo que a Microsoft tinha a fazer era desenvolver um software semelhante ao Real Audio e oferecê-lo como parte do pacote de seu sistema operacional. Resultado: a plataforma de streaming de áudio do Windows logo "envelopou" a plataforma muito menor criada pela Real Audio – apesar de o software pioneiro revelar desempenho superior.

A estratégia de envelopamento é comum e pode ser observada em muitas arenas competitivas de plataforma. A Apple, por exemplo, vem se empenhando para que a plataforma do iPhone envelope os mercados de sistemas de pagamento móvel e tecnologia vestível. Do mesmo modo, o Haier Group da China expande sua plataforma de dispositivos com vistas a envelopar o mercado de aplicações domésticas conectadas.

Oportunidades e ameaças, claro, têm duas vias. Se a plataforma A tenta envelopar a adjacente plataforma B (desenvolvendo uma funcionalidade que concorra com a oferta mais atraente de B), pode desencadear o contra-ataque: B pode tentar envelopar A. Neste tipo de batalha, a plataforma maior, com base inicial de usuários mais numerosa e efeitos de rede mais poderosos, geralmente sai vencedora. No entanto, conforme a disputa da Monster com o LinkedIn demonstrou, a oferta de um valor superior para os usuários pode fazer a balança pender para a plataforma menos robusta, apesar dessa desvantagem inicial.

Na comparação com negócios tradicionais de pipeline, empresas de plataforma são capazes de se mover com mais agilidade ao reagir a movimentos competitivos – e também ao atacar concorrentes. Em geral, vencem aquelas comunidades que se mostram capazes de criar consistentemente o maior valor para os usuários. Mas, no atual cenário competitivo, nenhuma vitória é permanente, o que significa que as plataformas devem ser no mínimo tão vigilantes em se prevenir contra a complacência quanto as companhias tradicionais.

COMO AS PLATAFORMAS COMPETEM: APERFEIÇOAMENTO DO DESIGN

No mundo dos negócios tradicionais, as empresas concorrem entre si tentando criar produtos e serviços de melhor qualidade. De maneira análoga, plataformas concorrem entre si ao tentar melhorar a qualidade das ferramentas de que dispõem para atrair usuários, facilitar interações e promover o encontro de produtores e consumidores (os elementos básicos do design de plataforma foram descritos no Capítulo 3).

Um exemplo simples foi mencionado no Capítulo 5, quando explicamos como a plataforma de hospedagem de vídeo Vimeo conseguiu coexistir com o YouTube apesar de atender a um mercado sobreposto, diferenciando-se por meio de melhores serviços de hospedagem, maior disponibilidade de banda, maior valor de feedback do espectador, ausência de anúncios intrusivos e outras características que atraem produtores mais seletivos – apesar da base de consumidores muito mais ampla do YouTube. A postura competitiva do Vimeo lembra a de muitos negócios tradicionais que conseguiram coexistir com um rival dominante no mercado ao identificar um nicho especializado e criar um produto de melhor qualidade para atender a essa audiência restrita.

Em alguns casos, o aprimoramento do design de plataforma permite que um competidor tardio ultrapasse o rival pioneiro de maneira espetacular. De início, o Airbnb tinha muito menos usuários do que o mais antigo Craigslist, que também oferece anúncios de quartos e apartamentos para locação de curto prazo. Porém, o Airbnb fez um trabalho muito melhor em funções-chave de plataforma, em termos de facilidade de busca e pareamento entre produtor e consumidor. No Craigslist, uma pessoa em busca de hospedagem tinha de vasculhar uma caótica lista de opções, amontoadas por cidade e classificadas pelo horário da postagem. O Airbnb, por sua vez, permitiu ao consumidor uma consulta mais organizada, não só segundo os mesmos critérios, mas também por qualidade, número de quartos, preço e mapeamento da geolocalização. Além disso, o usuário também concluía o negócio por meio do Airbnb, enquanto o membro do Craigslist tinha de sair da plataforma para fechar seu contrato de locação. Muito mais fácil de usar, o Airbnb rapidamente ultrapassou a antiga categoria líder.

VANTAGEM SUSTENTADA: QUANDO O VENCEDOR LEVA TUDO

Nos negócios, nenhuma vitória é permanente – mas, às vezes, uma empresa é capaz de desfrutar de uma posição dominante por uma década ou mais. Quando isso acontece, pode-se dizer que ela manteve sua vantagem sustentada. Isso acontece com mais frequência em um *mercado do tipo "o vencedor leva tudo"*. Trata-se de um segmento no qual forças específicas conspiram para encorajar usuários a gravitarem em torno de uma plataforma, abandonando as outras. As quatro forças mais características dessa situação são as *economias de escala de fornecimento*, os *efeitos de rede*, os *altos custos de multihoming ou de mudança* e a *falta de especialização de nicho*.

Como explicamos no Capítulo 2, economias de escala de fornecimento são uma fonte de poder de mercado da era industrial, impulsionada pelos enormes custos de produção de negócios como autoestradas, exploração de petróleo e gás, mineração, desenvolvimento farmacêutico e fabricação de veículos e aeronaves. Em setores assim, o volume faz a diferença, uma vez que os custos de amortização sobre mais compradores significa que as margens aumentam com a escala. Ainda que custe US$ 1 bilhão para a Intel construir uma fábrica de semicondutores, depois que ela passa a funcionar os custos incrementais de fazer 1 milhão – ou 1 bilhão – de chips são irrelevantes. Quanto maiores as economias de escala de fornecimento, maior a tendência de concentração de mercado. Nos Estados Unidos, apesar dos mercados competitivos e da pressão regulatória criada pela legislação antitruste, um punhado de empresas domina seus setores com economias de escala de fornecimento – caso, por exemplo, da indústria automobilística.

Como vimos no Capítulo 2, os efeitos de rede são a fonte de poder de mercado na era da internet. Graças a efeitos de rede positivos, o valor criado e as margens de lucro desfrutadas por uma plataforma aumentam à medida que mais usuários se unem ao ecossistema.[21] É por isso que empresas assim podem desfrutar de um valor relativo dez vezes maior do que o de companhias com receitas comparáveis, mas que não têm efeitos de rede.[22] Com seus atuais modelos de negócio com foco em produto, Houghton Mifflin Harcourt, NBC, Lexis e Whirpool não produzem efeitos de rede fortes. Amazon, Netflix, LegalZoom e Nest, sim. Como atraem mais usuários para a plataforma maior, não importa qual seja ela, os efeitos de rede positivos são uma segunda força capaz de reforçar a tendência de um mercado do tipo "o vencedor leva tudo".

O terceiro fator que motiva tal tendência são o elevado multihoming e os custos de mudança. Como discutimos anteriormente neste capítulo, o multihoming acontece quando os usuários participam de mais de uma plataforma. Essas pessoas tiram vantagens dos benefícios oferecidos por múltiplas comunidades, claro, mas isso sempre implica um custo – monetário (como múltiplas taxas de assinatura) ou não (como a inconveniência de registrar dados em mais de um site).

Comparáveis a esses ônus são os custos de mudança – associados ao ato de deixar uma plataforma e transferir-se para outra. Mais uma vez, esses custos podem ser financeiros (como a penalidade imposta quando um usuário de telefonia celular troca o fornecedor de serviço em plena vigência do contrato) ou não (como a mão de obra para transferir todas as fotos de família de um serviço de hospedagem na web para outro).

Custos mais altos tanto de multihoming como de mudança de plataforma tendem a pressionar o mercado no sentido de maior concentração, com menos empresas controlando o setor. Um exemplo: em sua maioria, os consumidores não conseguem manter as altas despesas de ter um celular Android e outro iOS, e a tendência é que escolham um dos sistemas operacionais, permanecendo com ele por pelo menos alguns anos. Em contraste, custos baixos encorajam as pessoas a participar de duas ou mais plataformas ao mesmo tempo. Como a maioria dos cartões de crédito tem uma taxa anual baixa ou nula, muita gente leva na mesma carteira cartões Visa, MasterCard e American Express, além daqueles oferecidos por lojas de departamentos e hipermercados – escolhendo usar cada um deles conforme as circunstâncias.

Em mercados nos quais os custos de multihoming e de mudança são baixos, plataformas que ingressam tardiamente conseguem abocanhar participação de mercado com mais facilidade, caracterizando mercados mais abertos e fluidos. Como a maioria das redes sociais oferece um serviço básico grátis, o multihoming em duas comunidades, por exemplo, não tem custo financeiro – motivo pelo qual Facebook e LinkedIn puderam concorrer com sucesso com seus predecessores Myspace e Monster. Na mão contrária, custos elevados de multihoming ajudam a explicar a grande dificuldade da Microsoft em entrar no mercado de aparelhos móveis no rastro de Apple e Google – apesar de sua vantagem em sistemas operacionais para desktops e do market share herdado ao adquirir a fabricante de celulares Nokia.

O quarto e último fator que afeta a escala do lado da demanda é o gosto dos usuários por especialização de nicho. Quando tem necessidades ou preferências específicas, um conjunto específico de usuários pode constituir uma rede separada, enfraquecendo assim o efeito "o vencedor leva tudo". Nos anos 1990, quando o Windows desfrutava de enormes vantagens na seara dos sistemas operacionais para desktops devido a seus fortes efeitos de rede e aos altos custos de multihoming no setor, a Apple sobreviveu graças à especialização de nicho – era a marca favorita entre artistas gráficos e músicos. Do mesmo modo, o LinkedIn foi capaz de estabelecer uma posição sólida entre as redes sociais, mesmo contra os efeitos de rede avassaladores do Facebook, por atender a necessidades específicas de profissionais.

Um mercado com pouca ou nenhuma especialização de nicho é especialmente suscetível ao efeito "o vencedor leva tudo". E, quanto maiores as forças nesse sentido, mais acirrada a concorrência na plataforma.

No setor de serviços de transporte compartilhado, a ausência de necessidades específicas do usuário e os poderosos efeitos de rede concomitantes explicam a feroz rivalidade entre Uber e Lyft. Cada lado investe sobre os motoristas do outro, oferecendo prêmios por recomendações e incentivos em dinheiro. Algumas das táticas aplicadas beiram a falta de ética. A Lyft já acusou o Uber de pedir, e depois cancelar, mais de 5 mil corridas a fim de tumultuar o serviço do concorrente. O Uber nega. Não há dúvidas de que ambas as companhias, convencidas de que apenas uma deverá sobreviver, estão determinadas a fazer o que for preciso para permanecer de pé.[23]

■ ■ ■

Como vimos, a natureza da competição entre plataformas é muito diferente daquela enfrentada pelos empreendimentos tradicionais de pipeline. Nada mais oportuno, portanto, do que questionar se e como essas diferenças estão impactando a regulamentação dos negócios. Definições de conceitos fundamentais – como monopólio, comércio justo, fixação de preços, práticas anticoncorrenciais e restrições comerciais – precisam ser revistas quando aplicadas a empresas de plataforma? As regras existentes, criadas para proteger os interesses de consumidores, trabalhadores, fornecedores, concorrentes e comunidades inteiras, são eficazes e razoáveis na era das plataformas? Essas são algumas das questões que examinaremos no próximo capítulo.

DESTAQUES DO CAPÍTULO

⇨ A competição na plataforma é como um jogo de xadrez em três dimensões, envolvendo concorrência em três níveis: plataforma contra plataforma, plataforma contra parceiro e parceiro contra parceiro.

⇨ No mundo das plataformas, a competição tem menos importância do que a cooperação e a cocriação. O controle dos relacionamentos assume mais relevo do que o controle de recursos.

⇨ Métodos utilizados pelas plataformas para concorrer entre si: prevenir o multihoming pela limitação de acesso ao próprio ecossistema; promover a inovação para, depois, capturar seu valor; alavancar o valor dos dados; nutrir parcerias em vez de buscar fusões e aquisições; envelopar concorrentes e aperfeiçoar o design de plataforma.

⇨ Mercados do tipo "o vencedor leva tudo" existem em certos setores de plataforma. São orientados por quatro fatores principais: economias de escala de fornecimento, efeitos de rede, altos custos de multihoming e de mudança, e falta de especialização de nicho. Em tais mercados, a competição tende a ser especialmente agressiva.

11
POLÍTICA
Como as plataformas deveriam (ou não) ser regulamentadas

No fim de 2014, as estações de metrô de Nova York ficaram cheias de anúncios de uma empresa da qual as pessoas apenas começavam a ouvir falar – Airbnb. As peças de propaganda não tentavam convencer potenciais consumidores a experimentar os serviços de locação do site. Eram o que os publicitários chamam de anúncios institucionais, criados para lustrar a reputação da companhia. "O Airbnb é ótimo para Nova York", dizia o slogan.

Nem todos os passageiros do metrô concordaram. Em poucos dias, muitos anúncios foram "editados" por pichadores com pincéis atômicos, manifestando suas impressões sobre o Airbnb. A jornalista Jessica Pressler registrou alguns desses comentários na revista *New York*. Um pôster tinha sido complementado com a observação: "Airbnb NÃO aceita responsabilidades". Outro recebeu um rabisco: "A pessoa mais idiota do seu prédio está entregando a alguém as chaves de sua porta da frente!" E, em vários outros cartazes, a frase "para Nova York" acabara substituída por outra conclusão grafada em letra de mão: "O Airbnb é ótimo para o Airbnb".

A guerra dos cartazes refletia um conflito maior, travado em Nova York e em outras cidades do mundo em que o Airbnb ganha terreno. A campanha publicitária institucional da plataforma de serviços de locação era parte de um caro programa de lobby e relações públicas criado para responder ao que a empresa via como um ataque infundado de agências regulatórias, concorrentes, jornalistas desinformados e público em geral. As questões em debate: o Airbnb é uma dádiva para

Nova York e seus cidadãos ou um câncer que está minando a qualidade de vida e a estabilidade da cidade? E quem dever ter o direito e o poder de decidir qual é a resposta correta?

O DESAFIO REGULATÓRIO: RETRABALHAR VELHAS REGRAS PARA UM NOVO MUNDO

O surgimento do mundo de plataformas impõe um desafio social cada vez mais importante: a necessidade de criar sistemas internos de governança equilibrados com sistemas regulatórios externos, para garantir que os negócios funcionem de maneira justa.[1] À medida que plataformas como Airbnb, Uber, Upwork, Relay-Rides e muitas outras desempenham influência crescente na economia e nas esferas social e política, questões sobre os direitos dos participantes, assim como o impacto dos negócios de plataforma em outros setores e na sociedade como um todo, têm ganhado destaque. O crescimento sem precedentes das plataformas traz o problema da regulamentação econômica ao primeiro plano do imaginário popular, de uma maneira que não ocorria desde a crise financeira de 2008-09.

Conforme os debates se acirram, observadores começam a reconhecer que muito do que todos nós "sabemos" de política regulatória está errado – pelo menos quando aplicado aos mercados atuais de plataforma em rápida evolução. Há uma tensão significativa entre metas sociais de promoção da inovação e do desenvolvimento econômico (que defendem uma abordagem relativamente *laissez-faire* à regulação das plataformas) e metas sociais de prevenção de danos, estímulo à concorrência justa e respeito pela norma da lei.

É hora de formuladores de políticas, professores de direito e especialistas em gestão reexaminarem velhas certezas sobre legislação à luz das mudanças deflagradas pela ascensão das plataformas. Neste capítulo, exploraremos algumas das questõe-chave que os líderes terão de enfrentar nos próximos anos, conforme as plataformas continuarem a transformar a economia. Algumas dessas questões incluem possíveis efeitos nas áreas de política tributária, moradia acessível, segurança pública, justiça econômica, privacidade de dados e direitos trabalhistas, entre outras.

O LADO ESCURO DA REVOLUÇÃO DA PLATAFORMA

Já observamos os muitos benefícios que o crescimento explosivo das plataformas oferece. Porém, precisamos reconhecer que a disseminação desse modelo de negócio não significa o nirvana da nova economia. Como cada inovação empresarial, social ou tecnológica, a ascensão das plataformas tem potencial para causar danos.[2]

Algumas das queixas relacionam-se ao impacto nos setores produtivos tradicionais. É natural que empresas e trabalhadores cujos lucros e subsistência estejam ameaçados por novos modelos de negócio contra-ataquem com todos os meios disponíveis, incluindo reunir provas, relevantes ou não, de que plataformas causam danos econômicos, ambientais, sociais ou culturais. Algumas das críticas frequentes a negócios de plataforma certamente se encaixam nessa categoria. Não é difícil entender por que grandes editoras e livrarias odeiam a Amazon, por que gravadoras odeiam o iTunes, por que empresas de táxi odeiam o Uber e por que redes hoteleiras odeiam o Airbnb. Naturalmente, quando o ataque a plataformas vem de fontes diretamente interessadas, deve despertar desconfiança (incluindo-se entre esses ataques os apelos por uma regulamentação mais rígida, a fim de limitar seu impacto).

Isso não significa que não haja reclamações legítimas a serem consideradas. Quem visita Nova York e usufrui das vantagens do Airbnb, desfrutando de acomodações a preços acessíveis, é fã do serviço, assim como os anfitriões que ganham dinheiro extra ao alugar seus quartos vagos. No entanto, alguns vizinhos dos imóveis em questão estão descontentes. As páginas dos tabloides volta e meia publicam matérias denunciando orgias, encontros com prostitutas (uma das quais supostamente acabou esfaqueada) e festas de arromba de jovens arruaceiros em locais alugados pelo Airbnb. Um preocupado locatário de Manhattan, Ken Podziba, sentiu-se compelido a instalar câmeras de segurança para provar que sua inquilina estava sublocando sua casa, o que representa uma violação da lei estadual que proíbe a sublocação de curto prazo. Ele conseguiu despejá-la. "O Airbnb está ganhando dinheiro enquanto deixa as pessoas fazer o que querem", exclama Podziba. "É insano."[3]

Como vimos no Capítulo 8, os impactos do Airbnb sobre terceiros não envolvidos nos acordos de locação são o que os economistas chamam de *externalidades*. Um problema econômico recorrente acontece quando o custo das externalidades negativas é gerado não pelas pessoas ou empresas que os criaram, mas por "transeuntes inocentes" que se veem atrelados ao problema. Questões de externalidade são um caminho certo para um negócio de plataforma antagonizar pessoas envolvidas e convidar às intervenções das agências regulatórias – e o Airbnb está lidando com várias delas.

A falta de uma cobertura de seguro consistente foi uma das externalidades mais sérias em torno do Airbnb. Em dezembro de 2014, depois de anos de reclamações, o Airbnb anunciou uma política que ofereceria US$ 1 milhão de cobertura para proteger anfitriões dos Estados Unidos em relação a danos causados por hóspedes. O problema: esta é a chamada cobertura secundária, acionada somente depois que a apólice de seguro pessoal do próprio anfitrião/proprietário não cobre o prejuízo. No entanto, quase todas as apólices pessoais dos proprietários de imóveis residenciais no país *excluem* especificamente a cobertura de "atividade comercial" – incluindo a locação. O Airbnb parece esperar que os custos dos eventuais danos sejam cobertos por apólices de seguro administradas por empresas pouco diligentes quanto a pedidos de investigação – ou que estejam insatisfeitas com proprietários que as ludibriam ao fazer locação de imóveis como anfitriões do Airbnb.

Naturalmente, essa cobertura de seguro parcial é preocupante para muitos anfitriões do Airbnb. Mas, como destaca o jornalista econômico Ron Lieber, também cria uma externalidade capaz de impactar milhares de cidadãos que, de outra maneira, não teriam nada a ver com a questão. "Se o Airbnb for bem-sucedido no sentido de compartilhar os riscos com companhias de seguro pessoal", ele escreve, "então estes terão de ser cobertos por meio do aumento dos prêmios de todo mundo."[4]

Algumas externalidades, contudo, são positivas – benefícios econômicos e de outra ordem que as empresas proporcionam a terceiros não envolvidos. Alguns dados sugerem que os preços dos hotéis caíram de leve depois da entrada do Airbnb no mercado, provavelmente incrementando o turismo de negócios e, em última análise, beneficiando restaurantes e outras atrações.[5] Outros dados sugerem que o número de mortes de pessoas embriagadas no trânsito caiu depois do surgimento do Uber.[6] Externalidades positivas, porém, são difíceis de documentar e quantificar, enquanto externalidades negativas tendem a ser vívidas, inequívocas e traumáticas. É justo para o Airbnb livrar-se desses custos externos, jogando-os para indivíduos que não fazem parte da plataforma ou para a sociedade como um todo?

Essas questões estão longe de ser teóricas. Algumas plataformas de negócio foram fechadas devido a preocupações com externalidades negativas. Foi o caso do MonkeyParking. Lançado em San Francisco em janeiro de 2014, esse aplicativo encorajava motoristas a desocupar suas vagas de estacionamento e leiloá-las entre os usuários da comunidade. A receita gerada era dividida entre o dono da vaga e a plataforma. Muitos observadores consideraram injusta essa privatização e monetização de um bem público – lugar para estacionar –, o que ainda afetava a abertura e a acessibilidade de um sistema de transporte público do qual dependem incontáveis indivíduos e empresas. Também houve repercussão negativa em estacionamentos de propriedade privada, cujos donos tinham investido para atender às mesmas necessidades. Em resposta às reclamações, em junho de 2014 as agências regulatórias intervieram para fechar a plataforma.[7]

A história do MonkeyParking apresenta complexidades extras, que relativizam juízos absolutos. Ela permite discutir se, quando e como o dano social da privatização de um recurso público ultrapassa o benefício da oferta de acesso a um recurso escasso. Pode-se argumentar que um sistema como MonkeyParking geraria benefícios ambientais ao reduzir o tempo de circulação de carros em busca de vagas pelas ruas do centro da cidade, queimando combustíveis fósseis e aumentando o trânsito. Mas, se permitirmos que o MonkeyParking leiloe vagas de estacionamento públicas para lucro privado, não estaremos abrindo espaço para outras atividades lucrativas questionáveis? Nos fins de semana de verão, os usuários de plataforma têm o direito de abrir mão de sua "vaga" em parques públicos ou praias para leiloá-la pela internet? E quanto a vagas nas escolas públicas mais desejadas? Ou aos quartos privativos nos melhores hospitais públicos? Queremos viver em uma sociedade na qual quem tem mais dinheiro pode reservar para si os bens públicos mais valiosos? Essas são algumas das questões relativas a impactos externos que emergem a partir de um caso aparentemente simples como o do MonkeyParking.

As plataformas de redes de profissionais – baluartes do que hoje chamam de economia sob demanda, *freelance economy* ou, ainda, *1099 economy* – levantam muitas outras questões sobre impacto social e equidade. Sites como Upwork, TaskRabbit e Washio são ótimos para pessoas que valorizam o horário de trabalho flexível acima de tudo, mas muito problemáticos para aqueles que se veem sem escolha além de ser autônomos empregados em tempo integral, sem os benefícios e garantias impostos pela lei trabalhista. É compreensível que as empresas contratantes queiram tirar vantagem da agilidade e dos baixos custos que as plataformas de trabalho possibilitam. Mas em uma sociedade como a dos Estados Unidos, em que serviços públicos tais como assistência à saúde são em grande parte atrelados ao vínculo empregatício formal, é desejável criar uma vantagem econômica para empresas que se desincumbem de tais custos ao recorrer a mão de obra autônoma? É justo que, nesse processo, não contribuam para programas governamentais de apoio que já estão financeiramente pressionados?[8]

Plataformas com certeza criam benefícios para seus usuários – do contrário, não se tornariam tão populares. Mas também geram efeitos colaterais involuntários, incluindo externalidades negativas, que a sociedade como um todo deve analisar e evitar.

CRÍTICAS À REGULAMENTAÇÃO

Apesar dos problemas como o do MonkeyParking, muitos argumentariam que os abusos potenciais e os custos sociais causados por plataformas são um pequeno preço a pagar pela tremenda inovação, pelo valor e pelo crescimento econômico que produzem. Plataformas vieram para ficar e trazem benefícios indubitáveis para milhões de pessoas. Por que correr o risco de sufocar a inovação com a mão pesada da regulamentação?

Os críticos dos mecanismos regulatórios enumeram os muitos casos nos quais a lei é falha ou dá errado. Ronald Coase e George Stigles – vencedores do Prêmio Nobel e membros da Chicago School of Economics, famosa pela orientação ao *laissez-faire* na economia – argumentam que a vasta maioria das falhas de mercado encontram as melhores soluções nos próprios mecanismos de mercado – por exemplo, ao encorajar o livre crescimento de competidores aptos a fornecerem bens e serviços que produzam mais benefícios sociais do que aqueles de que a concorrência seria capaz. Em sua visão, o passado mostra que agências regulatórias governamentais tendem a ser incompetentes ou corruptas, o que significa que a regulamentação geralmente deixa de resolver os problemas para os quais deveria propor soluções. Nos casos específicos em que o mercado livre falha na resolução de um problema sério de injustiça ou de proteção ao consumidor, sempre há a alternativa de abrir um processo judicial.

Um dos mecanismos mais comuns de regulamentação falha foi chamado por George Stigler de "captura regulatória".[9] A premissa básica é a de que os participantes do mercado sempre agem para influenciar a regulamentação em função de seus próprios interesses – e com frequência pioram ainda mais os problemas subjacentes daquele setor. Em seu artigo de 1971, Stigler ilustra a questão com uma abundância de exemplos: cotas de importação de petróleo, impedimento do ingresso de novas empresas aos setores aéreo, rodoviário e bancário, e controle de acesso a mercados de trabalho por meio da exigência de licenças para profissionais como barbeiros, embalsamadores, médicos e farmacêuticos. Em razão da captura regulatória, as regras do governo frequentemente são usadas para bloquear a concorrência e impedir a inovação, em vez de proteger consumidores e beneficiar a sociedade. Stigler e seus seguidores argumentam que a economia e a sociedade beneficiam-se do fim da captura regulatória – e que isso exige a eliminação da maior parte da regulamentação governamental sobre empresas. Jean-Jacques Laffont e Jean Tirole (este último vencedor do Prêmio Nobel de Economia de 2014) expandiram a análise de Stigler ao abordar a perspectiva das agências reguladoras, destacando o fato de que seus "mandatários" têm um controle imperfeito sobre seus "agentes", incluindo funcionários eleitos ou nomeados. Laffont e Tirole mostram que seria impossível para as empresas se beneficiarem da captura regulatória se os mandatários envolvidos tivessem informações mais completas e mais controle sobre o comportamento de seus agentes.[10]

Não há dúvida de que a captura regulatória de fato existe. Gestores de agências governamentais encarregados de criar e impor regulamentações com frequência recorrem a líderes empresariais em busca de conselhos e orientação. Ou seja, isso significa que, com igual frequência, as regras formuladas acabam beneficiando as empresas – em especial, as mais influentes –, em vez do público em geral. Nos Estados Unidos, em alguns setores poderosos, tais como o de serviços financeiros, os executivos têm dividido sua carreira entre Washington e o setor privado. Portanto, as mesmas pessoas que desenham regimes regulatórios são aquelas que aconselham corporações sobre as melhores maneiras de escapar dessas regras ou de manipulá-las para lucro próprio (prática denunciada por Laffont e Tirole).

Hoje, algumas das batalhas regulatórias na seara das plataformas refletem, em parte, o uso que setores tradicionais fazem da regulamentação governamental como escudo contra os novos modelos competitivos. O jornalista Conor Friedersdorf observa: "O serviço de veículos Uber está tendo dificuldades em cidades de toda a América para acabar com a captura regulatória desfrutada pela indústria dos táxis".[11] O Airbnb enfrenta batalhas similares com agências reguladoras que agem sob influência de relacionamentos de longo prazo com o setor hoteleiro.

Aos olhos de alguns observadores, o fenômeno da captura regulatória mina os argumentos de quem defende a legitimidade de boa parte da regulamentação econômica governamental. Por exemplo, em um post em seu blog *Cafe Hayek*, o economista Don Boudreaux resume a maneira como o Uber permite a transformação de bens privados (carros particulares) em parte do estoque de capital da economia, criticando "intervenções governamentais contra o Uber e outras inovações da economia do compartilhamento", tanto por "atrapalhar as forças do mercado que melhoram o acesso dos consumidores a bens e serviços" como por "atacar as forças do mercado que aumentam o volume de capital produtor de riqueza que pessoas comuns podem possuir e controlar para obter lucros".[12]

Boudreaux diz que tentativas de restringir a disseminação do Uber constituem hoje "o mais desprezível exemplo isolado de intervenção governamental". Você pode concordar ou não com isso, mas a existência do fenômeno de captura regulatória não é necessariamente um golpe fatal contra o argumento em favor da regulamentação – nem o argumento definitivo em favor de regular plataformas em particular. É possível dizer que, em vez de eliminar a regulamentação como um todo, faz-se necessário projetar sistemas políticos, sociais e econômicos que reduzam a probabilidade de captura regulatória – por exemplo, por meio de leis que restrinjam as "portas giratórias" entre empresa e governo.

O economista Andrei Shleifer, pesquisador das áreas de governança corporativa e regulamentação governamental, sublinha que há diferenças importantes na prevalência da captura regulatória entre os países. Quando os governos são relativamente pouco fiscalizados por seus cidadãos, uma forte regulamentação com frequência leva a altos níveis de corrupção e expropriação por parte de funcionários públicos. O que, de fato, é muito visto em países autoritários. Porém, em países com governos mais confiáveis, como os do norte da Europa, níveis mais altos de regulamentação parecem relativamente livres de corrupção, o que reduz o nível de captura regulatória. Nessas circunstâncias, Shleifer argumenta, a regulamentação pode ser compatível com a promoção do bem-estar social e do crescimento econômico.

Shleifer observa, além disso, que a confiança da Chicago School em processos judiciais como alternativa à regulamentação depende da existência de um judiciário independente e honesto. A ideia ignora o fato de que juízes e advogados são alvos de manipulação e captura, assim como funcionários públicos.[13] De maneira mais ampla, o argumento de Shleifer é consistente com as conclusões de Laffont e Tirole em favor de regulamentações específicas para países e tecnologias.[14]

Em geral, a história não legitima os argumentos dos defensores da regulamentação *zero* dos negócios. Na verdade, é difícil identificar qualquer mercado desenvolvido que tenha ficado completamente livre da intervenção de autoridades governamentais. A regulamentação para evitar práticas anticompetitivas remonta pelo menos às antigas Grécia e Roma, quando as autoridades estatais agiam com rapidez para mitigar flutuações de preços de mercado desencadeadas tanto por eventos naturais como por manipulações deliberadas de mercadores e agentes marítimos.[15] Do mesmo modo, sociedades modernas dependem de agências regulatórias para aplicar regras de *fair play* nos mercados. Quando a regulamentação falha, temos os escândalos de informações privilegiadas, do derretimento do mercado de hipotecas ou dos altos preços desfrutados por monopólios estabelecidos.

Poucas pessoas querem viver em um mundo livre da regulamentação, que, em uma sociedade complexa como esta em que vivemos, tem várias funções sociais importantes. O sistema de linhas aéreas do mundo desenvolvido é surpreendentemente seguro, dadas a complexidade das tecnologias envolvidas e as tentativas terroristas de sabotagem.[16] Esse desempenho resulta tanto das melhorias tecnológicas como do treinamento e das investigações incansáveis de agências governamentais como a National Transportation Safety Board, que liderou uma eliminação sistemática de fatores de risco. De maneira similar, dependemos da regulamentação para manter a pureza da água potável, a segurança dos sistemas de transporte e a capacidade de combater e controlar doenças infecciosas.

Por todos esses motivos, apenas uma pequena fração da população apoiaria a posição liberal extrema de eliminar completamente as regulamentações de negócio – o que significa que a questão é como (e não se) as plataformas deveriam ser controladas por regimes regulatórios.

Existe, claro, um trade-off entre os custos e os benefícios da regulamentação. Sua ausência completa provavelmente produziria altos custos econômicos e sociais em função da recorrência de problemas como fraude, concorrência injusta, práticas monopolistas e oligopolistas e manipulação de mercado. O nível mais extremo de intervenção do governo nos mercados, por sua vez, como se vê em alguns países totalitários, leva a outros problemas, incluindo corrupção, ineficiência, desperdício e falta de inovação. A existência desses trade-offs indica que a melhor solução é a intermediária. De fato, as economias mais vibrantes do mundo tipicamente empregam algum nível intermediário de regulamentação do governo por meio de fiscalização de agências, de revisão judicial ou da combinação dos dois caminhos.

O economista Simeon Djankov e seus colegas classificaram a gama de regimes regulatórios possíveis em um espectro que abrange desde ordenamentos privados (o que chamamos de governança privada), por meio de sistemas que confiam em normas judiciais administradas por juízes independentes ou na regulamentação por parte de funcionários públicos, até a propriedade governamental direta dos bens (socialismo).[17] Sua descrição visual do espectro (Figura 11.1) reflete o trade-off entre perdas sociais devidas a crimes específicos e perdas sociais devidas a comportamento equivocado do governo.

Ao longo das duas últimas gerações, como Andrei Shleifer observou, a maioria dos economistas e teóricos políticos mudou de uma visão positiva da intervenção governamental para uma preferência pela privatização.[18] Hoje, há uma tendência no sentido de um tipo de regulação que já foi proposta por governos e agora está sendo oferecida por entidades privadas que agem em interesse próprio – por exemplo, a mudança gradual de padrões contábeis determinados nacionalmente (como os Generally Accepted Accounting Principles, dos Estados Unidos) para normas internacionais de contabilidade (IFRS, sigla em inglês para International Financial Reporting Standards), promulgadas pelo International Accounting Standards Board, uma organização privada com sede em Londres. Acreditamos que essa tendência continuará e que os governos devem refletir sobre o que regulamentar e que tipos de regulamentação podem ser oferecidos com mais eficiência por entidades privadas. Um propósito deste capítulo é sugerir as circunstâncias em que pode ser importante a intervenção governamental em mercados de plataforma, bem como os contextos em que as plataformas conseguem autogovernar seus ecossistemas com sucesso.

CRESCIMENTO DAS PLATAFORMAS E QUESTÕES REGULATÓRIAS

Vamos considerar algumas das questões regulatórias mais significativas que vieram à tona em consequência da ascensão dos negócios de plataforma ao longo das últimas duas décadas.

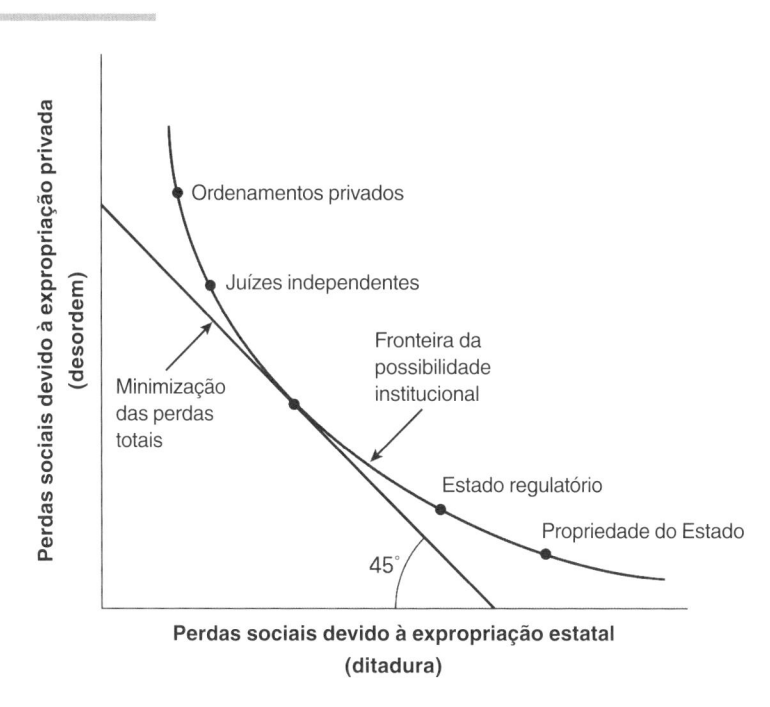

Figura 11.1 Descrição de Djankov da curva de "perdas sociais" produzida pela ausência completa de regulamentação (à esquerda) ou pelo controle total por parte do governo (à direita).

Reproduzido com autorização.

Acesso à plataforma. Conforme as plataformas se tornam mercados cada vez mais importantes para bens e serviços, o acesso a elas pode ser um tema legítimo de consulta de autoridades reguladoras. Quando certos participantes potenciais são excluídos do ecossistema, isso levanta questões sobre quem se beneficia da exclusão, se ela é justa e qual será seu provável impacto de longo prazo sobre o mercado em geral.

Por exemplo, o grupo Alibaba responde por 80% das transações de e-commerce da China.[19] A ameaça de exclusão desse sistema representa um desafio sério a qualquer empresa que faz negócios online. O acesso à plataforma também é uma preocupação de toda startup que almeja chegar ao topo das listas de busca entre milhões de concorrentes, mas não tem histórico de transações para subir nos rankings do site. No mercado de games, os patrocinadores de plataforma (Sony, Microsoft e Nintendo) ficaram conhecidos por oferecer exclusividade da categoria a certas empresas, como Electronic Arts, em troca de apoio. Muitas empresas podem chegar aos mesmos fins quando adquirem produtores que oferecem componentes ou softwares cruciais para suas plataformas. Por exemplo, a Microsoft adquiriu o estúdio de games Bungie a fim de garantir acesso exclusivo à franquia popular de videogame Halo quando o Xbox foi lançado em 2001.

Acesso e exclusividade também desempenham um papel na compatibilidade da plataforma. Em 1997, a Sun Microsystems processou a Microsoft por intencionalmente "bifurcar" a linguagem de programação Java – ou seja, criar um ramo incompatível com a base de código – a fim de se tornar menos interessante para sistemas operacionais que não fossem o Microsoft Windows. A Sun entrou na Justiça novamente em 2002 quando a Microsoft excluiu o Java da distribuição em desktops em favor da .NET, uma linguagem proprietária da empresa de Bill Gates.[20] Em 2015, o sistema operacional móvel Android dividiu-se em versões aberta e proprietária. Estímulos comercial e regulatório para manter a compatibilidade podem ser necessários para preservar os interesses dos consumidores.

A questão da exclusão é especialmente significativa quando os efeitos de rede são fortes, como argumenta o professor Carl Shapiro. "Tais contratos exclusivos e regras de integração exclusiva", observa, "podem ser especialmente perniciosos em indústrias de rede, impondo o perigo de novas e melhores tecnologias serem incapazes de ganhar a massa crítica necessária para realmente ameaçar o líder de mercado atual."[21] Shapiro continua: "Em última análise, essa não é uma história de prejuízo para o consumidor com base em monopólio de preço, ainda que isso seja parte da questão. O problema mais grave é que o ritmo da inovação pode ser reduzido, negando aos consumidores os benefícios totais do progresso tecnológico que um mercado dinamicamente competitivo ofereceria". Esse fenômeno pode ser chamado de *excesso de inércia*, em referência ao poder dos efeitos de rede para diminuir ou evitar a adoção de novas, e talvez melhores, tecnologias. Quando uma ou algumas plataformas conseguem dominar um mercado específico em razão do poder dos efeitos de rede, elas podem escolher resistir a inovações benéficas para se proteger dos custos da mudança e de outros efeitos de ruptura.

É discutível se cabe às agências reguladoras julgar em que situações a intervenção governamental é necessária, nos casos em que a arbitrária negação de acesso a uma plataforma específica tem a probabilidade de induzir à inércia excessiva.[22] Porém, nem sempre é fácil avaliar qual o verdadeiro impacto que um movimento competitivo específico pode ter. Em alguns casos, as consequências mudam dramaticamente conforme o tempo passa.

Por exemplo, em um artigo de 2014, dois dos autores deste livro (Geoffrey Parker e Marshall Van Alstyne) sugeriram que as políticas de plataforma limitadoras de concorrência entre desenvolvedores podem, na verdade, beneficiar consumidores no longo prazo ao estimular índices mais altos de inovação.[23] O processo funciona como uma micropatente de curto prazo: uma plataforma garante exclusividade temporária na categoria para um desenvolvedor extensivo específico em troca de investimento substancial em novos produtos e serviços. (A SAP usou essa estratégia de "parceiro preferido" com desenvolvedores como a ADP, assim como a Microsoft aplicou-a entre desenvolvedores de games.) Ao longo do tempo, as inovações criadas sob esse acordo de tempo limitado tendem a ser desdobradas na plataforma central. Elas então se tornam disponíveis a todos os consumidores, e também para que a próxima geração de desenvolvedores fomente a próxima inovação.

Por esses motivos, recomendamos às agências reguladoras que se movimentem com cautela quando se considera a intervenção em casos relativos ao acesso à plataforma.

Precificação justa. Uma prática que tradicionalmente atrai interesses regulatórios é a *precificação predatória* – situação em que uma empresa precifica bens ou serviços a valores tão baixos que talvez nem cubram seu custo. Preços baixos beneficiam temporariamente o consumidor, mas, em longo prazo, o prejudica: a prática exclui a concorrência, o que permite ao fornecedor sobrevivente elevar preços a níveis de monopólio. Isso, claro, é o objetivo do precificador predador e explica por que agências reguladoras governamentais às vezes intervêm para proibir práticas vistas como predatórias.

Porém, dois dos autores deste livro (Parker e Van Alstyne) fizeram uma pesquisa que se propõe a questionar a interpretação tradicional de preços abaixo do custo e, portanto, a definição das agências reguladoras para a precificação predatória. Nossa análise mostra que, na verdade, empresas com fortes externalidades de rede dos dois lados do mercado podem maximizar o lucro mesmo quando distribuem serviços a custo zero para um dos lados. Elas obtêm esse resultado por meio da venda de bens e serviços ao *outro* lado do mercado.[24]

Em sintonia com outros especialistas, incluindo Jean Tirole, essa linha de pesquisa sobre redes de dois lados transformou o conhecimento convencional e exigiu que as agências reguladoras readaptassem seus testes de predação para incorporar efeitos de rede.[25] Em específico, as agências viam a prática de venda de bens ou serviços pelo valor de custo (ou menos) como prova da tentativa de excluir os concorrentes do mercado, na intenção de aumentar os preços assim que a arena competitiva estivesse livre. Porém, como discutimos antes, quando levam em conta externalidades que perpassam os mercados, as empresas podem racionalmente zerar o preço de bens ou serviços oferecidos para certos grupos de clientes, mesmo na falta de concorrência.

Apesar dessas mudanças na análise da competição, ainda há questões abertas relacionadas à regulação das plataformas. Em 2015, a denúncia da União Europeia contra o Google, acusado de favorecer o próprio serviço de comparação de compras em detrimento dos rivais, ilustra esse ponto.[26] Vale lembrar que uma queixa semelhante à Federal Trade

Commission (FTC), nos Estados Unidos, foi retirada em 2013.[27] Outra plataforma gigantesca, a Amazon, tem seu papel no mercado de livros sob investigação das autoridades. A preocupação é a de que a Amazon esteja baixando preços a fim de ganhar participação de mercado – e que, uma vez livre dos concorrentes, volte a elevar os preços.[28] Somos céticos quanto a essa acusação específica contra a Amazon – é improvável que os livros encareçam de modo significativo caso a empresa de fato se torne dominante. De certo modo, somos mais receptivos à ideia de que a Amazon estaria agindo como um poderoso guardião de um setor cultural importante, talvez estabelecendo seu próprio formato de conteúdo digital como padrão, como tentou fazer com a Amazon Word (AZW), o formato usado no Kindle. A distribuição gratuita de capítulos de livros no formato AZW, no entanto, poderia ser usada como cavalo de Troia, atraindo leitores como parte de uma estratégia de longo prazo que conduziria a um maior controle da plataforma e a uma mudança do padrão (de aberto para fechado proprietário).

Privacidade e segurança de dados. Não é de hoje que o cidadão comum tem muitos motivos para questionar o que as empresas fazem com os dados pessoais coletados de seus clientes. A capacidade das organizações de reunir dados detalhados sobre cada família cresceu dramaticamente com a introdução do cartão de crédito ao consumidor. Essa inovação financeira ajudou a aumentar os gastos do cliente ao tornar muito mais fácil o acesso ao crédito. Mas isso, é claro, implicou um incentivo importante para que os bancos colhessem dados a fim de analisar a solvência dos clientes. Para fornecer essa análise, surgiram nos Estados Unidos três grandes agências de informações de crédito do consumidor: Equinox, Experian e Transunion. Em troca de detalhes do nível de interação dos bancos, as agências computaram pontuações de crédito para os consumidores – os pontos são usados pelos primeiros para decidir se estendem o crédito e, em caso afirmativo, que taxas poderiam cobrar. Quem já assinou um financiamento de carro ou uma hipoteca está familiarizado com a importância e o impacto de sua pontuação de crédito.

A primeira regulamentação relativa à segurança dos dados nasceu da necessidade de garantir transparência quanto aos critérios utilizados para atribuir as pontuações de crédito. Descobriram-se incontáveis casos de discriminação racial e geográfica.[29]

Em 1974, o Congresso norte-americano aprovou o Equal Credit Opportunity Act, que proibiu a discriminação de crédito com base em sexo ou estado civil. A lei recebeu uma emenda em 1976 para incluir raça, cor, religião, nacionalidade, fonte de renda e idade. Em 1977, a FTC começou a alocar uma fatia significativa de seus recursos no sentido de aplicar a lei e coibir práticas discriminatórias.[30]

Hoje, porém, as questões relativas ao uso de dados do consumidor cresceram em escala e complexidade. As agências de crédito viram-se cercadas de problemas, tais como identidades roubadas ou erradas, que podiam levar anos para ser resolvidas pelos consumidores, causando um dano enorme.[31] O uso e abuso de informações do consumidor pelas agências de crédito e empréstimo também são alvo de debate feroz. Práticas como empréstimos predatórios – por parte de organizações ansiosas para lucrar com juros exorbitantes e taxas de inadimplência, visando deliberadamente consumidores incapazes de arcar com o crédito – estão associadas à desigualdade econômica e até à instabilidade do mercado.

É contra esse cenário que a FTC ergue-se como o principal agente norte-americano no sentido de regulamentar as práticas de fornecedores de serviços de dados.

Em sua maioria, os consumidores parecem dispostos a ceder dados detalhados de seu comportamento de compra em troca de acesso ao crédito. Mas muitos talvez não gostem de saber que, seguindo a mesma dinâmica das agências de crédito, há diversas empresas que lhes prestam serviços de informação considerados "grátis" – trata-se dos agregadores de dados descritos no Capítulo 7. Se você entrou na internet para pesquisar informações sobre uma câmera fotográfica, um livro ou qualquer outro artigo de consumo, provavelmente notou que, logo em seguida, anúncios do mesmo produto surgiram em todo site que você visitou. Esse marketing movido a dados, e a subjacente venda de informações pessoais dos consumidores, é uma fonte significativa de renda para muitas plataformas.

Você pode achar esses anúncios customizados na internet preocupantes. Ainda mais perturbadoras, porém, são as modalidades menos óbvias de utilização dos dados pessoais. Muitas empresas – de plataforma ou de pipeline – espionam os consumidores online em suas interações financeiras, assinaturas de revistas, contribuições políticas e de caridade e muito mais ações, a fim de criar perfis individuais altamente detalhados. Agregados, esses dados alimentam ações de marketing cruzado endereçadas a pessoas que compartilham perfis, como quando um site de compras diz a você: "Pessoas como você que compraram o produto A também gostaram do produto B!". Em sua maioria, as pessoas não se incomodam com isso, por conta do anonimato do processo. No entanto, os mesmos dados subjacentes que alimentam esse tipo de ação podem ser, e são, vendidos a empregadores potenciais, agências governamentais, companhias de assistência médica e profissionais de marketing de todos os tipos. Dados individualmente identificáveis sobre tópicos críticos como orientação sexual, uso de drogas com receita médica, alcoolismo e viagens pessoais (rastreadas pelos dados de localização do celular) podem ser comprados por meio de empresas de corretagem de dados, como a Acxiom.[32]

A preocupação do consumidor com as práticas do setor de corretagem de dados levou a um grande volume de investigações, incluindo o inquérito da FTC que resultou no relatório intitulado *Data Brokers: A Call for Transparency and Accountability* ("Corretores de Dados: Um Apelo à Transparência e à Responsabilidade").[33] No entanto, poucas mudanças aconteceram no sentido de evitar práticas que muitos julgam questionáveis.[34]

Os céticos dizem que, na verdade, as preocupações dos cidadãos quanto à privacidade de dados são superficiais. Lembram que os consumidores rotineiramente compartilham informações pessoais em plataformas de mídia social como LinkedIn e Facebook, e que estão cada vez mais "instrumentalizando a si mesmos", usando ferramentas de boa forma, dieta e saúde, como Fitbit, Jawbone e MyFitnessPal. Apesar de essas plataformas contarem com políticas de privacidade para os consumidores, estas são escritas em linguagem densa, jurídica, que muito poucos se dão ao trabalho de ler. A prontidão com a qual os consumidores expõem suas informações particulares por meio de plataformas sugere que, em um futuro breve, poucos gestores controlarão o uso de dados pessoais em seus ecossistemas.

Um aspecto final com respeito à privacidade é a questão da posse de dados. Agregadores de dados e outras empresas com acesso à informação, na verdade, manifestam um interesse na propriedade dos dados que, de outro modo, poderia ser entendida como pertencente aos indivíduos. Em uma atitude provocativa para lançar luz sobre a questão, uma jovem chamada Jennifer Lyn Morone tornou-se pessoa jurídica a fim de afirmar seu interesse na propriedade do fluxo de dados que ela mesma gera.[35] É muito improvável que as empresas que lucram com o uso e a venda de dados pessoais tenham considerado a ação de Morone divertida ou persuasiva. Mas a questão não vai desaparecer. J. P. Rangaswami, diretor de informação do Deutsche Bank, prevê:

> Conforme aprendermos mais sobre o valor da informação pessoal e coletiva, nossa abordagem a tal informação espelhará nossas motivações naturais. Vamos aprender a desenvolver e ampliar esses direitos. A mudança mais importante terá a ver com a informação coletiva (às vezes pública, mas não sempre). Vamos aprender a valorizá-la mais; vamos apreciar os trade-offs entre informações pessoais e coletivas; vamos permitir que esses aprendizados nos informem quando se trata de hábitos sociais, convenções e legislação.[36]

Em um mundo em que os dados são descritos como "o novo petróleo", fica claro que a questão de sua propriedade tem de ser resolvida por meio de alguma combinação de ação regulatória, decisões jurídicas e autorregulamentação setorial.[37] Cada novo escândalo envolvendo o lançamento de informações críticas, tais como a revelação de 2014 de que a Sony Pictures havia vazado o acesso ao histórico de visualização de milhões de usuários, deve aumentar a motivação para estabelecer direitos de propriedade sobre dados do usuário.[38] Tais direitos dariam às vítimas o curso legal da ação depois dos vazamentos de dados: a teoria é a de que, diante de sua responsabilização civil, as empresas levarão a segurança de dados mais a sério e evitarão vazamentos futuros.[39] Em alguns mercados de nicho, acordos sobre a propriedade de dados já estão sendo desenvolvidos. Por exemplo, em novembro de 2014, várias grandes organizações e empresas agrícolas, incluindo Dow, DuPont, Monsanto e a National Corn Growers Association (entidade norte-americana que congrega os produtores de milho), acordaram um conjunto de princípios que definem os direitos dos fazendeiros de possuir e controlar os dados sobre suas lavouras.[40] Considere as implicações: sensores de dados usados para melhorar a produção poderiam ser utilizados para predizer o futuro da soja. Esses usos secundários têm o potencial de criar uma grande riqueza, na qual as fontes dos dados teriam um interesse legítimo.

Controle nacional de recursos de informação. O alcance global da internet adicionou complexidades significativas à regulamentação dos negócios. Desenvolver regras sensatas relativas ao papel das fronteiras nacionais nas transações comerciais, e depois descobrir como aplicar essas regras de maneira consistente e justa, é bem mais difícil em um mundo interconectado eletronicamente. Um exemplo dessa dificuldade é a aplicação, no universo dos negócios de plataforma, de regras relativas ao controle nacional do acesso a dados.

Quando empresas multinacionais chegam a países menos desenvolvidos, em geral são chamadas a seguir as regulamentações de conteúdo locais, criadas para estimular a economia do país em questão e para reter ali uma parcela do crescimento econômico gerado pelo empreendimento, em vez de transferir todo o valor para o país-sede. Por exemplo, quando corporações como Siemens e GE expandem-se para a África Subsaariana, com frequência são solicitadas a instalar operações locais em atividades como treinamento e serviço. É por isso que a Siemens fundou uma Siemens Power Academy em Lagos, na Nigéria, para treinar técnicos para sua usina elétrica.

Alguns observadores do setor acreditam que as exigências locais de conteúdo poderiam se estender para os serviços de dados – exigindo, por exemplo, que dados do negócio sejam armazenados e processados no local, em vez de internacionalmente. Se esse princípio for estabelecido de maneira ampla, o valor dos dados envolvidos pode ser bastante reduzido. Por exemplo, se as turbinas de energia de GE e da Siemens em todo o mundo fossem conectadas a uma única rede de controle e estudo de dados, o fluxo resultante poderia se tornar a base da análise comparativa que geraria uma única "assinatura de uso" para cada máquina. Isso permitiria aos analistas de dados projeções mais precisas do desempenho das turbinas, capacitando-os a criar cronogramas de manutenção customizados, o que economizaria recursos tanto para a empresa como para seus clientes. Porém, para ter noção desse resultado positivo, é necessário o acesso a quantidades tremendas de informação para processamento em tempo real – acesso que as leis locais de conteúdo podem restringir. É um bom exemplo do tipo de restrição regulatória que os governos deveriam reconsiderar à luz das novas capacidades oferecidas por ecossistemas de plataforma.[41]

As leis de privacidade na Europa representam outra modalidade do que poderia ser chamado de nacionalismo de dados. Regras relativas ao fluxo deles foram estabelecidas ostensivamente a fim de proteger a privacidade dos cidadãos. O resultado é uma miscelânea de centros de processamento locais e uma fragmentação de dados que, se agregados, poderiam ser empregados com propósitos comerciais. Nos Estados Unidos, há 42 startups de US$ 1 bilhão, mas apenas treze na União Europeia.[42] Talvez o motivo seja a incapacidade de escalar os efeitos de rede. Evidências recentes sugerem que esse regime de privacidade de dados na Europa já exerce um impacto notável na economia. Por exemplo, empresas de colocação de anúncios, que se baseiam em insights de big data para otimizar suas decisões, são significativamente menos eficientes em suas operações europeias do que em regiões comparáveis em termos de riqueza, como os Estados Unidos, onde não há regras restritivas de gestão de dados.[43]

Política tributária. Uma das questões regulatórias mais candentes em relação a plataformas é a política tributária. Quando comunidades virtuais em veloz crescimento, que fazem negócios por todo o país e até pelo mundo, reorganizam setores inteiros da economia e expulsam do mercado incontáveis empresas de pequeno porte, quem se beneficia dos dólares dos impostos sobre as vendas? Os impostos deveriam ser pagos no local onde está o produtor central ou teriam de ser arrecadados no lugar onde se dá o consumo? O impacto político e econômico de questões como essa pode ser substancial.

Como segunda maior varejista do mundo online em termos de receita, a Amazon tem sido o exemplo típico desse problema. Na maioria dos países em que a plataforma opera, é cobrado um imposto nacional sobre vendas ou sobre valor agregado, algo que a Amazon deve arrecadar de todos os clientes. Porém, a caótica colcha de retalhos de impostos estaduais e locais nos Estados Unidos cria oportunidades para a Amazon reduzir seu recolhimento de impostos e, assim, manter o preço percebido de seus bens tão baixo quanto possível. A empresa já enfrentou numerosas agências reguladoras e deputados estaduais por questões ligadas a regras de impostos sobre vendas, com frequência recusando-se a coletar impostos até ser obrigada a fazê-lo mediante a aprovação de novas leis específicas. Em alguns estados, a

Amazon alega que não mantém "presença legal" suficiente para exigir pagamento de impostos sobre vendas, apesar de ter enormes armazéns e centros de distribuição nesses locais. E, em outros casos, ela instiga um estado contra outro em uma guerra fiscal – por exemplo, construindo mais cinco depósitos físicos em Indiana como aparente recompensa pela lei aprovada naquele estado, que tornou a empresa isenta de recolhimento de impostos sobre as vendas locais. Hoje, a Amazon recolhe impostos sobre vendas em 23 estados norte-americanos, incluindo alguns dos maiores, enquanto resiste a fazê-lo em outros lugares.[44]

A mesma questão tangencia outras plataformas online, tais como o site de empregos Upwork, que reduz a arrecadação local de impostos na medida em que exclui do mercado uma série de pequenas agências de empregos. O alcance internacional das plataformas online parece tornar obsoletos os regimes de impostos de vendas locais e estaduais, donde se conclui que a solução lógica e natural seria a instituição de uma lei nacional de cobrança de impostos. Porém, nos dias atuais, é altamente improvável que o Congresso norte-americano, com sua forte tendência antitributária, aprove esse tipo de lei.

Outra solução seria um projeto de lei que facilitasse aos estados a cobrança de impostos sobre vendas de bens comprados online de fontes situadas fora do estado. Tal projeto, na verdade, foi apresentado ao Congresso várias vezes desde 2010. Uma das primeiras versões, chamada Main Street Fairness Act*, não avançou além do estágio das comissões, devido, em parte, ao forte lobby contra o projeto engendrado por representantes da Amazon.

Uma versão mais recente, o Marketplace Fairness Act, foi aprovada no Senado em maio de 2013, mas ainda não foi levada à votação na casa. Em uma virada fascinante, o Marketplace Fairness Act foi publicamente *apoiado* pela Amazon (assim como pela gigante varejista Walmart). O motivo provável para essa mudança: uma vez que agora recolhe impostos sobre vendas da maioria dos bens que oferece, a Amazon prepara-se para ganhar com um sistema tributário

---

* Uma tradução seria Lei da Justiça à Rua Principal, em referência ao típico centro urbano de comércio da maioria das cidades norte-americanas. (N. da T.)

simplificado, que se aplique igualmente a todos os vendedores da internet – incluindo os muitos rivais menores que atualmente recolhem pouco ou nenhum imposto da maioria de suas vendas. É um exemplo clássico de como os debates sobre legislação que evocam conceitos majestosos como igualdade, liberdade e santidade do mercado frequentemente convertem-se, por fim, em sombrias negociações, envolvendo dólares e influência política que os diversos interessados no setor levam ao Legislativo.

Leis trabalhistas. Quem opera plataformas de emprego em geral descreve seus sistemas como intermediários que servem unicamente para combinar trabalho com demanda por serviços. Desse ponto de vista, as pessoas que se candidatam a uma vaga por meio de empresas como Uber, TaskRabbit e Mechanical Turk são realmente prestadores de serviços, e a plataforma tem pouca responsabilidade legal (ou moral) com os dois lados da interação depois que o encontro entre necessidade e demanda é consumado.

Porém, do ponto de vista das agências reguladoras encarregadas de salvaguardar o bem-estar dos trabalhadores, a posição é dúbia. Na tradição do mundo pipeline, empresas que classificam funcionários permanentes e de tempo integral como trabalhadores autônomos têm atraído atenção desfavorável por essa prática, que não atende aos quesitos legais e regulatórios. Por exemplo, em agosto de 2014, a FedEx perdeu um processo federal que envolvia 2,3 mil trabalhadores em tempo integral na Califórnia, os quais haviam sido classificados como fornecedores, em vez de funcionários. A prática, que a Justiça considerou ilegal, reduzia a responsabilidade da FedEx por benefícios, pagamento de horas extras, contribuições para assistência médica e previdência social, e até reembolso de despesas relacionadas ao trabalho, como uniformes (a FedEx disse que pretende apelar da decisão).[45]

Plataformas de emprego precisarão monitorar a evolução da legislação nessa área com muito cuidado. Enquanto agências governamentais e juízes variam em atitude e prontidão para desafiar práticas de negócio disseminadas, muitos olham com desconfiança para modelos de emprego que parecem ter sido criados apenas para blindar as empresas da responsabilidade pelo bem-estar de seus trabalhadores.

Talvez seja significativo que a reputação das plataformas de emprego online já esteja seriamente abalada diante do extraoficial "tribunal da opinião pública" – como se vê, por exemplo, em mais de 1 milhão de resultados do Google (muitos provenientes de respeitáveis veículos de mídia) em resposta à consulta à busca *"sweatshop* da internet"*.[46] Em longo prazo, a desaprovação do público ao comportamento das empresas pode ter um impacto relevante no valor de marca de uma companhia – o que significa que o tribunal da opinião pública funciona, às vezes, como um corpo regulatório extraoficial ao qual os líderes de negócios devem prestar atenção.

Do mesmo modo, há limites para o horizonte de fuga das plataformas de emprego em relação à responsabilidade por suas práticas em contratar, triar, treinar e supervisionar trabalhadores – mesmo quando estes estão tecnicamente classificados como prestadores de serviços. O Uber, por exemplo, foi alvo de sérias críticas por supostos casos de assédio sexual de seus motoristas a passageiros.[47] Em um momento em que está envolvido em uma feroz batalha relativa à regulamentação com os táxis tradicionais, pode ser seriamente prejudicado pela suspeita de práticas trabalhistas ruins.

Em uma frente muito diferente, a emergência de plataformas de emprego online está criando novos desafios para as agências reguladoras encarregadas de monitorar e medir os mercados de trabalho nacionais e locais. Devido ao multihoming, profissionais freelancers podem participar de múltiplas plataformas ao longo de um mesmo dia – por exemplo, motoristas podem aceitar corridas tanto do Uber como do Lyft. Isso dificulta a coleta de dados de trabalho e desemprego pelas agências governamentais, os quais têm um papel importante nos debates sobre políticas sociais e econômicas. Se as plataformas de emprego continuarem a crescer, esta será uma questão cada vez mais crucial.

Manipulação potencial de consumidores e mercados. Quando a plataforma atinge determinada magnitude, desenvolve o potencial de

---

* *Sweatshop*, que literalmente significa "local de suor", é um termo usado para designar empresas, como oficinas de costura, que prestam serviço a grandes marcas da moda, fornecedores terceirizados que empregam imigrantes e pessoas carentes em regime similar à escravidão. (N. da T.)

deixar de ser mera participante do mercado – ou seja, de promotora do encontro eficiente entre o fornecimento e a demanda – para realmente começar a manipular usuários individuais e até mercados inteiros valendo-se de seu grande tamanho e alcance.

Há indicações perturbadoras de que isso já esteja acontecendo. A plataforma de varejo Amazon controla tamanha parcela do mercado de livros online que até editoras gigantescas sentem-se pressionadas a aceitar termos de negócio que, de outra forma, rejeitariam sem pestanejar. Durante uma disputa de sete meses com a Amazon em torno da política de preços, o grupo francês Hachette Book Group – uma das maiores editoras do mundo – assistiu ao atraso nas entregas de seus produtos vendidos online, bem como ao sumiço dos botões de pré-compra de alguns de seus títulos. Uma vez que a pré-compra desempenha papel importante ao determinar se um livro vai atingir ou não o status de best-seller, essas manobras da Amazon impactaram o sucesso de longo prazo de várias publicações da Hachette. Os dois lados finalmente chegaram a um acordo em novembro de 2014, aparentemente fechando a questão sem que nenhum dos lados pudesse se declarar vitorioso.[48]

Os usuários do Facebook e especialistas em privacidade ficaram irritados em junho de 2014, quando foi revelado que, dois anos antes, os feeds de notícias de quase 700 mil membros tinham sido manipulados como parte de uma experiência psicológica. Os pesquisadores, incluindo Jeffrey Hancock, professor da Cornell University, assim como alguns funcionários do Facebook, alteraram os fluxos de notícias para incluir um número anormalmente baixo ou alto de posts negativos ou positivos. Segundo os resultados do estudo, as mensagens de status postadas pelos membros do Facebook em resposta às anomalias mostraram que "os estados emocionais podem ser transferidos aos outros por contágio emocional, levando as pessoas a experimentarem as mesmas emoções sem ter consciência disso".[49]

Esse jogo fica mais perigoso quando sua influência migra para a política. Em um estudo com 61 milhões de usuários do Facebook, feeds de notícias com pressão social positiva fizeram com que cerca de 2% mais de pessoas votassem (ou pelo menos declarassem que tinham votado) em relação ao grupo de eleitores que não recebeu tais mensagens. De fato, o sistema de envio de mensagens sociais do Facebook aumentou o comparecimento às urnas em 60 mil pessoas de maneira direta e, indiretamente, por contágio social, em cerca de 280 mil votantes.[50] Por mais que não haja evidências de que isso tenha alterado o resultado das eleições, é possível imaginar disputas apertadas em que uma margem de 2% faria toda a diferença.

É uma descoberta interessante – algo que os anunciantes do Facebook e outros que procuram influenciar atitudes e comportamentos de multidões consideram valioso. No entanto, a nota polêmica é que essas pesquisas foram conduzidas sem o conhecimento e o consentimento de seus participantes. Além disso, nem todos os estudos receberam aprovação prévia de algum conselho institucional de pares acadêmicos, o que é normalmente exigido antes da realização de experiências com seres humanos. Especialistas externos reagiram questionando a ética e até mesmo a legalidade das ações do Facebook. Em meio ao furor desencadeado, Mike Schroepfer, diretor de tecnologia da plataforma, anunciou que, dali em diante, a empresa conduziria um "processo melhorado de revisão" antes de realizar qualquer pesquisa que lidasse com questões emocionais.[51]

Em um terceiro caso, o Uber foi envolvido em uma controvérsia em julho de 2015, quando uma equipe financiada pelo FUSE Labs, instituto de pesquisa patrocinado pela Microsoft, registrou a existência dos chamados "táxis fantasmas" no aplicativo – ou seja, daqueles veículos que, graficamente no celular, são mostrados como próximos do local em que o passageiro está, mas que na verdade não existem. Um porta-voz do Uber explicou que os fantasmas eram apenas um "efeito visual" que os passageiros deveriam ignorar, mas alguns usuários do sistema suspeitam e que poderia ser uma ação deliberada para transmitir ao passageiro a noção de que haveria muitos carros do sistema circulando na região, e mais próximos de alcançá-lo do que realmente estavam. Outras anomalias visuais registradas no aplicativo criam impressões ilusórias ou confusas de áreas de alta demanda que preveem maior alta de preços.

Os pesquisadores do FUSE dizem que tanto motoristas quanto passageiros estão aprendendo a lidar com o sistema, a fim de não serem ludibriados pelos dados visuais imprecisos do Uber. Eles concluem: "O acesso do Uber à informação em tempo real de onde passageiros e motoristas estão ajudou a torná-lo um dos aplicativos mais eficientes e úteis produzidos pelo Vale do Silício em anos recentes. Mas, se você abrir o aplicativo supondo que terá a mesma percepção, pense de novo: motoristas e passageiros estão obtendo apenas uma parte do todo."[52]

Casos assim ilustram a ampla variedade de modos como plataformas muito conhecidas usam seu poder de mercado e seu acesso a vastas quantidades de dados para iludir e manipular o comportamento das pessoas sem seu conhecimento ou anuência. O potencial de ganho econômico transforma o emprego de tais práticas em uma enorme tentação para os gestores de plataforma. Nesse sentido, há um desafio de grandes proporções para as agências reguladoras: é urgente definir os comportamentos eticamente questionáveis e desencorajá-los mediante o desenvolvimento de regras clara, razoáveis e aplicáveis sem burocracia e excesso de intrusão.

REGULAMENTAÇÃO 2.0?

Alguns analistas dizem que o advento da era da informação – na qual vastas quantidades de dados anteriormente inacessíveis vêm sendo disponibilizadas para avaliação, análise e uso na tomada de decisões inteligentes – deveria levar a uma profunda revisão dos sistemas tradicionais de regulamentação. Nick Grossman, empreendedor, investidor e ex-pesquisador do MIT Media Lab, sugere uma transição da atual Regulamentação 1.0 (que enfatiza regras prescritivas, processos de certificação e fiscalização) para um novo sistema, que ele chama de Regulamentação 2.0, baseada na transparência e na responsabilidade com apoio de dados.[53] Os dois tipos de regimes regulatórios compartilham a finalidade de criar confiança e estimular justiça, garantia e segurança, mas os meios empregados são bem diferentes.

Do ponto de vista de Grossman, a regulamentação baseada em acesso restrito faz sentido em um mundo de informações escassas. Tradicionalmente, era difícil ou impossível para um consumidor reunir informações precisas sobre a qualidade ou segurança de um motorista de táxi ou de um hotel. Por isso, a maioria dos governos providenciou medidas de triagem e certificação de taxistas, exigiu coberturas de seguro para motoristas e instituiu a fiscalização da segurança e da limpeza de acomodações hoteleiras.

Já em um mundo de informação abundante, faz mais sentido uma regulamentação que se baseie na responsabilidade apoiada em dados. Empresas como Uber e Airbnb podem ganhar liberdade para funcionar em troca do acesso a seus dados. Como é possível saber exatamente quem fez o quê, para quem e quando, consumidores e regulamentadores têm como identificar e responsabilizar pessoas e plataformas por seus eventuais deslizes, desvios ou maus comportamentos. Clientes do Uber podem conferir a classificação dos motoristas para decidir se aceitam ou não uma corrida. Hóspedes do Airbnb podem consultar as notas dadas pelos clientes aos estabelecimentos antes de escolher um lugar seguro e confortável para passar uma noite. Ambas as organizações podem ser punidas ou até fechadas pelas agências reguladoras se suas atividades violarem expectativas públicas de segurança e de transações justas.

Sob o esquema de Regulamentação 2.0 de Grossman, as agências reguladoras governamentais funcionariam de modo bem diferente do atual. Em vez de estabelecer regras de acesso ao mercado, seu trabalho primordial seria estabelecer e aplicar exigências de transparência depois do problema ocorrido. Grossman imagina como o governo de uma cidade reagiria à chegada do Uber mediante a aprovação da seguinte lei: "Qualquer um que ofereça serviços de locação de veículos pode não aderir à regulamentação existente, desde que implemente mensagens de celular e pagamento eletrônico, submeta-se à avaliação de desempenho 360 graus de motoristas e passageiros, e forneça para auditoria pública uma API de dados abertos do desempenho do sistema com relação a equidade, acesso, desempenho e segurança."[54]

Faz todo sentido que formuladores de políticas procurem meios de também tirar vantagem dos vastos fluxos de dados criados por negócios online – e, em particular, pela ascensão das plataformas – para desenvolver novos sistemas de fiscalização e regulamentação da atividade econômica. E, em algumas áreas, a maior transparência, talvez sob mandato governamental, pode suplementar ou até substituir modalidades tradicionais de regulamentação, reduzindo os custos e a inércia associados à intervenção do poder público e encorajando a inovação.[55] A exibição obrigatória de dados nutricionais no rótulo de produtos alimentícios e os índices de segurança dos carros e de eficiência energética de aparelhos elétricos, por exemplo, têm ajudado milhões de consumidores a fazer escolhas mais sábias e estimulado empresas a melhorar a qualidade de seus produtos.[56]

A ênfase de Grossman na força da transparência para gerar altos padrões de comportamento da comunidade é muito relevante em uma era movida pela informação. Uma analogia interessante pode ser traçada com as ideias de Richard Stallman, o programador ativista que lidera o movimento do "software livre". Stallman destaca que uma virtude-chave do software livre, ou de código aberto, é que qualquer um pode inspecioná-lo e verificar seu funcionamento. Claro, provavelmente apenas especialistas são capazes de fazer isso, mas, ainda que não muito numerosos, eles podem oferecer um julgamento tecnicamente bem fundamentado das qualidades e defeitos do programa – e, quando necessário, alertar o público em geral para os problemas que detectam. Se o código de software permite a uma empresa espionar os consumidores, manipulá-los ou apropriar-se de seus dados, criar códigos acessíveis a todos constitui uma maneira de rapidamente expor tais problemas e, por consequência, forçar sua correção.[57]

Nesse sentido, o software livre remete ao ideal de liberdade garantido aos norte-americanos pela *Bill of Rights* (Declaração de Direitos) – nas mãos de cidadãos engajados, tanto o código aberto como o documento oficial servem como armas cruciais na batalha contra o malfeito público e privado. O mesmo pode ser dito sobre os dados de plataforma, base do novo sistema regulatório proposto por Grossman. "Dizem que a luz do sol é o melhor desinfetante e que a luz elétrica é o melhor policial", comparou Louis Brandeis, da Suprema Corte dos Estados Unidos.

Obviamente é improvável, em especial no curto prazo, que a troca completa por uma nova regulamentação baseada em informação produza resultados que a maioria dos cidadãos consideraria aceitáveis. Se as estatísticas de mortes por salmonela e triquinose estivessem amplamente disponíveis, as famílias aceitariam de bom grado o fim das inspeções das autoridades sanitárias públicas nas indústrias processadoras de alimentos? Em questões de vida e morte, sistemas tradicionais de estabelecimento de padrões e certificação proporcionam segurança ao consumo de bens e serviços, e é difícil imaginar que os consumidores vejam vantagem em sua extinção.

Além disso, um regime de Regulamentação 2.0 efetivo exigiria aprimoramento significativo dos profissionais das agências governamentais, assim como revisões complexas dos códigos estatutários existentes. Conforme sugerimos anteriormente neste capítulo, nos casos de aparente manipulação do cliente e do mercado, não há como confiar que plataformas de negócio se comportem com transparência e integridade consistentes, a menos que agentes externos independentes monitorem suas ações. Esses agentes poderiam ser equipes de especialistas em tecnologia empregadas pelas agências reguladoras. Ou, ainda, os próprios funcionários de empresas rivais, que tiram vantagem do acesso a dados abertos para estudar o comportamento do concorrente e divulgar eventuais desvios de conduta. Em qualquer dos casos, a Regulamentação 2.0 acabaria se revelando bastante invasiva e onerosa.

Grossman cita o trabalho da economista Carlota Perez, que descreve como "grandes surtos" de tecnologia levaram a "mudanças profundas em pessoas, organizações e habilidades, em uma espécie de furacão destruidor de hábitos". Perez afirma que esses surtos também demandam mudanças nos regimes regulatórios – e a alegação de Grossman é a de que o advento da era da informação representa o mais recente desses surtos.[58] Há muita verdade na ideia de que a era da informação – incluindo a ascensão da plataforma – altera paradigmas e impacta profundamente cada aspecto da sociedade, incluindo a regulamentação governamental do setor produtivo. Mas, como Grossman observa, Perez descreve os grandes surtos como ciclos de mudança que levam cerca de cinquenta anos para acontecer. Isso é praticamente certo – e sugere que vai levar tempo para determinar exatamente de que maneiras o sistema regulatório tradicional pode ser descartado com segurança em favor de uma Regulamentação 2.0. Em muitos casos, podemos concluir que os melhores resultados seriam gerados por uma solução híbrida, que preserve pelo menos parte do aparato regulatório atual, baseado em permissão, enquanto aumenta sua eficiência por meio da progressão para o sistema de responsabilidade motivada por dados.

UM CONSELHO AOS AGENTES REGULADORES

Iniciamos este capítulo com a descrição do trade-off econômico básico entre governança privada e regulamentação governamental. A governança corporativa age para mitigar externalidades que afetam os interesses privados da empresa. As plataformas adotam a regulamentação de falhas de mercado em seu ecossistema interno, mas se mostram menos capazes de regulá-las fora desse ambiente. A experiência sugere que as empresas em geral são rápidas para reagir à mudança de tecnologia e às condições de mercado, mas não costumam agir com tanta prontidão para maximizar o bem-estar social, a menos que sejam pressionadas pelo poder da opinião pública ou por restrições regulatórias.

Supõe-se, porém, que a regulamentação governamental vise à salvaguarda dos interesses tanto do público como do setor privado. Isso pode influenciar suas ferramentas de aplicação das regras, tais como mandados de busca, o poder de confisco civil e a autoridade da lei. Infelizmente, os agentes reguladores estão sujeitos à cooptação, especialmente em países com democracia frágil e pouco controle social sobre a administração estatal. Assim, nem a governança privada nem a regulamentação do governo são confiáveis o suficiente para servirem como guardiões imparciais do interesse público.

Para os formuladores de políticas que estão diante da tarefa desafiadora de adaptar os sistemas regulatórios tradicionais às novas condições da era das plataformas, recomendamos dois conjuntos de estruturas. O primeiro, fornecido pelos economistas Heli Koski e Tobias Kretschmer, sugere que setores com fortes efeitos de rede podem gerar ineficiências de mercado e que a meta de política pública deveria ser minimizá-las. Ineficiências particularmente preocupantes são o abuso da posição dominante e o fracasso em garantir que tecnologias novas e melhores sejam adotadas assim que se tornam disponíveis.[59]

A segunda estrutura, desenvolvida por David S. Evans, propõe um processo de três passos para testar quão desejável é a ação regulatória governamental. O primeiro passo: examinar se a plataforma tem um sistema interno de governança funcional. O segundo passo consiste em verificar se o sistema está sendo usado principalmente para reduzir externalidades negativas que prejudicariam a plataforma (tais como comportamento inadequado dos usuários), para reduzir a concorrência ou para tirar vantagem de uma posição de mercado dominante. Caso a governança se revele apenas um instrumento para a plataforma evitar externalidades negativas, nenhuma intervenção regulatória é necessária. Porém, se o sistema parece encorajar práticas anticoncorrenciais, então um terceiro passo se faz necessário: é preciso questionar se o comportamento anticompetitivo sobrepuja os benefícios positivos proporcionados pela governança. Se for assim, uma violação ocorreu, e cabe uma resposta regulatória para reparar seu efeito. Do contrário, nenhuma outra ação é necessária.[60]

Defensores do baixo nível de regulamentação criticam a pressão exercida pelas restrições governamentais sobre as plataformas de negócio, em especialmente durante a fase de startup. Afinal, argumentam, o prejuízo ao mercado ou ao público em geral causado por uma startup tende a ser relativamente pequeno, ainda mais quando comparado aos potenciais efeitos positivos a serem deflagrados pela inovação, pelo desenvolvimento do novo modelo de negócio e pelo crescimento econômico que pode advir dali. O momento para aplicar regras de maneira mais rigorosa talvez devesse vir mais tarde, com a startup já desenvolvida a ponto de os custos e benefícios da regulamentação serem equilibrados.

No início de sua história, o YouTube tinha uma política informal, embora não reconhecida, de permitir que material com direitos autorais fosse postado em seu site. À medida que a plataforma crescia, aumentava a preocupação com essa aplicação frouxa da proteção à propriedade intelectual, pressionando a empresa a estabelecer um padrão de conformidade mais estrito. Ao longo do tempo, mecanismos foram implementados para compensar os proprietários de direitos, e hoje, por exemplo, muitos músicos obtêm receitas significativas de seus canais no YouTube.

Porém, essa abordagem não satisfaz a todos. O professor Benjamin Edelman, da Harvard University, observa:

> Se deixarmos as empresas de tecnologia decolarem primeiro e só fizermos as perguntas depois, estaremos fazendo um convite ao mau comportamento... Talvez alguns setores sofram de regulamentação desnecessária e ultrapassada. Se for assim, vamos remover as regulamentações por meio de processos democráticos adequados. Se deixarmos as empresas ignorarem as regras, efetivamente penalizaremos aqueles que agem segundo a lei, enquanto garantimos a possibilidade de lucros inesperados para concorrentes negligentes. Com certeza, esse não é o modelo de negócio que os consumidores estão procurando.[61]

Para encerrar, seguem alguns princípios gerais de orientação regulatória:
Sempre que possível, devemos esperar que agências reguladoras mobilizem-se para fazer ajustes às leis, a fim de se adaptarem mais

rapidamente à mudança tecnológica. Antigas práticas regulatórias, tais como testes de precificação predatória desenvolvidos para fiscalizar setores produtivos de pipeline, simplesmente não funcionam para novos modelos de negócio e tecnologias. A legislação deve incorporar avanços recentes da teoria econômica e mostrar que empresas ainda podem maximizar seus lucros mesmo quando escolhem distribuir certos produtos e serviços a preço zero.

Os legisladores deveriam agir também para reduzir as oportunidades de arbitragem. Uma vez que o número de licenças de táxi em Nova York não se alterou desde 1937, não deveria surpreender que um mercado alternativo se desenvolvesse para saltar as barreiras regulatórias. Nesse sentido, o Uber é uma resposta ao fracasso dos mercados mais regulamentados, assim como os táxis clandestinos que por muito tempo funcionaram fora do radar regulatório.

Outras áreas nas quais os agentes reguladores podem agregar valor a novas tecnologias são aquelas em que os consumidores dependem de informação precisa para que os mercados funcionem. Postos de serviços há muito têm suas bombas de combustível fiscalizadas, assim como restaurantes recebem visitas da vigilância sanitária e empresas em geral submetem-se a inspeções de segurança. Ao longo do tempo, tais auditorias forneceram confiança ao consumidor, fator fundamental para que esses mercados funcionem. Sistemas similares de classificações de auditoria e qualidade de serviço poderiam ajudar os novos mercados baseados em plataforma a se desenvolver e prosperar. Nesse sentido, o acesso aos dados representa uma oportunidade real para limitar as falhas de mercado tanto dentro como fora do ecossistema.

Por fim, vale apelar para que os agentes reguladores usem do bom senso para nunca desestimular a inovação. Toda mudança costuma provocar ansiedade, e há um impulso compreensível no sentido de diminuir o ritmo da inovação tecnológica e econômica a fim de prevenir consequências imprevisíveis e potencialmente danosas. Mas a história sugere que, na maioria dos casos, permitir o florescimento da mudança leva a resultados positivos em longo prazo.

Uma das batalhas regulatórias mais notáveis relativas à mudança de tecnologia aconteceu no início dos anos 1980, quando um grande estúdio cinematográfico brigou para evitar que cidadãos comuns usassem a então inovadora tecnologia de gravação de vídeo para fazer cópias de filmes e programas de TV para uso pessoal. Nesse emblemático caso jurídico de 1984 – Sony Corp. of America versus Universal City Studios Inc. –, a Suprema Corte dos Estados Unidos decidiu que esse tipo de cópia constituía uso justo e, portanto, não violava a lei de direitos autorais. Do ponto de vista econômico, a decisão em favor da Sony provou-se benéfica. Para surpresa dos caciques de Hollywood, os estúdios que antes se opunham aos gravadores de vídeo fizeram muito dinheiro com a locação de videocassetes, negócio que antes não existia. De maneira semelhante, os mercados de plataforma tendem a criar oportunidades novas e inesperadas de crescimento e lucro, mesmo para muitos negócios hesitantes em relação a mudanças. Por esse motivo, convém evitar a todo custo que a inovação nas atividades empresariais seja barrada pelas agências reguladoras, mesmo sob pressão de líderes de setores e companhias tradicionais empenhados em proteger seus territórios.

DESTAQUES DO CAPÍTULO

⇨ Os opositores da regulamentação citam fenômenos como a captura regulatória para argumentar que a intervenção do governo nos negócios geralmente é inócua. Mas a história sugere que alguma regulamentação é saudável e benéfica para a economia e para a sociedade.

⇨ Há uma grande quantidade de questões regulatórias que são específicas do mundo das plataformas ou que exigem um pensamento novo à luz das mudanças econômicas desencadeadas por esse modelo de negócio. Isso inclui acesso, compatibilidade, precificação justa, privacidade e segurança de dados, controle nacional sobre recursos de informação, política tributária e legislação trabalhista.

⇨ A enxurrada de novos dados disponibilizada pelas atuais tecnologias da era da informação sugere a possibilidade de criar novas abordagens regulatórias, baseadas preferencialmente na transparência e na accountability resultantes de falhas de mercado específicas, e não em restrições do acesso ao mercado.

⇨ A dominância de um mercado, em si, não é necessariamente uma causa para intervenção governamental, no caso de estruturas econômicas de setores com efeitos de rede. Já a incapacidade em lidar com externalidades, o abuso da dominância, a manipulação dos usuários e o atraso na inovação podem indicar situações em que se faz necessária ou apropriada a intervenção regulatória em empresas de plataforma.

12
AMANHÃ
O futuro da plataforma

Como você viu ao longo deste livro, as plataformas têm transformado setores inteiros da economia, sobrepujado empresas estabelecidas e permitido que pequenas startups cheguem rapidamente ao protagonismo global. É raro ver um único modelo de negócio dominar a arena competitiva em tantos setores e de maneira tão rápida.

Ainda assim, você pode achar que estamos superestimando (pelo menos um pouco) o impacto dessa transformação. Afinal, a revolução estratégica promovida pelas plataformas de negócios não estaria restrita a alguns setores? Muitos dos aspectos mais importantes de nossa economia, de nossa sociedade e de nossa vida – educação e administração pública, sistema de saúde e finanças, energia e indústria – parecem não ser afetados pela ascensão desse modelo inovador de empresa.

Isso é verdade – até agora. Mas esses e outros setores também testemunham a invasão de negócios baseados em plataforma. Nos próximos anos, acreditamos como provável que as plataformas delimitem áreas de atuação importantes em todos eles, ainda que não reivindiquem o controle de cada aspecto desses setores econômicos. Neste capítulo, queremos esboçar algumas tendências que já se delineiam: você vai gostar de conhecê-las, enquanto faz planos para seu próprio futuro.

QUANDO UM SETOR ESTÁ PRONTO PARA A REVOLUÇÃO DA PLATAFORMA?

Em nossa pesquisa sobre atividades reconfiguradas por plataformas, observamos características que tornam um determinado setor especialmente suscetível à mudança. A seguir, alguns dos tipos de negócio com forte potencial de adesão à revolução da plataforma nos próximos anos:

- **Setores dependentes da informação.** Em qualquer atividade econômica, informação é uma fonte importante de valor – mas, quanto mais fundamental a informação como fonte de valor, mais próximo o setor está de ser transformado pelas plataformas. Isso explica por que a mídia e as telecomunicações são dois dos territórios que já foram profundamente afetados pelas mudanças. Novos participantes implantaram ecossistemas que podem criar e substituir conteúdos e softwares de maneira mais rápida e fácil do que grandes empresas com milhares de funcionários.
- **Setores com gatekeepers não escaláveis.** Os mercados editorial e de varejo são dois exemplos de setores que tradicionalmente empregavam força de trabalho humana cara e não escalável – compradores e gestores de estoque no caso do varejo, editores no caso das publicações. Ambos já estão sendo afetados pelo crescimento das plataformas digitais, com milhões de produtores (artesãos, escritores) que criam e comercializam seus próprios bens por meio de plataformas como Etsy, eBay e Amazon.
- **Setores altamente fragmentados.** A agregação de mercado por meio de uma plataforma aumenta eficiências e reduz custos de busca para empresas e indivíduos que procuram bens e serviços fornecidos por produtores locais. Yelp, OpenTable e Etsy, além dos emblemáticos Uber e Airbnb, são exemplos de plataformas que facilitaram a vida dos consumidores ao lhes oferecerem uma fonte única para obter acesso a milhares de pequenos fornecedores.
- **Setores caracterizados por assimetrias extremas de informação.** Uma teoria econômica sugere que mercados justos e eficientes exigem que todos os participantes tenham acesso igual às informações sobre bens, serviços, preços e outras variáveis fundamentais. Em muitos mercados tradicionais isso não ocorre: um conjunto dos participantes tem acesso bem maior do que os demais. Lojas de automóveis usados, por exemplo, têm um volume muito maior de informações sobre o estado e o histórico dos carros que vendem (bem como sobre as variáveis de oferta e demanda) do que os clientes

– daí a falta de confiança que paira sobre elas. A agregação de dados e plataformas de compartilhamento como a Carfax agora nivelam o jogo, disponibilizando informações detalhadas sobre valores de carros usados a quem se disponha a pagar uma pequena taxa. Outros mercados nos quais assimetrias de informação dificultam uma negociação justa (do seguro de saúde às hipotecas residenciais) estão prontos para mudanças semelhantes.

A partir do que foi mostrado, você pode se perguntar por que os bancos, o sistema de saúde e a educação continuam resistentes à transformação. Todos os três setores são baseados em informação. (Pode parecer que não, mas toda a atuação do sistema de saúde é alimentada por dados.) No entanto, setores que podem parecer suscetíveis à conversão em plataformas, ainda que resistindo a tal inclinação, apresentam outras características. Entre eles, podemos citar:

- **Setores com alto controle regulatório.** Bancos, sistema de saúde e educação são altamente regulamentados. As normas favorecem os negócios estabelecidos e trabalham contra os interesses de startups que tentam gerar novas fontes de valor. Plataformas emergentes começam a atacar esse problema na tentativa de criar novas fontes de valor, mas o controle regulatório as contém.
- **Setores com altos custos de falha.** Os custos da inadimplência em um empréstimo ou do encaminhamento de um paciente ao médico errado são muito mais altos do que o custo de exibir conteúdo inadequado em uma plataforma de mídia. Consumidores relutam em participar de plataformas quando custos de uma eventual falha são percebidos como elevados.
- **Setores baseados em recursos.** Tais atividades em geral não são dramaticamente afetadas pela internet. Nesses mercados, os participantes vencedores ainda dependem de seu acesso aos recursos e de sua habilidade para administrar processos eficientes em larga escala, como mineração, exploração de petróleo e gás, e agricultura – áreas em que as informações têm um papel limitado.

O impacto desses fatores vai mudar ao longo do tempo. Conforme mais e mais processos e ferramentas conectam-se à internet, cada setor tem o potencial de se transformar em uma atividade baseada em informação. Por exemplo, indústrias baseadas em recursos, como mineração e energia, precisarão cada vez mais alavancar o poder das plataformas, criando ganhos de eficiência e aprendizagem mais rápida para conectar materiais, mão de obra e máquinas em uma rede central, a fim de coordenar fluxos de trabalho. Ao longo dos próximos anos, veremos o começo da transformação em grandes companhias do gênero, conforme aderirem às plataformas com vistas a mais ganhos de eficiência.

Mesmo quando consideramos a tendência relativa de vários setores se submeterem à transformação da plataforma em um futuro próximo, precisamos ter em mente que os limites próprios de cada setor tornam-se cada vez mais permeáveis devido ao impacto das plataformas. Pense na área da publicidade, por exemplo. No mundo das pipelines, o acesso das empresas aos consumidores limitava-se aos canais de mídia e varejo: redes de televisão, jornais e revistas, lojas de departamento. Raras empresas sustentavam um canal direto com o consumidor para promover seus bens e serviços. No mundo atual das plataformas alimentadas pela internet, porém, qualquer empresa pode interagir com os consumidores de maneira direta, captando dados sobre suas preferências, conectando-os a produtores externos e oferecendo serviços personalizados que proporcionam aos clientes individuais um valor único.

Com efeito, todas as empresas hoje podem ser agências de publicidade. O Uber, por exemplo, tem potencial para ser a maior empresa do mundo em publicidade hiperlocal. Por meio dos dados de seus passageiros, pode obter insights únicos a partir de onde os usuários vivem ou trabalham, de quando e com que frequência se deslocam, além de muitos outros aspectos de comportamento. E nada impediria o Uber de usar tais dados para conectar seus usuários a comerciantes locais. Muitos outros tipos de negócios com base em plataformas vibrantes, de bancos a varejistas, podem usar estratégia semelhante.

O poder da plataforma está modificando – e até derrubando – muitas barreiras que um dia separaram os setores. Não por acaso, para as empresas tradicionais, um dos efeitos mais dramáticos do crescimento desse novo modelo de negócio foi o surgimento de competidores inesperados, originários de setores aparentemente não relacionados com sua atividade. Tenha isso em conta ao avaliar o possível impacto futuro do modelo de plataforma em sua indústria, seja ela qual for.

Vamos considerar agora alguns dos cenários futuros mais plausíveis e intrigantes relacionados à expansão e à evolução de plataformas em setores específicos da economia.

EDUCAÇÃO: A PLATAFORMA COMO SALA DE AULA GLOBAL

A educação talvez seja o melhor exemplo de grande setor que está maduro para a revolução estratégica proporcionada pela plataforma. Baseia-se em informação? *Sim*. De fato, o produto fundamental vendido pelas escolas, universidades e faculdades é a informação, de vários tipos. Tem gatekeepers não escaláveis? *Sim*. Pergunte a qualquer pai cujo filho teve de passar pelo lento, complexo e arbitrário processo de admissão nas faculdades mais seletivas e de maior prestígio – e você escutará muito sobre as deficiências de um dos gatekeepers mais poderosos do mundo. É altamente fragmentado? *Sim*. Nos Estados Unidos há mais de 13 mil distritos de escolas públicas, bem como milhares de sistemas de escolas particulares, faculdades, universidades e colégios técnicos, todos completamente independentes e orgulhosos de seus programas e padrões únicos. Há assimetria de informação? *Sim.* Apenas uma pequena porcentagem de pais se sente apta a julgar as qualificações e a reputação de escolas e faculdades – daí a prolífica, competitiva e confusa variedade de sistemas de classificação e admissão de estudantes, bem como a pressão crescente sobre eles para que ingressem em instituições universalmente admiradas – como Harvard e Yale.

Com milhões de famílias forçadas a confrontar-se com esse "sistema" a cada ano, não é de admirar que a maioria se sinta frustrada e em dúvida quanto à escolha da escola certa para seus filhos. Some-se a isso o custo inflacionado insustentável que a educação apresenta nos Estados Unidos: com alta de 25 vezes nos últimos cinquenta anos, as despesas com educação subiram ainda mais rápido do que os gastos com saúde. O quadro geral é de um setor sob tremenda pressão para entregar mais valor em troca dos dólares investidos.

O impulso de construir plataformas de educação está em curso, conforme sugerem empresas como Skillshare, Udemy, Coursera, edX e Khan Academy, entre outras. Temendo ser tachadas como irrelevantes ou obsoletas diante das plataformas emergentes, as melhores universidades do mundo movimentam-se para assumir a vanguarda na revolução educacional. Instituições como Harvard, Princeton, Stanford, University of Pennsylvania e muitas outras oferecem versões online – em vários casos, em parceria com o Coursera – de algumas de suas aulas mais concorridas, na forma dos *Massive Open Online Courses* (cursos online abertos e massivos, ou MOOC, na sigla em inglês).

Nos próximos anos, a disseminação e a popularidade crescentes de ecossistemas de ensino e aprendizagem terão impacto enorme sobre os sistemas de escolas públicas, colégios particulares e universidades tradicionais. Estão em declínio as velhas barreiras que, há tempos, faziam da educação de alto nível um bem exclusivo, caro e de grande prestígio. As tecnologias de plataforma permitem que centenas de milhares de estudantes assistam simultaneamente às aulas dos melhores professores do mundo, a um custo mínimo e em qualquer lugar onde a internet seja acessível. Parece ser apenas questão de tempo até que um diploma equivalente ao do MIT em engenharia química esteja ao alcance de um estudante residente em uma vila da África Subsaariana.

A migração do ensino para o mundo das plataformas tem potencial para mudar a educação de maneiras que ultrapassam – e que são tão importantes e poderosas quanto – a ampliação do acesso. Uma transformação que começa a acontecer é a partição de vários bens e serviços antes oferecidos apenas em "pacotes" por faculdades e universidades. Milhões de estudantes em potencial não têm interesse ou necessidade de um campus completo ao estilo norte-americano, com biblioteca imponente, laboratório de ciências de primeira linha, fraternidades estudantis barulhentas e estádio poliesportivo.

Na universidade tradicional, a educação é para poucos: professores com credenciais acadêmicas específicas e difíceis de conquistar, e estudantes altamente qualificados com tempo e dinheiro para viver no campus. Para esse número relativamente pequeno de pessoas, o antigo modelo de educação pode funcionar bem. Mas as plataformas de educação, com a Skillshare, disponibilizam ensino e aprendizagem de alto nível a milhares de pessoas que não podem frequentar ou não se encaixam no molde tradicional. Assim, de repente, professores brilhantes e estudantes curiosos passam a se encontrar, em qualquer lugar, a qualquer hora. É uma oportunidade que não tem preço e que a plataforma online torna disponível por um custo que representa uma pequena fração do que se pagaria em um modelo convencional.

Plataformas de educação também começam a dissociar o processo do aprendizado das credenciais em papel tradicionalmente associadas a ele. Desde 2014, as estatísticas demonstram que apenas 5% dos estudantes que se inscrevem nos MOOC recebem certificados de conclusão – um detalhe que levou muitos à conclusão de que o ensino online é ineficaz. No entanto, um estudo realizado com mais de 1,8 milhão de inscritos nos MOOC da University of Pennsylvania apontou que 60% dos alunos tornam-se ativamente engajados no conteúdo ensinado, assistindo videoaulas, relacionando-se com colegas e completando um ou mais cursos. Os pesquisadores concluíram que "os estudantes tratam os MOOC como um bufê, experimentando o material de acordo com seus interesses e objetivos".[1] Conforme gravitam ao redor dos MOOC – especialmente os que ensinam habilidades específicas de trabalho, como os muitos cursos online em áreas como engenharia de software, design, marketing e edição de filmes –, os alunos parecem se interessar mais pelas habilidades do mundo real que podem aprimorar do que por símbolos tradicionais de sucesso acadêmico, como um diploma. Uma classificação alta no TopCoder (plataforma que organiza concursos de programação) pode levar um desenvolvedor a um emprego no Facebook ou no Google de maneira tão rápida quanto um diploma em ciência da computação com selos badalados, como Carnegie Mellon, Caltech ou MIT. Nos casos em que a credencial convencional é importante, os estudantes de plataformas podem, muitas vezes, verificar os meios para obter um certificado oficialmente reconhecido – por exemplo, no Coursera, o crédito universitário é um "serviço premium", pelo qual se paga um valor extra.

O desdobramento de atividades educacionais baseadas em plataforma está separando as habilidades específicas de ensino da confiança em grandes instituições multidisciplinares, como as universidades tradicionais. O Duolingo usa uma plataforma de crowdsourcing para ensinar línguas estrangeiras. Seu fundador, Luis von Ahn, é um cientista da computação que nunca estudou a pedagogia do ensino de idiomas. Depois de ler os livros mais respeitados sobre o assunto, ele fez testes comparativos entre as principais teorias, tendo como base a população que visitava seu site e um conjunto crescente de ferramentas de teste para medir os resultados. Hoje, mais pessoas usam o Duolingo para aprender idiomas do que a soma de todos os alunos do ensino médio nos Estados Unidos.[2]

O Duolingo separa o ensino de línguas das instituições educacionais tradicionais. O mesmo acontece com o ensino de programação do TopCoder, de marketing no Salesforce, ou de guitarra no Microsoft Xbox. Plataformas de aprendizado facilitam muitas outras experiências com o formato, a estrutura e a substância da educação convencional. Por exemplo, o Projeto Minerva, lançado em setembro de 2014, com uma classe inicial de 33 estudantes, objetiva substituir a faculdade tradicional de artes por uma plataforma online que permite que os alunos frequentem seminários interativos com professores localizados em qualquer parte do mundo. Os alunos viverão a cada ano em dormitórios de várias cidades – São Francisco, Berlim, Buenos Aires –, onde instalações culturais, profissionais e recreativas locais serão incorporadas ao currículo. O Projeto Minerva espera crescer para admitir cerca de 2,5 mil alunos por ano, cada um pagando uma taxa total de cerca de US$ 28 mil (incluindo acomodação e alimentação) – cerca de metade do custo de frequentar uma universidade com processo seletivo nos Estados Unidos.

"O Projeto Minerva alardeia", observa o jornalista Graeme Wood, "que vai restringir a experiência universitária aos aspectos que contribuem diretamente para o aprendizado do aluno."[3] A iniciativa será bem-sucedida? Só o tempo dirá. Independentemente do resultado, muitos outros experimentos educacionais seguirão o mesmo caminho. A flexibilidade e o poder da plataforma no sentido de facilitar as conexões entre professores e alunos torna isso praticamente inevitável.

As consequências de longo prazo da explosão deflagrada pela experimentação educacional são difíceis de prever. Mas não será surpresa se muitas das 3 mil faculdades e universidades que atualmente dominam o ensino superior dos Estados Unidos fracassarem diante da novas e melhores economias proporcionadas pelas plataformas.

SISTEMA DE SAÚDE: COMO CONECTAR UM SISTEMA DESARTICULADO

Como a educação, o sistema de saúde é um setor baseado em informação que apresenta gatekeepers não escaláveis (no formato de redes de companhias de seguro saúde e médicos muito procurados, cujas referências são necessárias para que se marque uma consulta), um alto grau de fragmentação (entre hospitais, clínicas, laboratórios, farmácias e milhões de profissionais) e enormes assimetrias de informação (em parte, graças aos profissionais que disseminam a cultura de que "o médico é quem sabe" entre pacientes frequentemente confusos diante das complexidades da medicina moderna). Assim como a educação, o sistema de saúde é um setor considerado em crise nos Estados Unidos. O desarticulado sistema norte-americano na área impõe altos custos resultantes de diagnósticos falhos, dados distorcidos e desperdícios de tempo e investimentos.

Em sua versão mais simples, o modelo de plataforma pode tornar o acesso ao sistema de saúde mais rápido e conveniente por meio da oferta de uma interface semelhante à do Uber, que permite às pessoas solicitarem ajuda médica onde quer que estejam. Tal tecnologia já foi lançada em várias cidades, incluindo Miami, Los Angeles e San Diego, por uma empresa chamada Medicast. Basta clicar no aplicativo da Medicast, descrever os sintomas e esperar pela chegada de um médico em até duas horas. O serviço é popular entre médicos interessados em ganhar uma remuneração extra em seus períodos de folga.[4]

Mas o impacto potencial do modelo de plataforma na medicina vai muito além de interações básicas isoladas. Na verdade, a revolução desse modelo de negócio oferece grandes oportunidades para remediar muitos dos problemas que castigam o sistema de saúde norte-americano. Conectar todos os fornecedores – bem como consumidores do sistema em si – em uma plataforma ultraeficiente tem o potencial de mudar radicalmente todo o setor.

Um dos primeiros presságios do tipo de mudança que podemos esperar nas próximas décadas é a enorme popularidade de aplicativos móveis de saúde que rodam em dispositivos vestíveis ligados a redes, oferecendo análises e informações com base em dados pessoais. Milhões de norte-americanos já demonstram que se sentem confortáveis com ferramentas eletrônicas capazes de medir pulso, pressão sanguínea, níveis de atividade, padrões de sono e outros indicadores de saúde, bem como em compartilhar essas informações com um pacote de softwares capaz de oferecer leituras de diagnóstico e aconselhamento personalizado. Expandir e melhorar essa abordagem pode ajudar a mudar a ênfase da cura ou do controle de doenças – muitas vezes diagnosticadas tardiamente e tratadas a custo muito alto – para a prevenção.

Também é fácil prever uma plataforma para ajudar os indivíduos a administrar males crônicos – e dispendiosos –, como diabetes, hipertensão, doenças cardíacas, asma, alergias e obesidade. Por exemplo, um dispositivo vestível para rastrear a ingestão de nutrientes de um diabético, sua rotina de exercícios e os níveis de glicose no sangue. Os dados seriam usados para descrever e explicar tratamentos recomendados com base em experiências médicas passadas e, diante dos sinais de alerta de uma crise iminente, avisar um médico. Um analista estima que tal plataforma poderia reduzir o investimento nacional no controle de diabetes em pelo menos U$ 100 bilhões por ano.[5] Considere a mesma lógica quanto a outras doenças crônicas que afetam dezenas de milhares de norte-americanos – e que o atual sistema de saúde administra mal –, e o valor potencial das economias chega às alturas, para não falar dos milhares de vidas que seriam prolongadas e melhoradas.

Benefícios ainda maiores serão percebidos quando surgirem plataformas capazes de integrar uma ampla variedade de dados sobre o sistema de saúde enviados de fontes múltiplas – não apenas de sensores vestíveis, mas também da participação dos pacientes e de registros eletrônicos de saúde gerados e mantidos por fornecedores de serviços. Desenvolver uma plataforma acessível tanto para pacientes quanto para uma gama de profissionais – médicos, enfermeiras, técnicos, terapeutas, farmacêuticos, corretores de seguros e outros –, ao mesmo tempo em que se protege a confidencialidade dos dados pessoais, representará um desafio crucial. Como observa Vince Kuraitis, consultor da área de saúde:

> *Muitas ofertas de valor do sistema de saúde dependerão de redes e plataformas amplas. Se você tiver pressão sanguínea alta e precisar administrar seu tratamento com o apoio de seu médico, quais seriam os benefícios se seus exames laboratoriais estivessem em uma plataforma e suas medicações fossem listadas em outra, caso não houvesse comunicação entre as duas? Se, durante uma viagem, você acabar em um pronto-socorro, quais seriam os benefícios se seus dados de saúde se encontrassem armazenados em uma rede inacessível pelo hospital?*[6]

Grande parte das empresas líderes em tecnologia já começa a se posicionar para a batalha pelo domínio do negócio de plataforma no sistema de saúde. Microsoft, Amazon, Sony, Intel, Facebook, Google e Samsung lançaram formulários criados para delimitar pelo menos um naco do mercado de cuidados com a saúde física, que cresce rapidamente.

Uma novidade interessante é o aplicativo HealthKit, da Apple, anunciado em meados de 2014 e que permite que uma gama de aplicativos de saúde e exercícios – incluindo os de alguns fornecedores externos, como a Nike – compartilhem dados entre si. A Apple anunciou planos de trabalhar com a prestigiada Mayo Clinic e outras empresas de saúde no desenvolvimento de sistemas que permitam que dados do HealthKit cheguem também a médicos e outros cuidadores (com a devida proteção de privacidade). No início de 2015, a companhia apresentou também seu novo Apple Watch, que traz um conjunto de ferramentas de monitoramento e medição de indicadores de saúde, de condicionamento físico e de comunicação.

Conforme as circunstâncias, não será surpresa se, segundo o consultor Kuraitis, a Apple contratar um grande número de profissionais para equipar seu negócio de plataforma de saúde – incluindo muitos com mestrado e doutorado. Parece claro que, dentro da próxima década ou da seguinte, pelo menos uma das atuais plataformas de destaque terá participação de peso no setor de saúde norte-americano. A empresa é uma das que mantêm os olhos fixos nesse objetivo.

A transição do atual sistema de saúde desarticulado para uma eficiente estrutura de plataforma não será fácil. As barreiras ao desenvolvimento desse novo modelo incluem forças econômicas e gerenciais que desencorajam o compartilhamento de serviços e dados do paciente. Essas forças ajudam a explicar, por exemplo, por que a implementação de registros médicos eletrônicos determinados pelo Affordable Care Act (2010) foi mal administrada, com sistemas de registro tão customizados por instituição que, com frequência, dois hospitais na mesma comunidade não conseguem compartilhar dados do mesmo paciente. O problema é ampliado pelos incentivos financeiros para organizações do sistema de saúde que mantêm cada paciente dentro de uma única "casa" médica. Companhias de seguro de saúde obrigam muitos de seus clientes a buscarem serviços de assistência médica por critério meramente geográfico – uma abordagem insustentável no caso de públicos altamente móveis ou transitórios, como jovens adultos.

Ademais, há uma enorme variação na maneira como os clínicos interagem com o sistema de saúde. Alguns são contratados por hospitais ou outras grandes instituições, o que significa que geralmente usufruem de um acesso relativamente fácil aos dados da plataforma. Outros são contratados pelo serviço público, o que significa que os dados que geram para alimentar a plataforma são acessíveis ao governo, mas não aos demais usuários do sistema. Há ainda aqueles que trabalham sob regime de contrato particular, o que significa que os dados que produzem são extremamente fragmentados.

Até que os incentivos financeiros estejam alinhados para estimular o compartilhamento universal de serviços e dados do paciente, o crescimento de plataformas dentro de um sistema de saúde pode ser lento. Ajudar a promover esse alinhamento deveria ser um dos principais objetivos de reguladores e líderes do setor.

ENERGIA: DE REDE INTELIGENTE A PLATAFORMA MULTIDIRECIONAL

Em um mundo que funciona movido a enormes quantidades de energia – e no qual fornecimento e consumo energético estão intimamente ligados a fatores tão cruciais como mudança climática global e conflitos geopolíticos internacionais –, não podemos desperdiçar os recursos disponíveis e temos de usá-los de maneiras que não prejudiquem o meio ambiente. É aí que as tecnologias de plataforma podem fazer uma grande diferença. A rede de energia elétrica, abastecida por fontes que incluem carvão, gás, petróleo, água, vento, sol e urânio enriquecido, há tempos é uma enorme rede interconectada de tecnologias complexas. Tal rede, no entanto, caracteriza-se por apresentar ineficiências caras e numerosas, como o desajuste entre oferta e procura causado pela variabilidade de uso de energia no curso de um dia e ao longo do ano. Quanto mais essa rede evoluir para um ecossistema inteligente e interativo de participantes aptos a produzir, compartilhar, conservar, armazenar e administrar a energia de maneira conjunta, maior o valor a ser extraído de nossos recursos energéticos – e mais equilibrado o mundo que passaremos às futuras gerações.

Atualmente, empresas de energia e autoridades governamentais de todo o mundo trabalham com cientistas e engenheiros para implementar tecnologias de "rede inteligente", a fim de aperfeiçoar o uso e o controle de energia por meio de sistemas de mensuração, comunicação, análise e resposta para grandes quantidades de dados. Ferramentas aperfeiçoadas de medição elétrica vêm facilitando a implementação de sistemas de precificação variável, os quais melhoram a capacidade de resposta da rede às variações de demanda, encorajam a conservação e suavizam flutuações na disponibilização e no uso de energia. A descentralização reduz a dependência da rede em relação a algumas poucas e imensas unidades de produção, aumenta a confiabilidade do sistema, diminui sua vulnerabilidade à sabotagem e aos desastres naturais e viabiliza a distribuição de energia produzida por consumidores usuários de turbinas eólicas, painéis fotovoltaicos e outras fontes de geração de pequena escala.

Essas mudanças prefiguram a rede interativa que tem a possibilidade de moldar o mercado de energia global. Com efeito, estamos migrando do modelo de pipeline de única via de distribuição para um modelo de plataforma no qual milhões de indivíduos e organizações interconectados estão aptos a desempenhar funções variáveis conforme as circunstâncias – consumindo energia em um momento, produzindo e vendendo no outro. Com o tempo, a produção e o controle centralizados de energia por poucos serviços de massa darão lugar a milhões de pequenos produtores-consumidores, muitos deles com um único painel solar no telhado de casa.

Avanços tecnológicos contínuos conduzirão essa transformação. A tecnologia de bateria, por exemplo, desempenhará papel fundamental. As principais fontes de energia renovável – eólica e solar – são intermitentes, o que leva a disparidades entre oferta e procura. Melhores baterias recarregáveis de armazenamento elétrico poderiam fornecer uma solução. A Tesla, empresa mais conhecida por seus veículos elétricos, atualmente constrói uma autodenominada gigafábrica no estado de Nevada, onde espera fabricar uma nova geração de potentes baterias, capazes de fornecer energia a uma residência por até dois dias. A empresa-irmã SolarCity – administrada por um primo de Elon Musk, presidente da Tesla – já controla 39% do mercado solar residencial e anunciou que, em uma década, todas as suas unidades energéticas virão completas com esse tipo de bateria.

O potencial disruptivo dessa tecnologia é enorme. Na verdade, um registro de 2013 feito pelo Edison Electric Institute alertou: "Podemos imaginar o dia em que as tecnologias de armazenamento em bateria ou de microturbinas permitirão que os clientes sejam independentes da rede elétrica". O analista de energia Ravi Manghani prevê que os serviços energéticos atuais se tornarão "algo mais próximo de fornecedores de serviço e supervisores de uma rede cada vez mais capilarizada, em vez de produtores centralizados de energia".

Trata-se de um padrão que veremos implantado em cada canto do mundo das plataformas: a energia, que já foi distribuída em uma única direção a partir de uma fonte central, hoje é cada vez mais compartilhada e controlada por milhões de participantes de mercado. Essa mudança aplica-se à energia literal que circula nas linhas elétricas, mas também ao poder em um mercado, antes concentrado e exercido por caciques corporativos e agora, cada vez mais, democratizado pelo fenômeno das redes.

O elo restante na transformação do setor energético é uma plataforma que viabilize transações de energia em larga escala. Isso já começa a se concretizar. O estado da Califórnia permite que agregadores de energia distribuída ofereçam esses recursos no mercado atacadista. Além disso, conforme citamos no Capítulo 4, Nova York estuda o desenvolvimento de uma plataforma dedicada à gestão da energia distribuída. Mobilizando recursos existentes, sistemas como esses devem facilitar a integração de energia limpa renovável para solucionar a questão da variabilidade inerente à demanda de energia.

O que não está claro é se as partes interessadas no setor somarão esforços pela construção de plataformas de energia ou optarão por travar longas batalhas regulatórias, na tentativa de preservar suas vantagens atuais. O desafio para os agentes reguladores está em criar um sistema que beneficie o máximo possível de interessados – incluindo as futuras gerações, que dependem de nós para desfrutarem de suprimentos adequados de energia.

FINANÇAS: O DINHEIRO VIRA DIGITAL

De certa maneira, as primeiras formas de moeda – historicamente documentadas desde o Código de Hamurabi, da Babilônia, datado do segundo milênio a.C. – representam os antepassados pioneiros dos negócios de plataforma. O dinheiro é uma modalidade de valor aceita por todos os participantes de um sistema econômico particular, que, portanto, constitui uma rede interativa apta a engajar seus membros em trocas para benefício mútuo. Pode-se dizer, assim, que o mundo das finanças – pagamento, moeda, crédito, investimento e as múltiplas transações decorrentes – sempre envolveu um comportamento semelhante ao das plataformas.

As atuais plataformas financeiras, como PayPal e Square, criaram meios inovadores de realizar transações de pagamento (online no caso da PayPal, por aparelhos móveis e aplicativos no caso da Square), abrindo as portas para a geração de novas categorias de comerciantes. Assim como a invenção do dinheiro há cerca de 4 mil anos possibilitou uma flexibilidade comercial inédita e um crescimento econômico surpreendente, as plataformas digitais para transações financeiras incentivam milhares de participantes a se tornar produtores e vendedores, bem como consumidores.

Empresas de plataforma financeira também trabalham para desbloquear novas modalidades de valor ocultas sob os dados de transação – algo possibilitado apenas pelas ferramentas digitais que reúnem e analisam tais informações. Saber quem negociou com quem, e o que foi negociado, ajuda as organizações a descobrirem os gostos do consumidor e seus hábitos de compra, informações com potencial de gerar ainda mais atividade econômica. Por exemplo, a MasterCard é um negócio de plataforma tradicional, dono de um ecossistema financeiro que liga 2 bilhões de titulares de cartão a 25 mil bancos e a mais de 40 milhões de comerciantes ao redor do mundo. Atualmente, sua divisão de pesquisa e desenvolvimento tecnológico, conhecida como MasterCard Labs, faz experiências com mecanismos de pagamento com o intuito de criar oportunidades de expandir a utilidade da plataforma. A partir dos dados contextuais obtidos no ecossistema, essas novas ferramentas estimulam o usuário a negociar por meio da determinação da próxima oportunidade possível de pagamento, alertando-o para ela e facilitando a interação. Outra inovação do MasterCard Labs é o ShopThis!, aplicativo que permite ao leitor, com um clique, fazer compras instantâneas de itens anunciados em revistas por varejistas como a Saks Fifth Avenue.[8]

Outras plataformas financeiras conhecidas – mesmo as mais conservadoras, com arraigada cultura de negócio e significativamente limitadas por regulamentos – serão forçadas a desenvolver inovações com base nas mais recentes tecnologias de plataforma. Bancos comerciais, por exemplo, monitoram de perto o surgimento de comunidades de empréstimo online entre pessoas físicas, como a Zopa e o Lending Club, que movimentam bilhões de dólares em transações financeiras de crédito, enquanto ignoram gatekeepers tradicionais. Plataformas do gênero têm grande potencial de disrupção, dada sua habilidade de identificar padrões em empréstimos e financiamentos a partir do tesouro de dados digitais que coletam. Com esses padrões, as plataformas podem conseguir mapear com mais precisão comportamentos que permitem prever inadimplência ou fraude, diferentemente dos bancos tradicionais, que dependem de um conjunto estático de marcadores de dados. Em parte por esse motivo, o Lending Club pode propor a seus clientes empréstimos a uma taxa de juros mais baixa do que a praticada por um banco tradicional – ao mesmo tempo em que remunera os investidores da plataforma com um retorno mais alto do que o proporcionado por aplicações financeiras convencionais.[9] Ao longo do tempo, para mensurar e controlar os riscos de suas operações, os bancos comerciais deverão adotar as mesmas ferramentas de gestão de grandes volumes de dados que hoje fazem a diferença nas plataformas de empréstimo pessoal.

Fontes alternativas de financiamento empresarial também vêm surgindo para competir com os bancos convencionais. Plataformas como a AngelList permitem que os investidores agreguem-se em consórcios para ofertar financiamento para startups em fase de decolagem, em troca de participação no capital. Embora ainda sejam, elas mesmas, incipientes, modalidades de serviço financeiro como essa sugerem os novos modelos de investimento que as plataformas vêm viabilizando.

As ferramentas de análise de dados em plataformas também podem ser usadas para melhorar o marketing de produtos financeiros. Plataformas de finanças pessoais, como a Mint, coletam e analisam dados como situação financeira, desafios e objetivos dos usuários – informações que podem permitir às instituições financeiras a criação de produtos sob medida para as necessidades específicas de seu público. A tecnologia e um bom projeto de plataforma são capazes de estabelecer um pareamento eficiente e mutuamente benéfico entre instituição e cliente, de uma maneira que os tradicionais canais de marketing e venda jamais fizeram.

Ainda mais importante é lembrar que as instituições financeiras tradicionais começam a usar modelos de plataforma para expandir o alcance de seus serviços a segmentos da economia antes inacessíveis.

Por exemplo, os bancos alavancam as plataformas para explorar a economia monetária, vista como enorme fonte futura de crescimento, em especial na Ásia. Para entrar nessa arena, estão construindo estruturas tecnológicas de faturamento e pagamento que permitem que pequenas empresas conduzam melhor as negociações entre si – ao mesmo tempo em que fornecem dados sobre suas interações. As análises derivadas desses dados ajudarão os bancos a atingir, pela primeira vez de maneira muito relevante, pequenas empresas com produtos financeiros. De modo semelhante, alguns bancos vêm oferecendo serviços digitais para ajudar consumidores em suas buscas por imóveis, na esperança de reunir dados que possam indicar oportunidades de empréstimo.

A área de seguros é outra que está pronta para ser transformada na era das plataformas de dados. Hoje, os carros conectados reúnem dados em tempo real sobre o comportamento do motorista ao volante, um tipo de informação útil para as seguradoras customizarem suas apólices e oferecer tarifação premium baseada nos hábitos de direção de cada segurado. A popularidade crescente de dispositivos vestíveis para rastrear indicadores de saúde e bem-estar também criarão oportunidades para companhias de seguro de saúde oferecerem pacotes personalizados.

Outra fonte potencial de crescimento são as centenas de milhões de pessoas "desbancarizadas", tanto no mundo em desenvolvimento quanto em áreas carentes dos Estados Unidos e de outros países desenvolvidos. Trata-se de um público sem acesso a ferramentas básicas para pagar contas, emprestar dinheiro, poupar e fazer investimentos. Por viverem em áreas sem agências bancárias e não terem capital suficiente para abrir uma conta bancária ou linha de crédito tradicional, os "desbancarizados" dependem de alternativas caras e às vezes fraudulentas, como serviços de desconto de cheques, empresas de ordem de pagamento, agências de empréstimos e agiotas. Tais operadores financeiros, de qualidade inferior, representam outra barreira à autossuficiência, dificultando a ascensão das pessoas para além da linha da pobreza.

Agora que milhões desses consumidores menos afluentes têm acesso à tecnologia móvel dos celulares, a possibilidade de criar plataformas online sob medida para suas necessidades torna-se concreta. Naturalmente, cada um desses usuários no limiar da pobreza gera menos valor para um banco ou operador financeiro do que um cliente rico – o volume de pessoas nessa condição, porém, faz desse mercado uma grande oportunidade de negócio. Na África Subsaariana e em outras regiões em desenvolvimento, empresas de telecomunicação e tecnologia como a Vodafone (por meio de sua subsidiária Safaricom) batalham contra instituições financeiras tradicionais, como o Equity Bank do Quênia, para determinar quem controlará a plataforma financeira líder e suas centenas de milhões de potenciais clientes.[10]

Nessa área, como em muitas outras, os banqueiros ouviram a mensagem que está se espalhando de um setor a outro – levante poeira ou coma poeira. Cada vez mais, o modelo de plataforma é visto como mecanismo-chave para romper padrões, abrir caminhos e não ser deixado para trás.

LOGÍSTICA E TRANSPORTE

Mover pessoas e coisas de um lugar para outro, da maneira mais eficaz, é a razão de ser dos setores de logística e transporte. Tradicionalmente baseadas em recursos, ambas as áreas vêm sendo muito afetadas pela emergência de modelos de negócio digitais. Empresas de logística, como a FedEx, sempre se valeram de vantagens competitivas significativas: possuir frotas de carros, caminhões e aviões custa caro, o que representa uma barreira enorme à entrada de concorrentes no mercado. Uma estratégia de plataforma, no entanto, dispensa frotas. Plataformas que agregam informações de mercado em tempo real sobre a movimentação de bens físicos e seus portadores podem orquestrar um ecossistema de agentes de entrega terceirizados, construindo um eficiente sistema de logística e entrega a partir de investimento mínimo de capital.

Setores específicos, dependentes de um processamento logístico complexo, vêm sendo transformados pela capacidade superior das plataformas em coordenar o fluxo de veículos e recursos a partir do uso de algoritmos eficientes na combinação de oferta e procura. Por exemplo, a Munchery, com sede em São Francisco, cresce rapidamente no ramo de entrega de comida. Agregando dados da demanda local de acordo com faixas horárias específicas, seus algoritmos determinam as melhores rotas de caminhão a fim de maximizar a densidade dos pontos de entrega e, por consequência, minimizar os custos marginais dessa etapa. Na Indonésia, uma empresa de plataforma chamada Go-Jek permite que motoqueiros ofereçam caronas de modo semelhante ao Uber. A Go-Jek também oferece entrega grátis de comida em toda a capital, Jacarta, otimizando o tempo das motocicletas conectadas e usando algoritmos criados para determinar as rotas mais eficientes.

EMPREGOS E SERVIÇOS PROFISSIONAIS: A REDEFINIÇÃO DA NATUREZA DO TRABALHO

Alguns dos exemplos mais ilustrativos de avanços na plataforma envolvem o mercado de trabalho. Tudo indica que a transformação do conceito de trabalho com o advento das plataformas tem chances de continuar nas próximas décadas, com algumas implicações fáceis de prever – e outras que podem pegar muita gente de surpresa.

Um pressuposto que já está sendo destruído é a ideia de que apenas ocupações semiespecializadas (dirigir táxi, entregar comida ou realizar tarefas domésticas) estão suscetíveis a mudança radicais. Até mesmo áreas tradicionais e especializadas, como medicina e direito, estão no radar dos modelos de plataforma. Já mencionamos o caso do Medicast, que oferece atendimento médico de modo semelhante ao fornecimento de táxi pelo Uber. Muitas outras plataformas disponibilizam espaços online nos quais o usuário pode contratar profissionais com facilidade, velocidade e conveniência comparáveis. A Axiom Law construiu um negócio de US$ 200 milhões usando uma combinação de software de pesquisa de dados com talentosos advogados freelancers, a fim de oferecer orientação e serviços legais para clientes empresariais. Por sua vez, a InCloudCounsel se diz capaz de processar documentos legais básicos, como acordos de confidencialidade, com uma economia de até 80% na comparação com os custos de um escritório de advocacia tradicional.[11]

Nas próximas décadas, parece provável que o modelo de plataforma seja aplicado – ou pelo menos testado – em praticamente todos os mercados ligados a trabalho e serviços profissionais. Como essa tendência vai impactar o setor de serviços? Como transformará a vida de centenas de milhares de trabalhadores?

Um resultado provável será uma estratificação ainda maior de riqueza, poder e prestígio entre fornecedores de serviço. Tarefas rotineiras e padronizadas vão para as plataformas online, nas quais um exército de profissionais relativamente mal pagos e independentes estará disponível para realizá-las. Enquanto isso, os maiores escritórios de advocacia, clínicas médicas, firmas de consultoria e de práticas contábeis não desaparecerão, mas terão seu tamanho e importância diminuídos à medida que grande parte de seu trabalho migra para plataformas aptas a oferecer serviços semelhantes, mas por uma fração do custo original e com muito mais conveniência. A porção remanescente de especialistas de primeira classe ficará cada vez mais concentrada em torno de um pequeno subconjunto de trabalhos especializados e mais desafiadores, que podem ser feitos de qualquer lugar do mundo por meio das ferramentas online. Assim, no nível mais alto de especialização profissional, é possível que emerjam mercados do tipo "o vencedor leva tudo", compostos por, por exemplo, duas dezenas de advogados de renome internacional, competindo pelos casos mais lucrativos em qualquer lugar do planeta.

A transformação via plataforma vai acelerar ainda mais algumas tendências que já levaram a enormes progressos na organização do trabalho. A divisão do trabalho em si em unidades cada vez menores – o que, quase três séculos atrás, Adam Smith reconheceu como questão fundamental para a capacidade produtiva das empresas – provavelmente continuará, impulsionada por algoritmos cada vez mais inteligentes, capazes de fracionar um trabalho complexo em tarefas pequenas e simples, a serem feitas por centenas de trabalhadores, cujos resultados, ao final, são articulados e unificados em um todo. O Mechanical Turk da Amazon já aplica essa lógica a muitas tarefas.

A tendência em prol do trabalho freelance, autônomo, por empreitada e em carreiras não tradicionais continuará acelerada. A Freelancers Union estima que um em cada três profissionais norte-americanos realiza algum trabalho freelance, porcentagem que provavelmente vai aumentar nos próximos anos. Obviamente, será um benefício misto. Muitas pessoas que querem flexibilidade e liberdade para estabelecer seus próprios horários – artistas, estudantes, viajantes, mães que trabalham meio período e aposentados – vão prosperar nesse novo ambiente. Os que preferem a estabilidade e a previsibilidade do emprego – ou que estão acostumados a depender de um empregador para obter benefícios fundamentais, como seguro de saúde e previdência social – verão a transição como desafiadora e até traumática. Os sindicatos trabalhistas tradicionais (que já representaram grandes exércitos de empregados contratados de grandes corporações) continuarão a minguar, e os indivíduos terão de lutar pelos próprios direitos.

Conforme observamos na discussão sobre regulamentação no Capítulo 11, a dominância crescente do mundo das plataformas vai propor desafios genuínos à sociedade. A capacidade de absorção de mão de obra das grandes corporações tradicionais já ofereceu uma rede de segurança para milhões de trabalhadores e suas famílias. Conforme a revolução da plataforma tritura os vestígios finais dessa rede, parece óbvio que o governo – ou alguma nova instituição social ainda não prevista – terá de encontrar uma maneira de preencher essa lacuna.

O GOVERNO COMO PLATAFORMA

O governo, claro, não é um setor produtivo no sentido convencional. No entanto, trata-se de um agente importante da economia, com amplo impacto na vida de todos os cidadãos. E certamente é baseado em informação, repleto de gatekeepers (como pode confirmar qualquer pessoa que já teve problemas com a burocracia governamental), fragmentado (em dezenas ou centenas de agências com atribuições sobrepostas e, muitas vezes, contraditórias) e permeado de assimetrias de informação (exacerbadas pelo intricado juridiquês com que leis e normas são escritas).

Por tudo isso, é compreensível que cidadãos comuns, ao lado de legisladores bem intencionados, autoridades eleitas e funcionários públicos, estejam ansiosos para ver o modelo de plataforma aplicado à estrutura de governo em todos os níveis. Tornar os processos públicos tão transparentes, responsivos, flexíveis, simples e inovadores quanto uma plataforma bem projetada e administrada seria uma benção para os Estados Unidos – além de um imenso passo para longe do cinismo e da negatividade com que muitos norte-americanos enxergam a administração estatal.

Obviamente, transformar um governo é mais fácil na teoria do que na prática. Restrições constitucionais e legais, pressões conflitantes de grupos de interesse e lobistas, hostilidades partidárias, limitações orçamentárias, desafios complexos inerentes ao desenvolvimento de serviços adequados a todos os cidadãos, e a pura inércia de uma organização que vem crescendo por meio da acumulação há mais de 200 anos – todos esses fatores representam grandes desafios aos líderes que querem aplicar princípios de empresas com fins lucrativos para racionalizar o governo em linhas de plataforma.

Ainda assim, apesar dessas dificuldades, governos locais, regionais e nacionais em todo o mundo começam a incorporar alguns dos benefícios do modelo de plataforma em suas operações diárias. Um dos principais exemplos talvez seja a cidade de São Francisco, não por acaso, no extremo norte do Vale do Silício. A política municipal de open data, ou de dados abertos, lançada originalmente em 2009 para ser implementada pelo Mayor's Office of Civic Innovation (Escritório Municipal de Inovação Cívica), promove o compartilhamento de dados da cidade por meio de um portal de acesso aberto, estimula parcerias público-privadas para facilitar o desenvolvimento de ferramentas de criação de valor a serem utilizadas por cidadãos e empresas, e fomenta iniciativas com base em dados que objetivem à melhoria da qualidade de vida dos habitantes da região da baía de São Francisco e arredores.

A plataforma de dados, apelidada de DataSF, apresenta ampla variedade de informações sobre a cidade, obtidas de fontes tanto públicas quanto privadas, bem como uma interface para programação de aplicações e dicas para desenvolvedores externos que querem usar os dados para criar aplicativos. A fim de encorajar o uso criativo da plataforma, o governo municipal patrocinou uma série de *data jams, hackathons* e concursos de aplicativos focados em desafios urbanos específicos, do transporte ao desenvolvimento sustentável. Por exemplo, em junho de 2013, a prefeitura de São Francisco sediou um Housing Data Jam, no qual cinquenta empreendedores locais mergulharam em questões relacionadas a moradia – população sem-teto, financiamento acessível de residências, segurança de edifícios, eficiência energética e muito mais. Em outubro, dez aplicativos privados foram lançados, valendo-se de informações do DataSF para criar ferramentas para melhorar as condições de habitação na cidade. Entre eles estavam o Neighborhood Score, aplicativo para celular que oferece um ranking de saúde e sustentabilidade de cada quarteirão de cada área da cidade; o Buildingeye, baseado em mapas que tornam a construção e o planejamento de informações facilmente acessíveis; o Project Homeless Connect, que usa a tecnologia móvel para ajudar sem-tetos a encontrarem os recursos necessários para sair das ruas e achar moradia digna; e o House Fax, um "Carfax para casas", que permite que proprietários e residentes acessem o histórico de manutenção de um edifício específico.[12]

Os esforços contínuos para aplicar a lógica de plataforma ao governo municipal de São Francisco incluem uma série de outras iniciativas, como a criação de um portal centralizado no qual empresas locais podem gerenciar o licenciamento, a regulamentação e os requisitos de comunicação associados à operação de um negócio na cidade; o Universal City Services Card, que oferece um único local para acessar os serviços de São Francisco, que variam de licenças matrimoniais até descontos em aulas de golfe; e uma parceria com a Yelp, plataforma de classificação de restaurantes, com a meta de incorporar os restaurantes locais ao ranking municipal de serviços de saúde, o que passa a ser informado em seus perfis online na Yelp.

Enquanto São Francisco avançou mais do que a maioria dos municípios no conceito de "governo como plataforma", esforços semelhantes são feitos em cidades, estados e regiões dos Estados Unidos e do mundo. O governo federal começa a trilhar o mesmo caminho. O Data.gov, lançado em 2009, expande-se, atualiza-se, simplifica-se e melhora gradualmente para facilitar o alcance dos cidadãos a grandes quantidades de dados governamentais antes inacessíveis, assim como para oferecer ferramentas que viabilizem a construção de aplicativos a partir dessas informações.

As florescentes plataformas governamentais que vêm surgindo serão tão abertas, democráticas e fortalecidas quanto as agências patrocinadoras e os líderes políticos permitirem. (Não é de admirar que a National Security Agency e outras organizações de inteligência não figurem entre os órgãos federais participantes do Data.gov.) A transformação do governo em plataforma levará a uma nova era de eficiência e liberdade universal... ou vai impulsionar ainda mais os ricos, prósperos e bem conectados à custa dos pobres e oprimidos?

A INTERNET DAS COISAS: PLATAFORMA MUNDIAL DE PLATAFORMAS

A revolução da plataforma implica usar a tecnologia para conectar pessoas e oferecer ferramentas para que elas possam criar valor juntas. Conforme a tecnologia digital continua a avançar – especificamente, conforme chips, sensores e dispositivos de comunicação ficam cada vez menores e mais eficientes –, o número e a ubiquidade dessas conexões seguem a crescer. Muitos desses componentes agora se localizam não em dispositivos de informática, como laptops e celulares, mas em máquinas comuns e eletrodomésticos – de termostatos de fogão e porteiros eletrônicos de garagem até sistemas de segurança industrial. Com designers e engenheiros encontrando cada vez mais maneiras úteis de conectar máquinas, equipamentos e outros dispositivos com os quais as pessoas interagem diariamente, uma nova e vasta camada de infraestrutura de dados emerge. É a chamada internet das coisas. Esse incipiente universo de redes terá impacto profundo sobre o poder das plataformas de amanhã.

Uma ampla gama de empresas está engajada na tentativa de construir a internet das coisas – e, se possível, controlar tanto a nova infraestrutura quanto os dados ultravaliosos que ela fornecerá. Conforme mencionamos, indústrias como GE, Siemens e Westinghouse, preparam-se para criar links de informação em turbinas, máquinas, motores, sistemas de aquecimento e refrigeração, e unidades produtivas por elas construídas e operadas, esperando obter grandes eficiência e economia. Empresas de tecnologia digital, como IBM, Intel e Cisco, competem para criar ferramentas e conexões que tornarão as novas redes possíveis. E companhias com foco na internet, como Google e Apple, concebem interfaces e sistemas de operações que permitirão que tanto especialistas em tecnologia quanto leigos tenham acesso fácil à internet das coisas e utilizem-na de maneiras tão diversas que mal começamos a imaginar e explorar.

Além disso, o poder potencial da internet das coisas continuará crescendo conforme as variedades de dispositivos disponíveis e suas capacidades seguirem em expansão. Para citar apenas alguns exemplos, pense no poder transformador de tecnologias mais próximas, como carros autônomos, baterias de armazenagem elétrica baratas e potentes, e impressoras 3D fáceis de usar e prontas para replicar rapidamente objetos úteis. Na medida em que essas e outras ferramentas surgirem, elas também se conectarão à internet das coisas, viabilizando plataformas de criação de valor ainda mais promissoras.

Aplicadas à internet das coisas, as economias da plataforma vão alterar drasticamente os modelos de negócio associados a incontáveis bens e serviços conhecidos. Considere, por exemplo, as lâmpadas comuns. Originalmente patenteada por Thomas Edison em 1878, a engenharia básica da lâmpada incandescente mudou pouco desde então, e é por isso que o produto final chega ao mercado com preço baixo e quase não oferece margem de lucro a seu fabricante. Também é altamente ineficiente, desperdiçando na forma de calor mais de 95% da energia consumida.

Produtos melhorados, como a lâmpada fluorescente compacta e o diodo emissor de luz (LED) tornaram a tecnologia de iluminação muito mais eficiente e rentável. Mas, quando sistemas de iluminação doméstica são conectados à internet das coisas, o objetivo da lâmpada se transforma. A tecnologia permite programar as luzes como alarme para denunciar a presença de estranhos, avisar os pais quando seu bebê estiver próximo de escadas ou do fogão, e alertar uma pessoa idosa que está na hora de tomar os remédios. Luzes com conexão sem fio podem rastrear o consumo de energia de outros aparelhos, de modo que os vendedores de lâmpadas passam a ser, na prática, fornecedores de serviços de gestão de energia para proprietários de casas e a companhias públicas de energia. No limite, o fabricante pode abrir mão de cobrar US$ 40 por uma lâmpada de LED em troca de parte das receitas contínuas oferecidas por serviços interligados à iluminação doméstica.

As conexões baseadas em plataformas entre aparelhos domésticos e dispositivos pessoais atraíram grande parte da publicidade que circunda a internet das coisas. Mas o potencial de transformação no mundo B2B é muito maior. David Mount, sócio da empresa de investimentos de alta tecnologia Kleiner Perkins Caufield and Byers, refere-se à onda de inovação que se aproxima como um "despertar industrial". Mount lista oito mercados com potencial de gerar novas empresas multibilionárias a partir de interações inteligentes entre dispositivos industriais:

- **Segurança:** proteção de ativos industriais por meio de redes baseadas em plataformas.
- **Rede:** projeto, construção e manutenção de redes que vão ligar e controlar ferramentas industriais.

- **Serviços conectados:** desenvolvimento de softwares e sistemas para administrar as novas redes.
- **Produto como serviço:** conversão de indústrias que comercializam máquinas e ferramentas em vendedoras de serviços facilitados por conexões de plataforma.
- **Pagamentos:** implementação de novas modalidades de criação e obtenção de valor a partir de equipamentos industriais.
- **Reequipamento:** atualização dos US$ 6,8 trilhões do patrimônio de máquinas industriais existentes nos Estados Unidos para participar da nova internet industrial.
- **Tradução:** capacitação de uma ampla gama de dispositivos e sistemas de software para compartilhar dados e comunicar-se.
- **Aplicações verticais:** busca de meios para conectar ferramentas industriais em vários pontos da cadeia de valor a fim de solucionar problemas específicos.

No geral, Mount conclui (aproveitando dados do relatório do Fórum Econômico Mundial) que o "despertar industrial" vai gerar US$ 14,2 trilhões de produção global até 2030.[13]

O economista Jeremy Rifkin resumiu habilmente essa onda de desenvolvimento, bem como algumas de suas implicações mais amplas:

> Hoje há 11 bilhões de sensores conectando dispositivos à internet das coisas. Até 2030, serão 100 trilhões de sensores... enviando, sem parar, grandes volumes de dados às internets de comunicação, energia e logística. Qualquer um poderá ter acesso à internet das coisas e usar grandes volumes de dados e análises para desenvolver algoritmos preditivos, que podem acelerar a eficiência, aumentar dramaticamente a produtividade e diminuir o custo marginal de produção e distribuição de coisas físicas, incluindo energia, produtos e serviços, a quase zero, assim como fazemos hoje com os bens de informação.[14]

Talvez ainda não estejamos tão perto de ver a maioria dos bens físicos avaliados em zero, ou quase zero. Ainda não. Mas parece seguro afirmar que começamos a nos dar conta do potencial transformador do modelo de plataforma.

UM FUTURO DESAFIADOR

Você com certeza percebeu que os autores deste livro estão, de várias maneiras, entusiasmados com as mudanças econômicas e sociais provocadas pelo surgimento da plataforma. Os relevantes ganhos em eficiência, em capacidade inovadora e na oferta de opções ao consumidor viabilizados pelas plataformas já desencadearam a produção de modalidades de valor novas e incríveis para milhões de pessoas, em muitos segmentos da vida cotidiana.

Mas toda mudança revolucionária tem seus riscos, e cada grande ruptura social e econômica cria tanto vencedores quanto perdedores. A revolução promovida pela plataforma não é exceção. Já vimos os problemas que algumas indústrias há muito estabelecidas sofrem quando seu modelo conhecido de negócio é abalado pelo advento das plataformas. De editores de jornais a produtoras musicais, de empresas de táxi a redes de hotéis, de agentes de viagens a lojas de departamento, várias empresas viram seus mercados, receitas e lucros desabarem diante dessa novidade no panorama da competição. As consequências incluem, inevitavelmente, incerteza, perda e sofrimento por parte de incontáveis indivíduos e até de comunidades inteiras.

É fácil para especialistas e consultores exigirem de líderes de empresas "adaptação e ajuste" a um ambiente de negócio transformado. No entanto, o processo de adaptação muitas vezes é longo, confuso e traumático, e algumas empresas e pessoas nunca encontram seu espaço em um mundo emergente dominado pela plataforma. É uma realidade triste, que a sociedade precisa reconhecer e com a qual tem de lidar.

A sociedade também precisa responder às mudanças estruturais decorrentes da ascensão da plataforma. Examinamos algumas delas no Capítulo 11, incluindo o acesso sem precedentes a informações pessoais e de empresas, um recurso amplamente aproveitado pelos maiores negócios de plataforma; a mudança massiva do tradicional emprego formal para o trabalho freelance, cujo aspecto eventual implica o benefício da flexibilidade e o ônus da insegurança; os impactos externos imprevisíveis, positivos e negativos, exercidos sobre as comunidades em que os negócios operam; e o potencial de manipulação de indivíduos e mercados inteiros por parte de redes poderosas.

Modalidades tradicionais de regulamentação governamental para negócios de pipeline são inadequadas para abordar os desafios sociais que essas transformações trarão. Levará tempo até que políticos entendam completamente a natureza das mudanças e desenvolvam respostas regulatórias, que protejam os cidadãos dos perigos mais sérios impostos pela revolução da plataforma sem sufocar inovações benéficas. Levará ainda mais tempo até que pessoas comuns (por meio das organizações sociais que apoiam e das quais dependem) absorvam a natureza dessa transformação e formulem respostas institucionais apropriadas.

A história demonstra que a sociedade ocidental demorou gerações para desenvolver respostas eficazes às transformações (e suas decorrentes anomalias) associadas à Revolução Industrial dos séculos 18 e 19 – a reação incluiu o movimento sindical, a construção de um sistema educacional fundamentado em habilidades para preparar mão de obra para novos tipos de emprego, e a estruturação de uma rede de segurança social. Do mesmo modo, será necessário algum tempo até que as sociedades contemporâneas descubram o que fazer para responder apropriadamente às mudanças econômicas, sociais e políticas geradas pela revolução da rlataforma – e é por isso que precisamos começar a pensar nessas questões *agora*, quando sentimos o impacto das primeiras rupturas no sistema.

Um subproduto inevitável da drástica mudança tecnológica parece ser exagero. Da popularização do termo "automação" na década de 1930 (quando previsões a respeito da obsolescência do trabalho eram comuns) até a explosão da internet nos anos 1990 e 2000, nunca faltaram entusiastas para apregoar incansavelmente as maravilhas das inovações mais recentes e sentenciar: "Isso vai mudar tudo!".

Esperamos que, neste livro, tenhamos fornecido evidências que documentem nossa crença de que a revolução da plataforma está, de fato, transformando nosso mundo em uma rede de caminhos significativos e emocionantes. Mas há algo que ela não muda – ou seja, o objetivo final que a tecnologia, as empresas e todo o sistema econômico precisam atender. O propósito de todas essas construções humanas deveria ser a liberação do potencial individual e a construção de uma sociedade em que todos tenham a oportunidade de desfrutar de uma vida rica, plena, criativa e repleta de significado. Depende de cada um de nós – como líderes empresariais, profissionais, funcionários, políticos, educadores e cidadãos comuns – fazer a nossa parte para garantir que a revolução da plataforma nos aproxime desse objetivo.

DESTAQUES DO CAPÍTULO

⇨ Os setores mais propensos à transformação em um futuro próximo incluem aqueles baseados em informação, que possuem gatekeepers não escaláveis, que se revelam altamente fragmentados e que se caracterizam por assimetrias de informação extremas.

⇨ Os setores menos propensos à transformação em curto prazo incluem aqueles com alto controle regulatório, com altos custos de falha e que estão baseados em recursos.

⇨ É possível prever mudanças específicas que tendem a impactar determinados setores nas próximas décadas, incluindo educação, saúde, energia e serviços financeiros.

⇨ O modelo de plataforma continuará a moldar transformações nos mercados de trabalho e serviços profissionais, assim como operações do governo.

⇨ A florescente internet das coisas vai agregar uma nova camada de conectividade e poder às plataformas, ligando pessoas e equipamentos entre si em novas maneiras de criar valor.

⇨ A revolução da plataforma transformará nosso mundo de maneiras imprevisíveis, chamando a sociedade como um todo a desenvolver respostas criativas aos desafios produzidos pelas mudanças.

AGRADECIMENTOS

A criação de um livro é um esforço conjunto para o qual muitas pessoas contribuem. Alguns membros de nossa equipe editorial foram especialmente importantes para os três coautores de *Plataforma – A Revolução da Estratégia*.

Gostaríamos de agradecer a nosso consultor editorial, Karl Weber, pela habilidade incrível em unificar as vozes dos três autores. Karl, sua paciência, sabedoria e experiência foram essenciais.

Agradecemos também a nossa agente, Carol Franco, pelo sábio aconselhamento em cada estágio deste projeto. E a nosso editor, Brendan Curry, e a sua equipe na W. W. Norton, pelo entusiasmo e fé neste livro.

Queremos agradecer às muitas empresas e organizações que forneceram financiamento para pesquisas e disponibilizaram seus colaboradores em apoio ao nosso esforço para compreender os modelos de negócio de rede. Geoff Parker e Marshall Van Alstyne expressam sua gratidão às seguintes organizações: Accenture, AT&T, British Telecom, California ISO, Cellular South, Cisco, Commonwealth Bank of Australia, Dun & Bradstreet, France Telecom, GE, Goldman Sachs, Haier Group, Houghton Mifflin Harcourt, IBM, Intel, International Post Corporation, Law & Economics Consulting Group, Mass Mutual, Microsoft, Mindtree, Mitsubishi Bank, NetApp, PIM Interconnection, o Estado de Nova York, Pearson, Pfizer, SAP, Telecom Italia, Thomson Reuters, U.S. Postal Service e U.S. Office of the Inspector General. Este livro tornou-se mais rico graças à generosidade de seu apoio.

Sangeet Choudary gostaria de agradecer às várias empresas com as quais trabalhou em cargos de conselho e em pesquisas encomendadas, incluindo 500Startups, Accenture, Adobe, Autodesk, BHP Billiton, Centre for Global Enterprise, Commonwealth Bank of Australia, Dun & Bradstreet, INSEAD Business School, Intuit, Yahoo, iSpirit Foundation, JFDI Asia, Philips, Schibsted Media, Shutterstock, Spotify, SWIFT, Telkom Indonesia e Webb Brazil. Todas essas experiências provaram-se extremamente valiosas na construção do trabalho de Sangeet sobre plataformas.

Cada autor tem sua lista pessoal de agradecimentos a amigos, colegas, conselheiros e contribuintes.

GEOFFREY G. PARKER

Agradeço à minha esposa, Debra, a meu pai, Don, e a meus filhos, Benjamin e Elizabeth, por seu apoio e feedback incríveis durante o processo de escrita deste livro.

Agradeço aos meus conselheiros e mentores do MIT – Arnold Barnett, Steve Connors, Richard DeNeufville, Charles Fine, Gordon Hamilton, Richard Lester, Richard Tabors e Daniel Whitney – pelo apoio, orientação e entusiasmo. Eles realmente abriram um novo mundo para mim.

No MIT, tive a sorte de encontrar um grupo de colaboradores vitalícios: Edward Anderson, Nitin Joglekar e Marshall Van Alstyne. Não consigo imaginar um grupo melhor de colegas e amigos.

No processo de ensino e pesquisa de plataformas, conheci Tom Eisenmann, grande amigo e colaborador. Suas ideias contribuíram significativamente para este trabalho.

Também tive a sorte de conhecer nosso coautor Sangeet Choudary, que autuou e prestou consultoria em diversas plataformas de negócio. Sua experiência é maravilhosamente complementar à minha.

Agradeço a Erik Brynjolfsson, Andy McAfee, Dave Verrill e à grande equipe da MIT Initiative on the Digital Economy (IDE). A IDE foi fundamental para receber o MIT Platform Summit e oferecer a mim e a Marshall a oportunidade de trabalharmos com diversas empresas, como parte de nosso esforço em conciliar prática e universidade.

Peter Evans me inspirou com sua curiosidade insaciável e sua vontade de mensurar a crescente economia de plataforma. Também tive a sorte de fazer parte de uma grande comunidade de estudiosos sérios e interessados na economia de sistemas de informação, e sou grato à interação regular com eles.

Agradeço aos meus colegas da Tulane University, que ofereceram uma caixa de ressonância para testar e fortalecer as ideias apresentadas neste livro. Também tive o privilégio de lecionar para estudantes entusiasmados em Tulane, os quais ajudaram a refinar versões iniciais deste material.

Gostaria de agradecer à National Science Foundation, ao Departamento de Energia e ao Louisiana Board of Regents pelo apoio generoso à minha agenda de pesquisa.

Por fim, agradeço novamente ao Marshall, que se uniu a mim em uma odisseia de quase vinte anos para tentar entender as regras do mundo no qual vivemos e como navegar por suas águas efêmeras. Estou ansioso por muitos mais anos de entretenimento e fascínio conforme seguirmos nossa jornada.

MARSHALL W. VAN ALSTYNE

Erik e Alexander, obrigado por seu amor, apoio e paciência enquanto papai trabalhava neste livro. Obrigado, Joyce, por levar adiante um projeto que finalmente acabou. A família sempre será o mais importante.

Agradeço aos meus conselheiros do MIT: Erik Brynjolfsson, Chris Kemerer, Stuart Madnick, Thomas Malone, Wanda Orlikowski e Lones Smith. Os padrões que vocês estabeleceram foram extraordinários. Também agradeço à comunidade do MIT por me deixar fazer parte disso, por sua abertura e por sua alegria em experimentar. Há uma razão para que ideias como Open CourseWare, edX, PET scan, criptografia RSA, planilha eletrônica e sopa primordial tenham germinado nesse ambiente. É um dos locais de trabalho mais extenuantes (e, ao mesmo tempo, mais bem-intencionados e recompensadores) do mundo.

Assim como Geoff, agradeço aos membros da grande equipe da MIT Initiative on the Digital Economy: Erik Brynjolfsson, Tommy Buzzell, Justin Lockenwitz, Andy McAfee, Glenn Urban e Dave Verrill. É a partir de vocês que as grandes ideias ganham grande influência.

Nosso trabalho com plataformas inspira-se fortemente no de Tom Eisenmann e Andrei Hagiu na Harvard Business School, cujos materiais de ensino são excelentes.

Tom em especial me ensinou como a teoria é indissociável da aplicação, e suas contribuições como colaborador resultaram em trabalhos muito bem-sucedidos.

Quando se fala em entender startups e aspectos sociais de plataformas, poucos sabem tanto quanto o coautor Sangeet Choudary, que trabalhou e prestou consultoria em inúmeras empresas do gênero. Sua experiência é magnífica, e não poderia haver um complemento melhor a esta equipe.

Recentemente, Peter Evans nos inspirou com sua habilidade em construir uma comunidade de plataforma e entregar novas percepções em análise de dados para comportamentos da economia de rede.

Na Boston University, agradeço à rebeldia dos pesquisadores Chris Dellarocas, Stine Grodal e Erol Pekoz, que se encontram regularmente na hora do almoço para discutir pesquisas, trocar histórias e zombar das ideias uns dos outros. Como líder da iniciativa de aprendizagem digital, Chris pratica o que discutimos aqui. Eu e a escola inteira devemos a Paul Carlile um agradecimento especial por nos ajudar a criar uma cultura acadêmica tão acolhedora e colaborativa. Maria Anderson e Brett Marks, obrigado por fazerem tudo dar certo.

Como docente, devo muito a meus muitos alunos, que me ajudaram a cozinhar completamente minhas ideias mais cruas. É maravilhoso ver tantos de vocês criarem empresas e ocuparem papéis de liderança – por favor, mantenham contato comigo quando suas carreiras decolarem. Sinan Aral, estudante inesquecível do MIT que se tornou membro da faculdade, me ajudou a moldar algumas de minhas ideias-chave sobre redes. Alunos como Tushar Shanker, agora na Airbnb, são meus melhores motivos para seguir ensinando.

A National Science Foundation merece crédito especial por ajudar a lançar minha carreira acadêmica com um Carreer Award, além de fornecer vários subsídios ao longo do caminho por meio dos programas IOC, SGER, iCORPS e SBIR.

Geoff Parker, é difícil imaginar tudo isso sem você. Você foi amigo, colaborador, companheiro de copo e parceiro de treinamento – e contribuiu para meu crescimento muitas maneiras de todas as formas que importam. Foram quase 20 anos de produção, mas estamos só começando. O meu melhor trabalho se tornou possível por sua causa. Obrigado.

SANGEET PAUL CHOUDARY

Primeiramente, agradeço à minha esposa, Devika, e aos meus pais, Varu e Effie, por me apoiarem em cada decisão que tomei, incluindo a de abandonar uma carreira tradicional para me dedicar a entender como sistemas conectados transformam o mundo. Dessa curiosidade surgiu a ideia de pesquisar plataformas.

Também agradeço aos meus sogros, Payal e Arun Sikka, por seu entusiasmo e apoio em cada passo dessa jornada. Agradeço aos meus amigos Yow Kin Cheong, David Dayalan, L. T. Jeyachandran e muitos outros que animadamente me acompanharam ao longo do caminho.

Quero agradecer especialmente aos meus coautores, Geoffrey Parker e Marshall Van Alstyne, por serem os melhores aliados e parceiros que eu poderia ter nessa viagem em busca do entendimento sobre o impacto da tecnologia e da conectividade na economia atual. É um privilégio ter me associado a eles para construir um corpo de trabalho que explica esse campo.

Por fim, agradeço a todos que acompanham minhas ideias sobre plataformas na internet e por diversos canais de pesquisa e mídia, adotando o princípio de modelos de negócio conectados (e meu trabalho a respeito desse tópico) conforme trabalham para transformar suas empresas. É essa validação do conceito em larga escala – múltiplas empresas testando essas teorias e alcançando resultados importantes no mundo todo – que me leva a tentar aprofundar diariamente nossa compreensão nesse campo dos negócios.

GLOSSÁRIO

Acesso incrementado. Fornecimento de ferramentas que permitem a um produtor se destacar na multidão e ser notado em uma plataforma de dois lados, apesar da abundância de produtores rivais e da intensa disputa pela atenção do consumidor. Cobrar taxas dos produtores por mensagens mais focadas, apresentações mais atraentes ou interações com usuários especialmente valiosos é uma técnica de monetização de plataformas baseada no acesso incrementado.

Adesão descomplicada. Facilidade de o usuário ingressar e se integrar rapidamente à plataforma, começando a participar da criação de valor. Trata-se de um fator-chave para a expansão veloz da plataforma.

Agregação de mercado. Processo pelo qual as plataformas centralizam serviços a indivíduos e organizações que se encontravam muito dispersos em mercados desorganizados. A agregação de mercado fornece informações e poder para usuários que antes se envolviam em interações de maneira fortuita, frequentemente sem acesso a dados confiáveis ou atualizados de mercado.

Agregadores de dados. Desenvolvedores externos que melhoram a funcionalidade de pareamento da plataforma, adicionando dados de múltiplas fontes. Sob licença dos gestores, eles coletam dados sobre os usuários da plataforma e as interações nas quais se envolvem, geralmente revendendo-os a outras empresas para finalidades como alocação de anúncios. A plataforma que é a fonte dos dados compartilha parte dos lucros gerados.

API. Sigla de *Application Programming Interface*, ou interface de programação de aplicações. Conjunto padronizado de rotinas, protocolos e ferramentas para construir aplicações de software. Facilita a programadores externos escrever um código que se conectará automaticamente à infraestrutura da plataforma.

Cadeia de valor linear. Veja *pipeline*.

Ciclo de feedback. Em plataformas, qualquer padrão de interação que serve para criar um fluxo constante de atividade de autorreforço. Em um ciclo de feedback típico, um fluxo de unidades de valor é entregue ao participante e gera uma resposta. Se as unidades são relevantes e interessantes, o usuário será atraído várias vezes para a plataforma, gerando um fluxo futuro de unidades de valor e induzindo mais interações. Ciclos de feedback efetivos ajudam a ampliar o ecossistema, aumentar a criação de valor e melhorar os efeitos de rede.

Confiança. Sentimento traduzido pelo grau de conforto e segurança com que o usuário engaja-se em interações no âmbito da plataforma. É conquistada por meio da excelente curadoria de participantes na plataforma.

Crescimento convexo. Veja *lei de Metcalfe*.

Crescimento viral. Processo baseado em incentivos que encorajam os usuários a divulgar a plataforma para outros participantes potenciais. Quando isso acontece, a rede se torna impulsionadora de seu próprio crescimento.

Curadoria. Processo que filtra, controla e limita o acesso à plataforma, as atividades propostas e as conexões que se estabelecem entre os usuários. Quando a curadoria é de qualidade, torna-se fácil para o participante fazer pareamentos que lhe trazem valor significativo. Quando a curadoria não existe ou é mal gerida, o usuário tem dificuldade de identificar pareamentos potencialmente valiosos em meio a uma enxurrada de opções inúteis.

Curadoria de produto ou serviço. Veja *qualidade de pareamento*.

Curadoria dos participantes. Veja *confiança*.

Custos de mudança. Custos associados ao ato de deixar uma plataforma e transferir-se para outra. Podem ser financeiros (por exemplo, taxas de cancelamento) ou ocorrer como tempo, esforço e inconveniência (por exemplo, a necessidade de transferir arquivos de informação de uma plataforma para outra).

Desenvolvedores centrais. Programadores e designers responsáveis pela criação das funcionalidades centrais que fornecem valor aos participantes da rede. Geralmente são empregados pelos gestores das empresas de plataforma – marcas familiares aos usuários, como Apple, Samsung, Airbnb, Uber e muitas outras. Sua principal função é colocar a rede nas mãos do usuário e lhe entregar valor por meio de ferramentas e regras que tornam a interação fácil e mutuamente satisfatória.

Economia de compartilhamento. Setor econômico em expansão no qual produtos, serviços e recursos são compartilhados entre pessoas e organizações, em vez de ter sua disponibilidade limitada a um proprietário. Em geral facilitados por negócios de plataforma, os sistemas de economia compartilhada têm o potencial de destravar fontes de valor ocultas ou não acessadas e reduzir o desperdício.

Economias de escala de fornecimento. Vantagens econômicas extraídas da eficiência da produção, que reduz o custo unitário de criar um produto ou serviço conforme as quantidades produzidas aumentam. Tal condição pode colocar a maior empresa de um setor industrial em posição extremamente difícil de ser superada pelos concorrentes.

Efeitos de marca. Referem-se ao poder altamente positivo de uma imagem de marca para atrair consumidores e levar a um crescimento rápido do negócio. Não confundir com *efeitos de rede*.

Efeitos de preço. Refere-se ao poder temporário de atrair consumidores e levar ao crescimento rápido de um negócio por meio da adoção de preços extremamente baixos para bens ou serviços. Não confundir com *efeitos de rede*.

Efeitos de rede. Impactos que o número de usuários de uma plataforma exerce sobre o valor criado para cada um deles. "Efeitos de rede positivos" referem-se à capacidade da comunidade de uma plataforma grande e bem administrada produzir valor significativo para cada um de seus membros. "Efeitos de rede negativos" referem-se à possibilidade de o crescimento numérico de uma plataforma mal gerenciada *reduzir* o valor para cada usuário.

Efeitos de rede diretos. São criados pelo impacto dos usuários de um lado do mercado sobre outros usuários do mesmo lado – por exemplo, os efeitos que consumidores exercem sobre outros consumidores e os que produtores exercem sobre outros produtores. Efeitos diretos podem ser positivos ou negativos, dependendo do projeto do sistema e das regras estabelecidas.

Efeitos de rede indiretos. Criados pelo impacto do usuário de um lado do mercado sobre usuários do outro lado – por exemplo, os efeitos que consumidores exercem sobre produtores e os que produtores exercem sobre consumidores. Efeitos de rede indiretos podem ser positivos ou negativos, dependendo do projeto do sistema e das regras vigentes.

Envelopamento. Processo pelo qual uma plataforma absorve as funções – e frequentemente a base de usuários – de uma plataforma adjacente.

Excesso de inércia. O poder dos efeitos de rede de diminuir ou evitar a adoção de novas, e talvez melhores, tecnologias. Quando uma ou algumas plataformas conseguem dominar um mercado específico devido ao poder dos efeitos de rede, podem escolher resistir a inovações benéficas para se proteger dos custos da mudança e outros efeitos de ruptura.

Filtro. Ferramenta algorítmica, baseada em software, usada pela plataforma para permitir a troca de unidades apropriadas de informação entre usuários. Um filtro bem projetado garante que o participante receba apenas unidades de informação que lhe sejam relevantes e valiosas. Um filtro mal projetado (ou a ausência dele) implica o risco de o usuário receber uma sobrecarga de unidades de informação irrelevantes e sem valor, o que o faz abandonar a plataforma.

Interação básica. A mais importante forma singular de atividade que acontece em uma plataforma – a troca de valor que atrai a maioria dos usuários em um primeiro momento. O projeto da plataforma geralmente começa pela definição da interação básica, que envolve três componentes: os participantes, a *unidade de valor* e o filtro. Todos devem ser claramente identificados e projetados para tornar a interação central tão fácil, atraente e valiosa quanto possível para os usuários.

Lei de Metcalfe. Princípio formulado por Robert Metcalfe, que afirma que o valor de uma rede cresce de maneira não linear conforme o número de usuários aumenta, criando o maior número possível de conexões entre si (fenômeno também conhecido como *crescimento convexo*). De modo específico, a lei de Metcalfe propõe que o valor de uma rede com n usuários conectados é proporcional ao quadrado do número de usuários (n^2).

Liquidez. Estado no qual há um número mínimo de produtores e consumidores com alto nível de interações bem-sucedidas. Alcançar a liquidez significa minimizar as falhas nas interações e satisfazer consistentemente o propósito que leva os usuários a interagirem, dentro de um período razoável de tempo. Garantir a liquidez é o primeiro e mais importante marco no ciclo de vida de uma plataforma.

Mercado "o vencedor leva tudo". Mercado no qual forças específicas conspiram para estimular os usuários a gravitarem em torno de uma plataforma, abandonando as demais. As quatro forças que com mais frequência caracterizam mercados desse tipo são: economias de escala de fornecimento, efeitos de rede, altos custos multihoming ou de mudança e falta de especialização de nicho.

Multihoming. O fenômeno no qual usuários envolvem-se em tipos semelhantes de interações em mais de uma plataforma. Um profissional freelancer que apresenta suas credenciais em duas ou mais comunidades de profissionais; um fã que faz downloads, armazena e compartilha canções em mais de um site de música; um passageiro que solicita corridas tanto pelo Uber como pelo Lyft – todos ilustram o fenômeno do multihoming. Negócios de plataforma tentam desencorajar a prática, uma vez que ela facilita a *substituição* – o abandono dos usuários de uma plataforma em favor de outra.

Pipeline. Refere-se à estrutura de um negócio tradicional, no qual uma empresa primeiro concebe o produto ou serviço e, em seguida, fabrica-o e o coloca à venda (ou instala um sistema para oferecer o serviço) para, no fim, buscar um cliente comprador. Esse arranjo passo a passo para criar e transferir valor pode ser visto como um pipeline, com produtores em uma ponta e clientes na outra. Também conhecido como *cadeia de valor linear*.

Plataforma. Negócio baseado em facilitar interações que criam valor entre produtores e consumidores. Oferece uma infraestrutura aberta, participativa, para que essas interações aconteçam, e estabelece condições de governança para regulá-las. A plataforma tem um propósito abrangente: efetivar relações entre usuários e facilitar a troca de bens, serviços ou moeda social, permitindo a criação de valor para todos os participantes.

Plataformas adjacentes. Plataformas que atendem a bases de usuários similares ou sobrepostas.

Qualidade de pareamento. Refere-se à precisão do algoritmo de busca e à intuitividade das ferramentas de navegação oferecidas aos usuários, quando estes procuram com quem podem interagir e criar valor. Fator crítico para entregar valor e estimular o crescimento de longo prazo e o sucesso de uma plataforma. É obtida por meio da excelência da *curadoria* de produtos e serviços.

Reintermediação. Processo pelo qual as plataformas introduzem novos tipos de intermediários em mercados. Tipicamente, envolve substituir agentes intermediários não escaláveis e ineficientes por ferramentas online, em geral automatizadas, e sistemas que oferecem novos bens e serviços valiosos para participantes dos dois lados da plataforma.

Troca de lado. Fenômeno que acontece quando os usuários de um dos lados do mercado se filiam ao lado oposto – por exemplo, quando aqueles que consomem bens e serviços começam a produzi-los para outros consumirem. Em algumas plataformas, os usuários aderem à troca de lado fácil e repetidamente.

Unidade de valor. O item mais básico de valor que pode ser trocado por usuários em uma plataforma – por exemplo, uma foto no Instagram, um vídeo no YouTube, um produto artesanal no Etsy ou um projeto freelance no Upwork. Quando uma unidade valor é *compartilhável*, pode ser facilmente distribuída por usuários tanto dentro como fora da plataforma, ajudando a estimular o *crescimento viral*.

Viralização. A tendência de uma ideia ou marca de circular rápida e amplamente de um usuário da internet para outro. O fenômeno atrai pessoas para uma rede, mas elas só permanecem ali se houver efeitos de rede. Viralização tem a ver com estimular o crescimento da plataforma por meio da atração de pessoas de fora, enquanto efeitos de rede têm a ver com aumentar a criação de valor por pessoas que já participam do ecossistema.

NOTAS*

CAPÍTULO 1: HOJE

1. GURLEY, Bill. A rake too far: optimal platform pricing strategy. *Above the Crowd*, 18 abr. 2013.
<http://abovethecrowd.com/2013/04/18/a-rake-too-far-optimal-platform-pricing-strategy/>.
2. STEENBURGH, Thomas; AVERY, Jill; DAHOD, Naseem. HubSpot: inbound marketing and web 2.0. Harvard Business School Case 509-049, 2009.
3. GOODWIN, Tom. The battle is for the customer interface. *TechCrunch*, 3 mar. 2015.
<http://techcrunch.com/2015/03/03/in-the-age-of-disintermediation-the--battle-is-all-for-the-customer-interface/>.

CAPÍTULO 2: EFEITOS DE REDE

1. DAMODARAN, Aswath. Uber isn't worth $17 billion. *FiveThirtyEight Economics*, 18 jun. 2014.
<http://fivethirtyeight.com/features/uber-isnt-worth-17-billion/>.
2. GURLEY, Bill. How to miss by a mile: an alternative look at Uber's potential market size. *Above the Crowd*, 11 jul 2014. <http://abovethecrowd.com/2014/07/11/how-to-miss-by-a-mile-an-alternative-look-at-ubers-potential-market-size/>.
3. ARTHUR, W. Brian. Increasing returns and the two worlds of business. *Harvard Business Review* v.74, n. 4, p. 100–9, 1996. KATZ, Michael L.;

---

* Último acesso aos sites indicados foi realizado em novembro de 2016 (N. E.).

SHAPIRO, Carl Shapiro. Network externalities, competition, and compatibility. *American Economic Review*, v. 75, n. 3, p. 424-40, 1985.
4. SHAPIRO, Carl; VARIAN, Hal R. *Information Rules*. Cambridge: Harvard Business School Press, 1999.
5. EISENMANN, Thomas; PARKER, Geoffrey; ALSTYNE, Marshall Van. Strategies for two-sided markets. *Harvard Business Review*, v. 84, n. 10, p. 92-101, 2006.
6. NEEDLEMAN, Sarah; LOTEN, Angus. When freemium fails. *Wall Street Journal*, 22 ago. 2012.
7. HANSELL, Saul. No more giveaway computers. Free-PC to be bought by emachines. *New York Times*, 30 nov. 1999. <http://www.nytimes.com/1999/11/30/business/no-more-giveaway-computers-free-pc-to-be-bought-by-emachines.html>.
8. BENNETT, Dashiell. 8 dot-coms that spent millions on Super Bowl ads and no longer exist. *Business Insider*, 2 fev. 2011. <http://www.businessinsider.com/8-dot-com-super-bowl-advertisers-that-no-longer-exist-2011-2>.
9. The greatest defunct web sites and dotcom disasters. *Crave*, cnet.co.uk, 5 jun. 2008. <http://web.archive.org/web/20080607211840/> <http://crave.cnet.co.uk/0,39029477,49296926-6,00.htm>.
10. PARKER, Geoffrey; ALSTYNE, Marshall Van. Information complements, substitutes and strategic product design. *Proceedings of the Twenty-First International Conference on Information Systems*. Association for Information Systems, p. 13-15, 2000. PARKER, Geoffrey; ALSTYNE, Marshall Van. Internetwork externalities and free information goods. *Proceedings of the Second ACM Conference on Electronic Commerce*. Association for Computing Machinery, p. 107-16, 2000. PARKER, Geoffrey; ALSTYNE, Marshall Van. Two-sided network effects: a theory of information product design. *Management Science*, v. 51, n. 10, p. 1494-1504, 2005.
11. RYSMAN, M. The economics of two-sided market. *Journal of Economic Perspectives*, v. 23, n. 3, p. 125-43, 2009.
12. DAVID, Paul. Clio and the economics of QWERTY. *American Economic Review*, v. 75, p. 332-7, 1985.
13. UN Data: <https://data.un.org/Host.aspx?Content=Tools>.
14. RUDDER, Christian. Your looks and your inbox. *OkCupid*. <http://blog.okcupid.com/index.php/your-looks-and-online-dating/>.
15. YANG, Jiang; ADAMIC, Lada A.; ACKERMAN, Mark S. Crowdsourcing and knowledge sharing: strategic user behavior on Taskcn. *Proceedings of the*

Ninth ACM Conference on Electronic Commerce. Association for Computing Machinery, pp. 246-55, 2008. NAM, Kevin Kyung Nam; ACKERMAN, Mark S.; ADAMIC, Lada A. Questions in, knowledge in?: a study of Naver's question answering community. *Proceedings of the SIGCHI Conference on Human Factors in Computing Systems* (Special Interest Group on Computer–Human Interaction), p. 779-88, 2009.
16. LIBERT, Barry; WIND, Yoram (Jerry); FENLEY, Megan Beck. What Airbnb, Uber, and Alibaba have in common. *Harvard Business Review,* 20 nov. 2014. <https://hbr.org/2014/11/what-airbnb-uber-and-alibaba-have-in-common>.
17. HAGIU, Andrei; WRIGHT, Julian. Marketplace or reseller? *Management Science,* v. 61, n. 1, p. 184–203, jan.2015.
18. SHIRKY, Clay. *Here Comes Everybody*: *The Power of Organizing Without Organizations.* Nova York: Penguin, 2008.
19. Henry Chesbrough, *Open Innovation: The New Imperative for Creating and Profiting from Technology.* Cambridge: Harvard Business School Press, 2003.

CAPÍTULO 3: ARQUITETURA

1. STABELL, Charles B.; FJELDSTAD, Øystein D. Configuring value for competitive advantage: on chains, shops, and networks. *Strategic Management Journal,* v. 19, n. 5, p. 413-37, 1998.
2. BANKER, Rajiv; MITRA, Sabyasachi; SAMBAMURTHY, Vallabh. The effects of digital trading platforms on commodity prices in agricultural supply chains. *MIS Quarterly,* v. 35, n. 3, p. 599-611, 2011.
3. Hop in and shove over. *Businessweek,* 2 fev. 2015.
4. SCOTT, Mark; ISAAC, Mike. Uber joins the bidding for here, Nokia's digital mapping service. *New York Times,* 7 maio 2015. [A compra não se concretizou, mas, em julho de 2016, o Uber anunciou o investimento em um projeto de mapeamente, segundo o *Financial Times* – https://www.ft.com/content/e0dfa45e-5522-11e6-befd-2fc0c26b3c60.]
5. LASHINSKY, Adam. Uber banks on world domination. *Fortune,* 6 out. 2014. <http://fortune.com/2014/09/18/uber-banks-on-world-domination/>.
6. SALTZER, J. H.; REED, D. P.; CLARK, D. D. End-to-end arguments in system design. *ACM Transactions on Computer Systems,* v. 2, n. 4, p. 277-88, 1984.
7. LOHR, Steve. First the wait for Microsoft Vista; now the marketing barrage. *New York Times,* 20 jan. 2007.

8. DUBIE, Denise. Microsoft struggling to convince about Vista. *Computerworld UK*, 19 nov. 2007. <http://www.computerworlduk.com/news/it-vendors/microsoft-struggling-to-convince-about-vista-6258/>.
9. BLOOR, Robin. 10 reasons why Vista is a disaster. *Inside Analysis*, 18 dez. 2007. <http://insideanalysis.com/2007/12/10-reasons-why-vista-is-a-disaster/2/>.
10. <https://en.wikipedia.org/wiki/Windows_Vista> e <https://en.wikipedia.org/wiki/Windows_XP>.
11. LOHR, Steve; MARKOFF, John. Windows is so slow, but why?. *New York Times*, 27 mar. 2006. <http://www.nytimes.com/2006/03/27/technology/windows-is-so-slow-but-why.html?>
12. BALDWIN, Carliss Young; CLARK, Kim B. *Design Rules: The Power of Modularity*, vol. 1, Cambridge: MIT Press, 2000.
13. HUCKMAN, Robert S.; PISANO, Gary P.; KIND, Liz. Amazon Web Services. Harvard Business School Case 609-048, 2008.
14. BALDWIN, Carliss Young; CLARK, Kim B. Managing in an age of modularity. *Harvard Business Review*, v. 75, n. 5, p. 84-93, 1996.
15. BALDWIN, Carliss Young; WOODARD, C. Jason. The architecture of platforms: an unified view. *Harvard Business School Working Paper* 09-034. <http://www.hbs.edu/faculty/Publication%20Files/09-034_149607b7-2b95-4316-b4b6-1df66dd34e83.pdf >.
16. JACOBSON, Daniel; BRAIL, Greg; WOODS, Dan. *APIs: a strategy guide*, Cambridge: O'Reilly, 2012.
17. EVANS, Peter C.; BASOLE, Rahul C. Decoding the API economy with visual analytics. *Center for Global Enterprise*, 2 set. 2015. <http://thecge.net/decoding-the-api-economy-with-visual-analytics/>.
18. JACOBIDES, Michael G.; MACDUFFIE, John Paul. How to drive value your way. *Harvard Business Review*, v. 91, n. 7/8, p. 92-100, 2013.
19. TIWANA, Amrit. *Platform Ecosystems*: Aligning architecture, governance, and strategy. Burlington: Morgan Kaufmann, 2013, cap. 5.
20. EPPINGER, Steven; BROWING, Tyson. *Design Structure Matrix Methods and Applications*. Cambridge: MIT Press, 2012.
21. MACCORMACK, Alan; BALDWIN, Carliss Young. Exploring the structure of complex software designs: an empirical study of open source and proprietary code. *Management Science*, v. 52, n. 7, p. 1015-30, 2006.
22. GROVE, Andy. *Only the Paranoid Survive*. Nova York: Doubleday, 1996.
23. CUSUMANO, Michael A.; GAWER, Annabelle. The elements of platform leadership. *MIT Sloan Management Review*, v. 43, n. 3, p. 51, 2002.

24. ANDERSOR, Edward G.; PARKER, Geoffrey G.; TAN, Burcu. Platform performance investment in the presence of network externalities. *Information Systems Research*, v. 25, n. 1, p. 152-72, 2014.
25. Leitores interessados podem procurar as seguintes publicações: FINE, Charles H. *Clockspeed: Winning Industry Control in the Age of Temporary Advantage*. Nova York: Basic Books, 1998; VENKATRAMAN, N.; HENDERSON, John C. Real strategies for virtual organizing. *MIT Sloan Management Review*, v. 40, n. 1, p. 33, 1998; WHITNEY, Daniel E. Manufacturing by design. *Harvard Business Review*, v. 66, n. 4, p. 83-91, 1988. Também há um enorme volume de publicações acadêmicas sobre modularidade. Leitores que desejem explorar o assunto podem procurar as seguintes publicações acadêmicas: BALDWIN, Carliss Y.; CLARK, Kim B. *Design Rules*, op. cit.; BRESNAHAN, Timothy F.; GREENSTEIN, Shane. Technological competition and the structure of the computer industry. *Journal of Industrial Economics*, v. 47, n. 1, p. 1-40, 1999; KRISHNAN, Viswanathan; ULRICH, Karl T. Product development decisions: a review of the literature. *Management Science*, v. 47, n. 1, p. 1-21, 2001; SANCHEZ, Ron; MAHONEY, Joseph T. Modularity, flexibility, and knowledge management in product and organization design. *Strategic Management Journal*, v. 17, n. S2, p. 63-76, 1996; SCHILLING, Melissa A. Toward a general modular systems theory and its application to interfirm product modularity. *Academy of Management Review*, v. 25, n. 2, p. 312-34, 2000; SIMON, Herbert A. *The Sciences of the Artificial*. Cambridge: MIT Press, 1969; ULRICH, Karl. *Fundamentals of Product Modularity*. Heidelberg: Springer Netherlands, 1994.

CAPÍTULO 4: DISRUPÇÃO

1. GAYOMALI, Chris. The two startups that joined the $40 billion club in 2014. *Fast Company*, 30 dez. 2014. <http://www.fastcompany.com/3040367/the-two-startups-that-joined-the-40-billion-club-in-2014>.
2. SWISHER, Kara. Man and Uber man. *Vanity Fair*, dez. 2014; KWONG, Jessica. Head of SF Taxis to retire. *San Francisco Examiner*, 30 maio 2014; GRISWOLD, Alison. The million-dollar New York City taxi medallion may be a thing of the past. *Slate*, 1 dez. 2014. <http://www.slate.com/blogs/moneybox/2014/12/01/new_york_taxi_medallions_did_tlc_transaction_data_inflate_the_price_of_driving.html>. Barão ladrão ou gatuno (em inglês,

robber baron) é um termo pejorativo aplicado a ricos e poderosos empresários norte-americanos do século 19.

3. SWISHER, Kara. Man and Uber man, op. cit..
4. KANTER, Zack. How Uber's autonomous cars will destroy 10 million jobs and reshape the economy by 2025. *CBS SF Bay Area*. <http://sanfrancisco.cbslocal.com/2015/01/27/how-ubers-autonomous-cars-will-destroy-10-million-jobs-and-reshape-the-economy-by-2025-lyft-google-zack-kanter/>
5. SWISHER, Kara. Man and Uber man, op. cit..
6. ANDREESSEN, Marc. Why software is eating the world. *Wall Street Journal*, 20 ago. 2011. <http://www.wsj.com/articles/SB10001424053111903480904576512250915629460>.
7. SIMON, Phil. *The Age of the Platform: How Amazon, Apple, Facebook, and Google Have Redefined Business*. Henderson: Motion Publishing, 2011.
8. ZHU, Feng; IANSITI, Marco. Entry into platform-based markets. *Strategic Management Journal*, v. 33, n. 1, p. 88-106, 2012.
9. TANZ, Jason. How Airbnb and Lyft finally got americans to trust each other. *Wired*, 23 abr. 2014. <http://www.wired.com/2014/04/trust-in-the-share-economy/>.
10. SUNDARARAJAN, Arun. From Zipcar to the sharing economy. *Harvard Business Review*, 3 jan. 2013. <https://hbr.org/2013/01/from-zipcar-to-the-sharing-eco/>.
11. CHARLES, Dan. In search of a drought strategy, California looks down under. *The Salt*, NPR, 19 ago. 2015. <http://www.npr.org/sections/thesalt/2015/08/19/432885101/in-search-of-salvation-from-drought-california-looks-down-under>.
12. SIMON, Phil. *The Age of the Platform*, op. cit..
13. BHARGAVAN Hemant K.; CHOUDHARY, Vidyanand. Economics of an information intermediary with aggregation benefits. *Information Systems Research*, v. 15, n. 1, p. 22-36, 2004.
14. CECCAGNOLI, Marco et al. Cocreation of value in a platform ecosystem: the case of enterprise software. *MIS Quarterly*, v. 36, n. 1, p. 263-90, 2012.
15. DC RAINMAKER BLOG. Under Armour (owner of MapMyFitness) buys both MyFitnessPal and Endomondo. 4 fev. 2015. <http://www.dcrainmaker.com/2015/02/mapmyfitness-myfitnesspal-endomondo.html>.

16. EVANS, Peter C.; ANNUNZIATA, Marco. Industrial internet: pushing the boundaries of minds and machines. General Electric, 26 nov. 2012. <http://www.ge.com/docs/chapters/Industrial_Internet.pdf>.
17. ACCENTURE TECHNOLOGY. Vision 2015 – Trend 3: platform (r)evolution. <http://techtrends.accenture.com/us-en/downloads/Accenture_Technology_Vision%202015_Platform_Revolution.pdf>.
18. WACKSMAN, Barry; STUTZMAN, Chris. *Connected by Design: Seven Principles for Business Transformation Through Functional Integration*. Nova York: John Wiley and Sons, 2014.

CAPÍTULO 5: LANÇAMENTO

1. JACKSON, Eric M. How eBay's purchase of PayPal changed Silicon Valley. *VentureBeat*, 27 out. 2012. <http://venturebeat.com/2012/10/27/how-ebays-purchase-of-paypal-changed-silicon-valley/>.
2. MASTERS, Blake. Peter Thiel's CS183: startup-class 2 notes essay. 6 abr. 2012. <http://blakemasters.com/post/20582845717/peter-thiels-cs183-startup-class-2-notes-essay>. Copyright 2014 por David O. Sacks. Reimpresso com permissão dos autores.
3. JACKSON, Eric M. *The PayPal Wars: Battles with eBay, the Media, the Mafia, and the Rest of Planet Earth*. Los Angeles: WND Books, 2012.
4. HAGIU, Andrei; EISENMANN, Thomas. A staged solution to the Catch-22. *Harvard Business Review*, v. 85, n. 11, p. 25-26, 2007.
5. GAWER, Annabelle; HENDERSON, Rebecca. Platform owner entry and innovation in complementary markets: evidence from Intel. *Journal of Economics and Management Strategy*, v. 16, n. 1, p. 1-34, 2007.
6. WEST, Joel; MACE, Michael. Browsing as the killer app: explaining the rapid success of Apple's iPhone. *Telecommunications Policy*, v. 34, n. 5, p. 270-86, 2010.
7. BOUDREAU, K. J. Let a thousand flowers bloom? An early look at large numbers of software app developers and patterns of innovation. *Organization Science*, v. 23, n. 5, p. 1409-27, 2012.
8. ROURKE, Ciara O'Rourke. Swiss Postal Service is moving some mail online. *New York Times*, 13 jul. 2009.
9. WALLACE, Ellen. Swiss Post set to become country's largest Apple seller. *Genevalunch*, 28 jun. 2012. <http://genevalunch.com/2012/06/28/swiss-post-set-to-become-countrys-largest-apple-seller/>.
10. SUSTER, Mark. Why launching your startup at SXSW is a bad idea. *Fast Company*, 13 fev. 2013.

11. Instagram tips: using hashtags. *Instagram blog.* <http://blog.instagram.com/post/17674993957/instagram-tips-using-hashtags>.

CAPÍTULO 6: MONETIZAÇÃO

1. *Research Network,* 12 set. 2012. <http://papers.ssrn.com/sol3/papers.cfm?abstract_id=1676444>.
2. PARKER, Geoffrey G.; ALSTYNE, Marshall Van. Internetwork externalities and free information goods, op. cit.; PARKER, Geoffrey G.; ALSTYNE, Marshall Van. Two-sided network effects: a theory of information product design. *Management Science,* v. 51, n. 10, 2005; EINSENMANN, Thomas; PARKER, Geoffrey G.; ALSTYNE, Marshall Van. Strategies for two-sided markets, op. cit.
3. ROCHET, Jean-Charles; TIROLE, Jean. Platform competition in two-sided markets. *Journal of the European Economic Association,* v. 1, n. 4, p. 990-1029, 2003.
4. HOF, Rob. Meetup's challenge. *Businessweek,* 14 abr. 2005. <http://www.businessweek.com/stories/2005-04-13/meetups-challenge>.
5. LINDERMAN, Matt. Scott Heiferman looks back at meetup's bet- the--company moment". *Signal v. Noise,* 25 jan. 2011. <https://signalvnoise.com/posts/2751-scott-heiferman-looks-back-at-meetups-bet-the--company-moment->.
6. DREDGE, Stuart. MySpace – what went wrong. *Guardian,* 6 mar. 2015.

CAPÍTULO 7: ABERTURA

1. SCOTT, Nigel. Wikipedia: where truth dies online. *Spiked,* 29 abr. 2014. <http://www.spiked-online.com/newsite/article/wikipedia-where-truth--dies-online/14963#.WCSEyMngpyU>
2. EISENMANN, Thomas R.; PARKER, Geoffrey G.; ALSTYNE, Marshall Van. Opening platforms: how, when and why? In: *Platforms, Markets and Innovation.* Cheltenham, Reino Unido; Northampton: Edward Elgar, 2009.
3. BOUDREAU, Kevin. Open platform strategies and innovation: granting access versus devolving control. *Management Science,* v. 56, n. 10, p. 1849-72, 2010.
4. HAGIU, Andrei; LEE, Robin S. Exclusivity and control. *Journal of Economics and Management Strategy,* v. 20, n. 3, p. 679-708, 2011.
5. WEST, Joel. How open is open enough? Melding proprietary and open source platform strategies. *Research Policy,* v. 32, n. 7, p. 1259-85, 2001; CHESBROUGHT, Henry William. *Open Innovation: The New Imperative for*

Creating and Profiting from Technology. Cambridge: Harvard Business School Press, 2006.
6. GILLETTE, Felix. The rise and inglorious fall of Myspace. *Businessweek,* 22 jun. 2011.
7. SIMON. Phil. *The Age of the Platform,* op. cit..
8. RAMPELL, Catherine. Widgets become coins of the social realm. *The Washington Post*, 3 nov. 2011, D01.
9. HUANG, Peng et al. Appropriability mechanisms and the platform partnership decision: evidence from enterprise software. *Management Science*, v. 59, n. 1, p. 102-21, 2013.
10. EISENMANN, Thomas R. Managing proprietary and shared platform. *California Management Review*, v. 50, n. 4, p. 31-53, 2008.
11. EISENMANN, Thomas; PARKER, Geoffrey G.; ALSTYNE, Marshall Van. *Opening Platforms*, op. cit..
12. Android and iOS squeeze the competition, swelling to 96.3% of the smartphone operating system market for both 4Q14 and CY14, according to IDC [Android e iOS esmagam a concorrência, reunindo 96,3% do mercado de sistemas operacionais de smartphones para 4Q14 e CY14, segundo a IDC], press release da International Data Corporation, 24 fev. 2015 <http://www.idc.com/getdoc.jsp?containerId=prUS25450615>.
13. ROSOFF, Matt. Should Google ditch Android open source?. *Business Insider*, 10 abr. 2015. <http://www.businessinsider.com/google-should-ditch-android-open-source-2015-4>; AMADEO, Ron. Google's iron grip on Android – controlling open source by any means necessary. *Arstechnica*, 20 out. 2013. <http://arstechnica.com/gadgets/2013/10/googles-iron-grip-on-android-controlling-open-source-by-any-means- necessary/>.
14. BASOLE, Rahul; EVANS, Peter. Decoding the API economy with visual analytics using programmable web data. *Center for Global Enterprise*, set. 2015. <http://thecge.net/decoding-the-api-economy-with-visual-analytics/>.
15. PETTYPIECE, Shannon. Amazon passes Wal-Mart as biggest retailer by market cap. *BloombergBusiness*, 23 jul. 2015. <http://www.bloomberg.com/news/articles/2015-07-23/amazon-surpasses-wal-mart-as-biggest-retailer-by-market-value>.
16. IYER, Bala; SUBRAMANIAM, Mohan. The strategic value of APIs. *Harvard Business Review*, 7 jan. 2015. <https://hbr.org/2015/01/the-strategic-value-of-apis>.

17. DUHIGG, Charles. How companies learn your secrets. *New York Times*, 16 fev. 2012. <http://www.nytimes.com/2012/02/19/magazine/shopping-habits.html?pagewanted=all>.
18. ROUSH, Wade. The story of Siri, from birth at SRI to acquisition by Apple – Virtual personal assistants go mobile. *Xconomy*, 14 jun. 2010. <http://www.xconomy.com/san-francisco/2010/06/14/the-story-of-siri-from-birth-at-sri-to-acquisition-by-apple-virtual-personal-assistants-go-mobile/?single_page=true>.
19. A letter from Tim Cook on maps. Apple. <http://www.apple.com/ca/letter-from-tim-cook-on-maps/>.
20. Amadeo, RON. Google's iron grip on Android, op. cit.

CAPÍTULO 8: GOVERNANÇA

1. DZIEZA, Josh. Keurig's attempt to DRM its coffee cups totally backfired. *The Verge*, 5 fev. 2015. <http://www.theverge.com/2015/2/5/7986327/keurigs-attempt-to-drm-its-coffee-cups-totally-backfired>.
2. PARKER, Geoffrey G.; ALSTYNE, Marshall Van. Innovation, openness and platform control. SSRN, 3 out. 2014. <http://ssrn.com/abstract=1079712>.
3. TIWANA. *Platform Ecosystems*, op. cit.; YOO, Youngin et al. Organizing for innovation in the digitized world. *Organization Science*, v. 23, n. 15, p. 1398-1408, 2012.
4. RAPHAEL, J. R. Facebook privacy: secrets unveiled. *PCWorld*, 16 maio 2010. <http://www.pcworld.com/article/196410/Facebook_Privacy_Secrets_Unveiled.html>.
5. MCCARTY, Brad. LinkedIn lockout and the state of CRM. *Full Contact*, 28 mar. 2014. <https://www.fullcontact.com/blog/ linkedin-state-of-crm-2014/>.
6. TIKU, Nitasha; NEWTON, Casey. Twitter CEO: "We suck at dealing with abuse". *The Verge*, 4 fev. 2015. <http://www.theverge.com/2015/2/4/7982099/twitter-ceo-sent-memo-taking-personal-responsibility-for-the>.
7. OSAWA, Juro. How to understand Alibaba's business model. *MarketWatch*, 15 mar. 2014. <http://www.marketwatch.com/story/how-to-understand-alibabas-business-model-2014-03-15-94855847>.
8. BURNHAM, Brad. Web services as governments. Union Square Ventures, 10 jun. 2010. <https://www.usv.com/blog/web-services-as-governments>.
9. WOLFRAM KNOWLEDGEBASE. <https://www.wolfram.com/knowledgebase/>.

10. POLITICIANS. Corrupt Practices Investigation Bureau. <https://www.cpib.gov.sg/cases-interest/cases-involving-public-sector-officers/politicians>.
11. CORRUPT PERCEPTIONS INDEX. *Wikipedia*. <http://en.wikipedia.org/wiki/Corruption_Perceptions_Index>; PODOBNIK, B. et al. Influence of corruption on economic growth rate and foreign investment. *European Physical Journal B-Condensed Matter and Complex Systems*, v. 63, n. 4: p. 547-50.
12. Estimado com base em dados da Wolfram Knowledgebase.
13. ACEMOGLU, Daron; JOHNSON, Simon; ROBINSON, James A. The colonial origins of comparative development: an empirical investigation. *American Economic Review*, v. 91, n. 5, p. 1369-1401, 2001; ACEMOGLU, Daron; JOHNSON, Simon; ROBINSON, James A. Reversal of fortune: geography and institutions in the making of the modern world income distribution. *Quarterly Journal of Economics*, v. 117, n. 4 , p.1231-94, 2002; CLARKSON, Gavin; ALSTYNE, Marshall Van. The social efficiency of fairness. Gruter Institute Squaw Valley Conference: Innovation and Economic Growth, out. 2010.
14. PROTZ, Roger. Arctic Ale, 1845. *Beer Pages*, 23 mar. 2011. <http://www.beer-pages.com/stories/arctic-ale.htm>; SINGER-VINE, Jeremy. How long can you survive on beer alone?". *Slate*, 28 abr. 2011. <http://www.slate.com/articles/news_and_politics/explainer/2011/04/how_long_can_you_survive_on_beer_alone.html>.
15. ALLSOPP'S Arctic Ale, the $500,000 eBay typo. *New Life Auctions*. <http://www.newlifeauctions.com/allsopp.html>. Na verdade, a oferta vencedora era de US$ 503.300, mas não se sabe se alguém realmente pagou esse valor.
16. ARON, Hillel. How eBay, Amazon and Alibaba fuel the world's top illegal industry – The counterfeit products market. *LA Weekly*, 3 dez. 2014. <http://www.laweekly.com/news/how-ebay-amazon-and-alibaba-fuel-the-worlds-top-illegal-industry-the-counterfeit-products-market-5261019>.
17. SHLEIFER, Andrei; VISHNY, Robert W. A survey of corporate governance. *Journal of Finance*, v. 52, n. 2, p. 737-83, 1997.
18. DENNING, Steve. The dumbest idea in the world: maximizing shareholder value. *Forbes*, 28 nov. 2011. <http://www.forbes.com/sites/stevedenning/2011/11/28/maximizing-shareholder-value-the-dumbest-idea-in-the-world/>.
19. ROTH, Alvin E. The art of designing markets. *Harvard Business Review*, v. 85, n. 10, p. 118, 2007.

20. LESSIG, Lawrence. *Code and Other Laws of Cyberspace*. Nova York: Basic Books, 1999.
21. SAUCHELLI, Dana; GOLDING, Bruce. Hookers turning Airbnb apartments into brothels. *New York Post*, 14 abr. 2014. <http://nypost.com/2014/04/14/hookers-using-airbnb-to-use-apartments-for-sex-sessions/>; STEGALL, Amber. Craigslist killers: 86 murders linked to popular classifieds website. *WAFB 9 News*, 9 abr. 2015. <http://www.wafb.com/story/28761189/craigslist-killers-86-murders-linked-to-popular-classifieds-website>.
22. APPLE. iTunes Store – Terms and conditions. <http://www.apple.com/legal/internet-services/itunes/us/terms.html>.
23. APPLE. iOS developer program license agreement. <https://developer.apple.com/programs/terms/ios/standard/ios_program_standard_agreement_20140909.pdf>.
24. STACK OVERFLOW. Privileges. Página de ajuda do Stack Overflow. <http://stackoverflow.com/help/privileges>.
25. GRANT, Rebecca; STOTHER, Meghan. iStockphoto.com: turning community into commerce. Richard Ivey School of Business Case 907E13, 2011.
26. DUNLOP, Michael. Interview with Bruce Livingstone – founder and CEO of iStockphoto. *Retire at 21*. <http://www.retireat21.com/interview/interview-with-bruce-livingstonefounder-of-istockphoto>.
27. GRANT AND STOTHERS, "iStockphoto.Com", 3.
28. EYAL, Nir. *Hooked: How to Build Habit-Forming Products*. Toronto: Penguin Canada, 2014.
29. EYAL, Nir. Hooks: an intro on how to manufacture desire. *Nir & Far*. <http://www.nirandfar.com/2012/03/how-to-manufacture-desire.html>.
30. OSTROM, Elinor. *Governing the Commons: The Evolution of Institutions for Collective Action*. Nova York: Cambridge University Press, 1990.
31. JORDAN, Jeff. Managing tensions in online marketplaces. *TechCrunch*, 23 fev. 2015. <http://techcrunch.com/2015/02/23/managing-tensions-in-online-marketplaces/>.
32. Ibid.
33. MOLDOW, Charles. A trillion dollar market, by the people, for the people. *Foundation Capital*. <https://foundationcapital.com/wp-content/uploads/2016/08/TDMFinTech_whitepaper.pdf>
34. CHOUDHARY, Sangeet. Will peer lending platforms disrupt banking? *Platform Thinking*. <http://platformed.info/ peer-lending-platforms-disrupt-banking/>.

35. LEWIS, Michael. *Flash Boys: A Wall Street Revolt.* Nova York: Norton, 2014; MARTENS, P. Goldman Sachs drops a bombshell on Wall Street. *Wall Street on Parade*, 9 abr. 2014. <http://wallstreetonparade.com/2014/04/goldman-sachs-drops-a-bombshell-on-wall-street/>.
36. LEWIS, Michael. Michael Lewis reflects on his book *Flash Boys*, a year after it shook Wall Street to its core. *Vanity Fair*, abr. 2015. <http://www.vanityfair.com/news/2015/03/michael-lewis-flash-boys-one-year-later>.
37. MOUGAYAR, William. Understanding the blockchain. *Radar*, 16 jan. 2015. <http://radar.oreilly.com/2015/01/understanding-the-blockchain.html>.
38. Ibid.
39. MCCLEARY, Tamara. Got influence? What's social currency got to do with it?. *Tamara McCleary blog*, 1 dez. 2014. <http://=tamaramccleary.com/got-influence-social-currency/>.
40. GRANT E STOTHERS, "iStockphoto.Com", 3.
41. BENBYA, Hind; ALSTYNE, Marshall Van. How to find answers within your company. *MIT Sloan Management Review*, v. 52, n. 2, p. 65-75, 2011.
42. HUANG, Peng et al. IT knowledge spillovers and productivity: evidence from enterprise software. *Working Paper*, University of Maryland and Georgia Institute of Technology, 2 abr. 2013. <http://ssrn.com/abstract=2243886>.
43. BENBYA, Hind; ALSTYNE, Marshall Van. How to find answers within your company, op. cit..
44. PARKER, Geoffrey G.; ALSTYE, Marshall Van. Innovation, openness, and platform control, op. cit.
45. MALHORTA, Arvind; ALSTYNE, Marshall Van. The dark side of the sharing economy... and how to lighten it. *Communications of the ACM*, v. 57, n. 11, p. 24-27, 2014.
46. BORT, Julie. An Airbnb guest held a huge party in this New York penthouse and trashed it. *Business Insider*, 19 mar. 2014. <http://www.businessinsider.com/how-an-airbnb-guest-trashed-a-penthouse-2014-3?op=1#ixzz3dA-5DDMZz>; MATTHEWS, M. Uber passenger says driver struck him with hammer after he told him he was going the wrong way. NBC Bay Area, 8 out. 2014. <http://www.nbcbayarea.com/news/local/Passenger-Hit-with-Hammer-by-Uber-Driver-278596821.html>.
47. AIRBNB. Host protection insurance. <https://www.airbnb.com/host-protection-insurance>; CECIL, A. Uber, Lyft, and other rideshare drivers now have insurance options. *Policy Genius*. <https://www.policygenius.com/blog/uber-lyft-and-other-rideshare-drivers-now-have-insurance-options/>.

48. HUCKMAN, Robert S.; PISANO, Gary P.; KIND, Liz. Amazon Web Services.
49. D'ONFRO, Jillian. Here's a reminder just how massive Amazon's Web Services business is. *Business Insider,* 16 jun. 2014. <http://www.businessinsider.com/amazon-web-services-market-share-2014-6>.
50. GAWE, Annabelle; CUSUMANO, Michael A. *Platform Leadership: How Intel, Microsoft, and Cisco Drive Industry Innovation.* Boston: Harvard Business School Press, 2002.
51. Adaptado de Gawer e Cusumano, *Platform Leadership,* op. cit.
52. CLARKSON, Garvin; ALSTYNE, Marshall. The social efficiency of fairness, op. cit.
53. Ibid.
54. BENBYA, Hind; ALSTYNE, Marshall Van. How to find answers within your company, op. cit.

CAPÍTULO 9: MÉTRICAS

1. ROTH, Jonathan P. *The Logistics of the Roman Army at War: 264 BC-AD 235.* Leiden, Holanda: Brill, 1999, p. 3.
2. COSTINE, Josh. BranchOut launches Talk.co to expand from networking into a WhatsApp for the workplace. *TechCrunch,* 7 out. 2013. <http://techcrunch.com/2013/10/07/talk-co/>.
3. TORRES, Teresa. Why the BranchOut decline isn't surprising. *Product Talk,* 7 jun. 2012. <http://www.producttalk.org/2012/06/why-the-branchout-decline-isnt-surpising/>.
4. EGAN, John. Anatomy of a failed growth hack. Blog de John Egan, 6 dez. 2012. <http://jwegan.com/growth-hacking/autopsy-of-a-failed-growth-hack/>.
5. SIVERS, Derek. The lean startup. Blog de Derek Sivers, 23 out. 2011. <https://sivers.org/book/LeanStartup>.
6. CROLL, Alistair; YOSKOVITZ, Benjamin. *Lean Analytics: Use Data to Build a Better Startup Faster.* Sebastopol: O'Reilly Media, 2013.
7. RUDDER, Christian. The mathematics of beauty. OkTrends: pesquisa de dados do OkCupid. 10 jan. 2011. <http://blog.okcupid.com/index.php/the-mathematics-of-beauty/>.
8. BOSKER, Bianca. OkCupid hides good-looking people from less attractive users. *Huffington Post,* 16 jun. 2010. <http://www.huffingtonpost.com/2010/06/16/okcupid-hiding-hotties-fr_n_614149.html>.

9. EISENMANN, Thomas; PARKER, Geoffrey; ALSTYNE, Marshall Van. Strategies for two-sided market, op. cit.; CROLL, Alistair; YOSKOVITZ Benjamin. *Lean Analytics*, op. cit.
10. MULHERN, Francis J. Customer profitability analysis: measurement, concentration, and research directions. *Journal of Interactive Marketing*, v. 13, n. 1, pp. 25-40, 1999; GLADY, Nicolas; BAESENS, Bart; CROUX, Christophe. Modeling churn using customer lifetime value. *European Journal of Operational Research*, v. 197, n. 1, p. 402-11, 2009.
11. DIAL, Minter. Best of the web or death by aggregation? Why don't brands curate the news? *Myndset*, 16 dez. 2014. <http://themyndset.com/2014/12/aggregation-curation/>.
12. SUBBARAMAN, Nidhi. Airbnb's small army of photographers are making you (and them) look good. *Fast Company,* 17 out. 2011. <http://www.fastcompany.com/1786980/airbnbs-small-army-photographers-are-making-you-and-them-look-good>.
13. Entrevista com Ruimin Zhang feita por Geoffrey Parker e Marshall Van Alstyne em 12 de dezembro de 2014.
14. TIWANA, *Platform Ecosystems,* op. cit.
15. PARKER, Geoffrey; VAN ALSTYNE, Marshall. Innovation, openness, and platform control, op. cit.
16. Entrevista com Guido Jouret feita por Geoffrey Parker e Marshall Van Alstyne em 8 de setembro de 2006.
17. SWART, Gary. 7 things I learned from startup failure. *In*, 23 set. 2013. <https://www.linkedin.com/pulse/20130923123247-758147-7-things-i-learned-from-startup-failure>.
18. RIES, Eric. *The Lean Startup: How Today's Entrepreneurs Use Continuous Innovation to Create Radically Successful Businesses.* Nova York: Random House, 2011.

CAPÍTULO 10: ESTRATÉGIA

1. TEECE, David J. Next generation competition: new concepts for understanding how innovation shapes competition and policy in the digital economy. *Journal of Law Economics and Policy*, v. 9, n. 1, p. 97-118, 2012.
2. YOFFIE, David B.; CUSUMANO, Michael A. *Strategy Rules: Five Timeless Lessons from Bill Gates, Andy Grove, and Steve Jobs*. Nova York: HarperCollins, 2015; SUARZ, F. F.; KIRTLEY, J. Innovation strategy – dethroning an established platform. *MIT Sloan Management Review*, v. 53, n. 4, p. 35, 2012.

3. BARBOZA, David. China's internet giants may be stuck there. *New York Times*, 23 mar. 2010. <http://www.nytimes.com/2010/03/24/business/global/24internet.html>.
4. STONE, Brad. Alibaba's IPO may herald the end of U.S. e-commerce dominance. *Businessweek*, 7 ago. 2014. <http://www.bloomberg.com/bw/articles/2014-08-07/alibabas-ipo-may-herald-the-end-of-u-dot-s-dot-e-commerce-dominance>.
5. MARKOVICH, Sarit; MOENIUS, Johannes. Winning while losing: competition dynamics in the presence of indirect network effect. *International Journal of Industrial Organization*, v. 27, n. 3, p. 346-57. 2009.
6. STONE, Brad. Alibaba's IPO, op. cit.
7. PORTER, Michael E. How competitive forces shape strategy. *Harvard Business Review*, v. 57, n. 2, p. 137-45, 1979; PORTER, Michael E. *Competitive Strategy*. Nova York: Free Press, 1980.
8. WERNERFELT Birger. A resource-based view of the firm. *Strategic Management Journal*, v. 5, p. 171-80, 1984.
9. ZIMNISKY, Paul. A diamond market no longer controlled by De Beers. Kitco Commentary, 6 jun. 2013. <http://www.kitco.com/ind/Zimnisky/2013-06-06-A-Diamond-Market-No-Longer-Controlled-By-De-Beers.html>.
10. AVENI, Richard D'. *Hypercompetition*. Nova York: Free Press, 1994, p. 4.
11. MCGRATH, Rita Gunther. *The End of Competition: How to Keep Your Strategy Moving as Fast as Your Business*. Cambridge: Harvard Business Review Press, 2013.
12. DENNING, Steve. What killed Michael Porter's Monitor Group? The one force that really matters. *Forbes*, 20 nov. 2012. <http://www.forbes.com/sites/stevedenning/2012/11/20/what-killed-michael-porters-monitor-group-the-one-force-that-really-matters/>.
13. ZENG, Ming. Three paradoxes of building platforms. *Communications of the ACM*, v. 58, n. 2, p. 27-9, 2015. <http://www.cacm.acm.org/magazines/2015/2/182646-three-paradoxes-of-building-platforms/abstract>.
14. EISENMANN, Thomas; PARKER, Geoffrey G.; ALSTYNE, Marshall Van. Platform envelopment. *Strategic Management Journal*, v. 32, n. 12, p.1270-85, 2011.
15. PARKER, Geoffrey G.; ALSTYNE, Marshall Van. Platform strategy. *New Palgrave Encyclopedia of Business Strategy*. Nova York: Macmillan, 2014.
16. SALAZAR, Angel. Platform competition: a research framework and synthesis of game-theoretic studies. Social Science Research Network, 15 fev.

2015. <http://papers.ssrn.com/sol3/papers.cfm?abstract_id=2565337>. Mimeo: Manchester Metropolitan University, 2015; NALEBUFF, Barry J.; BRANDERNBURGER, Adam M. *Co-opetition*. Londres: HarperCollins Business, 1996.
17. JOBS, Steve. Thoughts on Flash, abr. 2010. <http://www.apple.com/hotnews/thoughts-on-flash/>.
18. LANDSMAN, Vardit; STRMERSCH, Stefan. Multihoming in two-sided markets: an empirical inquiry in the video game console industry. *Journal of Marketing*, v. 75, n. 6, p. 39-54, 2011.
19. ZENG, Ming. How will Big Data and cloud computing change platform thinking. Discurso de abertura, MIT Platform Strategy Summit, 25 jul. 2014. <http://platforms.mit.edu/2014>.
20. APPDATA. Top 20 apps with MAU over 10 million. Facebook Apps Leaderboard. <http://appdata.com/leaderboard/apps?show_na=1>
21. SHAPIRO, Carl; VARIAN, Hal R. The art of standards wars. *California Management Review*, v. 41, n. 2, p. 8-32, 1998.
22. GURLEY, Bill. All revenue is not created equal: keys to the 10X Revenue Club. *Above the Crowd*, 24 maio 2011. <http://abovethecrowd.com/2011/05/24/all-revenue-is-not-created-equal-the-keys-to-the-10x-revenue-club/>.
23. MACMILLAN, Douglas. The fiercest rivalry in tech: Uber vs. Lyft. *Wall Street Journal*, 11 ago. 2014; NEWTON, C. This is Uber's playbook for sabotaging Lyft. *The Verge*, 26 ago. 2014. <http://www.theverge.com/2014/8/26/6067663/this-is-ubers-playbook-for-sabotaging-lyft>.

CAPÍTULO 11: POLÍTICA

1. BOUDREAU, Kevin; HAGIU, Andrei. *Platform Rules: Multi-Sided Platforms as Regulators*. Cheltenham, Reino Unido: Edward Elgar, 2009, p. 163-89.
2. MALHOTRA, Arvind; ALSTYNE, Marshall Van. The dark side of the sharing economy, op. cit.
3. GILLETTE, Felix; KOLHATKAR, Sheelah. Airbnb's battle for New York. *Businessweek*, 19 jun. 2014. <http://www.bloomberg.com/bw/articles/2014-06-19/airbnb-in-new-york-sharing-startup-fights-for-largest--market>.
4. LIEBER, Ron. A liability risk for Airbnb hosts. *New York Times*, 6 dez. 2014.
5. ZERVAS, Georgios; PROSERPIO, Davide; BYERS, John W. The rise of the sharing economy: estimating the impact of Airbnb on the hotel industry.

Boston University School of Management Research Paper 2013-16. <http://ssrn.com/abstract=2366898>.

6. GREENWOOD, Brad N.; WATTAL, Sunil. Show me the way to go home: an empirical investigation of ride sharing and motor vehicle homicide. Platform Strategy Research Symposium, Boston, 9 jul. 2015. <http://ssrn.com/abstract=2557612>.
7. COTÉ, John. SF cracks down on "MonkeyParking" mobile app. *SF Gate*, 23 jun. 2014. <http://blog.sfgate.com/cityinsider/2014/06/23/sf-cracks-down-on-street-parking-cash-apps/>.
8. ROOSE, Kevin. Does Silicon Valley have a contract-worker problem? *New York,* 18 set. 2014. <http://nymag.com/daily/intelligencer/2014/09/silicon-valleys-contract-worker-problem.html>.
9. STIGLER, George J. The theory of economic regulation. *Bell Journal of Economics and Management Science*, v. 2, n. 1, p. 3-21, 1971.
10. LAFFONT, Jean-Jacques; TIROLE, Jean. The politics of government decision-making: a theory of regulatory capture. *Quarterly Journal of Economics*, v. 106, n. 4, p. 1089-1127, 1991.
11. FRIEDERSDORF Conor. Mayors of Atlanta and New Orleans: Uber will beat the taxi industry. *Atlantic,* 29 jun. 2014. <http://www.theatlantic.com/business/archive/2014/06/mayors-of-atlanta-and-new-orleans-uber-will-beat-the-taxi-cab-industry/373660/>.
12. BOUDREAUX, Don. Uber vs. Piketty. *Cafe Hayek,* 1 ago. 2015. <http://cafehayek.com/2015/08/uber-vs-piketty.html>.
13. SHLEIFER, Andrei. Understanding regulation. *European Financial Management*, v. 11, n. 4, p. 439-51, 2005.
14. LAFFONT, Jean-Jacques; TIROLE, Jean. *Competition in Telecommunications.* Cambridge: MIT Press, 2000.
15. ROSENFELD, Ben-Zion; MENIRAV, Joseph. Methods of pricing and price regulation in Roman Palestine in the third and fourth centuries. *Journal of the American Oriental Society*, v. 121, n. 3, p. 351-69, 2001; RICKMAN, Geoffrey E. The grain trade under the Roman Empire. *Memoirs of the American Academy in Rome*, v. 36, p. 261-75, 1980.
16. MOUAWAD, Jad; DREW, Christopher. Airline industry is at its safest since the dawn of the Jet Age. *New York Times*, 11 fev. 2013. <http://www.nytimes.com/2013/02/12/business/2012-was-the-safest-year-for-airlines-globally-since-1945.html>.

17. DJANKOV. Simeon et al. The new comparative economics. *Journal of Comparative Economics*, v. 31, n. 4, p. 595-619, 2003.
18. SHLEIFER. Understanding regulation, op. cit.
19. KPMG. China 360: e-commerce in China, driving a new consumer culture. <https://www.kpmg.com/CN/en/IssuesAndInsights/ArticlesPublications/Newsletters/China-360/Documents/China-360- Issue15-201401-E-commerce-in-China.pdf>.
20. SHANKLAND, S. Sun brings antitrust suit against Microsoft. *CNET News*, 20 jul. 2002. <http://www.cnet.com/news/sun-brings-antitrust-suit-against-microsoft-1/>.
21. SHAPIRO, Carl Shapiro. Exclusivity in network industries. *George Mason Law Review*, v. 7, p. 673, 1998.
22. GANDAL, Neil. Compatibility, standardization, and network effects: some policy implications. *Oxford Review of Economic Policy*, v. 18, n. 1, p. 80–91, 2002.
23. PARKER, Geoffrey G.; ALSTYNE, Marshall Van. Innovation, openness, and platform control, op. cit.
24. PARKER, Geoffrey G.; ALSTYNE, Marshall Van. Internetwork externalities and free information goods, op. cit.; PARKER, Geoffrey G.; ALSTYNE, Marshall Van. Two-sided network effects, op. cit.
25. EVANS. David S.; SCHMALENSEE, Richard. The antitrust analysis of multi-sided platform businesses. *The Oxford Handbook of International Antitrust Economics*, v. 1. Oxford: Oxford University Press, 2015.
26. FAIRLESS, Tom Fairless, WINKLER, Rolfe; BARR, Alistair. EU files formal antitrust charges against Google. *Wall Street Journal*, 15 abr. 2015.
27. Statement of the Federal Trade Commission regarding Google's search practices: in the matter of Google, Inc. FTC arquivo 111-0163, 3 jan. 2013. <https://www.ftc.gov/public-statements/2013/01/statement-federal-trade-commission-regarding-googles-search-practices>.
28. GREENFIELD. Jeremy. How the Amazon–Hachette fight could shape the future of ideas. *Atlantic Monthly*, 28 maio 2014.
29. LADD, Helen F. Evidence on discrimination in mortgage lending. *Journal of Economic Perspectives*, v. 12, n. 2, p. 41-62, 1998.
30. CAPON, Noel. Credit scoring systems: a critical analysis. *Journal of Marketing*, v. 46, n. 2, p. 82-91, 1982.
31. PUZZANGHER, Jim. Obama to push cybersecurity, identity theft and online access plans. *Los Angeles Times*, 10 jan. 2015. <http://www.latimes.com/nation/politics/politicsnow/la-pn-obama-cybersecurity-20150110-story.html>.

32. KROFT, Steve. The data brokers: selling your personal information. *CBS News*, 9 mar. 2014. <http://www.cbsnews.com/news/the-data-brokers-selling-your-personal-information/>.
33. FEDERAL TRADE COMMISSION. Data brokers: a call for transparency and accountability, maio 2014. <http://www.ftc.gov/system/files/documents/reports/data-brokers-call-transparency-accountability-report-federal-trade-commission-may-2014/140527databrokerreport.pdf>.
34. RAINIE, Lee; ANDERSON, Janna. The future of privacy. Pew Research Center, 19 dez. 2014. <http://www.pewinternet.org/2014/12/18/future-of-privacy/>.
35. WHO owns your personal data? The incorporated woman. *Economist*, 27 jun. 2014. <http://www.economist.com/blogs/schumpeter/2014/06/who-owns-your-personal-data>.
36. RAINIE, Lee; ANDERSON, Janna. The future of privacy: other resounding themes. Pew Research Center, 18 dez. 2014. <http://www.pewinternet.org/2014/12/18/other-resounding-themes/>.
37. ARHTUR, Charles. Tech giants may be huge, but nothing matches Big Data. *Guardian*, 23 ago. 2013. <http://www.theguardian.com/technology/2013/aug/23/tech-giants-data>.
38. COOK, James. Sony hackers have over 100 terabytes of documents. Only released 200 gigabytes so far. *Business Insider*, 16 dez. 2014. <http://www.businessinsider.com/the-sony-hackers-still-have-a-massive-amount-of-data-that-hasnt-been-leaked-yet-2014-12>.
39. BEILFUSS, Lisa. Target reaches $19 million settlement with MasterCard over data breach. *Wall Street Journal*, 15 abr. 2015.
40. NUSCA, Andrew. Who should own farm data? *Fortune*, 22 dez. 2014.
41. Agradecemos a Peter Evans, ex-diretor de análise da GE, por sua contribuição sobre o assunto.
42. E-mail de Peter Evans para Marshall Van Alstyne, Center for Global Enterprise, usando dados de 2015 do Crunchbase.
43. GOLDFARB, Avi; TUCKER, Catherine E. Privacy regulation and online advertising. *Management Science*, v. 57, n. 1, p. 57-71, 2011.
44. WOOD, Robert W. Amazon no longer tax-free: 10 surprising facts as giant loses ground. *Forbes*, 22 ago. 2013. <http://www.forbes.com/sites/robertwood/2013/08/22/amazon-no-longer-tax-free-10-surprising-facts-as-giant-loses-ground>.

45. EGELKO, Bob. Court rules FedEx drivers in state are employees, not contractors. *SF Gate,* 28 ago. 2014. <http://www.sfgate.com/bayarea/article/Court-to-FedEx-Your-drivers-are-full-time-5717048.php>.
46. Resultados de buscas no Google. "Internet sweatshop".
47. CALAMUR, Krishnadev. Uber's troubles mount even as its value grows. *The Two-Way,* NPR, 10 dez. 2014. <http://www.npr.org/blogs/thetwo-way/2014/12/10/369922099/ubers-troubles-mount-even-as-its-value-grows>.
48. TRACHTENBERG, Jeffrey A.; BENSINGER, Greg. Amazon, Hachette end publishing dispute. *Wall Street Journal,* 13 nov. 2014. <http://www.wsj.com/articles/amazon-hachette-end-publishing-dispute-1415898013>.
49. MEYER, Robinson. Everything we know about Facebook's secret mood manipulation experiment. *Atlantic,* 28 jun. 2014. <http://www.theatlantic.com/technology/archive/2014/06/everythig-we-know-about-facebooks--secret-mood-manipulation-experiment/373648/>.
50. BOND, Robert M. et al. A 61-million-person experiment in social influence and political mobilization. *Nature,* v. 489, n. 7415, p. 295-8, 2012.
51. RUSHE, Dominic. Facebook sorry – almost – for secret psychological experiment on user. *Guardian,* 2 out. 2012. <http://www.theguardian.com/technology/2014/oct/02/facebook-sorry-secret-psychological-experiment-users>.
52. ROSENBLAT, Alex. Uber's phantom cars. *Motherboard,* 27 jul. 2015. <http://motherboard.vice.com/read/ubers-phantom-cabs>.
53. GROSSMAN, Nick. Regulation, the internet way: a data-first model for establishing trust, safety, and security – regulatory reform for the 21st century city. Harvard Kennedy School, ASH Center for Democratic Governance and Innovation, 8 abr. 2015. <http://datasmart.ash.harvard.edu/news/article/white-paper-regulation-the-internet-way-660>.
54. Ibid.
55. O'REILLY, Tim. *Government as a Platform.* Cambridge: MIT Press, 2010, p. 11-40.
56. O impacto social de regras de transparência é cuidadosamente analisado por especialistas da Kennedy School of Government de Harvard; ver FUNG, Archon; GRAHAM, Mary; WEIL, David. *Full Disclosure: The Perils and Promise of Transparency.* Nova York: Cambridge University Press, 2007.
57. Ver, por exemplo, STALLMAN, Richard. Why open source misses the point of free software. *GNU Operating System,* Free Software Foundation. <http://www.gnu.org/philosophy/open-source-misses-the-point.en.html>.

58. PEREZ, Carlota. *Technological Revolutions and Financial Capital: The Dynamics of Bubbles and Golden Ages*. Cheltenham, Reino Unido: Edward Elgar, 2003.
59. KOSKI, Heli; KRETSCHMER, Tobias. Entry, standards and competition: firm strategies and the diffusion of mobile telephony. *Review of Industrial Organization*, v. 26, n. 1, p. 89-113, 2005.
60. EVANS, David. Governing bad behavior by users of multi-sided platforms. *Berkeley Technology Law Journal*, v. 27, n. 12, 2012. <http://scholarship.law.berkeley.edu/cgi/viewcontent.cgi?article=1961&context=btlj>.
61. EDELMAN, Benjamin. Digital business models should have to follow the law, too. *Harvard Business Review*, 6. jan 2015. <https://hbr.org/2015/01/digital-business-models-should-have-to-follow-the-law-too>.

CAPÍTULO 12: AMANHÃ

1. ALCORN, Brandon. CHRISTENSEN, Gayle; EMANUEL, Ezekiel. The real value of online education. *Atlantic Monthly*, set. 2014.
2. AHN, Luis Von. Crowdsourcing, language and learning. Apresentação, MIT Platform Strategy Summit, 10 jul. 2015. <http://platforms.mit.edu/agenda>.
3. WOOD, Graeme. The future of college? *Atlantic Monthly*, set. 2014.
4. THERE'S an app for that. *Economist*, 3 jan. 2015.
5. TANEJA, Hemant. Unscaling the healthcare economy. *Tech-Crunch*, 28 jun. 2014.<http://techcrunch.com/2014/06/28/software-defined-healthcare/>.
6. KURAITIS, Vince. Patient digital health platforms (PDHPs): an epicenter of healthcare transformation? Healthcare Information and Management Systems Society, 18 jun. 2014. <http://www.himss.org/blog/2014/06/18/patient-digital-health-platforms-pdhps-an-epicenter-of-healthcare-transformation >.
7. DZIEZA, Josh. Why Tesla's battery for your home should terrify utilities. *The Verge*, 13 fev. 2015. <http://www.theverge.com/2015/2/13/8033691/why-teslas-battery-for-your-home-should-terrify-utilities>.
8. ROBERTS, Daniel. How MasterCard became a tech company. *Fortune*, 24 jul. 2014.
9. COHAN, William D. Bypassing the bankers. *Atlantic Monthly*, set. 2014.
10. STEVIS, Matina; MCGROARTY, Patrick . Banks vie for a piece of Africa's mobile banking market, *Wall Street Journal*, 15 ago. 2014.
11. FISHER, Daniel. Legal-services firm's $73 million deal strips the mystery from derivatives trading. *Forbes*, 12 fev. 2015; There's an app for that, op. cit.
12. SAN FRANCISCO MAYOR'S OFFICE OF CIVIC INNOVATION. Announcing the first-ever San Francisco Datapalooza, post do blog de 12

out. 2013; SAN FRANCISCO MAYOR'S OFFICE OF CIVIC INNOVATION. Data Jam, 100 days to tackle housing, post do blog de 7 jun. 2013. <http://innovatesf.com>.
13. MOUNT, David. The industrial awakening: the internet of heavier things, 3 mar. 2015. <http://www.kpcb.com/blog/the-industrial-awakening-the-internet-of-heavier-things>.
14. RIFKIN, Jeremy. Capitalism is making way for the Age of Free. *Guardian*, 31 mar. 2014.

ÍNDICE REMISSIVO

Os números de páginas em itálico se referem a figuras.

Accenture, 7, 42
acesso
 exclusivo, 109, 228, 256
 incrementado, 127, 133, 134-6, 142, 315
acionistas, 20, 178
acordos comerciais, 95, 108
Adobe, 39, 107, 228-9
Adobe Flash Player, 228-9
ADP, 169, 257
Affordable Care Act (2010), 289
África, *12*, 71, 263, 284, 296
agricultura, *22*, 53, 82, 281
Airbnb, 3-5, 10-1, 17-20, *22*, 33, 35-6, 42, 48-50, 57, 75-6, 78-80, 82, 115, 117, 126, 131, 149, 155-7, 163, 165, 179, 190, 208-9, 213, 225, 227, 239, 245-8, 252, 270-1, 280, 312, 317
Alemanha, 93, 175, 221
algoritmos, 34, 37-8, 50-1, 56, 58, 80, 83, 160, 166, 169, 184, 207, 296-8, 304, 319
Alibaba Group, 7, 11, 20, *22*, 85, 126, 139-40, 149, 173, 178, 220-2, 229-31, 256
Allsopp's Arctic Ale, 176
alternância de lado, 213
 Ver também troca de lado
aluguel
 de carro, 18, 72, 78, 271
 de imóvel, 5, 9-10, 17, 57, 78, 115, 139, 155-6, 213, 239, 245, 247-8
Amadeo, Ron, 167

Amazon, 3, 5, 11, 16, *22*, 32, 66, *67*, 74-5, 78, 80, 84-5, 93, 103, 139-40, 151, 154, 159, 172, 191-2, 219-22, 225-6, 230, 232-3, 240, 247, 258-9, 264-5, 268, 280, 288, 298
Amazon Marketplace, 85, 103, 209
Amazon Web Services (AWS), 65, 192
Amazon Word (AZW), 259
Andreessen, Marc, 73-4
Android, 15, *22*, 30, 40, 84, 107, 125, 150, 154, 167-8, 229, 241, 256
Android Open Source Platform (AOSP), 154, 167-8
AngelList, 294
Angie's List, *22*, 84
anúncios
 classificados, 59, 74, 134, 145, 147
 "Compre Agora", 184
 customizados, 260
 intrusivos, 238
AOL, 93
aperfeiçoamento do design, 238-9
aplicativos, 10, 15, 25, 29, 30, 40, 58, 64, 75, 84, 87, 99, 107, 109, 112, 115, 117, 125, 161-2, 167-8, 182, 193, 200-1, 206, 227, 249, 269, 287, 289, 293, 300-1
Apple, 5, 12, 15, 29, 33, 64, 75, 87, 99, 107, 109, 145, 150-2, 154, 161-2, 166-7, 173, 180, 193, 195, 216, 220, 226, 228, 229, 232, 237, 241, 289, 302, 317
Apple Maps, 216
Apple Watch, 289
Application Programming Interface (API), 66, *67*, 157-9, 162, 167-8, 173, 271, 315

arbitragem, 185, 276
armazenamento em nuvem, 65, 67, 110, 116, 192, 224
arquivos
  armazenamento de, 116
  compartilhamento de, 39, 116
  criptografia de, 215
  download de, 74
Arthur, W. Brian, 26
Ásia, 83, 295
assimilação simultânea, 105, 111
assinaturas, 39, 135, 137, 139-40, 213, 240, 260, 263
assistência médica, 3, 21, 22, 45, 90, 261, 266, 289
assistentes digitais pessoais, 94
ataques terroristas de 11 de setembro, 128
auditorias, 271, 276
Austrália, 82
autogovernança, 190, 193-4, 195, 197
autoridade fiscal norte-americana, 107
Axiom Law, 297

babás, 57, 136, 156
Baidu, 230, 231
Baldwin, Carliss Young, 65-6, 68
Ballmer, Steven, 63
banco de dados, 34, 54, 105, 191
Bank of America, 151
BankAmericard, 151
bares e pubs, 138
barganha, 175-6, 232
Barrow Hematite Steel Company, 28
bate-papo no local de trabalho, 201
baterias, 81, 291, 302
Bell Telephone, 39
Benchmark Capital, 26, 33
bens
  essenciais, 228
  públicos, 177, 180, 183, 189, 249
Betamax, 152-3
Bezos, Jeff, 191

big data, 20, 264
Bill of Rights, 272
Billpoint, 97-8
Bitcoin, *22*, 47, 94, 186
Bitter (Bruce Livingstone), 182
Blackberry, 4, 29-30, 75, 145
Blecharczyk, Nathan, 10
bloatware, 62-3
blogs, 6, 77, 103-4, 111, 116, 135, 165, 252
Blu-ray, 153
bolha da internet/das ponto.com, 5, 6, 31, 33, 94, 128
Bolsa de Valores de Nova York, 66, 185
bot (software automatizado), 97, 99, 107, 230
Boudreaux, Don, 252
BranchOut, 200-1
Brandeis, Louis, 272
browsers, 226, 228
Buildingeye, 300
Bungie, 109, 256
Burnham, Brad, 173, 188
burocracia, 95, 270, 299
Businessweek, 129, 220
BuzzFeed, 118

cadeias
  de fornecimento, 19-20, 88, 223, 235
  de valor lineares, 14-5, 199-200, 202, 316, 319 Ver também pipelines
Califórnia, 82, 93, 112, 127, 221, 266, 292
câmeras, 15, 57, 69, 78, 167, 193, 247, 260
campanhas publicitárias, 83, 121, 245
canal direto com o consumidor, 282
captura regulatória, 251-3, 277
Carbon NYC, 138
CareerBuilder, *150*, 151
Carfax, 281, 301
Carnegie Mellon, 285
carros sem motorista, 73

cartões de crédito, 47, 95, 97-8, 151, 153, 189-90, 241, 259
CDs, 74, 126
central processing unit (CPU), 66, 67, 68
Chapin, Andrew, 60
Chatroulette, 38
Chesky, Brian, 9-10
Chicago School of Economics, 250-53
China, 11, *12*, 139, 173, 214, 220-2, 230, 237, 256
Choudary, Sangeet Paul, 52-3, 137, 185
ciclo de feedback, 19, 38, 41-2, 55-6, 76, 80, 96-7, 104, 123, 233, 238, 316
 de múltiplos usuários, 56
 de usuário único, 56
Cingapura, 18, 77, 174-5, 194
círculo virtuoso, 26, *27*, 30, 32, 56
Cisco, 6, 215-6, 302
Cisco Application Extension Platform (Cisco AXP), 215
Clarity, 111, 132, 209
Clark, K. B., 65
Coase, Ronald, 250
cobertura de seguro, 156, 248
Coca-Cola, 214
cocriação, 210, 227, 231, 243
código (computador), 64, 68, 93, 143, 149, *150*, 151, 157, 167-8, 180, 186, 256, 272, 316
comércio eletrônico *Ver* e-commerce
competição entre plataformas, 225-39
comportamento
 ações baseadas em, 156, 197
 autopromocional, 61
 códigos de, 179-81
 design de, 7, 182-3
 do consumidor, 78-9, 85, 91, 160
 do motorista, 190, 295
 do usuário, 69, 156, 165, 177, 196
computação na nuvem, 159, 169
computadores pessoais (PCs), 66, 69, 154, 166, 167
Confinity, 94, 98

Congresso dos Estados Unidos, 224, 259, 265
contratos, 19, 139, 156, 186-7, 194, 239, 240, 256, 290
Cook, Tim, 162
co-opetition, 227 *Ver também* cocriação
Coreia, 77, 175
corporações, 178
correio, 74, 107, 109
"Corretores de dados: Um Apelo à Transparência e à responsabilidade", 261
corrupção, 174, 252-4
Coursera, 16, *22*, 283-5
Craigslist, 57, 59, 106, 115, 117, 208, 239
crédito, 184, 187-90, 241, 259-60, 285, 293-5, 312
crescimento convexo, 29, 316, 318
crimes, 143, 254
crise financeira de 2008, 246
Croll, Alistair, 206, 212
crowdfunding, 62, 110
crowdsourcing, 21, 181, 285
Cryptography, 186
curadoria, 36-9, 44, 57, 61, 86, 102, 126, 130, 133, 136, 138, 142, 148, 164-6, 168-9, 203, 207-8, 210, 316, 319
 em massa, 181
 incrementada, 136-7, 142, 204
 orientada pela comunidade, 79-80, 91
cursos online, 111, 284-5
custos fixos, 18, 224
Cusumano, Michael A., 69, 193

dados
 agregadores de, 155, 159, 260-1, 315,
 alavancagem do valor de, 232-4
 análise estratégica de, 233
 armazenamento de, 65, 225
 captura de, 233-4, 282
 corretores de, 261
 ferramentas baseadas em, 19, 58-9
 fluxo de, 142, 184, 233, 261

manipulação de, 267-70
nacionalismo de, 263
perfis derivados de, 58, 134
plataformas de, 216, 295, 300
privacidade e segurança de, 259-62, 277
  responsabilidade com apoio de, 270-3
  softwares de, 106, 122, 272, 287, 293, 297, 304
  táticos, 232
Damodaran, Aswath, 25-6, 28
data jams, 300
Data.gov, 301
De Beers, 223-4
Delicious, 110
democracia, 163, 274
descentralização, 169, 173, 186, 291
descontos, 31-2, 35, 138, 159-60, 301
desenvolvedores
  centrais, 155-6, 160, 316
  extensivos, 156-9, 160, 162, 166-7, 169, 171, 204, 257
desenvolvimento industrial, 221, 239-40, 286
desfragmentação de disco, 215
design modular, 68
designers, 9, 35, 78, 133, 302
desintermediação, 82-3
despertar industrial, 303-4
diabetes, 288
dilema do ovo e da galinha, 55, 93, 95, 100, 103-5, 109-10, 113, 119, 193-4
Diners Club, 98
direitos
  autorais, 41, 68, 84, 181, 223, 275, 276
  humanos, 173
  sobre a água, 82
dispositivos
  periféricos, 69, 193
  vestíveis, 237, 287-88, 295
Djankov, Simeon, 254, *255*
Dorsey, Jack, 111
Dribbble, 47, 78, 133-4

Dropbox, 42, 116-7, 124
Drucker, Peter, 225
Duhigg, Charles, 160
Duracell, 176
DVDs, 74, 126, 153

Earth Class Mail, 109
eBay, 3, 5, 11, 26, 33, 46, 48, 50, 97-9, 105, 107, 126, 128, 130, 139-40, 149, 175-7, 183-7, 211, 220-2, 230, 280
e-commerce, *67*, 139, 159, 206, 220, 256
economia
  compartilhada, 18, 317
  de escala, 28-9, 42, 44, 221, 239-40, 243, 317, 319
  marginal, 75, 84, 91
  monetária, 295
Edison, Thomas, 28, 303
editoras/editores, 15-6, 19, 80, 84, 108, 143-4, 164-5, 280, 305
educação, 3, 11, 21, *22*, 90, 110, 279, 281, 283-6, 307
Eisenmann, Thomas R., 6, 144, *150*
Electronic Arts (EA), 108, 139
eletricidade, 28
eletrônicos, 71, 76, 87, 214
e-mail, 94-5, 115-9, 182, 201
empreendedores, 93-8, 101, 103, 220, 300
enciclopédias, 143, 147
Encyclopaedia Britannica, 19
Endomondo, 88
efeitos
  de marca, 31-2, 44, 317
  de preço, 31-3, 44, 317
  de rede, 39-44, 316, 317-8, 319, 320
eficiência produtiva, 28, 223
emissor, 114-6, 119
empresas
  da era industrial, 28, 42, 44
  multinacionais, 263
empréstimo entre pessoas físicas, 185-6, 294

energia
  eficiência de, 271
  elétrica, 28, 81, 263, 290-2
  recursos de, 81, 290
  setor de, 279, 282, 307
enterprise resource planning (ERP), 20
entrega de mensagens, 109
Equal Credit Opportunity Act (1974), 259
Equity Bank, 296
e-reader, 192
escritórios de advocacia, 16, 297-8
estacionamento, 73, 249
Estados Unidos, 10, 59, 60, 73, 77, 106, 107, 173, 175, 188, 220-2, 240, 248, 250-1, 254, 258-9, 264, 272, 276, 283, 285-6, 287, 295, 299, 301, 304
estoque, 11, 17-8, 20, 35, 52, 60, 81, *150*, 155, 186, 200, 202, 227, 252 , 280
estratégia
  da carona no sucesso alheio, 105-6, 119
  da marquise, 108-9, 119
  de adoção big bang, 111-2, 119
  de focar um único lado, 109-10, 119
  de "seguir o coelho", 103-4, 119
  de precificação de aparelhos e lâminas, 124
  de semear, 106-8, 119
  do micromercado, 112-3, 119
  do produtor evangelista, 110-1, 119
eToys, 31-2
Etsy, 76, 85, 163, 227, 280, 320
Excel, 231
exército romano, 199
externalidades, 43, 176-8, 196, 197, 247-50, 258, 273-4, 277

Facebook, 11, 20, *22*, 29, 42-3, 47-9, 51, 55-8, 60, 77, 105, 112-8, 128, 136, 141, 145-7, 149, 159, 165, 173, 177, 182, 195, 200-1, 213, 219, 231-3, 236, 241, 261, 268-9, 285, 288

Fair Credit Reporting Act (1970), 190
falha na interação, 212
FarmVille, 236
Fasal, 52
Federal Reserve, 188
Federal Trade Commission (FTC), 258, 260-1
FedEx, 72, 266, 296
feedback negativo, 38, *41*, 180
feeds de notícias, 51, 56, 58, 136, 182, 268
ferrovias, 224
filtro, 37, 48, 50-2, 58, 70, 147, 211, 318
firmas de consultoria, 16, 214, 298
fitness e atividades esportivas, 87-8, 261, 288-9
Fiverr, *22*, 131, 209
fluxo
  de caixa, 25, 60, 200, 202-3
  de receita, 153, 157
foco geográfico, 113, 289
força de vendas, 53, 85-6, 107, 139-40
  "pé na estrada", 53
Ford, Henry, 28
Ford Motor Company, 28, 42
Fortune, 76
Foursquare, *22*, 112
fraude, 189-90, 212, 254, 294
Free – Grátis: O Futuro dos Preços (Anderson), 31
freelancers, 30, 46, 47, 75-6, 130, 209, 212, 225, 228, 267, 297-8, 319
Friedersdorf, Conor, 252
Friendster, 112
FuelBand, 87
funcionários em tempo integral, 266
funções específicas de aplicação, 63-5
FUSE Labs, 269
fusões e aquisições, 223, 235-6, 243

Gangnam Style, 99, 161
games, 108, 153, 177, 193, 226, 227, 236, 256-7

gatekeepers, 15-6, 280, 283, 286, 294, 299, 307 *Ver também* "guardiões do portão"
Gawer, Annabelle, 69, 193
Gebbia, Joe, 9-10
General Electric (GE), 12, 21, 28, 88, 100, 125, 216, 219, 223, 263, 302
Generally Accepted Accounting Principles, 254
geração de leads, 128, 132
gestão
  de empresas, 188
  de relacionamento com o cliente (CRM), 20, 188
Gillette, King, 124
Global 500, 224
Godwin, Tom, 20
guia online de eventos, 127
Go-Jek, 296-7
Goldberg, Whoopi, 32
Google, 3, 12, 15, 29-30, 33-4, 42-3, 51, 60, 66, 69, 75, 83, 107, 128, 135, 140, 150-1, 154, 162, 167-8, 173, 214, 216, 219, 229-30, 231-2, 241, 258, 266, 285, 288, 302
Google AdWords, 135
Google Maps, 60, 66, 162, 216
Google Play, 168
graphical processing unit (GPU), 66, 67, 69
Grossman, Nick, 270-3
Guardian, The, 157-8
"guardiões do portão", 15, 187, 259, 274 *Ver também* gatekeepers
Gurley, Bill, 26-7, 30

Haber-Bosch, processo, 28
Hachette Book Group, 268
Haier Group, 4, 22, 88, 140, 214, 237
Halo (jogo), 109, 256
Hamurabi, Código de, 292
hard disk (HD), 67, 68, 69
hardware, 150-1, 166-7, 193
Harvard University, 113
hashtags, 69, 118

Havas Media, 20
Heiferman, Scott, 128-29, 141
Here, 60
Hertz, 18
Hilton Hotels, 17, 76
hipercompetição, 224, 225, 228
hipotecas, 253, 259, 281
Hipstamatic, 115
horários de trabalho flexível, 250
hospitais, 82, 162, 249, 287-9
Hotmail, 118, 119
Houghton Mifflin Harcourt, 219, 223, 240
HTTP, 191
Huffington Post, 104

IBM, 6, 151, 166, 194, 302
iCloud, 87
impostos sobre as vendas, 264-5
impressão em 3D, 78, 302
InCloudCounsel, 297
Índia, 52, 85, 105-6
Indiegogo, 110, 138
Indonésia, 296
indústria
  alimentícia, 89, 271, 272, 286
  cinematográfica, 13, 77, 152, 153, 193, 276
  de cosméticos, 221
  de diamantes, 224
  de petróleo e gás, 239, 251, 282, 290
  de seguros, 18, 73, 83, 156, 178, 189-90, 248, 286, 295, 298
  de semicondutores, 240
  de serviços financeiros, 20, 25-7, 43, 178, 185-7, 193, 245, 279, 292-6, 307
  de silos, 191, 193
  de táxis, 11, 20, 25, 71-3, 75, 247, 270, 276, 297, 305
  de telecomunicações, 90, 104, 280
  de transportes, 75, 85, 90, 110, 224, 242, 249, 252-3, 296-7
  de turismo, 22, 47, 83, 126, 156, 247, 261, 305

de varejo, 20, 22, 52, 66, 74, 75, 90, 99, 103-4, 126, 138-9, 155, 159, 181-2, 219-21, 264-5, 268, 280, 282, 293
  farmacêutica, 239
  musical, 74, 83, 101, 126, 134-5, 161, 228, 241, 246, 275, 305, 319
Industry Standard Architecture (ISA), 69
inércia excessiva, 257
informação(ões)
  agências de, 259
  assimetrias de, 176, 178, 196, 197, 235, 280-1, 283, 287, 299, 307
  de contato, 177, 206
  era da, 270, 273, 277
  errada, 143-4
  fábricas de, 52
  plataformas de, 206, 215
  setores baseados em, 280, 286, 299, 307
  troca de, 46-7, 48, 50, 51, 61, 206
  unidades de, 318
Inglaterra, 221
Initiative on the Digital Economy, do MIT, 6
Instagram, 11, 21, 22, 42, 56, 57, 78, 99, 114-5, 117-8, 219, 232-3, 320
integração
  horizontal, 43, 86-7, 223
  vertical, 43, 86, 223, 236
Intel, 4, 6, 67, 68-9, 104, 151, 193-5, 240, 288, 302
Intel Architecture Labs (IAL), 194-5
Interbrand, 214
interfaces
  de serviço, 191-2, 236
  dos subsistemas, 68
intermediários, 82-4, 126, 185, 200, 266, 320
International Financial Reporting Standards, 254
internet, 5-6, 11, 13, 28, 31-4, 42, 46, 50-1, 71, 74-5, 78, 82, 88, 93-4, 101, 107, 110, 118, 122, 124-5, 128, 135, 146, 152, 200, 219-20, 224, 228, 230, 232, 240, 249, 260, 262, 265, 267, 281-2, 284, 301-4, 306, 313, 320
  das coisas, 88, 219, 301-4, 307
iOS, 15, 22, 107, 150-1, 167, 228-9, 241
iPads, 109
iPhone, 11, 15, 84, 145, 154, 161-2, 167, 192-3, 226, 228-9, 237
iStockphoto, 181-2, 187-8
iTunes, 87, 99, 145, 156, 167, 178, 229, 247

Japão, 77, 221
Jassy, Andrew, 192
Java (linguagem de programação), 256
Jawbone, 6, 90, 261
Jobs, Steve, 4-5, 64, 145, 229
jornais, 74, 93, 134, 282, 305
judiciário, 253
Júlio César, 199
justiça, 148, 172, 174, 194, 195, 246, 251, 256, 266, 270
JVC, 152-3

Kalanick, Travis, 27, 73
Kelley, Brian P., 171
Kercher, Meredith, 143-4, 163-4
Keurig, 157, 171-3, 195
Kickstarter, 22, 50, 110, 116, 126
Kindle, 16, 19, 22, 78, 167, 259
Kindle Fire, 154
kits de desenvolvimento de sistemas (SDKs), 166
Knox, Amanda, 143-4, 163
Korengold, Barry, 72
Kozmo, 32
Kretschmer, Tobias, 274
Kuraitis, Vince, 288-9

Laffont, Jean-Jacques, 251, 253
lâmpadas, 303

Lean Analytics (Croll e Yoskovitz), 206, 212
Lee Kuan Yew, 174
LegalZoom, 22, 219, 240
legislação antitruste, 229, 240
lei de Metcalfe, 29, 316, 318
leilões, 48, 71, 97-8, 105, 175-6, 183-4, 211, 249
leis e sistemas legais, 178-84, 246, 263-5, 274-5, 277, 299
Lending Club, 22, 90, 294
Lessig, Lawrence, 178-80
Levchin, Max, 94-5
Lexis, 219, 240
libertarianos, 93, 94
licitação, 111
LinkedIn, 22, 49-51, 58, 60-1, 118, 126, 133-4, 173, 184, 187, 200, 213, 233, 238, 241, 261
liquidez, 185, 205-6, 208, 210, 212, 217, 218, 318
locação *Ver* aluguel
logotipos, 96, 133
lojas de departamentos, 241, 282, 305
Lyft, 59-61, 78, 228, 242, 267, 319

Ma, Jack, 139, 221, 230
Mac OS, 64, 150-1
MacCormack, Alan, 68
Macintosh, 145, *150*
MailChimp, 124
Malásia, 174-5
Management Science (MacCormack e Baldwin), 68
mandis (comerciantes locais), 53
Manghani, Ravi, 292
MapMyFitness, 88
máquinas de lavar, 125, 200
Marini, Rick, 201
marketing, 20, 22, 28, 35, 55, 63, 84, 86, 97, 98-101, 111, 114-6, 119, 140, 200, 202, 214, 223-4, 260-1, 285, 294

Marketplace Fairness Act (2013), 265
marquise, estratégia da, 108-9, 119
Marriott Hotels, 17
massa crítica, 80, 104, 110-13, 127, 204, 211, 217, 256
Massive Open Online Courses (MOOC), 284-5
MasterCard, 241, 293
Matharu, Taran, 13
matrizes de estrutura de projeto, 68
McCormick Foods, 22, 88-9
McGraw-Hill, 219, 223
Mechanical Turk, 266, 298
Medicast, 287, 297
médicos, 251, 281, 286-9
Medium, 22, 83
Meetup, 128-9, 141
Megaupload, 101-2
memória RAM, 66
mensagens
 de texto, 67, 106, 159
 instantâneas, 145, 214, 226
mercado(s)
 acesso a, 101-2, 112, 209, 221, 233, 235
 agregação de, 80-1, 84-5, 91, 280, 315
 barreiras de, 222-3, 230, 234-5
 controles de, 178-9
 dados sobre, 52-4
 de ações, 5, 42, 71, 98, 106, 159, 186, 193, 220, 226, 236, 269
 de venda direta ao consumidor, 11, 39
 "espessura" de, 178, 185, 188
 expansão de, *12*, 29, 41-2
 fornecimento e demanda em, 81-3, 188, 225-6,
 fracasso de, 7, 175–7, 178, 185-6, 197, 249-50, 273-6, 281, 307
 gratuitos, 163, 175-79, 188–90, 195, 197, 249-52
 imobiliário, 13, 17, 139
 liquidez do, 185, 211
 local, 88-9, 132-3, 282
 manipulação de, 253, 263-5, 277, 305

micro, 112-3, 119
multilaterais, 173, 178
nichos de, 68, 103, 231, 239, 241, 243, 262, 319
novos participantes no, 222-5, 280, 316
"o vencedor leva tudo", 239-42, 243, 298, 319
problema dos retardatários em, 102, 113
unilaterais, 172, 173
vantagem estabelecida em, 100, 233
Mercateo, 111
Metcalfe, Robert, 29, 318
métricas
  de vaidade, 217
  inteligentes, 216-8
Microsoft, 3, 4, 6, 12, 22, 29, 43, 63-5, 108-9, 125, 138-9, 145, 154, 166, 194, 196, 226, 231, 237, 241, 256-7, 269, 286, 288
Microsoft Outlook, 118
Microsoft Vista, 63
Microsoft Windows, 22, 40, 63, 145, 150, 166, 215, 237, 241, 256
mineração, 239, 281-2
MIT, 5-7, 29, 33, 223, 229, 270, 284-5
modelo
  compartilhado, 150, 151-2, 155
  das cinco forças, 222-3, 225, 227
  de licenciamento, 150, 151-2
  de patrocínio, 149-50, 154-5
  joint venture, 150, 151
  proprietário, 150-1, 152-4
moderadores, 165
moeda, 46, 56, 148, 292-3
  digital, 186, 173, 292-6
  social, 14, 23, 187-8, 319
  troca de, 47-8
monetização, 48, 61, 74, 111, 121-42, 145, 204, 229, 230, 249, 315
MonkeyParking, 249-50
monopólios, 18, 28, 176-7, 187, 197, 224, 242, 253-4, 257-8

Monster, 150, 233, 238, 241
motores de busca, 33-4, 50-1, 136-7, 159, 205, 206, 212 -3, 230-1, 258, 318
Mount, David, 303
MP3 player, 192
multihoming, 228-9, 232, 239-41, 243, 267, 319
MyFitnessPal, 88, 261
Myspace, 101, 106, 112, 140-1, 145-9, 157, 219, 236, 241

Nakamoto, Satoshi, 186-7
Nalebuff, Barry J., 227
Nasdaq, 5, 94
National Novel Writing Month, 13
National Transportation Safety Board, 253
navegação, ferramentas de, 207, 319
NBC, 219, 240
Nest, 22, 219, 240
Netflix, 73, 177, 219, 240
Netscape, 73, 125
New York Times, 160, 220
News Corporation, 140
NeXT, 64
Nigéria, 263
Nike, 12, 86-9, 91, 220, 289
99designs, 22, 78, 121
Nintendo, 22, 108, 226, 256
níveis de acesso, 158
Nokia, 60, 75, 145, 241
Nova York, 13, 66, 71-2, 81, 89, 128, 138, 185, 245-6, 247, 276, 292
NTT, 104

oDesk, 30, 217
ofertas
  de emprego, 49, 59, 60, 61, 74, 126, 133-4, 136, 145, 147-48, 151, 199-201, 211, 216, 218
  públicas iniciais de ações (IPOs), 5, 106, 220
OkCupid, 7, 36-8, 40, 211-2

oligopólios, 224, 254
open data, 300
OpenTable, 26, 104, 109-10, 115, 117, 210, 280
orquestradoras de redes, 42-3

painéis solares, 81, 291
Palm Pilot, 94
Parker, Geoffrey G., 5, 33, 81, 125, 144, 150, 257-8
patentes, 124, 171, 189, 257, 303
patrocínio, 149-55, 170
  de plataformas, *150*
PayPal, 26, 30, 33, 47, 94-9, 105, 107, 109, 126, 293
PDF, 39, 107
"Pensamentos sobre o Flash" (Jobs), 229
pequenas empresas, 105, 295
Percival, Sean, 140
perdas sociais, 254, *255*
pesquisa e desenvolvimento (P&D), 21-2, 43, 293
PIB per capita, 174-5
Pinterest, 11, 182-3
plataformas
  adjacentes, 237-8, 318, 319
  alavancagem de, 117, 221-2, 243, 281-2
  arquitetura das, 57-8, 178-9, 185-8, 197, 236
  aspectos controversos de, 143, 164, 207-8, 228-9, 244-5
  avaliação de finanças de, 25-7, 43, 71-2, 93, 140
  base do usuário de, 69-70, 95-9, 100, 103-13, 132-4, 159-60, 179, 199-201, 205, 218, 230, 233-4, 237-8, 239, 315, 316
  bens das, 18, 80-2, 174, 195, 196, 224, 227, 235-6, 253, 277
  capitalização das, 12, 24-7, 95, 124, 159, 297

colaboradores externos às, 18-9, 22, 86, 105-6, 117-8, 126, 133, 141, 143-6, *147*, 162-3, 168-70, 188-90, 193, 204, 214-5, 221-5, 231, 233, 236, 242, 243, 256-7, 316, 320
como Estados-nações, 172-5
como modelo de negócio, 47, 73-4, 76, 84-6, 89-91, 204, 228, 247, 279, 282, 287
compatibilidade de, 63, 228-9, 256, 277
competição nas, 18, 19, 21, 27, 32, 35, 43, 74, 76-7, 79-80, 86, 88, 97, 100, 102, 111, 113, 146-8, 154, 168, 186, 202, 204, 215-26, 219-22, 225-7, 231-2, 234-5, 237-40, 242-3, 250, 252-3, 257, 274, 279, 283, 294, 296, 298, 302, 305
consumidores e clientes de, 41-59, 71-8, 82-5, 91-6, 100-11, 121-36, 139, 148-9, 159-61, 171-2, 206-10, 217, 227-35, 240, 256-9, 268-71, 281, 290-6, 318-20
crescimento de, 11-2, 23-4, 29, 31-3, 44, 70, 88, 95-100, 111, 113-24, 159, 189, 190, 202-3, 210-5, 218-20, 246, 254-270, 276-7, 318
curadoria e governança de, 21, 23, 36-8, 42-4, 52, 57, 59, 61, 78-80, 83, 90-1, 101-2, 126, 136-7, 138, 171-97, 202, 206, 208-9, 315-7, 319
custos de, 17-8, 35, 47-8, 73, 96, 166-7, 199, 201, 223-4, 239-40, 243, 250, 283, 304, 316, 320
de educação, 283-5
de empresa para consumidor (B2C), 80, 121
de empresa para empresa (B2B), 80, 104, 111, 121, 303
desenvolvedores e programadores de, 15-6, 30, 37, 106, 121-2, 139, 145-6, 149, 155-62, 170-1, 180, 188-9, 214-5
design de, 45-70, 105, 116, 126, 139-42, 148-9, 158, 168-70, 177, 178-9, 185-6, 194-7, 234, 236, 238-39, 243, 302-3, 315

ÍNDICE REMISSIVO • 355

disrupções produzidas por, 11-2, 23, 71-91, 219, 247, 279-307, 318
ecossistema de, 20, 43, 68, 75-6, 84, 87, 90-1, 115, 122, 146, 148-9, 166-4, 168, 172-3, 177, 179-80, 193-4, 197, 203, 208, 215, 227, 231, 234, 240, 280, 290, 293, 296
efeitos de rede em, 25-44, 54-61, 76, 80, 91, 104-5, 123-38, 140, 142, 165, 201, 203, 211, 217, 221, 225-33, 239-50, 263-4, 274, 277, 305, 316-20
eficiências de, 15-6, 18, 26-9, 57-8, 71, 74, 80, 82, 84-5, 153-4, 196, 201-2, 206-7, 223, 274, 281-2, 287, 302-4
escala de, 15-6, 28-9, 33-6, 39, 44-5, 76, 80, 83, 86, 99, 181, 221, 263-4, 290, 319
estratégia de atração em, 54, 55-9, 70, 98, 100, 103, 113-4, 119, 202, 204, 238, 316
estratégia de pressão em, 98-9, 111, 119
estratégias para, 219-43
externalidades de, 43, 176-8, 196-7, 244-50, 258, 273, 277, 306
financiamento de, 25-7, 33, 50, 61-3, 106, 110, 117, 121, 126, 200-2, 294-5
função de pareamento em, 54, 58-60, 70, 202, 204-10, 217, 238, 318-9
futuras tendências em, 279-307
gestão de, 18-27, 34-5, 93-124, 134-6, 140-2, 148-61, *150*, 166-73, 178-81, 191-218, 22-7, 237-8, 316, 319
gestão e análise de risco em, 90, 132, 168-9, 176, 179-80, 185, 190-1, 195, 197, 208-9, 248-9, 252-3, 320
glossário para, 315-20
governamentais, 301
impacto econômico de, 5, 11, 21, 23, 71-4, 77, 83, 91, 173-5, 246, 250-2, 262-4, 279-307, 319-20
impacto global das, 118, 126, 220, 262-4, 279, 290-2

impacto social de, 177-9, 184, 189, 245-77, 298-9, 304-7
infraestrutura de, 75, 85, 148-9, 155-60, 220, 224-5, 319
interação básica de, 58-69, 147-8, 155-6, 212, 217, 219-20, 225, 229-32, 315
interações adicionais, 58-61, 63-4, 70, 82-3, 158-9, 184
interações fora de, 101, 131-3, 228-90, 238-43, 266-7, 273, 318, 320
intermediação de, 80-3, 91, 175-6, 185-6, 319
inversão por, 20-1, 23, 42-3, 226
lançamento de, 20-2, 69-70, 93-119, 127-30, 319
legislação de, 180, 214, 240, 242, 244-77, *255*, 281, 292, 299-301, 306, 307
liderança em, 43, 121-2, 205, 217, 235-6, 250, 276-7, 304-7
margens de lucro de, 4, 43, 72, 144, 152-5, 157, 162, 204, 212, 219-35, 240, 247, 249, 257, 276-7, 302-3, 306, 318
marketing de, 23, 28, 35, 62-3, 84-6, 98-9, 115-6, 119, 198-9, 201, 224-5, 285
multidirecionais, 290-2
pesquisa dos autores sobre, 5-6, 33-4
pipelines vs., 15-8, 45, 52, 55-6, 69, 74-80, 85-90, 103, 116, 119, 125, 138, 235-6, 246, 275, 282, 318-9
produtores em, 4, 13-5, 21, 36, 39-61, 71, 78, 82, 101, 104-8, 115, 121-36, 140, 148, 149, 163-6, 202-8, 212-4, 218, 224-5, 227, 233-5, 238, 293, 303, 315-6
rearquitetura de, 68-9
receitas de, 11, 25-7, 95-7, 117, 121-42, 152-5, 157-8, 171-2, 199-204, 209, 230, 240, 303, 305
revolução em, 13, 14-23, 279-307
taxas cobradas por, 17-8, 47-8, 85, 96, 121-3, 125, 128-42, 184-5, 209, 240-1, 260, 280-1, 316, 320

tomada de decisão em, 85, 141, 152-3, 170, 184, 195, 202-3, 273-6
transparência de, 135, 178, 180, 190-2, 197, 259, 270-2, 277
volumes de vendas de, 35, 52-4, 96-7, 130-1, 171, 177, 184-5, 198-9, 201, 211, 233
Platform Leadership (Gawer e Cusumano), 193
Platform Strategy Research Symposium, da Boston University, 7
Platform Strategy Summit, do MIT, 7, 229
PlayStation, 22, 108, 150, 226
PlayStation 3, 153
PlayStation Portable (PSP), 193, 211, 226
PlayStation PSP-2000, 226
poder de negociação do fornecedor, 223
política monetária, 173, 188
pornografia, 79, 102, 148, 166, 178, 181
Porter, Michael, 222-3, 225, 228, 234
posse do proprietário, 80-1, 139
preços
  de agricultura, 52-4, 71
  efeitos de, 31-2, 44, 319
  estratégias de, 71, 80-3, 124-5, 130, 223
  fixação de, 184-5, 242, 255-9, 268-70
  grátis + premium (freemium), 31-2, 124, 140-2, 271-2, 275
  níveis de, 177, 223, 247, 277, 279, 290-1, 304
  predatórios, 256-9, 275
  surto de, 269-70
  variabilidade de, 290-1
preservação da compatibilidade, 63
princípio fim a fim, 62-4
privacidade
  e segurança, 93-4, 160, 173, 177, 186-8, 246, 259-64, 277, 303
  leis de, 247-8
privatização, 249, 254

processamento
  de texto, 78
  em tempo real, 263, 295-6
produção
  abertura de, 163-6
  custos de, 239
  eficiências de, 27-8
  estratégia evangelista de, 110-1, 119
  fraude em, 211-2
produtos
  design e desenvolvimento de, 234-5
  distribuição de, 29, 74, 201, 224-5
  esportivos, 87-9
  lançamentos de, 63-4
  linhas de, 193-4
  nome de, 175-6, 185-6
  otimização de, 21, 264
  substituição de serviços por, 222-3
  programação de computador, 65, 113, 155-7, 285-6
Project Homeless Connect, 300
Projeto Minerva, 286
propriedade
  digital, 189, 230
  intelectual (PI), 42, 145, 149, 189, 195, 275
protocolo blockchain, 186
publicidade, 74, 84, 95, 98, 102, 119, 121, 123, 133, 135, 147, 159, 162, 179, 180, 182, 214, 230, 282, 303
  self-service, 145, 148

Quênia, 296
questões ambientais, 73, 82-3, 247, 249, 290, 292
500px, 47, 57
Quirky, 57
Quora, 40, 46, 80, 83, 108, 117

Rangaswami, J. P., 262
Real Audio, 237
RealNetworks, 237
receita, capturas de, 136, 171-2

receptores, 114-6, 118-9
recompensas (incentivos), 96, 116, 117, 180, 188-9, 197, 242
recrutadores, 49, 61, 126, 133, 233
recursos
  alocação de, 14, 23, 82, 194, 215, 260, 315
  controle de, 224, 243
  humanos, 22, 42-3, 49
  modelo baseado em, 223-5, 228, 231
  uso intensivo de, 281-2, 296, 307
redBus, 85, 110
Reddit, 13, 46, 57, 107-8, 187
rede
  de segurança, 299, 306
  de telefones, 30-1, 39, 105
  especialistas, 40, 46, 80, 108, 110, 113, 132-3
  externas, 56, 114-9
  inteligentes, 290
  na nuvem, 39, *67*
  social da QQ, 232
  sociais, 20, 29, 46, 55, 61, 101, 105, 107, 110, 112-3, 116, 118, 136, 140, 145, 147, 166, 177, 201, 206, 232-3, 241
registros eletrônicos de saúde, 288
regulamentação
  de conteúdos locais, 263
  2.0, 270-3
reintermediação, 80, 82-4, 91, 320
relação sinal-ruído, 215
relações públicas, 98, 100, 119, 245
RelayRides, 18, 78
reservas, 17, 47, 105, 109-10, 115, 151, 156, 188, 210
ressonância magnética (MRI), 80-2
restaurantes, 46, 47, 89, 105, 109-10, 115, 134, 184, 210, 248, 276, 301
revistas, 84, 129, 165, 213, 242, 245, 260, 282, 293
Revolução Industrial, 306
R/GA, 89
Ries, Eric, 215, 217

Rifkin, Jeremy, 304
riqueza, criação de, 7, 43, 72, 172, 174-5, 194-5, 262
risco de capital, 6, 25-7, 33, 121
Roth, Alvin, 178, 185
Roth, Jonathan, 199
roubo de identidade, 260
royalties, 137
Rudder, Christian, 36-7
ruído, 129, 133, 135, 215, 217

Sacks, David, 26-7, 30, *41*
Safaricom, 296
Saks Fifth Avenue, 293
Salesforce, 6, 66, 159, 286
Samsung, 7, 100, 151, 288, 317
São Francisco, 9, 10, 27, 72, 127, 286, 296, 300-1
SAP, 4, 6, 169, 188-89, 231, 234, 257
scrapers (ferramentas automatizadas de software), 122
Sears, Roebuck and Company, 222
sensores
  de dados, 262, 302, 304
  vestíveis, 288
serviços
  de compartilhamento, 10, 18, 21, 25-7, 34, 39, 46-7, 59-61, 71-3, 78, 130, 190, 205, 242, 246, 249, 267-7, 275-6, 282, 290, 296, 305, 318
  de desconto de cheques, 295
  de encontro, 37, 135, 138, 152, 180, 210
  de mapeamento, 60, 162
  de pareamento, 26, 58-59
  profissionais, 131, 213, 297, 307
setor(es)
  aéreo, 82, 151, 251, 253
  automobilístico, 28, 60, 73, 198-9, 215, 221, 240, 271, 280-1, 291, 295, 300, 302
  bancário, 84, 90, 94, 95, 151, 153, 184, 186, 189-90, 251, 259, 281-2, 293-5
  de aeronaves, 125, 239

editorial, 15-6, 80, 84, 108, 143-4, 164-5, 219, 223, 225, 247, 257-8, 260, 268, 280
  fragmentados, 145, 280, 283, 290, 307
  hoteleiro, 9-10, 17, 75, 156, 247, 252, 270,
Shapiro, Carl, 29, 256-7
Shleifer, Andrei, 252-4
shoppings centers, 138
ShopRunner, 222
ShopThis!, 293
Siemens, 88, 219, 263, 302
sinais automáticos, 81
Siri, 161
sistema(s)
  de controle, 179
  de pagamentos, 17, 67, 94-8, 109, 151, 155, 159, 169, 237, 292-5, 304
  de saúde, 42-3, 45, 80, 82, 90, 215, 248-9, 253, 261, 279, 281, 283, 286-90, 295, 298, 307
  integrados, 165, 236
  operacional, 40, 63-4, 107, 145,150-1, 154, 161, 167, 226, 228, 237, 256
sites
  de compartilhamento de fotos, 11, 47, 57, 77, 114-5, 117, 133, 156, 181-3, 187-8, 209, 213-4, 232, 240, 320
  de compartilhamento de vídeos, 47, 49-50, 59, 74, 77, 90, 99, 101-3, 116, 118, 125, 148, 161, 238-9, 316
  de "fora para dentro" vs. "dentro para fora", 158
  de hospedagem, 102, 213, 238
Sittercity, 22, 57, 136-7
Skillshare, 13, 22, 110, 125, 137-8, 227, 283-4
Skullcandy, 176
Skype, 216
smartphones, 75, 78, 107, 128, 145, 154
Smith, Adam, 298
Snapchat, 22, 232

softwares, 13-4, 43, 57, 62-4, 68, 73-4, 78, 97, 106, 109-10, 118, 122, 129, 132, 139, 149-50, 157-58, 162, 164-7, 169, 173, 184, 188, 224, 231, 237, 256, 271-2, 280, 285, 287, 297, 303-4, 316, 318
SolarCity, 291
Sollecito, Raffaele, 143
solução de disputa, 183
Sony, 72, 87, 108, 139, 151-3, 192-3, 226, 256, 262, 276-7, 288
Sony Corp. of America v. Universal City Studios Inc., 276
SoundCloud, 83
South by Southwest (SXSW), 10, 111-2
spam, 147, 181
Spotify, 58
Square, 293
SRI International, 161
Stack Overflow, 113, 180, 187-8
Stallman, Richard, 271
Stanford University, 93, 95, 284
startups, 3-6, 17, 27, 31-2, 79, 89, 94, 101, 103, 106, 115, 203, 205-10, 213, 215, 217, 218, 232, 236, 256, 264, 274-5, 279, 281, 294, 279, 281, 294
  enxutas (lean startups), 215, 217
Stigler, George, 251
Stock, Ethan, 127-8
"Strategies for two-sided markets" (Eisenmann, Parker e Van Alstyne), 6
streaming, 58, 74, 77, 153, 226, 237
Sun Microsystems, 256
supercomputadores, 185
Suprema Corte dos Estados Unidos, 272, 276
SurveyMonkey, 116-7
Swiss Post, 109

Taobao, 11, 230
tarefas, alocação de, 67
Target, 72, 138, 160
TaskRabbit, 131, 249, 266

taxas
  de acesso, 132-6
  de conversão de vendas, 207, 213, 218
  de juros, 184, 258, 294
  de licenciamento, 72, 145, 275-6
  de participação, 138-9
  por transação, 48, 122-3, 130-2, 134, 137, 139-40, 155
tecnologia
  acesso a, 155, 223-4, 228
  alta, 94
  avaliação da, 5
  criadores de, 42-3
  da informação, 20, 35, 39, 82, 215
  digital, 71, 292-6
  inovação em, 69-71, 214-5, 218, 231-2, 243, 257, 271, 275-7, 299
  padrões de, 152-3, 155
  startups de, 5
televisão, 19, 99, 193, 282
tempo entre interações, 208
Tencent, 214, 232
Tesla, 22, 291
Teste A/B, 232
Thiel, Peter, 93-6
Thomson Reuters, 4, 6, 66, 216, 309
Threadless, 25, 32, 66
Time Warner, 193
Tinder, 112
Tirole, Jean, 125, 251, 253, 258
tomada de decisão por múltiplos patrocinadores, 154
TopCoder, 285-6
Toshiba, 87, 153
Toys"R"Us, 32, 222
trabalho
  divisão do, 298
  independente, 30, 46-7, 75-6, 132-3, 208-9, 211, 225, 228, 249-50, 265-7, 297-8, 305, 318, 320
  infantil, 178
  legislação de, 245, 265-7, 277, 306

  mercado de, 49, 59-61, 74, 126, 133-5, 145, 147-8, 151, 211, 216, 233, 251
  plataformas de, 215, 216, 228, 264-7, 286-8, 307
  sindicatos de, 298-9, 306
tráfico de drogas, 176
trânsito, 138, 248-9
transparência interna, 190-2
Travelocity, 151
tributação, 106-7, 179, 245, 264-5, 277
TripAdvisor, 21, 47, 84
troca, 228, 239, 240-1, 256, 312, 318-9
  de lado, 35-6, 214, 320
trolls, 181
turbinas, 263, 291, 302
Twitter, 11, 21, 40, 47, 50, 56, 66, 69, 77, 100, 111-2, 117, 135

Uber, 3-4, 10-1, 20, 25-7, 29, 30, 33, 35-6, 40-2, 46-8, 50-1, 59, 60-1, 71-3, 75, 78-80, 130-1, 141, 149, 165, 190, 206, 225, 227-8, 242, 246-8, 252, 266-7, 269-71, 276, 280, 282, 287, 297, 317, 319
UberPool, 59
Udemy, 90, 111, 283
Under Armour, 88
União Europeia (UE), 258, 264
unidades de valor dissemináveis, 114, 320
United Health Care, 42
Universal City Services Card, 301
University of Pennsylvania, 284-5
University of Southern California, 112
Upwork, 11, 16, 30, 33, 42, 46-47, 75-6, 85, 131-2, 178, 209, 212, 216-7, 246, 249, 265, 320
USB (*universal serial bus*), 69, 193-5
uso justo, 276
usuários
  acesso de rede para, 100, 123-4, 127, 132-3, 141-2, 160-70, 179-80, 228-9

aquisição de, 77, 95-9, 115, 127-8, 205-10, 217-8, 316
ativos, 209
conteúdo gerado por, 101, 181-4, 233-4
curadoria por, 165, 169
feedback dos, 165, 169
identidade dos, 180-1
incentivos de, 78, 96, 99, 114, 115, 180, 188-9, 197, 242
lealdade de, 149-50, 163-6, 170, 180-1, 205-9, 212-3, 234-6, 318
manipulação de, 175, 183-4
perfis de, 58, 134, 141, 155, 166, 177, 205, 210-1, 260
taxa de crescimento de, 206-7, 217
tipos de, 137-40

Vale do Silício, 25-6, 89, 127, 269, 300
valor
 criação de, 12, 13, 17, 23, 27, 34, 55, 57, 69-70, 76-8, 80, 85-6, 91, 104, 123-4, 130, 142, 144, 148, 173, 190, 203, 209, 213, 218, 227, 231, 300, 302, 315, 316, 319, 320
 de apps, 161, 231-2
 de marca, 214, 267
 dissociação entre ativos e, 80-2
 do tempo de vida (*lifetime value*, LTV), 212, 218
 unidades de, 47-9, 61, 70, 104-7, 114, 118-9, 140, 316, 320
Van Alstyne, Marshall W., 5, 7, 33, 81, 121, 125, 144, 194, 257-8, 309-11, 313, 355
vantagem
 comparativa, 206
 sustentável, 224-5, 239-42
VHS, 152-3, 276
videocassete, 152-3
Viki, 18, 77
Vimeo, 59, 101-3, 238
viralização, 20, 32, 95, 98-9, 106, 114-9, 316, 320

Visa, 40, 151, 153-4, 241
Vodafone, 296
Voices, 184

Wales, Jimmy, 143
Wall Street Journal, 74
Walmart, 12, 42, 66, 67, 100, 159, 265
Washio, 249
Waterfind, 82
Wattpad, 13
websites, 35-6, 109-10, 125, 127-9, 175, 260
Webvan, 5, 31, 33
WeChat, 214
Wells Fargo Bank, 97
Wernerfelt, Birger, 223
Westinghouse, 302
Westlaw, 219
WhatsApp, 42, 56, 219
Whirlpool, 125, 219, 223, 240
Wii, 108, 226
Wikipédia, 11, 19, 77, 79, 143-4, 147, 149, 163-5
"Wikipedia: five pillars", 164
Wintel, 154, 166
Wolfe, Jerry, 89
Wood, Graeme, 286
Woodard, C. Jason, 66
Woods, Tiger, 94
Workshop on Information Systems and Economics (WISE), 7

Xbox, 21, 108-9, 138, 226, 256, 286
Xbox MMOG, 39

Yahoo, 6, 33-4, 118, 135, 220, 310
Yegge Rant, 191
Yegge, Steve, 191
Yelp, 46, 47, 84, 134-5, 184, 280, 301
Yoskovitz, Benjamin, 206, 212
YouTube, 11, 18-9, 32, 46-7, 49-50, 59, 77, 79, 83, 90, 99, 101-23, 125-6, 148, 161, 163, 169

Zeng, Ming, 229
Zhang, Ruimin, 214
Zopa, 184, 293
Zvents, 127-8, 141
Zynga, 177, 232-3, 236

SOBRE OS AUTORES

Geoffrey G. Parker é professor de engenharia do Dartmouth College desde julho de 2016 e professor de ciências empresariais na Tulane University desde 1998. Também é professor visitante e pós-doutorando na MIT Initiative for the Digital Economy. Antes de ingressar no meio acadêmico, ocupou cargos nas áreas de engenharia e finanças na General Electric. Fez contribuições importantes para a economia de efeitos de rede como codesenvolvedor da teoria de redes bilaterais. Seu trabalho como pesquisador tem apoio do Departamento de Energia dos Estados Unidos, da National Science Foundation e de diversas empresas. Parker aconselha líderes seniores do governo e do setor privado como palestrante frequente em conferências e eventos. Graduou-se por Princeton e tem mestrado e doutorado pelo MIT.

Marshall W. Van Alstyne é professor na Boston University e professor visitante e pós-doutorando na MIT Initiative on the Digital Economy. Especialista em economia da informação, ofereceu contribuições importantes nas áreas de produtividade em TI e de teorias de efeitos de rede. Foi coautor de um trabalho sobre o ensino de redes bilaterais em escolas de negócios ao redor do mundo. Possui patentes em proteção de privacidade de informação e em métodos de prevenção de spam. Conquistou seis Best Paper Awards, além de merecer distinções de diversas instituições, como a National Science Foundation. Van Alstyne é conselheiro de líderes executivos e palestrante, já tendo atuado como empreendedor e consultor de startups e empresas da Global 100. Graduou-se por Yale e tem mestrado e doutorado pelo MIT. Siga-o no Twitter: @InfoEcon.

Sangeet Paul Choudary é fundador dos Platform Thinking Labs e conselheiro de executivos de primeiro escalão sobre modelos de negócios de plataforma. É empreendedor-residente na INSEAD Business School e *fellow* na Centre for Global Enterprise. Também escreve para o famoso blog Platform Thinking (platformed.info), recomendado como leitura obrigatória pelo *Wall Street Journal*. Seu trabalho já foi apresentado na *Harvard Business Review*, *MIT Technology Review* e *Wired*. É palestrante frequentemente convidado para eventos importantes, incluindo o G20 World Summit 2014.

CONHEÇA OUTROS LIVROS DA ALTA BOOKS!

Negócios - Nacionais - Comunicação - Guias de Viagem - Interesse Geral - Informática - Idiomas

Todas as imagens são meramente ilustrativas.

SEJA AUTOR DA ALTA BOOKS!

Envie a sua proposta para: autoria@altabooks.com.br

Visite também nosso site e nossas redes sociais para conhecer lançamentos e futuras publicações!
www.altabooks.com.br

/altabooks • /altabooks • /alta_books

ALTA BOOKS
EDITORA

Este livro foi impresso nas oficinas gráficas da Editora Vozes Ltda.,
Rua Frei Luís, 100 – Petrópolis, RJ.